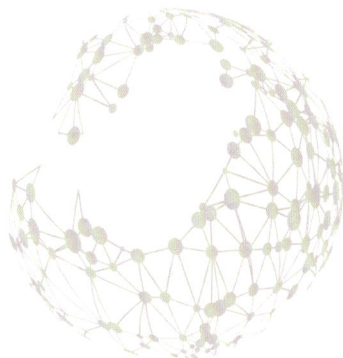

金融学优秀著作译丛

非流动性解决方法：

有限合伙基金投资的风险管理

Mastering Illiquidity：

Risk Management for Portfolios of Limited Partnership Funds

【德】皮特 · 科尼利厄斯（Peter Cornelius）等◎著

黄文礼　杨　苑◎译

巴曙松　杨可桢◎审校

厦门大学出版社
XIAMEN UNIVERSITY PRESS
国家一级出版社
全国百佳图书出版单位

图书在版编目(CIP)数据

非流动性解决方法:有限合伙基金投资的风险管理/(德)皮特·科尼利厄斯等著;黄文礼,杨苑译.—厦门:厦门大学出版社,2019.11
(金融学优秀著作译丛)
ISBN 978-7-5615-7099-9

Ⅰ.①非… Ⅱ.①皮…②黄… Ⅲ.①投资基金—风险管理 Ⅳ.①F830.91

中国版本图书馆 CIP 数据核字(2018)第 217105 号

Title:Mastering Illiquidity:Risk Management for Portfolios of Limited Partnership Funds by Peter Cornelius, Christian Diller, Didier Guenno, Thomas Meyer, ISBN:978-1-119-95242-8

出 版 人	郑文礼
责任编辑	吴兴友

出版发行 厦门大学出版社

社　　址	厦门市软件园二期望海路 39 号
邮政编码	361008
总 编 办	0592-2182177　0592-2181406(传真)
营销中心	0592-2184458　0592-2181365
网　　址	http://www.xmupress.com
邮　　箱	xmupress@126.com
印　　刷	厦门市金凯龙印刷有限公司

开本	787 mm×1 092 mm　1/16
印张	18.5
插页	3
字数	430 千字
印数	1~3 000 册
版次	2019 年 11 月第 1 版
印次	2019 年 11 月第 1 次印刷
定价	58.00 元

本书如有印装质量问题请直接寄承印厂调换

厦门大学出版社
微信二维码

厦门大学出版社
微博二维码

译者简介

黄文礼，就职于浙江财经大学中国金融研究院，研究方向涉及资产定价、公司金融、风险管理和金融科技等，主持国家自然科学基金面上项目、教育部人文社会科学研究青年基金项目、浙江省自然科学基金面上项目等，在国内外期刊上发表论文 40 余篇，曾获得中国会计学会财务成本分会 2018 年年会暨第 31 次理论研讨会优秀论文特等奖，"第十三届上海青年经济学者论坛"优秀论文新秀奖等。

杨苑，香港中文大学商学院研究生，研究方向为私募股权投资、房地产金融等，曾在国内外期刊发表多篇论文。本科毕业于暨南大学英语专业，专业英语八级，利用课余时间投入金融专业书籍翻译工作。

探索有限合伙基金投资的风险管理框架

为《非流动性解决方法：有限合伙基金投资的风险管理》序

经过一轮泥沙俱下的快速增长之后，无论是在全球范围内，还是在中国市场上，私募股权基金都面临着一轮新的洗牌与调整。在海外市场，一些代表性的投资案例已经明显出现一级市场估值高于二级市场的格局；在中国市场，随着出资方越来越向机构投资者集中，目前数万家私募股权基金并存的格局也必然会出现洗牌。海内外市场看起来似乎表现各异的市场调整趋势，其背后实际上体现了许多共同的理论逻辑，具体来说，一家私募股权投资基金是否可以在调整中依然屹立不倒甚至还可以逆势上升，一个关键性的因素，就是其风险管理框架是否完备，风险管理能力是否能适应市场环境的新要求。

在有限合伙制私募股权投资基金中，普通合伙人（GP）与有限合伙人（LP）之间形成了一种基于信任的受托关系：前者作为专业的投资团队提供人力资本，并主导投资活动，从而获取一定比例的管理费与收益分红；后者作为资金的提供方让渡投资活动的主导权，以获得投资收益。在此制度下，权利与收益的配置由投资的专业水平与资金的雄厚水平这两个维度同时决定。此外，有限合伙制还具有避免双重税收、提高资本利用效率、内部约束机制良好等优势。

有限合伙基金的发展历程距今不到一百年，其间各种各样的投资神话不断涌现。从市场经验来看，私募股权基金的长期业绩确实普遍优于公募基金，因此大量投资人跃跃欲试，想要从中分一杯羹，然而他们却容易忽视这些业绩背后的风险。

会买的是徒弟，会卖的是师傅。对于投资人来说，只有当基金投资项目成功退出后才能获得收益，在此期间他们可能会遭遇基金延期等问题，等待时间并无定数，项目能否成功也无人保证，但自己投入的资金却实实在在地被锁住了。

由此可见，私募股权投资基金所创造的投资神话，很大一部分只是对其长期流动性匮乏以及多数投资项目失败的补偿。为平衡投资基金的安全性与收益性，基金管理人首先需要对投资标的的价值，即其未来的收益进行估值，估值越准确，投资成功的可能性就越大，也就可以避免一些"投错了"或"投贵了"的情况。在基金存续期内，基金管理人也需要利用自身的专业性不断应对资本风险、市场风险、外汇风险等各类挑战，神话背后亦是困难重重。

中国从 2007 年 6 月起实施的修订后的《合伙企业法》正式引入了有限合伙制度,确立了"有限合伙"这一企业组织形式的合法地位。在此之后的十余年中,中国的有限合伙私募股权基金数量逐渐增加,有限合伙人队伍也逐渐成长。与此同时,这些年来不断涌现的技术创新、日益提高的生产效率、整体稳定的市场增长以及愈发深入的国际合作都使得有限合伙制私募股权投资基金拥有了爆发式增长的投资机会。

在此背景之下,私募股权基金固有的流动性问题与有限合伙制带来的基金治理问题无一不困扰着新兴市场上的基金合伙人与投资者,此前以自律为主的治理模式也给该行业的监管带来了挑战:传统基金的估值方法是否适用?普通合伙人应该如何应对私募股权基金无法避免的流动性风险?有限合伙人与普通合伙人之间的权益应如何调配?未来有限合伙制私募股权基金又会沿着怎样的道路发展?等等。要解答这些问题,本书提供了不错的专业分析框架。

本书给公众、投资者、监管者普及私募股权领域的相关知识,聚焦于另类投资特有的非流动性风险的度量,尝试为有限合伙基金建立一个标准模型来有效地管理非流动性投资组合风险,力图缩小另类投资日益增长的重要性与风险管理工具的适用性之间的差距。

与其他许多通识类书籍单纯描述私募股权概念框架相比,本书由浅入深、由表及里地分析私募股权这一类非流动资产所特有的投资风险和风险管理技术。此外,本书的作者皮特・科尼利厄斯(Peter Cornelius)、克里斯提安・迪勒(Christian Diller)、迪迪埃・格诺克(Didier Guennoc)以及托马斯・迈耶(Thomas Meyer)长期深耕风险管理学术研究,同时自身也是另类投资的一线实践者,四位作者均为欧洲风险投资协会的"风险度量指南"课题作出了突出贡献,所以他们兼具扎实理论基础和丰富实践经验。通读全书,我们可以发现四位作者关于另类投资和非流动性风险的思考和智慧凝练在这本书中,譬如他们独具匠心地从私募股权和实物资产投资有限合伙制的角度出发,剖析有限合伙制结构与非流动性关系,结合有限合伙人在危机中的表现,制定出了一份风险管理指南。

在历经数次经济危机和市场崩盘后,越来越多的投资者、经济学家意识到由夏普等人于 1964 年在资产组合理论和资本市场理论的基础上发展起来的资本资产定价模型,并不能很好地适用于有限合伙基金,所以亟需一套能够反映有限合伙制具体特性的风险管理方法,本书通过三个部分来尝试提供一份具有操作意义的实践指南:

本书第一部分重点论述了私募股权和实物资产等另类投资所构成的非流动资产,独辟蹊径地定义本书所讨论的投资机会,即确认能为投资者带来风险溢价且流动性不足的资产。作者细致地描绘了非流动资产市场的规模,明确未来资产管理行业的长期趋势必然囊括另类投资在内的多元化投资组合,同时强调另类投资的主要方式——有限合伙制。在此基础上,本书还补充分析了二级市场无法充分解决另类投资流动性不足难题。

第二部分是实践出真知,作者结合实践经验提出了一套针对非流动性风险测量与建模的方法。传统的风险管理和投资组合构造难以适用于另类资产市场的收益与风险,所以有限合伙人应该通过监测主要的流动性比率或对未来现金流进行更精准的情景分析来进行融资测试,以保证有序地进行正常交易。本书通过 VaR 分析和关注现金流的波动性两种方法来尝试解决基金投资组合中潜在的资本损失问题,并强调了现金流量分析的重要性。作者抽丝剥茧地解构现金流量模型,详解了基金瀑布式分红结构以及独立评级问题。

本书第三部分是将理论融合到实践,其中最成功的实践是私募股权基金证券化。对于经历过金融危机的非流动性基金组合来说,证券化这一方法充分显示出其风险管理的有效性。作者进一步指出风险管理政策是动态工具,依赖于定期审查、大规模压力测试和情景分析。风险管理政策是一个通用框架。在该框架内,投资者需要根据具体的监管环境、历史信息、投资经验、现有的投资组合、所有权结构和资源来制定自己的政策和程序。

金融市场错综复杂,变幻莫测,多一种风险管理思路意味着基金在激烈竞争中多一分存活的概率。这本书关于有限合伙基金的风险管理的独到见解和详实的理论验证对于学术界和业界颇有参考价值,这也是我和几位学生一起翻译这本书的驱动力。

本书的翻译工作由黄文礼博士主持,我与他共同承担了翻译协调和统稿校订工作。杨苑、杨可桢、李原、姜宁等共同参与了初稿的翻译,初译工作从 2017 年 6 月底开始,9 月底完成;随后,我们又经过多轮交叉校订与统校,在尽力保持译文准确性与专业性的同时,也对语言修辞等方面进行了修订。

本书翻译过程历时较长,译稿中可能存在疏漏和不足之处,还望广大读者批评指正,以便我们持续改进。厦门大学出版社的编辑们为促成此书的出版也做了大量工作,在此表示诚挚的感谢。

是为序。

巴曙松
北京大学汇丰金融研究院执行院长
香港交易所董事总经理兼首席中国经济学家
中国银行业协会首席经济学家
2019 年 10 月

序

    过去的 30 年里,私募股权已成为机构投资者投资标的中最重要的资产类别之一。30 年来,经济形势虽有起有伏,但私募股权投资规模却在稳健增长。究其原因,有两种重要的经济驱动力促成了这一趋势。

    首先,私募股权等非流动资产已经成为整个市场投资组合的重要组成部分,它们是投资者获取多元化投资收益的重要渠道。实际上,世界上大多数资产都具有私募性质,虽然近期私募股权有所发展,但是这些具有私募性质的资产在机构投资者构建的投资组合中占比仍然不高。

    其次,随着机构投资者群体日益扩大且投资标的越来越多样化,这些机构越来越难以在标的公司行使积极所有权和治理权。因为积极所有权和治理权对于标的公司实现其全部价值潜力而言至关重要,所以这一问题不容忽视。为了解决这个问题,大型机构投资者将其部分资产投资于私募股权投资机构等中介机构所发行的基金,这些中介机构从中可以获得大量标的公司的股权,成为其积极所有人,从而为机构投资者代为行使积极所有权和治理权,与此同时,机构投资者整体上仍能保持一个高度多元化的投资组合。

    最近的研究表明,上述模式似乎行之有效:在私募股权基金的管理下,公司的运行效率有所提高,而私募股权也成为机构投资者获取投资收益的主要来源。因此私募股权增长具有长期动力。

    鉴于私募股权的增长趋势及其重要性,人们本不应该对私募股权产生如此之深的误解,但事实却恰恰相反,这着实令人担忧。尽管研究表明持有私募股权对公司有利,但是民众常常对私募股权持有消极的态度。人们将私募股权基金比喻成秃鹰和资产剥削者,因为它们利用金融工程技术攫取短期收益,置企业长期利益与就业于不顾。民众的看法也影响了立法者,以欧洲的 AIFM(《另类投资基金经理法》)为例,AIFM 轻则给基金强加了烦琐的规则,重则影响了它们对欧洲中小企业的资本支持。究其原因,这些误解大多源于私募股权行业本身,长期以来,私募股权行业只其投资者保持透明,却忽视了对公众的透明度。

    然而更令人担忧的是私募股权投资者自身也未必很清楚地了解该资产类别。他们当中的很多投资者仅凭其之前对流动性强的资产(如股票和债券等)的投资经验进入私募股权市场,却没有充分意识到投资私募股权这一类非流动资产需要完全不同的投资方法和技巧。

私募股权的投资收益通常难以得到恰当的评价和估值。适用于流动资产的短期、逐季度基准测试并不适用于私募股权。而私募股权基金定期公布的资产净值通常与其市场估值有所出入,以这些数据进行业绩评估也无法获得准确的结果。

私募股权投资的真实成本并不透明,原因有二:一方面,私募股权基金的费用结构复杂;另一方面,机构需要花费大量的组织资源来评估、执行和监测私募股权投资。此外,投资者常常会忽视未来流动性承诺的机会成本。许多投资者都经历过私募股权投资收益欠佳的时候,他们或是为了满足未来私募股权基金承诺而被迫持有过多收益率较低的流动资产,又或是因为在无法履行承诺时在二级市场上低价出售自己的私募股权。由于投资规模、负债结构和投资期限不同,不同的投资者有着截然不同的成本结构,对于某些投资者来说无足轻重的成本,可能会成为压垮另一批投资者的"最后一根稻草"。

评价私募股权基金与评价流动资产的投资机会和资产管理人大不相同。流动资产的投资策略通常与市场择时有关,投资者需要根据不同资产和市场中相对风险溢价的变化迅速做出反应。由于资本可以在流动资产的各个类别内快速流转,所以过去成功的投资策略在未来不太可能会继续成功。相比之下,私募股权投资主要在于识别稳步发展、前景向好的标的公司,私募股权基金所拥有的专业技术将在长期内提高其投资的经营价值和战略价值。

流动性投资的思维模式也使投资者误判了私募股权投资的风险。在过去的几十年里,流动资产的风险测量与管理有了巨大的飞跃。投资者可以利用现代投资组合理论估计风险因子,将其纳入资产配置模型,从而获取外部风险溢价,同时进一步分散风险。为了控制投资组合的下行风险,投资者通常会使用基于高频数据的风险管理工具,如 VaR模型。世界各地的监管机构也将这些风险管理工具纳入了资本监管条例,如巴塞尔协议和欧盟偿付能力标准(solvency rules)。

然而,若是将这些标准模型运用到私募股权中,投资者将会得到与实际风险相去甚远的结果。有些资产净值的更新频率较低,因而基于这些资产净值的波动来衡量风险、制定资产配置策略,以及构建风险管理是非常不合理的。相比之下,流动性风险往往被投资者忽略或在建模时模拟不当,这将导致风险管理的巨大失败,投资者也将因此耗费大量成本。除此之外,若监管者未能及时调整他们的计量模型,机构投资者将会承受额外的非流动性风险,甚至面临资本不足的困境;不恰当的监管也可能使投资者承担实际上并不存在或并不重要的感知风险。

综上所述,私募股权行业仍需进一步向大众、投资者和监管者普及相关知识。本书旨在弥补这一重要空白,助力于普及私募股权领域的相关知识。作者科尼利厄斯(Cornelius)、迪勒(Diller)、格诺克(Guennoc)和迈耶(Meyer)都是世界上最著名的私募股权投资专家,他们创造性地将大量实际投资经验与最前沿的研究方法相结合,从机构投资者的角度充分展示了私募股权基金市场的主要方面,包括基金结构、收益和风险的度量,以及风险建模和管理,他们的研究成果有着高度的先进性和实用性。此外,本书还介绍了更为专业的话题(如二级市场),以及最新的行业发展趋势(如证券化),即使对于那些非常了解私募股权行业的人来说,这些内容也依然具有启发和参考意义。这是私募股权行业人员必读的书,无论对初入该领域的新人还是经验丰富的投资者来说都是如此。祝贺作者们完成了这项令人印象深刻的重要研究成果!

彭·斯通博格(Per Stömberg)
金融和私募股权荣誉教授
斯德哥尔摩大学经济学院
斯德哥尔摩
2013.4.1

目　录

第二部分 风险测量与建模

第三部分　风险管理及其治理

第一章 引 言

近年来,私募股权、对冲基金和实物资产(如基建、房地产、林业和农业、能源、商品)投资的发展势头强劲。由于人们投资这些资产的历史相对较短,它们又不像传统资产一样能在公开市场上交易,因此人们将它们称为"另类资产"①。另类资产超高的投资收益吸引了投资者。此外,另类资产与传统资产投资收益的相关性较小,这有利于投资者分散投资,因而进一步增加了另类投资的吸引力。与此同时,有人认为传统资产类别的潜在收益已有所下降,具体而言,随着股票市场的有效性越来越高,投资者将难以通过投资被低估的股票来获取超额收益;在债券市场中,由于央行成功实施了旨在降低通胀预期,同时恢复货币政策威信的政策,债券收益率从1980年开始大幅下降。

1.1 另类投资和升级风险管理系统的需求

截至2011年年底,私募股权基金、对冲基金和实物资产投资基金所管理的资产总额约为4万亿美元,而全球股票和债券市场仅在2010年就有近150万亿美元的市场体量,远高于上述另类投资基金,但另类投资市场的发展速度远快于传统投资市场。30年前,另类资产总额仅有几十亿美元,这意味着这些年来另类资产的年均复合增长率超过25%。对于一些投资者,尤其是捐赠基金、基金会和家族财富管理办公室来说,另类投资不再是一种利基策略,它已经成为他们核心投资组合的一部分。一些资产管理人将多达半数的资本投资于另类资产,个别机构甚至投入更多。养老基金作为私募股权、实物资产和对冲基金的最大投资者,其资产管理规模(AuM)中暴露的风险敞口与其他基金相比较小,但是全球最大的几家养老基金,如加州公共雇员养老基金(CalPERS)、加拿大退休金计划投资委员会(the Canadian Pension Plan Investment Board)和华盛顿州投资委员会(the Washington State Investment Board),均已将超过20%的资产用于另类投资。

美国拥有全球最大的另类投资市场,吸纳了50%以上来自私募股权、实物资产和对冲基金的资本。与此同时,美国投资者也是全球另类投资最大的资本来源。欧洲以及近期的亚洲发达国家、新兴经济体则正在迎头赶上,它们既是另类资产的投资市场,也是投资资本的来源。对于这些市场来说,主权财富基金(SWFs)扮演了特别重要的角色,它可以投资中央银行难以涉猎的流动资产,从而帮助国家修正经常账户,提高外汇储备量。因

---

① 注意,另类资产暂无统一定义。另类资产也可以包括对于机构投资者来说价值极小的资产,如艺术品、稀有书籍和地图、老式汽车,以及葡萄酒、葡萄园。

此,随着跨国交易促使区域性市场逐渐一体化,另类投资已经成为全球性的商业行为。

投资者投资另类资产时所面临的风险敞口日益扩大,但他们的风险管理能力却不能与之匹及。2008—2009年全球金融危机期间,大量投资者曾面临严重的流动性短缺问题,尤其是那些在另类资产上具有大量风险敞口的投资者。突如其来的流动性短缺着实令投资者措手不及,这些投资者大多根据现金流模型制订流动性规划,该模型的参数本质上是静态的。然而2008年秋雷曼兄弟破产,金融市场随之崩溃,投资于实物资产的私募股权基金和类似合伙公司的资金分红急剧减少,对冲基金暂停赎回,金融机构不断要求投资者追加保证金和抵押品,这一切都使得现金流模型的参数急剧变化。此时投资者才发现在危机来临时,他们的短期负债比他们想象的更难调整,甚至有可能意外增加。

金融危机在全球的迅速蔓延充分暴露了私募股权基金及类似结构进行长期投资的一个关键问题。这些基金和类似结构多为有限合伙形式,它们旨在保护初创时期的投资组合公司和市场不景气时需要重组的公司,并确保这些公司能持续获得融资,而这需要长期资本(patient capital)的支持,即有限合伙基金的长期投资者必须将他们的资本锁定10年甚至更久。投资者,即私募股权基金的有限合伙人知道,为了获得非流动性风险溢价,他们必须做出长期资本承诺。然而直到危机发生之时,不少投资者才发现自己低估了流动性风险。流动性风险体现在两个重要方面:第一,投资者并不知道私募股权基金及类似结构中承诺资本的招款[1]或所谓"投入(contribution)"的时间和金额。尽管大萧条期间招款的频率大幅降低,但随着市场退出机制的崩溃,分红(distribution)也急剧下降,有限合伙人因而面临着流动性管理的关键挑战——融资风险。第二,在二级市场清算(部分)投资组合的投资者发现,当他们急需流动性时,二级市场的交易量往往也在迅速下降。

美国的大学捐赠基金在大萧条期间就遭受了特别沉重的打击,有几所大学为了履行支付义务不得不折价出售资产。然而大学捐赠基金并不是唯一的受害者,正如本书所述,当二级市场的融资风险和市场流动性风险达到前所未有的高度时,即使是一些最大型的养老基金也面临着严重的流动性问题。投资者为了避免在二级市场流动性下降时违约,他们不得不出售其投资组合中的流动资产(如政府债券)来创造流动性[洪崇理(Ang)等,2011]。在某些情况下,投资组合市值的下降幅度远超投资者的预期,资产配置模型因此触发"出售"信号,这进一步增加了抛售的压力,使许多投资者遭受了巨大的损失[洪崇理和嘉尔(Kjaer),2011;我们将在第六章介绍他们的分析成果]。

诚然,危机一般不会削弱投资者对另类投资收益的信心。虽然确实有一些投资者为了匹配资产与负债,以及为了遵守会计和监管规定,减少了对另类资产的投资,但其他许多投资者为了解决资不抵债等问题选择维持现状,部分投资者甚至提高了他们对另类资产的投资份额(WEF,2011)。国际货币基金组织(IMF,2011)最近一项研究表明,2008—2010年期间,由于养老基金新增的投入基本上与有限合伙基金的分红持平,或是可以抵消其他撤资额,其另类资产的风险敞口实际上并没有发生变化(见表1.1)。重要的是,许

---

① 译者注:在国内外私募股权基金行业已经形成了一个惯例,即在需要进行投资时,由普通合伙人向有限合伙人提出转款要求,这一过程被称为"招款""出资请求""入资"(capital call)。如无特殊说明,我们在本书中统一译成"招款"。

多投资者大量增加了对另类资产的资金配置,这使得另类资产在养老基金资产管理规模中所占的份额高于危机发生之前。2010 年养老基金对另类资产的平均风险敞口比 2006 年高出了 40%,其中私募股权的增长是促成这一现象的主要原因。

表 1.1 养老基金投资中另类资产所占百分比(占资产管理总规模的百分比)

单位:%

另类资产	2006	2008	2010
房地产	5.2	6.7	5.6
私募股权	2.7	4.5	4.6
商品	0.4	0.6	1.0
对冲基金	1.5	2.2	2.2
其他	1.0	1.7	2.1
合计	10.9	15.7	15.6

资料来源:IMF(2011)。

近期欧洲主权债务市场的动荡可能是机构投资者不断对另类资产做出投资承诺的原因之一。IMF(2012)指出,债务危机进一步印证了"没有绝对安全的资产"。先前人们认为近乎是零风险的主权国家近期也遭遇了评级下调,这也再次证实了评级再高的资产在巨大的风险面前也并不安全。IMF(2012)估计,到 2016 年,若债务安全值得信赖的主权国家数量继续下降,安全资产供应量将随之减少 9 万亿美元(约 16%)。由于美国不规范的证券化导致了证券质量下降,同时严格的监管阻碍了一些私营部门发行"安全"资产的自由,私营安全资产供应因此有所减少,而这也会加剧安全资产整体供应量的下降。

与此同时,高度的不确定性、央行的监管改革和对抗危机的举措都刺激了投资者对安全资产的需求。由于安全资产供应量缩水,全球安全资产的供需进一步失衡,投资者担心安全资产的价格因此上升。供需失衡也导致投资者在争夺稀缺资产时,不得不降低他们的安全等级。IMF(2012)曾警告我们,由于短期波动性跳跃、羊群效应和主权债务挤兑,安全资产的稀缺可能会导致全球金融市场不稳定。这种全球性安全资产供需失衡的环境会扭曲主权债务的基准价格,投资者则被迫投资于更多的另类资产以创造更高的利润。注意,在这一背景下,2012 年的前九个月,10 年期美国国债收益率平均约为 1.8%,实际收益率为负。2 年期美国国债年均收益率为 0.28%,同期德国和瑞士的 2 年期国债因投资者的需求量过大,其名义利率进入负利率阶段。美国第三轮的量化宽松政策,欧元区、英国和日本的非常规货币政策措施,以及若干新兴市场进一步的货币宽松政策都表明,在可预见的未来,政策制定者将致力于维持一个较低的利率水平。

虽然投资者依然会对另类资产进行投资,但近期的全球金融危机使得部分投资者开始重新考虑私募股权、对冲基金和实物资产的投资策略。他们一般从资产配置过程的两个方面入手:第一,从自上而下的角度看,投资者根据自身负债情况和风险偏好重新确定他们的资产配置模型(WEF,2011)。第二,从特定资产的角度看,越来越多的投资者开始考虑用其他方法来实现他们对特定资产类别的目标敞口。随着越来越多的投资者开始调整资产配置策略,另类投资行业发生了显著的变化。

就构建投资组合而言,危机发生之前,绝大多数投资者用于构建有效投资组合的模型都以历史资产收益、方差,以及与其他资产收益的相关性为基础。然而在大萧条时期,系统性风险加大了资产收益的相关性,这样一来,均值方差分析法就过于静态,此时,投资者可能会错误估计多元化所带来的收益,而其投资组合也远不如模型预期的稳健。

在这种背景下,一些投资者开始使用细化程度较低的资产配置框架,他们更加关注特定资产风险,并将其作为差异因子,从而构建多元化组合以创造收益,这种方法恰好与过分关注收益相关性的均值方差分析法(事实证明,均值方差分析法并不尽如人意)相反。这种资产配置框架对传统资产和另类资产均适用。就后者而言,风险因子分配法考虑到了私募股权、对冲基金和实物资产受不同风险影响。比如,私募股权除了受股权风险影响外,也受流动性风险影响,相比之下,投资于对冲基金往往比对私募股权做出资本承诺更具流动性,但对冲基金的杠杆水平较高,因此它的信用风险更大。对于房地产投资者来说,他们承担了期限风险,因此期望获得风险补偿,而私募股权投资者却很少受期限风险影响。正是这种投资风险的差异性及其对应的风险溢价为投资者提供了多元化的收益,从而提高了风险调整后的投资组合收益。

1.2 本书的研究范围

获取不同的风险溢价需要特定的风险管理方法。本书主要聚焦于结构性非流动资产可能会带来的非流动性风险溢价,具体如下:首先,在面临严重的资金压力时,许多资产市场都可能缺乏流动性。在最近的全球金融危机中,公司债务市场、抵押债务市场和证券化市场几乎停摆。这一时期出现了大量有关周期性流动性不足的文献,它们探讨了流动性不足的原因和影响,尤其是银行在其中的作用[如申(Shin),2010;梯若尔(Tirole),2011及其他]。有些资产类别可能受金融风暴及高度风险厌恶的环境影响而失去流动性,结构性非流动资产(如私募股权及实物资产)则不然,其投资者事前就已认识到了他们所将承担的风险。正如书中所述,吸引投资者的正是这种风险提供的风险溢价。然而,并非所有的投资者都能获得风险溢价,原则上来说,只有那些负债情况足以满足其资本锁定10年以上的长期投资者才能获得溢价。获得非流动性风险溢价需要特定风险管理技术,而这些特定的风险管理技术就是本书所要讨论的主题。

其次,对冲基金并不在本书的讨论范围之内。虽然人们通常将对冲基金归为另类投资领域的一部分,但是它的风险特征与私募股权和实物资产不同。对冲基金机构偶尔也会暂停赎回,但它本质上与私募股权基金和投资于实物资产的有限合伙公司仍不相同,对冲基金的流动性更高。与此同时,对冲基金面临的风险也异于其他另类资产,因而它需要不同的风险管理工具,但这些工具超出了本书的讨论范围。

除去对冲基金,另类资产的主要投资类别就剩下私募股权和实物资产这两种流动性高度不足的长期投资。但这个主题仍过于宽泛。更为重要的是,我们需要认识到投资于私募股权和实物资产有多种不同的方式。当投资者重新审视他们在另类资产的风险敞口，尤其是私募股权和实物资产的敞口之后，有些投资者已经决定采用其他方法进行投资。首先，一些大型投资者开始直接投资，在收购资产时与合伙制公司相互竞争，其他投资者则陆续与他们已承诺出资的基金共同投资。虽然没有系统性的证据能够表明共同投资和直接投资在投资组合中的意义，但至少在个别情况下（如某些加拿大养老基金），这两种投资形式发挥了重要作用。还有一些投资者（如某些主权财富基金）收购了私募股权公司旗下管理公司的股份。另外，越来越多的投资者通过资产管理人建立托管账户，而不是向有限合伙公司做出资本承诺。

由于投资者已经对私募股权和实物资产的其他投资方式有所研究，许多基金管理公司调整了自己的商业模式。几家大型私募股权公司——如黑石（Blackstone Group）集团、凯雷集团（Carlyle Group）或 KKR（Kohlberg Kravis Roberts）集团——都已转型为另类资产投资管理公司，为其客户提供多样化的产品，包括通过托管账户向客户提供多样化产品。随着越来越多的基金管理公司上市，这些上市公司的股东不用通过投资该公司的基金就能够直接接触另类投资。与此同时，市场上还有一系列上市私募股权的衍生工具，包括交易所交易基金（ETFs）等。

与另类投资领域的结构性变化同样重要的是私募股权和实物资产最常见的投资形式仍然是有限合伙制。在有限合伙制中，普通合伙人（GP）负责筹集和管理基金，而投资者作为有限合伙人（LP）向基金提供资本承诺。此类有限合伙基金的存续期通常为 10 年，也可能再延长 2 年。尽管近年来另类资产的二级市场已经形成，但有限合伙人基本上仍会在基金存续期内锁定其承诺的资本。无论何时，有限合伙人都要能够履行来自普通合伙人的招款，以避免基金投资中的融资风险。

然而有关有限合伙基金投资非流动性风险管理的研究仍然很少，考虑到私募股权和实物资产在投资组合中日益增加的重要性，以及一些有限合伙人在近期全球金融危机中的经历，这显然并不合理。因此，为弥补研究领域的空白，本书将借鉴实践经验来制定一份风险管理指南。

1.3 本书的结构

本书分为三部分：第一部分，我们从市场角度论述了私募股权和实物资产的非流动资产投资；第二部分，我们重点关注了投资上述资产的有限合伙基金投资组合的风险测量；第三部分，我们讨论了相应的风险管理技术及其他相关问题。

1.3.1 非流动资产投资

本书从结构性流动性不足的长期资产入手，我们必须先把这类资产与那些在金融动荡期间可能暂时失去流动性的资产区分开来，因为这类流动性不足的资产能为投资者带来风险溢价，它们也是本书所讨论的投资机会。在第二章，我们对私募股权和实物资产的非流动投资市场规模进行了估算。投资者可以通过其他方式获得这些资产类别，但是需要有特定的风险管理方法。相比之下，有限合伙制提供了一个投资框架，在该框架下，标的资产类别基本是不可知的，这也是投资者在投资私募股权和实物资产时，有限合伙制一直是主流投资方式的原因。

非流动资产市场在过去几十年里迅速扩张，但这种扩张并不是线性的，相反，其长期趋势呈现周期性，这是由宏观经济周期特征和资产特定投资动态共同造成的。此外，因为私募股权是广义非流动资产类别的代表，所以我们着重观察了全球的私募股权投资者。由于养老基金和保险公司对私募股权基金的绝对投资金额很大，因而它们在私募股权的投资者群体中占主导地位，而捐赠基金、基金会和家族财富管理办公室对这些资产类别的敞口相对其投资组合规模而言更大。相对资产配置额通常是投资者负债情况的函数，它因投资者类型而异（我们将在后文中详细解释这点）。此外，不同的资产管理人要遵循不同的法规和会计条例。然而即使是同一类型的投资者，由于风险偏好程度不同，其资产分配方式也相差甚远。

第二章接下来讨论了资产管理行业的长期趋势。对长期投资来说尤为重要的一点就是从养老金固定收益计划（DB）向养老金固定缴款计划（DC）的过渡。由于养老金固定缴款计划的求偿权具有可转让性，所以相应地，其投资需要具有较高的流动性。然而正如第二章所述，养老金固定缴款计划并不意味着该计划管理人不能投资于非流动资产。此外，我们研究了新兴经济体作为长期资本供应商的潜在作用。虽然主权财富基金作为私募股权和实物资产的投资者备受关注，但我们也不能忽视养老基金和保险公司这两个投资者。随着养老金改革的推进及收入的提高，养老基金和保险公司的资产管理规模大幅增加，但其投资仍仅限于国内市场的特定资产类别。若取消其投资限制，代之一种谨慎的投资方法，那么新兴经济体的养老基金和保险公司就可以为全球长期资本供应做出更大的贡献。当然，其先决条件就是要引入一个可以覆盖非流动资产类别的综合风险管理方法。

投资组合多元化是"谨慎投资"的核心，而"谨慎投资"这一概念具有深远的法律背景。本书第三章指出，我们必须明确区分美国《谨慎投资者法案》所规定的谨慎投资者规则与"谨慎人"规则。重要的是，前者明确意识到多元化投资观念是谨慎投资中的关键，其中包括将投资管理委托给外部经纪人。就这点来看，若投资者遵循谨慎投资者规则，那么其投资组合中部分资产的风险对于谨慎人规则来说可能过高。请注意，只有在1979年美国劳工部阐明了谨慎人规则，明确允许基金经理投资高风险资产后，美国养老基金才可以投资于私募股权和风险投资基金。

监管机构重新定义了谨慎投资的构成，将谨慎投资的重点转向了投资过程，而非具体的投资和配置。只要投资过程是谨慎的，投资经理就可以在快速变化的市场环境中灵活地（重新）制定投资策略。这种灵活性降低了遵守相同规则的投资者所面临的羊群效应风险。但究竟什么是谨慎的投资过程呢？在第三章中，我们提出了一些简单透明，且适用于不同法律体系的判断标准。

有限合伙制已经成为投资另类资产的主要方式，在第四章中，我们讨论了有限合伙制的基本结构。了解这种结构对于投资者正确测量及管理他们的风险敞口至关重要。正如我们所说，从法律结构的角度来看，流动性高度不足并不仅仅是有限合伙制的一个副产品，它作为另类投资的核心特征，还使得基金的普通合伙人能够为他的有限合伙人获得溢价。尽管近年来另类资产的二级市场有所发展，但是这个基本现象一直没有改变，这是因为虽然二级市场的绝对交易量明显上涨,但它与私募股权基金管理的资产以及有限合伙公司投资于实物资产的总额相比仍然非常小。

投资者还有另外几种获得私募股权和实物资产敞口的渠道,包括:通过上市手段进行投资,投资于私募股权的管理公司或另类资产管理公司,使用托管账户进行投资,直接投资和共同投资。然而对于想要接触私募股权和实物资产的投资者来说,这些替代方法都无法代替通过基金结构进行投资的方法。今天的有限合伙制已经是一种合法的投资框架,事实上它的历史可以追溯到5000年前的古巴比伦。

有限合伙制的历史悠久,而一直以来,投资者是否愿意在有限合伙制中将自己的资本锁定10年之久,其关键在于有限合伙制能否对投资者承担的流动性风险进行补偿。可以肯定的是,长期投资基金的非流动性风险不容忽视,因为资本承诺使得投资者难以保证其投资组合能够一直保持平衡,而这却是标准资产配置模型的一个关键假设。因此,在第五章中,我们分析了近期有关测量私募股权风险与收益的文献,以求能够更好地理解投资者所期望的非流动性溢价。

文献研究表明,普通合伙人一般将战略措施、运营措施和财务措施三者结合来赚取超额收益。但这些文献并未提及普通合伙人获得管理费和业绩提成后,有限合伙人是否还能够获取超额收益。早期的研究曾对私募股权净收益是否优于上市股票净收益提出质疑,但最近的研究表明,私募股权的确能够使投资者获得正的非流动性溢价。

然而我们要注意,近期研究中私募股权的超常业绩表现并没有对风险进行调整。公开市场等价物(PME)是一种比较私募股权基金收益率与公开市场指数收益率(现金流量相近的情况下)的标准方法,它隐含假设 β 等于1,且不存在市场风险。当真实的 β 值被低估或者高估时,真实的PME相应会被高估或者低估。不过最近的研究发现,β 的变化对PME的影响效应递减:即使真实的 β 是1.5(并购基金实证估计的上限)而不是1(PME的隐含假设),私募股权的超常业绩表现仍然相当显著。近期的研究也发现PME对公开市场的收益倍数并不敏感。即使是在20世纪90年代和21世纪初,公开市场收益是标准普尔500指数的两倍时,PME的中位数仍大于1,这说明系统性风险并不能解释并购基金的预期超常业绩表现。

当投资者向私募股权基金和类似基金做出资本承诺时,他们也承担了非流动性风险,但私募股权基金和类似基金的超常业绩表现是否能够补偿他们所承担的风险则有待商榷。当前,一项明确将流动性风险引入资本资产定价模型(CAPM)的新研究刚刚展开,该研究认为非流动性溢价在2%～4%的范围之内,但我们还需进一步研究才能确定这些估计值能否合理计量基金投资的非流动性风险。

尽管人们仍无法确定非流动性溢价的规模,但越来越多的投资者开始转变他们的资产配置方法,以期从有限的几种风险中获得多元化收益。流动性不足就是风险之一,投资私募股权和实物资产时,投资者经常面临这种风险,这也是私募股权和实物资产与其他资产(如高收益债券)的区别所在,前者主要受非流动性风险影响,而后者主要受期限风险和信用风险影响。当然,我们需要仔细测量和管理每一种风险,这样才能获得每种资产类别对应的风险溢价。

第一部分的最后一章中,我们主要讨论了二级市场的作用,我们认为二级市场并不是解决一级市场基金投资流动性不足的万能药。二级市场的出现,虽为投资者缓解了一级市场基金投资项目产生的 J 曲线效应,并改善了投资者所持有的私募股权的风险/收益特征,但它并没有改变非流动资产投资的基本特征。事实上,投资者不应该把二级市场当作对流动性风险进行合理管理的替代渠道,否则他们可能会遭受巨大的损失(见第六章)。一开始我们就强调,二级市场的规模与私募股权和实物资产的总体风险敞口相比依然很小。更重要的是,二级市场的卖家急需流动性的时候,往往也正是二级市场流动枯竭之时。在最近的全球金融危机中,卖方需要清算他们的投资组合,而买方报出的交易价格则远低于卖方的资产净值(NAV),交易量因此急剧下降,这使人们开始怀疑二级市场在发现非流动资产真实价格中的作用。为非流动资产的特定风险量身定做一套风险管理系统是投资者投资私募股权和实物资产的关键条件。

1.3.2 风险的测量与建模

在本书的第二部分,我们根据现有的最佳实践简单概括了适当的风险管理的主要特征。在第七章,我们将风险视为偏离预期结果的可能性。首先我们要区分风险与不确定性。风险通常是指事件发生的概率,概率是可以测量的,而不确定性是不可测量的,因为特定事件极少发生,以至于我们无法确定它的概率分布,从而也就无法测量它的不确定性。人们通常用事件发生的概率和事件发生时的预期损失来表示风险,而在大多数人看来,尤其是从监管的角度来看,风险都是负面的。然而投资策略同时受下行风险和上行风险的影响,因此投资者在研究潜在损失的同时,也不能忽视与特定资产配置决策相关的投资机会。

虽然从量化的角度来看,人们可以预测风险,但在实践中,风险管理师难以从统计意义上测量风险。我们必须承认量化风险通常具有较大的主观性,而由于另类投资交易的历史数据较少,且基于市场的价值难以获得,所以量化另类投资风险的主观性更强。因此,关于另类资产的风险模型目前来说还很稀缺,仅有的几个风险模型也极具争议。鉴于私募股权和实物资产的投资性质,我们认为投资者需要一种新的风险管理方法,通过使用所有可用信息(包括定性评估)来弥补高频市场数据的缺乏。

任何风险管理方法的核心都是定义受管理的风险类型。从更广义的投资组合角度来看,风险通常是指市场风险,它一般通过 CAPM 框架进行估算,投资者可以从中确定对不同资产类别的资本配置方案。资本配置方案一旦确定,投资者就要对相应资产的风险进行管理。我们在第八章指出,有限合伙基金的基金经理可能无法返还投资者全部的投资资本(以及预期收益),而这正是有限合伙基金投资者所面临的风险。理论上来说,上述行为属于基金经理的违约行为,由于许多从业人员认为违约风险比市场风险更重要,因此他们试图将信用风险模型用于评估非流动资产的风险。然而这种方法只考虑了投资的下行风险,也忽略了未变现的收益可以作为缓冲资本(巴塞尔委员会在管理银行股权投资时早已运用了这种理念),所以这种评估非流动资产风险的方式本质上就是错误的。

我们一直强调,通过有限合伙基金进行投资和投资有价资产的主要区别在于前者的流动性高度不足。就基金的资本承诺来看,我们可以从两个方面区分流动性风险。第一,由于二级市场可能会出现资产购买需求低迷的情况,因此投资将受到市场流动性风险的影响。其次，投资者在为资本承诺筹集资金时，可能会面临流动性不足的风险。为了及时应对招款，投资者随时都要备足流动性，以防违约，然而囤积现金又会造成巨大的机会成本。与流动性不足有关的另一个问题是我们无法获得市场价格来作为风险测量的基础，只能基于适当的模型来估计风险。我们在第八章进一步指出，投资者最好通过监测主要的流动性比率或对未来现金流进行更精准的情景分析来进行融资测试。有限合伙人同样需要采用这种融资测试，从而确保他们能够满足所有的招款，或者能够正常进行有序交易，这显然是对有限合伙基金投资进行建模的关键假设。

在第九章中，我们提及了基金投资组合中潜在的资本损失问题。具体来说，我们想知道投资者在给定的置信区间内可能遭受的最大损失——这个问题可以通过在险价值（VaR）分析框架得到有效解决。[①] 然而我们无法获取非流动资产的市场价格，因此用VaR分析法研究非流动资产时会产生一些概念问题和统计问题。为解决这些问题，我们有两种备选方法。第一种方法是根据投资组合的 NAV 变动（一般是季度性变动）进行VaR分析。这种方法虽然看起来很常规，也很方便，但是它的简便性具有很强的欺骗性，而且该方法本身存在极大的局限性，其中最主要的就是 NAV 的变化不能反映有限合伙基金的生命周期特征，例如 J 曲线现象和尚未动用的承诺额度的未来给付形式。第二种备选方法则关注现金流的波动性。这种方法使用基金整个存续期的历史现金流数据，同时考虑投资组合各部分之间的相关性，如特定基金的投资起始年份与投资策略，并用蒙特卡罗模拟生成基金投资组合的现金流情景。

基于现金流量的分析更符合非金融公司的需求。金融机构可以用VaR方法确定其资本的充足程度，并测量可交易风险，但由于非金融公司难以清算对固定资产的实物投资，因而 VaR 分析法对它并不适用。非金融公司倾向于将现金流在险值（CFaR）作为其投资风险敞口的测量指标。CFaR 测量的是在给定置信区间下，实际现金流量与某一给定水平的最大偏差。VaR 的计算周期较短，而 CFaR 的计算周期更长，通常以季度或年度为时间单位（该时间间隔对于有限合伙基金的投资者来说也有影响）。更重要的是，对于随时需要满足融资测试的投资者来说，CFaR 可以反映融资测试中最为关键的两个因素，即现金流入和现金流出。

基于现金流量的分析使我们认识到从不同维度将基金投资组合多元化的重要性。具体来说，尤其是从不同的投资起始年份来看，在多元化程度相对较低的时候，投资者已经能够通过多元化获取显著的投资收益。上述分析可以得出一个重要结论：有限合伙人的风险管理应该包括对投资组合多元化进行持续的监测和管理。但有两点需要注意：第一，随着多元化程度的增加——在极端情况下，投资者可以持有市场投资组合——实现超额收益的潜力将下降；第二，在金融动荡时期，各种现金流的相关性趋于上升，由于投资者需要管理流动性风险（这与我们在第九章中讨论的真实资本损失风险相反），其潜在的多元化收益将减少。

估计有限合伙基金投资组合的真实 VaR 与如何在该框架下处理尚未动用的承诺额

---

① 这种方法被广泛应用于金融风险的管理和监管之中，通常衡量在99％或99.5％的置信区间（这意味着每100年或200年才发生一次）下资产价格的不利变动所造成的最大损失。

度是密不可分的。对此,标准金融模型给出了一种简单的解释——在建模时可以忽略尚未动用的承诺额度。依据金融理论的主流框架,我们可以分别对不同的投资项目和资产进行估值,每个投资项目都有自己的净现值(NPV)——通过适当的贴现率将未来现金流量贴现所得。由于尚未动用的承诺额度并不能代表实际现金流量,它们的 NPV=0,因此可以被忽略。

但是在最近的金融危机期间,我们无法忽略具有合同约束力的尚未动用的承诺额度。为解决这一难题,我们在第十章讨论了对基金做出过度承诺是否等价于加杠杆。我们发现,过度承诺和加杠杆之间存在着重要的共性——这两种投资策略的目的都是放大收益。若投资者为了获取更多的收益而对基金做出过度承诺,那么他们也要承担更高的风险——加杠杆也是如此。相反,若投资者为了随时应对招款而持有收益较低的国库券,那么他们面临的风险将降低,甚至可能消失——但同时这也意味着他们放弃了更高的收益。因此,投资者应该根据自己的效用函数,选择符合自身期望风险/收益特征的承诺策略。综上所述,尚未动用的承诺额度确实不容忽视,但这却与标准金融模型给出的解释相反,在标准金融模型中,我们假设现金流量缺口可以通过借款弥补,因而持有具有高度流动性的资产是没有经济价值的。

金融危机期间,由于忽视了尚未动用的承诺额度给投资者带来了巨大损失,这引起了从业人员和学者的重视。如何在标准金融模型中处理这些资本承诺是问题的关键。比如,如何在存在尚未动用的承诺额度的情况下确定贴现率?为解决这个问题,我们需要统一会计观点与经济观点,即我们将尚未动用的承诺额度视为表外项目的同时,也要了解私募股权所拥有的资源和过度承诺策略可能带来的风险。上述问题的解决方案或许是未来几年研究中的重要课题。正如我们在第十章的最后一部分所述,我们可以从将尚未动用的承诺额度视为贷款入手。我们可以假设从银行获得的贷款额度就是有限合伙人能用作承诺资本的额度,又或者普通合伙人在基金成立之初就提取所有资本,并把钱借给有限合伙人,以便他们应对招款。

由于私募股权和实物资产投资的流动性风险很高,如何对现金流建模成为内部模型需要解决的关键问题。对此我们通常有两种建模方法:第一种是非概率模型。非概率模型的参数个数有限,当历史数据有限时,建模者应优先选择非概率模型。本书第十一章介绍了非概率模型的一个著名案例——耶鲁大学捐赠基金投资团队研发的模型。虽然耶鲁模型及近年来该模型衍生出的许多变体简单易行,但它们仍有许多不足之处。更重要的是,非概率模型并不能提供统计结果的范围,因而它无法捕捉现金流的波动程度。因此非概率模型只适用于特殊情形,如高度多元化且资金充足的基金投资组合。

第二种是概率模型。相比非概率模型,概率模型通常更为复杂,在数据方面也给从业人员带来了更大的挑战。概率模型使用大量现金流数据库来预测给定投资组合的现金流,并在预测过程中考虑了投资组合中各个基金的到期时间。概率模型可以有效地应用于情景分析,从而确定现金流对历史偏差的敏感程度。为评估和量化外生冲击的影响,在对概率模型得出的现金流预测值进行压力测试时,情景分析尤为有用。投资者在近期金融危机中获得的经验表明,备择假设下现金流模型的重要性也毋庸置疑。

我们既可以自上而下也可以自下而上构建基金的风险模型。使用现金流数据库的概率模型倾向于采用自上而下的方法,而自下而上的分析法则可以优化和细化预测的过程和结果。有限合伙协议中规定的私募股权投资收益的瀑布式分红是自下而上分析的关键因素之一。本书在第十二章介绍了瀑布式分红的基本结构,随后在门槛收益率和业绩提成的备择假设下,本书举了几个现金流入和流出的例子。这些因素决定了有限合伙人的利润,从风险管理的角度来看,它们之间高度相关。然而在现实中,由于决定普通合伙人和有限合伙人在不同基金中进行利润分配的关键因素存在很大的差异,因此自下而上的分析法对于绝大多数投资者来说都过于复杂,且费时费力。

与量化风险测量同样重要的是,在分析非流动资产的风险时,风险管理师经常面临历史数据有限的情况。然而这并不意味着他们不能进行有效的风险管理。相反,风险管理师必须充分利用所有可得信息,包括定性评估。许多风险管理师认为定性信息可能存在不一致性,且有可能导致错误的结论,因此他们不愿意使用定性数据,这也是可以理解的。但他们至少可以通过对有限合伙基金进行分类来避免这一问题。

共同基金由外部机构为其提供评级服务,评级的目的是根据标准化的估值结果为投资者提供具有前瞻性的预测。正如本书第十三章所述,由于缺乏标准化的客观标准,我们难以对有限合伙基金进行独立评级。此外,因为私募股权和实物资产的投资者数量仍然相对有限,独立评级的潜在用户太少,这使得对应的外部评级业务难以得到发展。越来越多的有限合伙人开始使用专有的基金评级系统,这些专有的评级系统充分利用了现有的可用信息,也考虑了定性评估,重要的是,在该评级系统中,同类基金之间相互作为参照标准。因此本书也在第十四章指出,为了使得风险管理师从基金评级中提取准确信息,并将其作为量化风险的基础,正确定义不同的基金类别至关重要。

1.3.3 风险管理及其治理

本书的第三部分论述了如何将书中的理论付诸实践。私募股权基金证券化的管理是这些理论工具在评级机构的审查下成功运作的案例。从投资者承担风险或者规避风险的角度看,后金融危机时代的资产证券化方法总体上并未起到显著作用,但是就非流动性基金组合而言,证券化充分显示出了其风险管理的有效性。本书第十五章指出,证券化这类结构化工具代表了一种相对简单的资产负债管理模式,因此它们对面临类似问题的有限合伙人(如养老金计划和保险公司)具有指导意义。有限合伙基金投资组合的证券化展示了一个风险维度如何转化为另一个风险维度,以及如何在不同风险维度之间权衡取舍——股权与债权,市场风险与信用风险,非流动性与流动性,流动性风险与资本风险。

把投资过程作为谨慎投资的界定标准很容易使我们混淆有限合伙人的风险管理师及其合规专员这两者的作用,因此在第十六章,我们明确指出上述两者是投资公司风险管理体系中截然不同的两部分。确保经营符合监管要求(合规)以及有效控制经营风险是投资公司长期取得成功的基础,然而在权衡资产市场的风险与收益方面,合规可能与金融风险管理无关,金融风险管理是风险管理师的职责。换句话说,合规必须确保具体流程依计划进行,但风险管理的作用是先设计这个计划。

投资公司需要适当的治理结构来确保其风险管理师有效地履行职责。一些重要的问题随之而来:在有限合伙人的组织中,风险管理职能应如何定位?风险管理师应向谁汇报？投资失败时应由谁负责？经理如何在结构多元化的公司中获得报酬？这些只是众多棘手问题中的一部分。

为解决这些问题,有限合伙人应该就此制定出一个明晰的风险管理政策,该政策在为协调和执行公司活动构建框架时能够时刻对风险保持敏感。本书的最后一章提出,这个框架可以基于一系列明确规定的规则,或是基于一些相对通用的原则。然而纯粹基于规则的框架可能过于严苛,而基于原则的框架又可能不够严谨或意义不明。因此在实践中,我们应该将这两者相结合,而这正是近期监管举措的制定方向,如欧洲另类投资基金经理(AIFM)指令。第十七章还指出,风险管理政策是一种动态的工具,而非静态的审查和平衡。定期审查是必要的,因为它可以确保投资公司的风险管理政策符合行业的最佳做法。值得注意的是,在设置风险管理框架时,其组织架构的效用不仅限于有效性。为了实现有效性,风险管理职能必须与公司运营单位高度独立,同时需要配备足够的资源以及涵盖所有可得信息。公司的报告系统同样也很重要,这套报告系统以及复杂的风险管理模型要求公司配备一套能够进行大规模压力测试和情景分析的IT系统。

对于有限合伙人来说,制定有效的风险管理政策是在风险管理中采用基于内部模型的方法的前提条件。事实上,与采用标准方法相比,受监管的投资者(如银行、保险公司和养老基金)在使用内部模型时,能减少监管资本费用,所以他们有强烈的动机采用内部风险模型。然而在监管当局批准该内部模型之前,它必须通过"使用测试":解释模型的基本原理、基本假设、估计方法、所用数据及其他;解释程序性问题,如关于模型在更一般的治理体系中的作用、模型作为决策过程中综合工具的作用,以及模型对投资者不断变化的风险状况的适用性。

第一部分
非流动资产投资

第二章 非流动资产、市场规模和投资者

为了给本书做一些背景铺垫,本章将从非流动资产的定义出发。具体来说,我们主要关注那些以结构性流动性不足为特征的非流动资产,而不关注那些可能在经济面临压力时受周期性市场流动性衰竭影响的资产类别。在这种定义方式下,我们着重研究私募股权和实物资产,其中实物资产包括房地产、基建、石油和天然气,以及林业等。

私募股权和实物资产最常见的投资结构为有限合伙制。正如第四章所述,投资者从私募股权和实物资产中获取非流动风险溢价时,有限合伙基金为他们提供了一个非常实用的投资框架。若投资者使用基金结构进行投资,那么他们就可以对不同的资产使用同一种风险测量和管理方法。2000 至 2011 年间,约有四万亿美元的资金投资于私募股权有限合伙基金和以实物资产为标的的基金。虽然这一数额与传统资产类别(如上市股票和债券)的投资额相比较小,但在某些投资者(尤其是那些负债限制较少的投资者)的投资组合中,非流动资产的比重相当大(后文中将会具体说明这点)。

本章的最后,我们介绍了长期投资者最新的投资趋势,其中一个很重要的趋势是养老金固定收益计划(DB)向养老金固定缴款计划(DC)的转变,后者在其投资中需要更高的流动性。在此背景下,我们还讨论了长期投资者在新兴经济体中的情况,以及这些投资者抵消或至少部分抵消发达国家长期资本供应量下降的可能性。

2.1 非流动资产

不同资产类别的流动性水平不同,因而需要不同的风险管理方法。图 2.1 展示了一系列不同类型的资产及其对应的流动性和持有期(WEF,2011,p.14)。私募股权和实物资产(如房地产、基建等)处于该图的右上端,左下端是短期和长期的优质政府债券和上市股票(图 2.1)。杠杆基金、商品和公司债券位于该图的中间部分。市场规模并非流动性水平的决定因素,例如在 2011 年年底,美国公司债券的未偿还金额为 77 910 亿美元,并没有显著低于美国财政部 99 280 亿美元的债务存量[①]。但正如查科(Chacko,2005)所说,公司债券交易频率的中位数大约为每两个月一次,而美国上市股票交易频率的中位数为每几分钟一次,这意味着美国公司债券的流动性远低于美国上市股票。

[①] 数据来自美国证券业与金融市场协会(SIFMA,2012)。

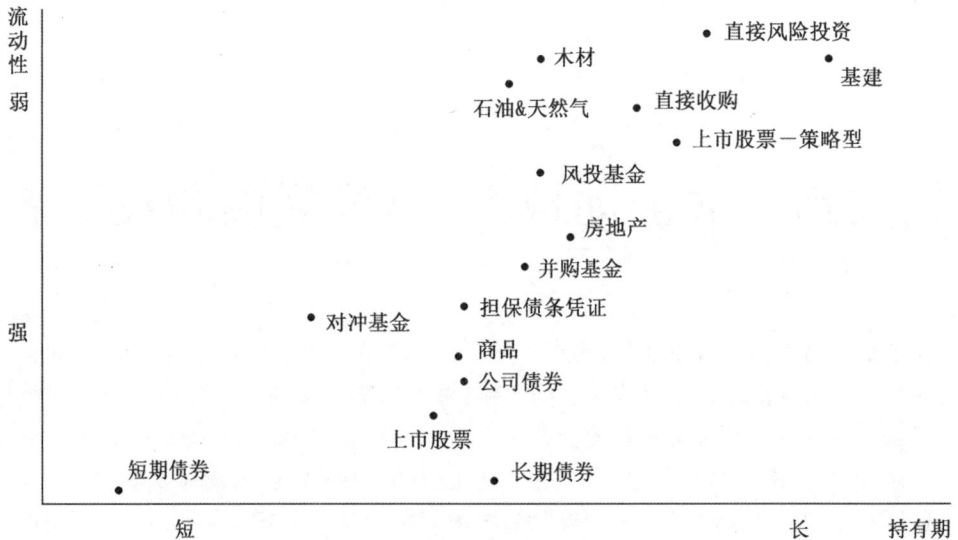

图 2.1　持有期及资产流动性

资料来源:WEF(2011),作者整理

　　私募股权投资的狭义定义是指公司的杠杆收购(LBOs)。杠杆收购涉及的多是已经成熟且能产生收入的公司,既包括私人持有的公司,也包括公开上市的公司。杠杆收购与投资于尚未产生收益的初创公司有所不同,后者包含风险投资(VC),而在美国,人们通常将 VC 视为单独的资产类别。

　　在本书中,我们遵循私募股权的广义定义。我们通常将私募股权投资定义为对未上市公司的投资,我们并不考虑这些公司的发展情况和过去的盈利情况。初创公司和一些刚起步的公司多为私有公司,而成熟公司的并购往往会涉及上市公司私有化的过程,在该过程中,被收购公司(一般指上市公司)在被新的私募股权投资者收购后摘牌,成为私有公司。[①] 因此从本书的研究角度来看,私募股权是公司在其存续期中可以选择的一种融资方式(科尼利厄斯,2011)。在初创阶段,公司尚未产生收益,此时银行往往不愿意为其提供贷款,所以它们只能向风险投资家寻求资金支持。随着公司的扩张,私募股权投资者将为公司发展提供必要的资本。当公司更为成熟之后,公司收购者在考虑税收的情况下进行杠杆收购,通过重新制定公司战略,提升公司运营水平和优化公司资本结构来创造价值。在公司经营的后期,经济上遇到困难的公司需要寻求周转资本来再创繁荣。

　　并购和风险投资代表了最常见的两种私募股权投资形式,但是这两种形式在某些方面差异巨大。首先,在杠杆收购中,私募股权投资者和管理团队通常会购买公司所有或绝大多数股份;相比之下,风险投资家通常只购买少数股份。其次,并购所涉及的公司一般处于成熟阶段,它们具有可预测的现金流,这使得投资者能够通过大量举债来为交易融资,从而放大他们股权投资的预期收益(当然风险也将增加;见阿克萨尔森等,2009);而在

―――――――――

　　① 　某些情况下,私募股权投资者只在上市公司中占有少量股权。这些私人股权投资已上市公司股份(private investments in public equity,PIPEs)不在本书的研究范围之内。

风险投资交易中,投资者通常只能用权益资本进行投资。最后,投资者将并购资本投资于各行各业,而绝大多数风险投资交易则集中在技术驱动型领域,如信息技术、生命科学和清洁能源技术。

实物资产通常被定义为有形资产,它与金融资产不同,后者的价值来源于对标的资产的契约求偿权,所以金融资产既可以是有形的,也可以是无形的。实物资产包括三大类:基建、房地产和自然资源(如耕地)。虽然这三类实物资产的风险/收益特征显著不同,但是投资者往往会将它们归为一类,同时配置于自己的投资组合之中,用于抵消通货膨胀所带来的风险。就基建而言,弗雷泽-桑普森(Fraser-Sampson,2011)区分了经济基建(通信、交通、公共事业)和社会基建(教育、卫生、安全)。基建投资可以为项目的规划建设阶段提供资金。人们有时将这种投资称为一级投资,一级投资与二级投资的主要差别在于二级投资与项目的运行阶段相关。就具体的项目而言,二级投资的投资期通常很长,有时长达数十年。因此二级投资更像是一种债券,因为投资者有权在其投资期内获得现金流。

房地产投资所包含的资产种类很丰富,如办公楼、工业仓库、购物中心和公寓楼。持有优质的房地产与基建投资相似,两者都能够产生大量稳定的现金流。在房地产投资中,与信用良好的租户签订长期租赁合同能够带来现金流。正如史文森(Swensen,2009)所说,房地产投资既有固定收益的稳定性又有类似于持有股权的风险性。但在基建投资中,投资者有权按照租赁合同定期收款。同时,由于当前或未来预期可用于租赁的闲置空间存在剩余价值,投资者也为此要承担风险,这种风险类似于股票投资风险。[①]

最后,自然资源投资主要侧重于对商品的投资,如石油和天然气,林业和耕地。对石油和天然气的投资涉及两种不同的投资类型。一方面,投资于已探明的石油和天然气储备能产生与能源价格高度相关的现金流,而另一方面,投资于勘探活动则属于实物期权投资。人们通常认为只有前者属于实物资产投资的范畴,因为它可以防止通货膨胀,相比之下,对高风险钻井活动的投资大多被归入私募股权投资的范畴。林业投资比较特殊,它的现金流量不以标的资产的消耗为基础——当然我们假设木材持有人是以可持续的方式管理他所持有的木材。此外,木材对通胀较为敏感,不过由于它在整体经济中的作用有限,所以林业投资抵御通胀的作用并不大。

私募股权和实物资产投资属于结构性非流动投资。由于私募股权和实物资产的投资资本存在较长的事前锁定期,所以它们的流动性水平很低,这将结构性非流动投资与其他资产的投资区分开来。后者的流动性相对较高,但在经济面临压力之时,它们的流动性也可能会急剧恶化,给那些已经做出投资决策的投资者带来负面影响。2008—2009年的金融危机中就有大量周期性流动性不足的例子。在此期间,各类市场[包括货币市场、公司债券、证券化、担保债务凭证(CDOs)]全线崩溃,同时大量对冲基金限制或停止赎回。在这些市场中,流动性问题不仅仅是指卖家将价格降至买家愿意接受的水平。实际上在任何价格水平上都没有人愿意进行交易,所有的投资者都决定退出市场(梯若尔,2011)。目

---

①　值得注意的是,房地产投资信托基金(REITs)是金融资产而非实物资产。同样商品期货也是金融资产,而非实物资产。

前人们已经对市场流动性的崩溃做出了各种解释，逆向选择是其中最受关注的论点之一。① 虽然周期流动性风险或动态流动性风险备受学者和监管者关注（见例如洪崇理等，2011），但这个话题超出了本书的讨论范围，故在此我们不做更多的说明。

投资于私募股权和实物资产的方法有很多，弗雷泽-桑普森（2011）曾对此进行了详细的介绍，其中包括投资于上市的私募股权、上市的房地产信托投资基金（REITs）或以基建或石油和天然气公司为标的的交易型开放式指数基金。然而，若是提高这类资产的流动性，投资者可能会因此失去获得潜在流动性风险溢价的机会。我们认为这类投资的意义不大。同时我们也不考虑对这些资产类别的直接投资。近期，直接投资已有所普及，在私募股权领域中尤为普遍，很多投资者希望通过有限合伙制来降低投资成本。然而直接投资仅适用于大型投资者（偶尔也包括共同投资），因而不具有借鉴意义。此外，直接投资的风险特征在各个子资产类别之间存在巨大差异，因此它要求投资者拥有多种不同的风险管理技术。

因此，本书仅讨论私募股权和实物资产最常见的投资形式，即通过基金进行投资，这其中包括有限合伙形式的私募股权母基金（funds-of-funds）和子基金（secondary fund）。在这类合伙关系中，普通合伙人管理基金，有限合伙人提供大部分资本。私募股权基金通常是封闭型基金，其存续期一般为 10 至 12 年。基金存续期间，有限合伙人（即投资者）向普通合伙人做出资本承诺，而普通合伙人将这些资本用于基金投资，投资者在基金清算之前不能撤回资金。此外，若有限合伙人无法满足普通合伙人的招款，那么从本质上来说，该有限合伙人的行为属于违约。事实上，正如我们在第四章所述，有限合伙制的特点为投资者带来了高度的非流动性，它对于投资者获得风险溢价至关重要。

2.2 市场规模

2000—2011 年期间，有限合伙人对近 10 500 个投资于私募股权和实物资产的合伙基金做出了高达 4 万亿美元的投资承诺（图 2.2）。截至 2011 年年底，私募股权和实物资产基金的资金管理规模已达到约 2.25 万亿美元，包括已清算的投资项目。② 其中私募股权基金管理着约 60％的资金（并购基金、成长资本、风险投资、不良资产、重振资本和特殊资产投资、夹层资本）；私募股权母基金和子基金管理另外 11％的资金，而投资于房地产、基建和自然资源的合伙基金的资产管理规模约为 6 600 亿美元，占有限合伙基金资产管理规模的近 30％。

---

① 相关解释可以参考我们在第四章介绍有限合伙制的背景时提及的"柠檬问题"。
② 截至 2011 年年底，对冲基金的资产管理规模约 1.7 万亿美元，因此第一章所提及的另类资产管理规模约为 4 万亿美元。

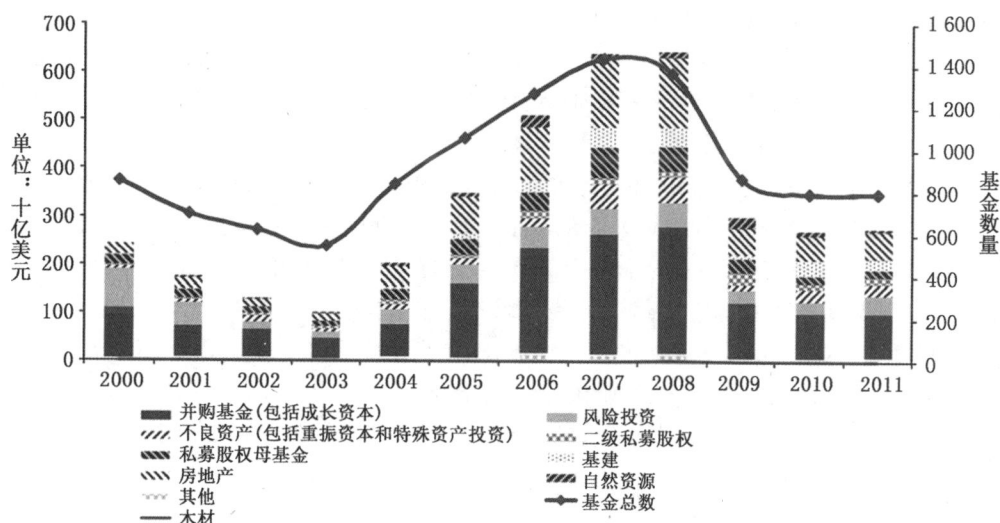

图 2.2　全球对非流动资产的基金投资承诺（按资产类别划分）

资料来源：普瑞奇

　　迄今为止，美国一直是全球最大的私募股权和实物资产投资市场，2000—2011 年间，美国市场的资金流入占全球有限合伙基金资金流入的近 60%（图 2.3）。欧洲是第二大市场，占全球份额的 23%。虽然世界其他地区的非流动投资市场规模相较美国和欧洲而言仍然很小，但近年来，这些经济体也迎头赶上，在私募股权和实物资产领域吸引了越来越多的资本。在 21 世纪初，这些市场仅吸纳了全球约 10% 的投资量，但十年过后，该比例已增加了一倍以上。

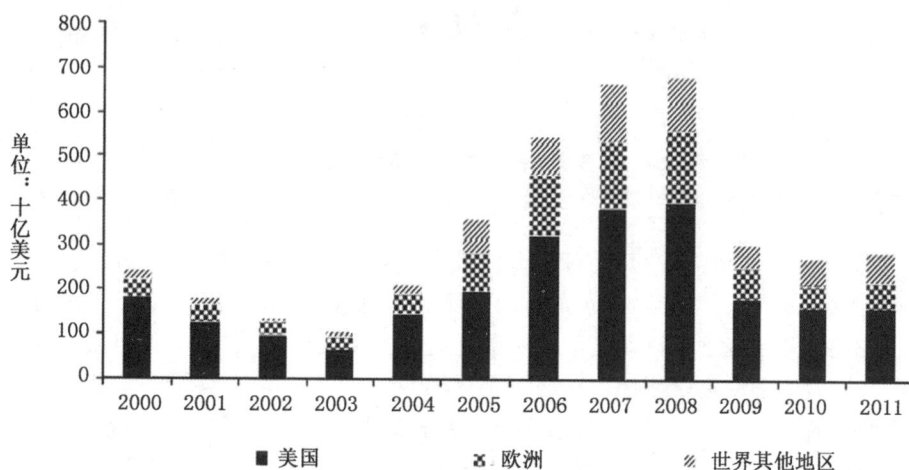

图 2.3　全球对非流动资产的基金投资承诺（按地区划分）

资料来源：普瑞奇

　　2000—2011 年期间，全球流入私募股权和实物资产基金的资本中，近一半是在 3 年内发生的。2006—2008 年期间，随着越来越多合伙基金的成立和单个基金规模的扩大，非流动资产的投资承诺额也大幅增加。然而虽然最近一次融资周期特别显著，但它并不是独一无二的。宏观经济冲击对任何一个融资周期都有巨大影响，但在最近这次周期中，戈姆佩斯（Gompers）和勒尼（2000）与迪勒和卡瑟（2009）还发现，通过合伙基金进行非流动投资的特殊性质使得融资的周期性更为显著。

众所周知，美国并购基金市场是目前全球最大的私募股权投资市场，图2.4 具体展示了投资者对美国并购基金做出的投资承诺。为了突出并购基金市场的周期性，我们不仅展示了这些合伙基金资本流入的绝对金额，还展示了它们在美国股票市场总市值中所占的百分比（股票市场本身也会随估值的周期性变动而波动）。1980 年至 2011 年间，投资者对美国并购基金做出的投资承诺平均占美国股票市场总市值的 1/3 个百分点。在 20 世纪 80 年代末期的第一次并购浪潮中，该百分比曾一度达到 0.6%，而在最近的一波增长中，该百分比超过了 1%，与这一次增长相比，之前的涨幅就相形见绌了。

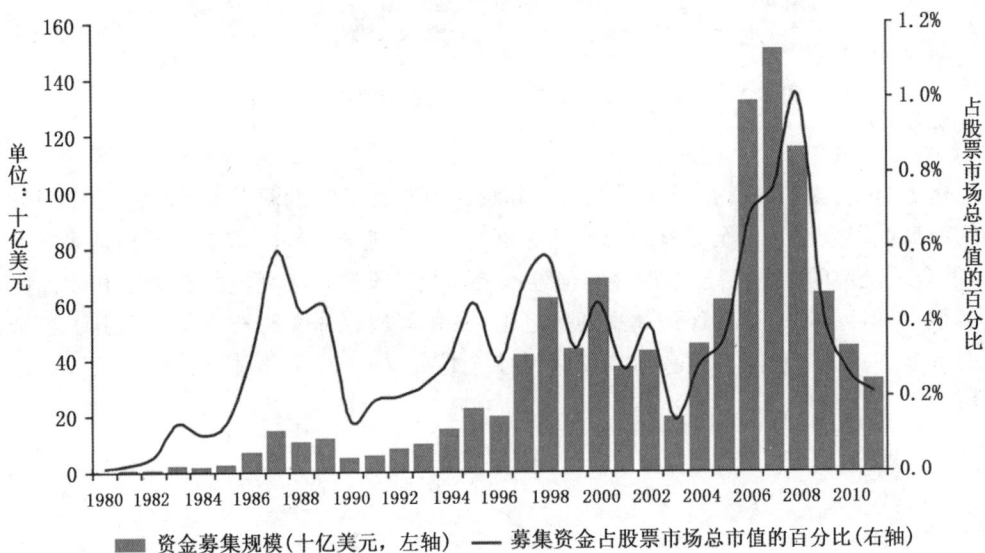

图 2.4　投资者对美国并购基金做出的投资承诺

资料来源：汤森、普瑞奇、世界交易所联合会

私募股权的资本供需失衡，是有限合伙基金获得的投资承诺具有周期性的原因之一。市场的修正（market correction）通常与经济下行同时发生，此时流入私募股权基金的资本往往并不多，基金经理可以调度的资本数量有限。可用资金减少，有吸引力的投资项目也不多，这一阶段的交易价格因而随之下降。随着经济缓慢复苏，各方的盈利能力也有所改善，虽然此时利率仍然很低，但由于投资者的风险承受意愿逐渐提升，利差通常会变小，投资组合公司因而可以以更低的成本再融资，并向投资者支付红利。然而随着私募股权收益回升，资本流入量也将上升，这一增长势头令基金经理越来越难以获得好的交易机会，平均收益率也再次回落（戈姆佩斯和勒尼，2000）。基金日益降低的期望收益令投资者倍感失望，因而他们调整对新基金的投资承诺，以降低自身投资组合的风险。新一轮周期随之开始。

非流动性在所谓的"资金追逐交易(money-chasing-deals)"现象中起着决定性的作用。正如洪崇理和索勒森(2011)解释的那样(我们将在第五章详述这个问题),最优资产配置方法通常假设投资组合可以不断再平衡。在无摩擦的市场中,投资者可以出售价值上升的资产,并购买价值下跌的资产,从而保持投资组合权重不变。然而在现实中,对私募股权基金做出的承诺不具有连续性,而且这类投资具有非流动性,因此此投资组合无法持续进行再平衡。此外,投资者并不会频繁调整自己的投资组合,这使得投资具有显著的周期性。我们将在后文中谈到,周期性对现金流的影响巨大,它也影响着流动性风险的管理。

虽然非流动投资吸引了越来越多长期投资者的关注,但其在市场中的重要性仍相对较小。2011年,全球通过有限合伙制投资的非流动资产总额大约为2.25万亿美元,相当于全球股票市场总市值的5%左右。为了了解相对于传统(和一般可销售的)资产而言,非流动投资的重要性,我们在计算全球股票市场总市值时,计入了发行在外的公债和公司债券,这样一来非流动投资的规模在全球股票市场总市值中占比不足2%(图2.5)。即使在美国(目前最大的非流动投资市场),投资者对私募股权和实物资产的敞口也仅占债券和上市股票总市值的3.3%。

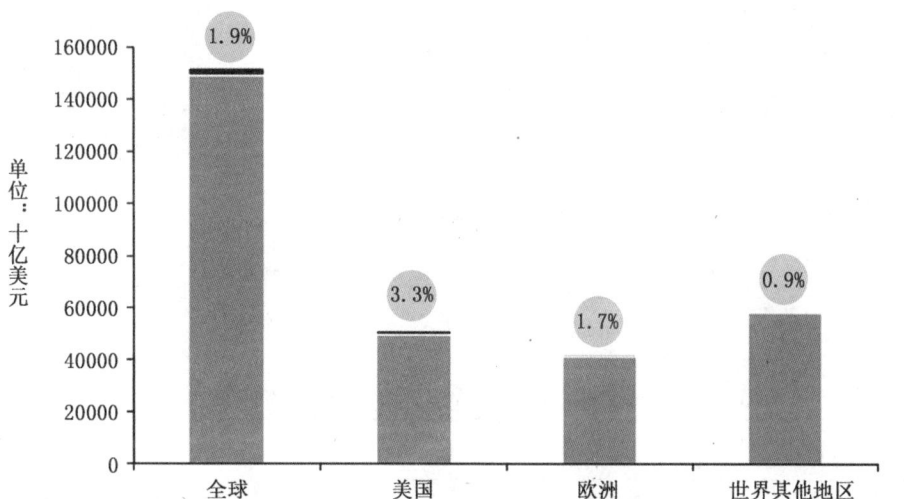

注:股票市场以市场总市值计算;债券市场以主权国家和借款公司发行在外的债券总量计算。百分比是指截至2010年年底,非流动投资占股票和债券市场规模的百分比。

图2.5　非流动投资规模与股票和债券的市场规模

资料来源:普瑞奇、IMF

2.3 投资者

图2.6展示了非流动资产市场的构成,其中机构投资者提供的资本(大多)通过有限合伙的方式投资于与房地产、基建和自然资源相关的公司和投资项目。

投资者在投资于私募股权和实物资产的基金时需要将资本锁定较长时间,这排除了一些负债结构欠佳的投资者。

2.3.1 当前非流动资产的投资者及其敞口

从投资者的负债结构考虑，最重要的非流动资产投资者（以投资者对非流动资产的投资总额计量）包括：养老基金、寿险公司、家族财富管理办公室、捐赠基金、基金会和主权财富基金。虽然银行一般不被列入非流动资产的长期投资者，但它们也提供了大量的资本——有时它们是为了交叉销售一些与并购交易相关的服务（勒尼等，2007）。然而新的法规，如美国的《多德—弗兰克法案》，将进一步限制银行直接进行非流动投资。

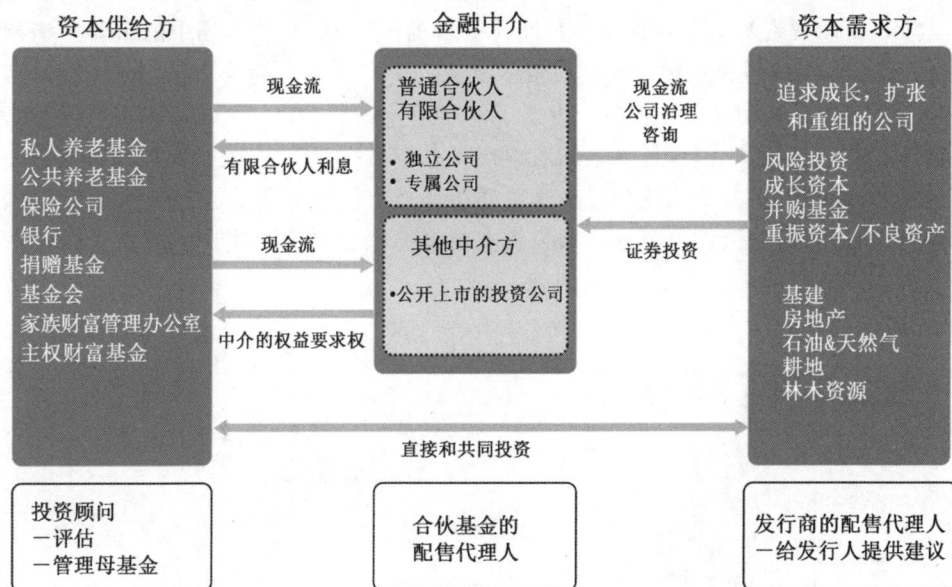

图 2.6　非流动投资中有限合伙形式的金融中介

表 2.1　私募股权基金中有限合伙人的数量（截至 2012 年 10 月）

类别	北美	欧洲	亚洲	其他	合计
公共养老基金	319	160	16	18	513
私人养老基金	297	205	15	58	575
保险公司	150	106	56	22	334
银行	33	105	66	47	251
主权财富基金	5	2	11	16	34
家族财富管理办公室	227	155	33	21	436
捐赠基金/基金会	1 072	102	7	15	1 196
其他	400	414	244	186	1 244
合计	2 503	1 249	448	383	4 583

资料来源：普瑞奇

注："其他"包括私募股权母基金、子基金、投资公司、投资信托、政府机关和公司投资者。

表 2.1 按投资者类别展示了已知的私募股权基金投资者数量。根据普瑞奇(Preqin,一家数据供应商)提供的信息,全球有近 4 600 个私募股权投资者。虽然真实的投资者数量可能更大,但我们有理由假设表 2.1 遗漏的是一些规模较小的机构投资者。在已知的私募股权基金投资者中,大约 25% 是捐赠基金和基金会,它们绝大多数来自美国。因为这个投资团体面临的投资限制相对较少,所以它们在投资私募股权和其他长期资产时有很大优势。与其他类型的投资者不同,捐赠基金和基金会通常不受监管政策的影响,虽然它们每年需要对受益人支付大量分红,但是这些支付要求的增长是随着资产规模扩大而相应增长的。耶鲁大学投资办公室是最著名的长期投资者之一,1999 年它仅在私募股权领域分配了略高于 2% 的资金,但在大卫·史文森(David Swensen)的领导下,到 2010年,这一比例高达 21.3%(勒尼和利蒙,2011),同时其实物资产投资占 15.6%,这意味着耶鲁大学将其超过 1/3 的资金配置于非流动资产。

耶鲁大学对长期资产的大额敞口及其绝对收益策略被称为“耶鲁投资方法”,该法被许多捐赠基金效仿。虽然不是所有的捐赠基金都像耶鲁大学一样,对非传统投资工具的配置比例如此之高,但它们通常比大多数其他机构投资者更愿意接受非流动资产的特殊风险。

家族财富管理办公室在资产配置方面所受的约束更少。在负债方面,它们每年的支付要求最少,所以它们能够专注于财富保值,也能接受短期的市值损失。至于家族财富管理办公室在长期资产,特别是私募股权的风险敞口,我们暂无精确的数据,但普瑞奇提供了一些案例,在这些案例中家族财富管理办公室对私募股权基金配置了 1/3 甚至更多的资金。

养老金固定收益计划的存续期平均为 12 年至 15 年。与捐赠基金、基金会和家族财富管理办公室不同,在其存续期中,养老金固定收益计划需要满足固定支付要求,同时它还受到监管和会计约束,因此它对非流动资产的投资有限。在未加权(资产管理规模)的基础上,美国公共养老基金目前对私募股权的目标风险敞口约为 7.5%,企业养老金计划的目标敞口则相对较小。据报道,欧洲公共养老基金和私人养老基金对私募股权的配置比例分别为 4.5% 和 4%。然而这些平均值无法揭示不同养老基金之间的内部差异,一些大型的北美养老金投资者,如加州公共雇员养老基金(CalPERS)、加州教师退休基金(CalSTRS)、安大略教师养老金计划和华盛顿州投资委员会,对私募股权的风险敞口已经达到两位数。

人寿保险公司的负债结构与养老基金类似,但它对私募股权的敞口通常比养老基金小。人寿保险的投资决策在很大程度上受到会计准则和监管要求的限制。与养老基金相比,公开上市的人寿保险公司往往更注重稳定的季度业绩,这可能是它们对私募股权的配置额相对较低的另一个原因。

主权财富基金一般将一国的外汇储备投资于那些对于中央银行来说风险过高的资产类别中。主权财富基金作为未来的财富储备,通常没有明确的债务,它们在每年最低的支付要求上受到的会计和监管约束也远小于养老基金和保险公司,因此它们非常适合成为长期投资者。

一些主权财富基金,如阿布扎比投资局(ADIA)、中投公司(CIC)或科威特投资局(KIA)管理的投资组合体量较大。关于它们资产组合的结构我们知之甚少,但伯恩斯坦(Bernstein)等(2009)最近的研究表明,许多主权财富基金已经参与了大量的直接风险投资和并购交易。例如,世界上最大的主权财富基金 ADIA 公布了它们对私募股权的目标敞口为 2%~8%,其中不仅包括直接投资,还包括对基金的资本承诺;而新加坡政府投资有限公司(GIC)对私募股权的目标配置比例为10%。

总的说来,从机构数量以及资产管理规模中对私募股权配置的平均百分比来看,捐赠基金和基金会都是最重要的私募股权投资者。然而与养老基金、保险公司和许多主权财富基金相比,它们的投资组合仍相形见绌。例如,耶鲁大学投资办公室(第二大的大学捐赠基金)目前管理的投资组合规模大约为 200 亿美元,还不到美国最大的养老基金 CalPERS 管理资产规模的十分之一。因此我们发现,投资组合规模与投资者对私募股权的敞口成反比(图2.7)。这种关系对私募股权投资如此,对更一般的非流动投资也同样成立(图2.8)。

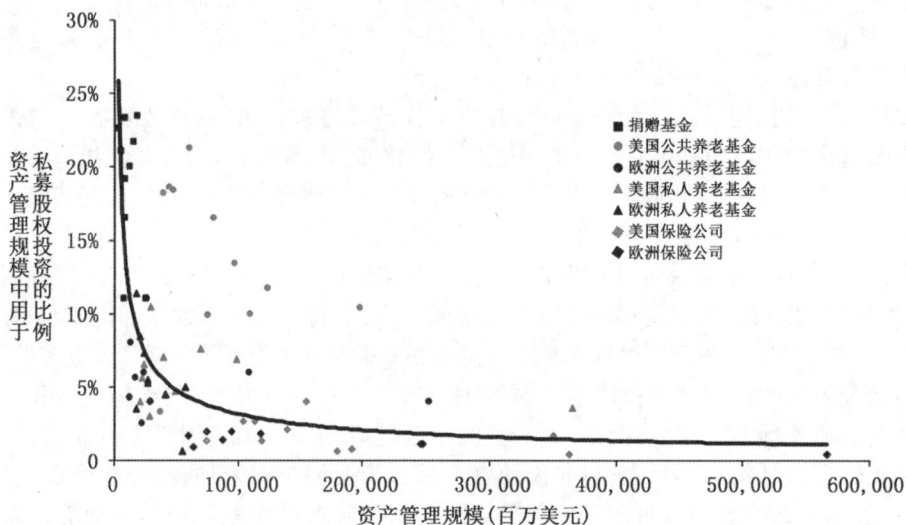

图 2.7　大型机构投资者对私募股权的投资承诺

资料来源:普瑞奇

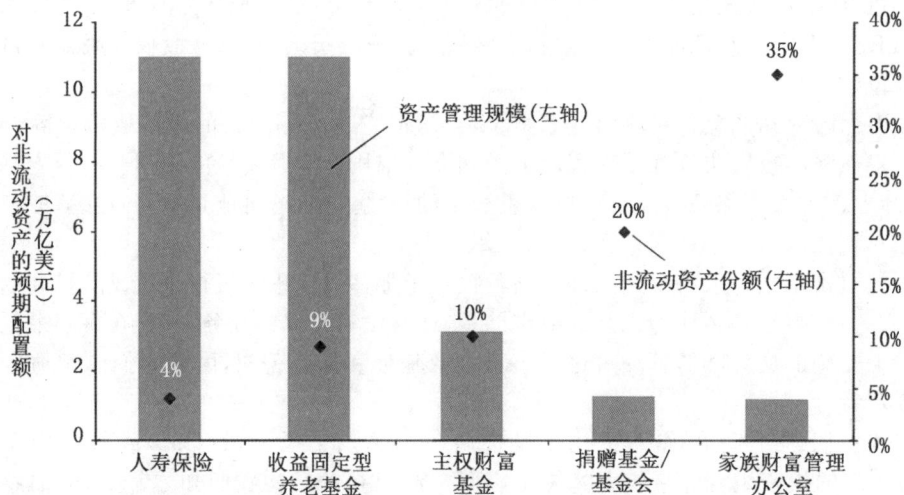

图 2.8　长期投资者的资产管理规模和对非流动资产的预期配置额

资料来源:WEF(2011)

　　然而从全球的投资者类别来看,我们对于私募股权基金资本承诺额的信息仍然缺乏准确性和一致性。但从欧洲风险投资和私募股权协会(EVCA)为欧洲融资市场收集的数据来看,2005—2010 年间,(欧洲和外国的)养老基金的投资额已经占欧洲私募股权基金所募资金的 25%,保险公司占 8%,捐赠基金和基金会,以及家族财富管理办公室分别占了 2% 和 3%(图 2.9)。因此投资者投资组合的资产管理规模(分母效应)显然影响了给定投资组合中私募股权所占的比例(分子效应)。

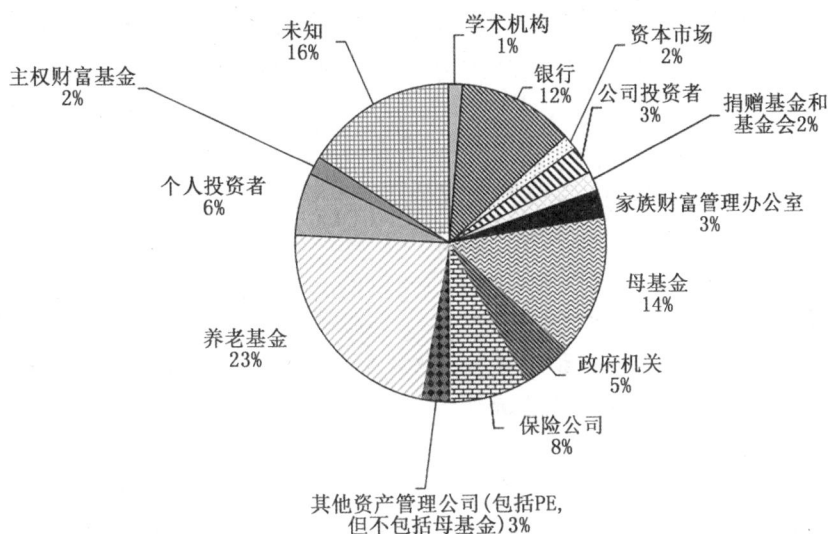

图 2.9　2005 年至 2010 年间欧洲私募股权基金的资本承诺来源

资料来源:EVCA

2.3.2 最新趋势

　　虽然养老基金是私募股权和实物资产最重要的投资者,但随着养老金固定收益计划向固定缴款计划过渡,其在长期资本供应方面的作用可能会减小。在美国,公司固定收益计划的比例从 20 世纪 80 年代中期的 65% 下降到 2010 年的 35% 左右,而公共和私人养老金计划中,固定缴款计划的比例已经攀升至近 40%(OECD,2011)。在其他一些经合组织国家,如澳大利亚、丹麦、意大利和新西兰,固定缴款计划已占主导地位。在许多新兴经济体内,养老金制度也是基于固定缴款模式设立的。

　　从固定收益向固定缴款过渡意味着风险从雇主向雇员进行了重新配置。一方面,固定收益计划中不变的是收益,而固定缴款计划中不变的是缴款额。另一方面,固定缴款计划总能保持充足的资金来源,而固定收益计划下雇员可能面临雇主破产的风险。从投资的角度来看,两者的主要区别在于,在固定收益计划中,雇主没有义务支付实际尚未产生的预期收益,因此固定收益计划的收益不能在不同雇主之间转移,而这也正是该计划能够进行长期投资的关键前提。

　　相比之下,在养老金固定缴款计划中,雇员拥有更大的灵活性。雇员在跳槽后通常既能够将养老金计划的资产留给前雇主管理,也可以将其转交给新雇主管理,还可以将资产转入个人退休账户中。这要求固定缴款计划能够在短时间内为每个会员的资产估值，这既是为了获取会员信息，也是为了方便会员随时更换养老金账户的管理方案。因此固定缴款计划的投资范围通常仅限于市场价格明确的资产，这能够确保无论是认购、退出，或是继续持有基金的会员都能得到公平待遇。此时流动性至关重要——资产定价必须公平，且雇员养老基金的投资可随其养老金账户管理方案的更改而转移。

私募股权和实物资产通常不符合上述流动性标准，这意味着固定缴款计划无法投资于这类资产，并获取相应的非流动性风险溢价。然而正如我们在第五章所述，非流动性风险溢价非常可观，因此人们开始考虑相应的解决方案。《麦纳斯报告（Myners Report）》（2001，p. 106）提出了如下建议：

> "也有其他能够使固定缴款计划投资于私募股权的创新方法。本文的目的不在设计产品，但是作为一个具体例子，我们可以设想这样一种方法：固定缴款计划的投资者定期将资金投入联接基金（feeder fund）中。在这只基金的资金积累阶段，将基金的现有资金投资于被动型股权基金。一旦联接基金积累了足够的资金，且私募股权基金筹建完毕，那么在新设的私募股权基金为新投资项目融资的时候，我们可以将指数投资组合（指前面提到的被动型股权基金）进行清算。此时，固定缴款计划的投资者可以收到在被动型私募股权投资组合中实现的收益，或者由计划发起人建立一种机制，在建立新的私募股权基金之前，将收益再次投资到被动型投资组合中。以上简短的描述或许并不能解决所有问题，但它至少表明了该领域存在巨大的创新空间。"

事实上，麦纳斯方法的一种模式已在智利投入使用，智利的养老保险制度完全（100%）以固定缴款制为基础。截至 2011 年年底，智利六所私营公共养老基金（AFP）的资产管理规模达到近 1 500 亿美元。近年来，一些国际知名的普通合伙人，包括黑石（Blackstone）、汉柏巍（HarbourVest）、科尔伯格·克莱维斯·罗伯特（Kohlberg Kravis Roberts，KKR）公司、列克星敦投资公司（Lexington Partners）、合众集团（Partners Group）和南十字星（Southern Cross），已经从其中五个 AFP 募集了资本。具体来说，这些普通合伙人在智利证券交易所注册了一个本地联接基金（一种公开交易的上市基金），使养老金计划满足他们每月的流动性要求［详情见新兴市场私募股权协会（EMPEA），2011］。

其他地区是否能采用类似的解决方案将是未来长期资本供应的关键问题。世界经济论坛（WEF，2011）最近的一项研究预计，家族财富管理办公室、捐赠基金/基金会和主权财富基金的资产管理规模将不断扩大，但预期增长只能部分抵消从固定收益计划向固定缴款计划过渡所产生的负面影响，也只能部分抵消为了应对后雷曼时代监管和会计方式变化，养老金计划和寿险公司投资组合采取的降风险举措所带来的影响（图 2.10）。因此，WEF 得出的结论是，长期资本供应的净效应为负。

表 2.1 未来长期投资能力的驱动因素

机构	资产管理规模的预期变化	新生制约因素的影响
家族财富管理办公室	↑ - 家族企业的销售额 - 高净值家庭的财富增长	↔ - 对长期收益不确定的投资项目的偏好下降
捐赠基金/基金会	↑ - 高净值家庭扩大捐赠额	↔ - 受托人和受益人压力的不断增大,导致对非流动性资产投资的减少
主权财富基金	↑ - 超额准备金和账户盈余继续转移到主权财富基金 - 国家对建立主权财富基金的兴趣高涨	↔ - 危机前对高风险、非流动资产的投资已有所减少
固定收益养老基金	↓ - 结束 DB 计划或出售 DB 计划,同时增加 DC 计划 - 养老金制度已完善的国家的老龄人口增加了支出	↓ - 采用市值计价的趋势 - 更严格的资金和偿付能力要求 - 保险人对养老金波动性的偏好下降 - 将到期负债
寿险	↔ - 财富的增长,特别是在新兴市场,将增加资产数量 - 老龄人口将增加支出	↓ - 新兴监管方案(如 Solvency II)阻碍长期的高风险投资

资料来源:WEF(2011)

重要的是,WEF 的研究假设固定缴款计划不能提供长期资本。然而智利的案例表明事实情况并非如此。虽然老龄化导致养老基金的支出增加,发达经济体中养老基金作为长期投资者的作用可能因此进一步减弱,但随着养老金改革的深化,新兴经济体中养老基金的资产管理规模将继续快速上升。麦肯锡全球研究所最近的一项研究(2011)估计,虽然在中国和其他亚洲新兴市场中,固定缴款计划和个人退休账户管理的养老金资产的基数较小,但它们近年来已经分别增长了 27% 和 19%。[①] 而在拉丁美洲,养老金资产的年增长率平均为 24%(表 2.2)。若能有效解决资产的流动性和可转移性问题,那么这些基金将成为投资于私募股权和实物资产时日益重要的资本池。

表 2.2 2000 年至 2010 年金融资产的增长(复合年均增长率,%)

部门	美国	西欧	日本	中国	其他发展中国家	其他亚洲国家	拉丁美洲	中东和北非	世界其他地区	合计
家庭	3.9	2.9	0.6	16.2	6.6	10.0	15.6	22.8	16.2	4.4
机构投资者·养老金	4.1	5.2	6.8	27.3	5.6	19.4	24.0	14.0	24.3	5.1
·保险	5.1	4.4	2.6	30.0	2.3	18.9	21.7	15.5	18.0	4.4
·捐献基金与基金会	4.9	7.3	6.8	—	13.2	—	16.6		—	5.5
·公司银行	5.0	7.4	7.1	21.2	20.0	14.3	13.7	20.7	32.8	8.5
·非金融公司	9.2	3.4	2.9	17.7	10.4	15.5	18.2	18.7	16.1	9.6
·政府中央银行	37.0	18.7	11.6	33.0	6.5	15.0	12.6	22.6	21.9	18.6
·主权财富基金	0.0	9.0	—	7.7	3.6	8.1	20.4	12.0	1.0	7.7
·其他政府部门	—	—	—	14.7	—	9.2	11.2	10.2	13.4	12.5
合计	4.8	4.4	3.3	19.2	7.6	15.7	16.1	21.0	19.7	6.3

---

① 可以确定的是,养老金计划在新兴市场仍有巨大的发展空间。例如,在中国,养老金资产(不包括国家储备基金管理的资产)只占 GDP 的 7%,而在美国,这一比例为 100%。

资料来源：麦肯锡全球研究所（2011）

另一个潜在的利好因素在于，新兴市场中对固定收益计划和保险公司量化投资的限制将进一步放宽。相关部门可能出于审慎考虑以及出于对国家经济目标的考虑，限制对某些特定资产类别（如私募股权及其他另类资产或外国投资，或两者兼有）的量化投资。从国家经济目标来看，养老金投资往往有助于发展国内债券市场，有时它也可以作为社会投资（如住房贷款和建造医院、学校和其他基建项目）的资金来源［伯仁茨特恩（Borensztein）等，2006］。然而对量化投资施加限制是有代价的，因为它限制了潜在的多元化收益，也限制了风险调整后的投资收益。

在新兴经济体中，由于养老金和寿险资产规模的增长速度超过了国内证券市场规模的增长速度，次优多元化的成本显得尤为突出（Chan-Lau J. A.，2004）。资产管理人必须处理集中在少数政府证券和公司债券中的投资组合风险，然而因为许多新兴经济体中，养老基金的公司债券和股票发行量很低，不断增加的资产管理规模只能投资于有限的证券，这增加了资产价格泡沫的风险。限制量化投资除了影响潜在的多元化收益外，也影响资产管理人为其所在机构平衡资产与负债的能力。但量化投资对养老基金尤为重要。正如我们在下一章详细论述的那样，经合组织养老基金资产管理指南（OECD，2006）建议取消具体最高限额，因为它将阻碍多元化投资策略：

> "我们应避免对投资组合设置过多的限制，比如我们不能妨碍多元化投资，也不应该阻止相关投资者使用资产—负债匹配法或其他常用的风险管理技术和方法。此外，匹配资产、负债特征（如到期时间、存续期、货币种类等）非常有益，因此它不应该受到限制。"

新兴经济体中，越来越多的政府（虽然当前数量仍然较少）已开始遵循经合组织的建议，放宽对外国投资和/或风险较高的资产类别的投资限额。该进程一般从放宽对外国投资以外的资产类别的投资限额开始。一些国家的投资者现在可以（至少在国内）投资于长期资产类别，此前他们并没有长期资产的投资许可。在其他一些国家中，特定资产类别的最高投资限额已有提高，这使得投资者可以采用更有效的投资策略。在（更宽松的）投资限制下，投资决策应以"谨慎投资者"原则为指导（我们将在下一章讨论这个内容）。根据经合组织指南，该原则要求养老金计划或基金的理事机构充分利用尽职调查和专业技能，审慎地进行投资。只要基金经理履行他们的受信义务，在适当的内部控制和流程体系下有效地实施和监测投资管理流程，他们就能通过投资长期资本来获取风险溢价和多元化收益。

显然放宽投资限制是追求长期投资策略的必要不充分条件。若以美国为例，在监管机构设定的投资限制下，长期投资数额理应显著上升。事实上，在1979年美国劳工部提出"谨慎人"规则，并明确许可养老金基金经理投资于高风险资产（包括并购和风险投资基金）之后，养老基金的资产管理规模中非流动资产的占比越来越高。这为美国和全球私募股权行业的快速发展奠定了基础——其资产管理规模从1980年的几十亿美元增长到了2011年的1.4万亿美元。

巴西则是一个反例。在巴西,养老基金可以将其20％以内的资产投资于国内私募股权基金,10％以内投资于外国私募股权基金。但这些养老基金仍不能投资于以外币计价的基金。内部约束也可能为基金投资带来额外的限制。然而目前巴西养老基金资产在国内外私募股权基金的实际配置额,大多都远低于法律和内部投资的限额。我们以PREVI为例,PREVI是巴西最大的养老基金,它管理着巴西银行900多亿美元的资金。截至2011年3月31日,PREVI对私募股权的敞口仅为5.55亿美元,占其资产管理规模的0.7％,均由国内私募股权基金进行投资。私募股权的配置比例如此之小,可能源于巴西在非流动资产投资中缺乏适当的风险管理工具,这使得养老金基金经理难以获得非流动风险溢价。

2.4 总结

在本章中,我们定义了本书将涉及的所有资产类别。虽然大多数资产在遭遇严峻的市场压力时,都会面临流动性下降的情况,但其中只有小部分资产是结构性流动性不足的资产,这些资产类别包括私募股权、房地产、基建和自然资源,特别是石油天然气和林业,它们仅适合有能力并愿意接受资本被长期锁定的投资者。有限合伙基金是私募股权和实物资产最常见的投资形式,而其特殊的性质使得它们的流动性高度不足。2000年至2011年间,投资者对有限合伙基金的投资承诺总额超过4万亿美元。虽然与传统资产的市场规模相比,这一数额仍相对较小,但对某些投资者来说,非流动投资不再是一种利基策略,这对于捐赠基金、基金会和家族财富管理办公室来说尤为如此,这些机构在私募股权和实物资产中拥有巨大的风险敞口,在某些情况下,它们对上市股票的风险敞口反而更小。

由于主权财富基金的负债结构适合长期投资,它们对非流动资产的配置额有所增加,同时其资产管理规模也不断扩大,因此主权财富基金作为长期投资者的重要性显著提高。尽管如此,养老金固定收益计划和人寿保险公司仍然是长期资本最重要的投资者。虽然与捐赠基金、基金会和家族财富管理办公室相比,养老金计划和保险公司对非流动资产的配置额相对较小,但其投资组合的总规模通常很大。鉴于养老金固定收益计划和人寿保险公司在长期资本供应中的主导地位,本章最后探讨了机构投资群体的最新发展趋势。具体来说,我们研究了养老金固定收益计划向养老金固定缴款计划的过渡。由于在养老金固定缴款计划中,养老金资产可以转移,因此该计划在投资于非流动资产时面临诸多限制。正如前文所述,此次过渡所带来的影响,在一定程度上会随着新兴市场资本池的不断积累而得到缓解。然而这些资本池中有多少会投资于长期资产,则将受制于投资者的风险偏好及其在投资组合中准确测量和管理风险的能力。

第三章 谨慎投资和另类资产

"通达者见害而隐避,愚蒙者前往而遭灾。"

——《圣经》箴言 27:12

长期投资者通常希望在非流动资产上获得风险溢价(尤其是非流动性风险溢价),同时还希望获得投资组合多元化所带来的收益。然而在追求这些目标时,许多投资经理不能完全自由地进行投资决策。例如养老基金和保险公司作为托管人,常常受制于监管机构,而这些监管机构则旨在降低受益人的风险(在一些关键案例中,这些监管机构还需要控制整个经济体的风险)。因此投资决策需要在法律框架内实现两个目标之间的平衡,即收益最大化和资本保护[莫尔曼(Mollmann),2007]。监管机构一般有两种投资监管途径:第一,根据"谨慎投资者规则"对投资管理行为进行定性分析;第二,对投资者明确规定投资数量限制[弗兰岑(Franzen),2010]。

谨慎投资究竟由什么构成呢?长期以来,这个问题的答案不断变化发展。最初,"谨慎投资"主要以法定投资表(legal lists)为依据。后来美国大多数州的立法机关和法院逐渐摒弃了法定投资表这种过于死板的方法,改为采用谨慎人规则(prudent man rule)。谨慎人规则主要适用于单项投资,但是随着时间的推移,这一规则的适用范围日显狭隘。现代投资组合理论(MPT)表明,给定收益水平,多元化投资能够降低风险(反之亦然)。因此在MPT的影响之下,谨慎人规则演化成了谨慎投资者规则(prudent investor rule),该规则主要关注投资组合中的投资风险,而不仅仅是单个资产的风险。在给定的投资组合中,投资者对另类资产的配置可能因监管原因和内部政策因素而有很大差异。有一种减少差异的方法是设定数量投资规则,该规则将从法律上限制受托人投资于不受监管的市场和衍生工具。虽然人们普遍认为这仍是一个"粗糙"的体系,但是从风险管理角度来看,直接限制每类资产的投资额度,比一些复杂的方法更为有效[斯皮特里(Spiteri),2011]。许多国家,特别是新兴经济体,仍在使用这种方法,其目的很明确,就是为了保护受益人的资本。然而在数量投资规则下,管理人可能会过于自信,集中投资于表现平平的资产。[1]因此从投资组合角度考虑,仅对单项资产进行限制会带来次优的投资结果和非谨慎投资,这一点受到了广泛的批评。人们希望监管规则的改变能提高投资者对另类资产的资本配置额。

本章将在另类资产投资的背景下讨论"什么是谨慎"。本章并不限于监管的角度,它

---

[1] 弗兰岑(2010)指出,德国养老基金的投资并不会超出它们的法定风险额度。

还提出了更广泛的论题,如风险管理师的职责。风险管理师的职责是否仅限于遵循现行法规或内部投资规则,从而限制投资者在某类资产的风险敞口？或者更广义来看,风险管理师是否需要从投资组合的角度出发保证投资资本的安全,从而成为谨慎性的守护者？

3.1 历史背景

在中世纪,房地产是财富的主要形式,但封建制度严格限制了土地所有人在死后将土地转让给家庭成员的权利。正如海登(Hayden,2008)所述,信托这一概念的产生,就是为了通过将房地产所有权转让给第三方受托人,从而绕开这种封建限制。受托人可根据委托人的指示,将所有权转让给指定受益人。最初在很长的一段时期内,受托人仅充当转让代理人的角色,并没有对财产进行管理。

3.1.1 资产保护的重要性

随着时间的推移,人们逐渐认识到资产保护的重要性,越来越多的受托人也因此参与了信托资产管理,通过购买和销售信托资产为受益人带来更好的收益回报。此外,受托人也开始管理土地以外的资产。例如在1719年,英国国会批准一批受托人投资南海公司(South Sea Company)的股份。但由于"南海泡沫"(South Sea Bubble),信托投资的谨慎标准变得严苛起来。

大法官法院(Court of Chancery)制定了法定投资表,确定了适合投资的资产范围。受托人唯一的义务是保护资本,重点是要保证"安全"投资。然而至少在法官和立法者看来,"安全投资"的范围相当有限,它包括长期固定收益债券,如政府债券和第一抵押贷款[朗本(Langbein)和(波斯纳)Posner,1976]。那些未被列入法定投资表的资产被视为"非法资产",直到19世纪后期,英国和美国的一些地区才开始允许信托基金投资于私人企业发行的证券。

3.1.2 谨慎人规则

由于通货膨胀率高企,可投资工具的收益水平极低,与此同时,金融创新开创了新的资本市场,使得人们对"安全投资"概念产生了越来越多的质疑。最终这个概念被摒弃,取而代之的是所谓的"谨慎人规则",它成为管理信托投资的新标准。作为一项法律原则,它可以追溯到1830年美国麻省高级法院审理的著名案件[①],在该案件中,法官建议受托人:

> "观察谨慎、慎重和聪慧的人如何管理自己的投资,不从投机的角度出发,而是从长期投资角度考量投资的潜在收益以及投入资本的安全性。"

谨慎人规则最初是一份关于细心、技能和谨慎的一般声明,它的目的是使受托人在应对特殊情况时拥有足够的灵活性。然而随着时间的推移,这种灵活性逐渐受限于判例法

---

① 哈佛大学上诉埃默里大学,9 Pick.(26Mass.)446,461(1830)。

和有影响力的论著,某些投资项目又被归为"投机行为",因而是"非谨慎"的。换言之,这使得受托人无法应用现代投资组合管理方法。

谨慎人规则最重要的目标是保全资本。因此受托人的首要责任是不因投资潜在的投机性和风险性损失任何资本。受托人在履行职责时,必须对每一项投资进行尽职调查,以资产自身的风险—收益特征作为判断是否投资的依据,而不是以资产在多元化投资组合中的作用为依据。随后,有些法院发现某些投资类型(如二次抵押贷款或新型商业投资)本质上是投机的,不属于谨慎投资,谨慎人规则因此渐渐发展成一套法院用于界定受托人谨慎与否的规则。各种制约因素和狭隘的司法解释严重限制了受托人可以投资的资产类别,最后受托人基本上只能投资政府证券和高信用评级公司债券。

3.1.3 现代投资组合理论的影响

自 1959 年最近一次修订谨慎人规则以来,投资产品出现了一系列创新,这些创新产品最终成为广大投资者的主流投资对象。这其中包括风险投资和并购行业的萌芽,以及有限合伙制作为私募股权主要投资方式的快速发展。起初人们认为上述投资类型并不适合作为养老基金的投资标的,因为它们不够谨慎。然而 1979 年,美国劳工部基于《雇员退休收入保障法》(ERISA)提出了他们的谨慎人规则,他们明确允许养老基金可以投资于曾被认为是高风险的资产,包括风险投资(戈姆佩斯和勒尼,2001)。这使得风险投资基金的投资额大幅增加。新的风险投资合伙基金在 1978 年仅吸引了 4 亿多美元的资本,8 年后其资本规模超过了 40 亿美元,而其中一半以上都来自养老基金。

然而 1979 年提出的谨慎人规则与认可度日益提高的 MPT 背道而驰。MPT 的目的是通过持有多元化资产来控制风险,不能仅关注单一资产。虽然单项资产投资的风险可能很大,无法满足谨慎人规则的要求,但是在多样化投资时,它可能有助于降低投资组合的风险。由此可见,MPT 和谨慎人规则之间的内在矛盾会引起法律争端也不足为奇。

上述问题的主要原因在于,受托人只对单项投资的损失负责,不管从投资组合的角度来看,该投资项目是否谨慎,也不管与其他投资项目相比,该项投资的业绩表现如何。例如,在蒙哥马利亚拉巴马第一银行诉马丁案[①]中,亚拉巴马州最高法院利用谨慎人规则单独对每项证券交易进行了评估,将 17 只股票判定为具有投机性,该法院忽视了相关市场条件以及一些股票的风险可能为整个投资组合带来较高收益这一事实。海登(2008)认为,如果当时能用 MPT 来评估单项投资对整个投资组合的影响,那么法院可能会得出相反的判决结果。

3.2 谨慎投资者规则

基于 1979 年美国劳工部对谨慎人规则的阐释,现代对"谨慎"的解读遵循了金融经济学脉络,即投资者希望最大化风险调整后的投资总收益,同时考虑股利和投资收益带来的资本增值。在评估预期收益时,受托人必须认识到保护投资组合不受通货膨胀影响的重

---

① 425So. 2d 415,427(Al. 1982),cet. denie4461 U. S 938(1983)。

要性。与此一致的是,受托人应该从整个投资组合的收益水平,而非单项投资的收益水平来衡量(风险调整后的)投资业绩。

3.2.1 主要差异

随着"谨慎"概念的发展,谨慎人规则不再是投资的评估标准,它被"谨慎投资者规则"所替代。"谨慎投资者规则"包括尽职调查和多元化投资。美国的《谨慎投资者法案》(PIA)[①]中提到,谨慎投资者规则与谨慎人规则主要有以下四点不同(联邦存款保险公司FDIC,2005):

> • 与MPT一样,谨慎投资者规则考虑的是整个投资组合,它允许受托人将风险更高的投资项目纳入其投资组合中,而无须担心对任何一项投资的损失承担责任。受托人所做的投资应符合整体投资组合目标,而投资组合目标应该由受益人在收购时的需求决定。事后评价并不是评判谨慎与否的参考因素。
> • 投资的多样化是评判谨慎与否的关键因素。受托人可以投资于单一类别资产,但他们必须证明该决定的合理性。此外,受托人在投资过程中也应适当考虑另类资产。
> • 在谨慎投资者规则中,没有必须投资的资产类别,也不需要考虑投资于每类资产的数量下限。尽管没有"天生"非谨慎的投资行为,但是谨慎投资者规则允许投机和纯粹冒险行为的存在。也就是说,谨慎投资者规则允许(甚至鼓励)受托人在整体投资组合管理中发挥更大的灵活性。
> • 由于谨慎投资者规则增加了投资的复杂性,受托人不仅可以,而且必须将投资管理和其他相关职能委托给第三方。

莫尔曼(2007)将谨慎投资者规则与基金规则(常被描述为"严苛的管理体制")进行对比,后者运用了观察指标(outcome measures)和数量规则。欧洲委员会在一份名为"Pragma"[②]的报告中批判了养老基金的数量投资规则,因为"它阻碍了资产配置和证券选择过程的优化,从而导致了次优回报与额外的风险"(弗兰岑,2010)。与此同时,类似的数量限制大多数已被废除,目前的趋势是,投资法规中谨慎人规则越来越受重视,数量限制则渐渐被摒弃。

3.2.2 投资过程的重要性

"谨慎投资者规则"是一个法律原则,其重点在于投资过程,而不在于定义某次投资行为或投资方法是否谨慎。值得注意的是,事后评价不再是投资标准的组成部分:若投资所

[①]　美国法律协会的《信托法第三次重述》于1990年采纳了PIA,PIA反映了一种行使信托投资自裁权的MPT和"总收益"方法。1994年的《统一谨慎投资者法案》(UPIA)承袭了PIA。详见7B Unif. Law. Ann. 56(1998 Supp.)。

[②]　该报告由Pragma咨询公司出具。

遵循的过程是谨慎的，即基于决策时已知和未知的信息做出决定，则无论结果如何，该决定就是谨慎的。

根据上述解释，谨慎标准变得更为多元化，另类资产被囊括其中，受托人也被要求积极参与（公司）治理。受托人现在需要管理一个连续的投资过程，这个过程在本质上和程序上都比之前法律要求的更复杂、更精细［马洛尼（Maloney），1999］。投资选择的多样化和 MPT 的应用同时也增加了投资的复杂性：受托人不仅需要评估单项投资的预期收益和风险，也要评估其对整个投资组合的影响。这要求受托人时刻监测投资组合中所有单项投资的预期收益、标准差和相关性。显然，为监测这些数据，受托人需要掌握一些与传统谨慎人规则不同的技能，同时，由于受托人需要履行的投资职责日益增加，"委托"成为投资过程中不可分割的部分。事实上，任何一家专业公司或咨询公司都不可能充分了解所有的投资项目以及它们之间的相互关系。

例如根据英国法律，受托人不需要有专业的投资知识，但他们必须接受相关领域的投资建议。正如海登（2008）所说，受托人"实际上是出于效率考虑，被迫"将业务委托给受监督的合格代理人，若他们现在不这么做就可能被视为是非谨慎的。这一切都提升了投资顾问的影响力（弗兰岑，2010）。当然，受托人仍必须谨慎地选择和监督自己的投资顾问。

由于谨慎投资者规则着重强调受托人的行为，所以我们理应分析到底什么构成了适当行为（appropriate behaviour）。许多人认为"适当行为"这一术语的模糊性赋予了投资经理在千变万化的市场环境中所需要的灵活性，因此这是谨慎投资者规则的一个优势。然而也有人对此持批判的态度，他们反问应该由谁，用怎样的方式定义行为的合理性（莫尔曼，2007）。这个问题非常重要，因为法规，特别是那些与养老基金行业有关的法规，为受托人设置的目标往往相互矛盾，例如在要求受托人的投资收益大于最低收益额的同时，限制受托人的投资能力。就像斯皮特里（2011）所说的：

> "这就像要求他们以每小时 100 英里的速度前行，但给他们的交通工具却是自行车。"

3.3《OECD 养老基金资产管理指南》

即使是在成熟市场中，对"谨慎的投资决策"的解读仍然存在很大差异。因此经济合作与发展组织（OECD，2006）最近致力于制定一套普遍适用于养老基金行业的准则——《OECD 养老基金资产管理指南》（以下简称《指南》）。《指南》参考了谨慎人标准，根据该标准，养老基金的管理机构"需要承担与投资管理职能有关的义务，具备能有效履行其管理职能的必要技能；若缺乏相应的技能或知识，则需要寻求外部专家的协助"。谨慎人标准的确立并不意味着对投资组合的限制是多余的。正如《指南》所述，对投资组合加以限制，通常旨在从监管角度，而非养老基金角度出发，坚持安全性、赢利性和流动性的谨慎原则。而我们重申这些指南是为了强调：

"应避免对投资组合施加过多的限制,如不应妨碍投资多元化,也不应阻碍投资者使用资产—负债匹配法或其他常用的风险管理技术和方法。此外,资产和负债的匹配(如到期时间,持有期限,货币种类等)是非常有益的,不应该受阻。"

在《指南》的附件Ⅱ中,专家建议决策者和监管者"应适当考虑有效的现代风险管理方法,包括资产—负债管理技术的发展"。实际上,虽然《指南》明确提出应对单个资产类别加以监管限制,但他们也表示,应该从投资组合而不是单项投资的角度设定限制。同样,《指南》还指出我们需要实施"一种可靠的风险管理流程来合理衡量和控制投资组合风险以及养老基金的总体风险水平"(作者着重强调)。

3.4 谨慎性和不确定性

谨慎投资者规则通常与基于市场的投资组合管理和监督相关。谨慎行事原则已深深植根于受托人的职责之中,成为盎格鲁—撒克逊监管法的一个基本方面。虽然长期以来,人们一直认为投资风险是指受益人的资本所面临的风险,但在目前的情况下,人们一般将风险看作是未达到预定的基准收益率。可以说,投资风险定义的转变可能是投资者羊群效应的原因之一,其中许多大型机构投资者只"盯住基准收益率"。然而值得注意的是,在不同国家之间,不同投资方法对于投资者的吸引力具有差异。在美国,法律规定养老基金管理需要"专业性"和"谨慎性"。根据弗兰岑(2010),美国养老基金所采用的治理结构明显地刺激了养老基金受托人的冒险行为:

"让人心存疑问的是,一些欧洲大陆养老基金的债券型组合是否符合美国的谨慎标准。"[①]

3.4.1 谨慎性是否会导致羊群效应

问题在于,正如特里萨·吉拉杜奇(Teresa Ghilarducci,劳动经济学家和著名退休保障专家)所述,这些概念"是养老基金行业为标准做法提出的意见",而美国法律和监管当局要求"该行业应当遵守该行业本身所制定的标准"[布莱克本(Blackburn),2002]。然而从个人投资者的角度来看,凯恩斯曾说过,"……宁可遵循传统惯例而失败,也不愿违背传统惯例而成功",同时正如《经济学人》所述,要求个人投资者遵循资产配置的行业标准是因为"……在 17 世纪的荷兰,投资者都应该购买郁金香,因为其他人都在购买"[巴顿伍德(Buttonwood),2008]。

在这样的背景下,我们提出了以下四种投资是否谨慎的判断方法:
  • 假设投资者采用了某种投资组合方法,该投资组合中应包含广泛被人们接受

---

① 经海登(2008)证实,根据美国的《统一谨慎投资者法案》(UPIA),投资组合中只包含债券很有可能是违背职责的表现。

的资产。这要求投资者在投资于特定资产之前进行彻底的尽职调查,这一过程本身就要求投资者拥有必要的技能和经验。只有经过了适当的尽职调查程序,投资才可能是谨慎的。

- 投资者需要在尽职调查之后制定正式的投资策略,该策略既要遵守相关法律规定,又要符合受益人的目标(即负债概况、流动性需求、风险承受能力等)。[1]
- 每项投资都需遵从投资策略。我们只能在相应的投资策略下评估某项投资是否有意义以及是否谨慎。
- 对投资组合及其包含的各项资产进行监测,并对偏差做出调整,尤其是进行长期投资时(另类投资是长期投资的典型代表),投资策略通常需要根据未曾预见的市场发展情况进行调整。

就另类投资而言,投资者面临着重要的挑战。标准的投资组合模型适用于能够不断自我平衡的有效市场,但并不适用于另类资产市场。除此之外,标准模型的许多假设在另类投资的背景下并不成立。另类资产的投资数据还有可能不真实,或根本不存在。所有这些因素导致了另类投资的高度不确定性,因此,受托人在另类资产的投资比例过高时,往往会心存忧虑。

3.4.2 谨慎性是否会引发对不确定性的偏见

受托人的主要责任日益体现在总体资产的配置上(马洛尼,1999)。大多数发达市场中没有先验限制。然而虽然受托人投资的选择范围很广,但并不存在绝对"安全"的,能使他们免于承担责任的投资项目。理论上,谨慎投资者规则会使得受托人将更多的资金配置于潜在收益更高的另类资产。但是与对未来价值的预期相比,受托人更倾向于选择眼前的,看似可靠的信息。虽然受托人试图通过严格的尽职调查来降低这种不确定性,但在本身就充满不确定性的环境中,他们仍然难以识别和量化风险。对于受托人而言,可能还有另一个困境:如果某项资产并不适用传统的 MPT 模型,受托人能否因此只将非常少量的资本配置于该资产,即放弃该资产的金融收益?至少这可能意味着受益人的实际收益水平会因此有所下降。

3.4.3 投资过程是否能作为谨慎与否的评判基准

因此,如果受托人"适当考虑"了投资的情况,也考虑了它与养老金计划的需求之间的关系(马洛尼,1999),美国的 ERISA 等法规[2]就能为其提供安全的免责港湾。换句话说,这种监管是过程导向的而非规则导向的,这意味着投资的实施过程比由鲁莽行为带来的结果更为重要。受托人需要提供有关决策过程的信息,而不仅仅是确保投资组合的资产

---

[1] 马洛尼(1999)提到,根据 UPIA,受托人必须先确定信托关系所能承受的风险状况,然后制定并实施投资组合的投资策略。

[2] ERISA 于 1974 年颁布。决策者的核心目标是确保养老金固定收益计划的参与者获得足够的报酬。

构成符合数量限制。然而,虽然关注投资过程的目的是控制下行风险,但我们并不清楚决策过程的质量高低能在多大程度上对投资业绩产生影响。如何评估不同决策过程的质量也是一个挑战,比如我们所说的谨慎到底指什么,如何判断谨慎的程度?

当前市场上出现了一些新的评判方法,例如可以基于 ISO/IEC 15504(软件过程改进和能力测定,又称 SPICE)进行评判。ISO/IEC 15504—4:2004 介绍了如何在评判决定其能力的软件过程时保持评判标准前后一致,并提供了改进方案[①]。对于每一个过程,ISO/IEC 15504 都根据其能力水平匹配了相应的级别[②]。虽然这套评判标准最初是为 IT 行业及其相关业务管理制定的,但如今它不再局限于软件开发过程,而已经发展为一个通用的标准,近年来在投资行业也有所应用[③]。

3.4.4 资产管理规模的重要性

迄今为止我们所讨论的内容仅适用于那些投资决策不受资产规模约束的投资者。然而对部分大型机构投资者来说,这种假设并不成立。最极端的例子是挪威政府养老基金,它作为世界上最大的养老金储备基金,坐拥超过 6 000 亿美元的资产管理规模,然而其投资却受尽约束。该基金由挪威银行投资管理公司管理,起初只能投资于政府债券,随着基金规模的持续增长,2007 年,它被允许购买股票。当该基金的投资组合中有 60% 都是股票时,它总共持有了全球股票量的 1% 左右。为使该基金的投资组合进一步多元化,2008年,它被获批投资于新兴市场,最近房地产也列入其可投资的资产类别中,然而私募股权投资仍不在其可投资范围内。法利普(2011)曾评估了挪威政府养老基金投资私募股权后所能获得的潜在收益,根据他的研究结果,挪威政府决定暂不放开私募股权投资。2012年 8 月 20 日,在《金融时报》对基金首席执行官英韦·斯林斯塔(Yngve Slyngstad)的采访中,斯林斯塔对挪威政府暂时不对私募股权进行投资的决定做出了解释,他们主要考虑了挪威政府养老基金的总规模和私募股权基金所管理的资本规模之间的差距:"我们规模过大,所以无论我们将多少资本配置于另类资产,对另类资产行业来说都会是一个巨大的数目。"当然像挪威政府养老基金这样的投资者相对占少数。大多数情况下,投资者面临的主要挑战仍在于如何平衡谨慎性和不确定性。

---

① 参见 http://www.iso.org/iso/iso_catalogue/catalogue_tc/catalogue_detail.htm? csnumber = 37462。

② 级别分为 0 到 5:0—不完全过程,1—执行过程,2—管理过程,3—建立过程,4—可预测过程,5—优化过程。过程中所展现的能力通过 9 个过程属性进行评估(过程性能、性能管理、工作产品管理、过程定义、过程部署、过程测量、过程控制、过程创新、过程优化),其中每个属性的评估值根据四点评定量表得到[未实现(0~15%),部分实现(15%~50%),大部分实现(50%~85%),完全实现(85%~100%)]。

③ 卢森堡公共研究中心的亨利·杜德瑞(Henri Tudory)一直在领导一个名为"银行 SPICE"的计划,其目的是开发结构化治理工具,同时为金融和银行业的过程评估和改进提供一个公认的框架。请参见 http://www.tudor.lu/和 http://www.bankingspice.com/web/Itroduction.html(2011 年 8 月 4 日访问)。亨利·杜德瑞与另外一位作者将该框架应用于欧洲投资基金的估值过程,以确保其每一只私募股权基金都得到适当、客观和及时的评估,同时反映当前的市场情况(如马森内特和迈耶,2007,ch.7)。

3.5 总结

　　现代谨慎投资标准旨在鼓励投资者承担风险，但并不鼓励鲁莽的投资行为。投资者有时在没有充分理解投资规则及其局限时，就盲目地应用该规则，风险也随之而来。量化分析师兼作家伊曼纽尔·德曼（Emanuel Derman）也提出了类似的观点，他提到了已故的费雪·布莱克（Fisher Black），金融经济学的领军人物以及著名的实干家："他（费雪）建议银行根据交易策略背后的逻辑性为相关交易人员支付薪酬，而不能根据他们取得的成果；奖励智慧和思考，而非奖励偶然的好运。"（顿巴 Dunbar，2001）强调过程而非结果——这对于另类投资尤其重要，因为另类投资的结果难以预测，针对这点，我们将在后文中讨论与此相关的风险管理师的作用。一个清晰完整的风险框架是谨慎投资必不可少的一部分，同时它也是谨慎管理中的一个重要支柱。投资者或风险管理师在管理风险时所采用的方法和做出的选择，甚至可能影响整个金融系统的稳定性。对此，弗兰岑（2010）引用了一位监管者的话："你想要提高系统的效率，这就是真正的谨慎性。"

第四章 通过有限合伙基金投资非流动资产

当前有限合伙制是私募股权和实物资产最常见的投资形式,所以在度量和管理这类资产的投资风险时,充分了解有限合伙制的关键特性至关重要。在本章中,我们将阐释有限合伙制的基本特征。在第五章中,我们还会继续深入探讨有限合伙制的结构,它的某些结构特征是投资者获得私募股权和实物资产非流动性风险溢价的基础。然而有限合伙制也饱受争议,因此市面上也存在其他投资形式,包括上市、直接投资、共同投资、按项目投资。尽管有限合伙结构仍存在局限性,但它经受了时间的考验,并为充满高度不确定性的长期投资提供了一个很好的投资框架。

4.1 有限合伙基金

有限合伙基金是一种无须注册的投资工具,它将投资于私募股权和实物资产的资本集中起来,这些基金通常由基金管理公司设立以吸引机构投资者。它们的投资过程通常由基金经理完成,这些基金经理在筛选、评估和选择拥有高预期增长潜能的投资机会上具有丰富的经验。为实现盈利,基金经理通常需要结合战略、战术和财务措施,并在控制、引导和监控投资组合公司的管理方面有出众的能力。基金经理在众多投资机会中取舍,最终在退出投资后实现资本收益。在基金管理过程中,基金经理通常能获得咨询委员会和行业专家的支持与帮助,与之共享专业知识和其他非金融资源。

4.1.1 基本结构

合伙制是两个或两个以上的合伙人之间签订合同,愿意通过联合财产、共享知识或共同管理等方式来共同经营企业,分享利润。合伙制最基本的形式是普通合伙制。在普通合伙制中,每个合伙人既是公司的代理人(agent),又是委托人(principal),都要参与业务管理,并对债务承担无限连带责任,因而公司利益与合伙人自身的利益息息相关。由于无限连带责任下,合伙人的负债可能过大,因此另一种"非对称"的投资形式逐渐形成:有限合伙制(见图 4.1)。有限合伙制中,"有限合伙人"放弃了部分业务管理的权利,且只对合伙债务承担有限责任。纳税、监管要求以及高透明度等其他因素,也对有限合伙制成为长期投资者所青睐的投资工具起到了重要作用,比如在高度透明的交易环境下,投资者相当于可以直接投资于标的资产。

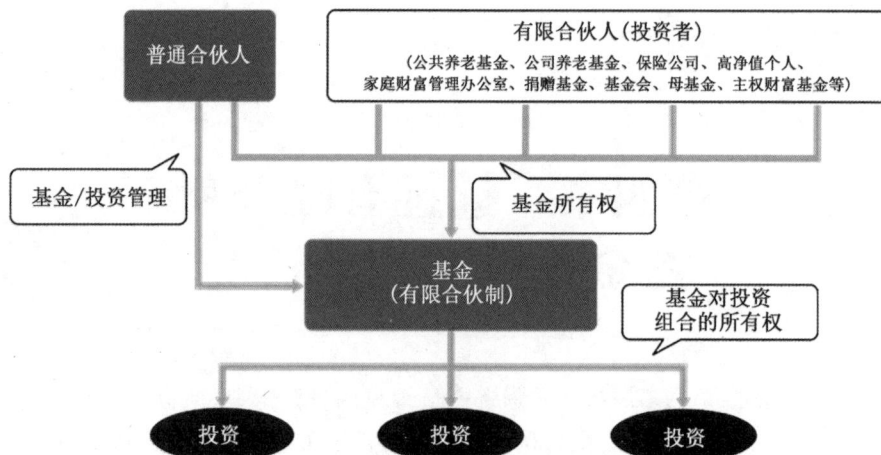

图 4.1　有限合伙基金基本结构

美国法律下的有限合伙制具有明确的税收效应。美国国内的私募股权基金通常根据特拉华州法律来设立有限合伙基金。在特拉华州法律下，除非有限合伙基金解散，并根据合伙协议终止事务，否则它都将以独立法人形式存在。虽然有限合伙基金通常不需要向任何监管机构办理注册手续，但基金的管理公司（通常以独立法人形式存在）可能需要注册为投资顾问。

此外，特拉华州法律下，有限合伙基金的税收是透明的，即为"透视（look-through）"实体，其中有限合伙人只需向自身所在的地方政府缴纳资本利得税，如若有限合伙人在当地政府完全或部分免税，那么上述纳税规则对于他们来说就是一大优势。由于在投资开始和结束时，基金现金流可以自由流动，因此投资者（有限合伙人）不会因税收政策受损。此外，有限合伙制也满足其他一些法律要求（例如美国的《就业退休收入保障法》）。

其他国家也存在类似的投资结构。英国是最大的欧洲私募股权投资市场，其有限合伙基金必须根据1907年颁布的《有限合伙制法案》进行注册。根据英国法律，只要有限合伙人不参与基金管理，那么他们就只需以出资额为限，对合伙债务承担相应责任。英国有限合伙制的税收透明度同样较高，这对于投资者来说也是一大优势。

根据惯例，本书中"普通合伙人"是指在法律上负责管理基金投资的实体（公司），它对债务和义务承担无限责任。"基金经理"是参与公司日常管理的个体。基金经理组成基金"管理团队"，其中包括业绩提成享有人，即普通合伙人中有权分享基金"超额利润"的雇员或董事。"有限合伙人"则指基金的被动投资者。

4.1.2 有限合伙结构

虽然条款和条件以及投资者的权利和义务都由具体的非标准合伙协议确定，但有限合伙结构及其类似结构在过去几十年内已演变为"准标准"结构。

· 投资者——主要是指负债结构适合投资的机构（见第二章），作为有限合伙人时需要向基金缴纳一定数量的资本。有限合伙人对基金日常管理的影响微乎其微。

但是有限合伙人有权对基金进行监督,即他们可以在咨询委员会(advisory boards)或特别委员会中任职,但是他们仍然不用承担一般责任。

• 根据投资策略不同,基金的合同期限通常为7~10年不等,最长期限为15年。有限合伙人不具有提前赎回权。此外,在二级市场上销售基金份额需经普通合伙人批准。①

• 基金经理的目标是在合伙基金清算之前或清算时完成所有投资。有限合伙协议(Limited Partnership Agreements,LPAs)通常设有条款允许基金延期1或2年(有时甚至更长)。

• 新的投资机会确定之后,基金进入"投资期"(通常为3至5年),此时基金的大部分资本都将用于投资。有时投资期也会延长1年。而在"撤资期",为了在退出前最大限度地创造价值,只有仍在进行之中或是已获得成功的投资项目才能获取后续资金支持。基金经理在这一时期致力于变现投资收益或出售投资项目,并向有限合伙人分红。

• 管理费是关于基金规模和实施既定投资策略所需资源的函数。一般来说,低于2.5亿欧元的基金将收取承诺资本的2.5%作为管理费,大型并购基金收取1.0%~1.5%的管理费,母基金(funds of funds,FOF)收取0.5%~1.5%的管理费。投资期结束后管理费通常会减少,且会根据已撤资的投资组合的比例进行调整。

• 此外,一些普通合伙人会向被收购公司收取交易和监管费用。由于这笔费用直接由投资组合公司支付,所以有限合伙人通常难以察觉。

• 管理费应包括经营私募基金的费用。基金经理本人的基本工资相对较低,其财务激励主要源于他可能赚取的业绩提成(carried interest)〔通常简称为提成(carry)〕。少数普通合伙人(大多是美国顶级风险投资公司)可以收取高达30%的提成,而大部分普通合伙人的业绩提成只占已实现利润的20%。相比之下,普通合伙人在母基金中获取的业绩提成更少。

• 业绩提成通常与"门槛收益率"密切相关。只有当投资收益达到或超过门槛收益率时,普通合伙人才能获得提成。美国的业绩提成通常按单个项目确定,且受限于有限合伙协议的回拨条款,而在欧洲,只有当有限合伙人的资本全部得以返还,并且投资收益达到门槛收益率后,普通合伙人才能获得提成。在满足有限合伙人的收益后,额外收益通常会全额分配给普通合伙人。当业绩提成按合同分配完成后,追补期(catch-up period)结束。此后有限合伙人与普通合伙人按照合同分配剩余利润。

• 费用和业绩提成对有限合伙人的净收益具有重大的影响。业绩提成与基金的绩效有关,但管理费和交易费并非如此。据梅特里克和亚苏达(Metrick&Yasuda,2009)估计,普通合伙人收入中约60%来自与绩效无关的管理费和交易费。

• 普通合伙人通常将大量个人财富投资于基金中,以确保自身利益与有限合伙人的利益密切挂钩。

----

① 注意,近期凯雷集团(Carlyle Group)决定预先批准并购基金的有限合伙人向五个二级市场基金的基金经理出售股份,从而缓解投资者对流动性的担忧。

· 承诺资本根据投资需求提用,即"即时(just-in-time)"进行投资或支付成本、开支或管理费用。基金通常不会留有资本来应对未来投资需要,所以有限合伙人对普通合伙人的招款做出回应的时间通常很短,一般只有 10 天甚至更短。

· 当基金完成投资或收到利息和股利时,它们会尽快向投资者分红。因此当投资完成时,基金会进行"自我清算(self-liquidating)"。然而由于有限合伙人通常无权决定何时结束投资,所以他们获得投资收益时间一般在基金存续的中后期和最后清算之前(图 4.2)。如果投资组合公司的证券可以公开交易,那么基金还可以用证券来支付投资收益。

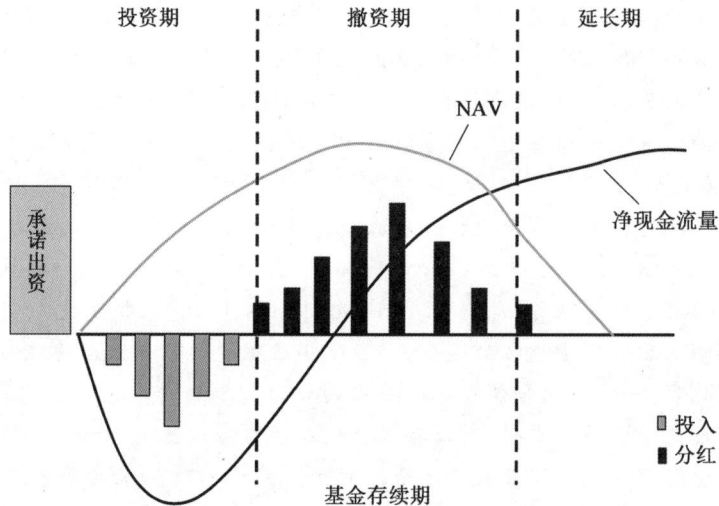

图 4.2 典型的有限合伙基金存续周期

· 以上这些宽泛的原则对母基金同样适用。母基金的基金经理作为普通合伙人,在实现门槛收益率后赚取管理费,并参与投资利润分配。与此同时,母基金在其投资的有限合伙基金中充当有限合伙人。虽然投资母基金的成本更高,但它对于一些机构投资者仍极具吸引力,因为这些机构投资者往往缺乏选择最佳基金的技能和经验,缺乏基金投资渠道,缺乏监测全球不同细分市场的资源,和/或缺少必要的(但经常被忽视的)投资组合和风险的管理系统。

有限合伙协议确定了有限合伙基金的法律框架、条款和条件。它主要涉及合伙人之间资本利得和损失的分配、期间的分红、普通合伙人的管理费、可能的投资限制和核心治理问题。基金管理公司与所有员工及普通合伙人均签订协议,它可以以"团队"的形式运作,同时管理几个类似的合伙基金。

4.1.3 有限合伙人会"违约"吗

正如利特瓦克(Litvak,2004)所说,有限合伙人理论上有权选择通过违约来放弃投资,此时这个选择权的执行价格就是违约金,而这部分违约金应该根据对应的尚未动用的承诺额度来确定。利特瓦克得出的结论是,撤资威胁是降低投资者和低质量公司之间代理成本的有效合约。然而弗莱舍尔(Fleischer,2004)指出,投资者通过违约行使"退出"权利的同时可能会损害自身的"声誉",而后者有可能带来十分严重的后果,比如违约投资者也许无法再投资于其他资产基金。在实践中,投资者因违约而承担的间接后果远比有限合伙协议中约定的惩罚严重。弗莱舍尔(2004)认为,违约的声誉成本可能会因基金投资者类型不同而异。养老基金、大学捐赠基金和其他长期投资者都十分关注他们的声誉,而一些个人和公司投资者可能对此并不在意。私人资产市场主要依赖于非正式关系及其参与者的声誉,人们通常认为经常违约的有限合伙人不够可靠,他们的声誉因此受损,未来这些有限合伙人若再想投资其他合伙基金,尤其是那些被超额认购的基金,就会面临很大的阻力。因此在这个分布广泛且各环节息息相关的行业中,投资者违约导致的负面后果远远超过了他们直接抛弃业绩不佳的基金可能省的成本。正如我们在第六章中所讨论的,有限合伙人可能更倾向于在二级市场出售其基金股份。

4.2 有限合伙制——应对不确定性和确保控制力的组织结构

尽管有限合伙制有很多优点,但它也常常遭到批评。在典型的合伙基金中,基金经理需要在短时间内证明他们计划募集的新基金值得投资。然而在需要大量长期资本的投资领域中,这一做法与投资目的相左。人们经常以风险投资(VC)为例来说明这个问题。在风险投资中,投资者有时会在达到投资的最佳持有期之前提前退出交易。原则上,上述问题也许可以通过常青基金(evergreen fund)解决,常青基金是指虽未成熟,但是至少在理论上可以无限存续的基金。但为什么另类资产行业仍然使用被勒夫(Love,2009)称为"非常不合适的且古老的有限合伙基金"来进行长期投资呢?我们可以从有限合伙基金最大的投资者——养老金固定收益计划和保险公司的负债结构中寻找答案。他们的投资期通常为10~15年,这大致与有限合伙基金的存续期相吻合。通俗来说,这正是有限合伙制应对不确定性,并给予投资者控制权的一种特殊方式。

4.2.1 应对不确定性

"为什么基金无法长青?"这个问题与"为什么公开上市的公司要支付股利?"相类似。根据股利无关论,股利的支付不会对股票价格产生影响,即使有的话其影响也非常小,这是因为如果投资者更倾向于持有现金,他们随时可以清算部分股票[1]。例如在2012年8月16日新股利计划生效前的17年内,苹果公司都没有支付过股利,但它仍是世界上市值最高(2012年第三季度)的公司。然而股利仍可能是公司财务是否健康的重要信号。

同样,私募股权和实物资产基金中能够自我清算的基金也饱受争议。风险投资的估值难度众所周知,其估值结果也常常颇受质疑。当然这并不是说基金经理不值得信赖,相反,这是因为我们认识到了任何资产类别的估值都带有主观色彩。增强投资者信心的唯一途径是退出投资组合公司,清算投资,从而向投资者证明估值是"真实的"。

为应对创新的高度不确定性或经济环境的快速变化,基金有限的存续期迫使基金经

---

[1]　事实上,因为股利所得税比资本利得税高,所以投资者倾向于少支付股利,甚至不支付股利。

理定期回归资本市场，请求原有的或新的投资者支持他们后续募集的基金。基金经理的成功并不是依靠"灵丹妙药"，而是需要定期说服投资者他们能提供更好的投资机会。这给基金经理带来了较大的发展压力，也要求他们密切听取投资者的需求并快速做出反应。

4.2.2 从有限合伙人的角度进行控制

虽然基金经理可能更青睐常青基金，因为这种基金结构可以不断给他们提供筹集资本的机会，但是投资者并不一定接受。与常青基金相比，有限合伙基金遵循一个融资周期，即有限合伙基金的普通合伙人（或多或少）会定期到市场上为新基金募集资本。通常这个时间间隔约为 4 年，不过在 2005 年左右最近一次投资热潮期间，该时间间隔明显缩短。

普通合伙人的发展前景主要取决于他能否成功筹款。若基金规模变小，管理费也会下降，普通合伙人只好降低成本。极端情况下，如果普通合伙人筹集不到任何新的资金，那么随着旧基金管理费用的枯竭，普通合伙人就只能全面清算基金。海克拉（Heikkila，2004）认为，从有限合伙人的角度来看，私募股权基金的定期清算必不可少，因为他们可通过退出或利用再投资周期来从能力不足或专业知识落后的基金经理那里撤回资本。同时，对于那些无须对现有投资组合进行估值并出资的新投资者来说，他们可以从零开始。基金管理团队的业绩记录和声誉对于成功募集后续的基金至关重要。通常，有限合伙协议不允许同一个基金经理在投资期结束前，或在主动型基金的投资比例达到较高水平之前，使用相同的策略管理后续基金。

有限合伙人可以通过选择和监测投资过程来向普通合伙人施加"发展压力"，这是"另类资产生态系统"的一个重要组成部分。显然，若基金投资者也能够管理基金，这种压力就不会存在。因此，有限合伙制中普通合伙人和有限合伙人的职能分离是这种结构的关键治理特征。

4.3 有限合伙基金的非流动性

资产的流动性通常是指以最小的损失出售资产并将资产转换为现金的能力。在该过程中损失的价值相当于交易成本。由于我们无法用某个特定的交易成本来划分流动资产和非流动资产，因此资产的流动性都是相对而言的。正如我们在上一章所讨论的，即使资本市场有足够的深度，流动性不足也有可能发生，如公司债券市场。但即使是在交易频率很高的上市股票市场中，也有可能出现某些证券的头寸与其日常交易量相比过大的情况。除了这种"阻塞因素（blockage factor）"①，还有些资产的性质过于特殊，以至于难以找到收购方。

有限合伙基金属于流动性最低的资产。如上所述，有限合伙基金的非流动性是已知的，它不同于金融风暴期间流动性枯竭的资产类别。有限合伙基金的投资者为了获得非

---

① 译者注：大单（出售）股票获得的价格通常比小单股票的要低，即所谓的阻塞因素（blockage factor）。

流动性风险溢价,主动接受其非流动性[帕斯特(Pastor)和斯坦博(Stambaugh),2003;阿查里雅(Acharya)和佩德森(Pedersen),2005]。又由于投资者的要求回报率与资产的流动性呈负相关,有限合伙基金的风险溢价相对较高(见第五章)。对于有限合伙基金而言,高度的非流动性并非仅仅是这种投资结构带来的意外结果,它还是投资的目的所在,它可以防止二级市场成为会计标准的制定者。[①]

4.3.1 非流动性是上行预期的来源

由于非上市投资组合公司在公开市场以外也可获得机构投资者提供的资本,所以他们无须向外界公开不利信息,就能渡过难关或获得成功,这些不利信息一般源自竞争对手、供应商或客户的不良行为。在向有限合伙人提供信息时,标的投资项目的具体发展信息是绝对保密的。事实上在私募股权行业中,有限合伙基金的一个主要目的是保护初创阶段的新兴投资组合公司以及正在好转、准备重组的公司免受市场波动的负面影响。同样,在勘探项目(explorations)和绿地项目(green field projects)中也会有类似的考虑,因为这些项目特别容易受到投资者情绪的影响,也常面临着资金来源被切断的风险。为了增加这些投资项目的价值,投资者需要在较长时间内以持续且可预测的方式为其提供资金。由此来看,仅关注基金标的投资项目的市场价值(尤其是在投资初期)并不合理。投资者需要从基金层面估计投资价值并控制风险,而非从标的投资项目层面。

4.3.2 柠檬市场

从严格的法律角度来看,虽然在实践中有限合伙股份确实能够在二级市场交易(见第六章),但它仍缺乏流动性。然而二级市场可能会受"柠檬问题(lemon problem)"影响。四十多年前,乔治·阿克洛夫(1970)根据买方和卖方之间的信息不对称提出了"柠檬问题"。在阿克洛夫给出的二手车市场案例中,买方事前通常不知道车的性能好坏("柠檬"),因此他只好猜测这辆汽车的性能处于平均水平,因而只愿意为其支付平均价格。这意味着拥有优质二手车的卖家将无法得到一个令他满意的价格,因此他不会在二手车市场上出售他的车。

其他市场同样也会受到信息不对称的影响。在资产市场中,如果投资者对资产质量存在疑问,那么资产质量最佳的卖家将退出市场,市场价格因此下降。他的退出还会引发更多资产质量相对较差的买家退出市场,市场价格进一步下跌。最终,交易量巨大的有效市场有时在极短的时间内就会沦落为交易量为零的市场的(梯若尔,2011)。

在有限合伙基金中,由于不具有有限合伙人身份的投资者对基金的质量知之甚少,因此他们不得不面对柠檬问题。由于信息的匮乏,这些投资者往往不太愿意对基金股份支付实际上相对公平的报价,在某些市场情况下,他们可能根本不会购买基金股份。这并不意味着基金本身是"柠檬",但信息不对称可能使得买卖价差过大,从而导致交易数量急剧下降,甚至为零。

---

① 根据 IASB,活跃的二级市场的特征是可以从交易所、交易商、经纪商、行业组织、定价服务机构或监管机构随时、定期获得报价,这些报价均基于公平交易市场中定期发生的实际交易价格。

　　我们仍难以界定私募股权市场中"柠檬问题"对二级市场交易的影响程度。一些专业投资者拥有自己的数据库，其中记录了详细的基金信息，他们据此来寻求交易项目。在这种情况下，信息不对称的程度相对较低。事实上，这类潜在买家有时可能比有限合伙人更了解他想要出售的基金或基金中的投资组合。

　　另一个相关问题在于，二级市场交易可能会向投资者传递有关基金及基金经理质量的不利信号。然而若卖方仅出售基金的部分份额，并确保自己继续维持有限合伙人的身份，这个问题就可以解决。有限合伙人可以通过表达对基金经理的信心以及维护好与普通合伙人的关系，以保留自己对未来新的合伙关系的选择权。

4.3.3 契约性流动性不足

　　尽管有限合伙协议限制了基金股份的可转让性，但普通合伙人通常会允许基金股份在二级市场上进行交易。勒尼和肖尔（Schoar，2002）认为，私募股权基金经理通过选择非流动性水平不同的证券，可以改变公司吸引的投资者类型。这使得他们能够筛选出"财力雄厚（deep-pocket）"的投资者，这些投资者受到流动性冲击可能性较小，而且他们可以使普通合伙人在未来的筹款活动中更容易获得资金。重要的是，普通合伙人也面临着柠檬问题，某个有限合伙人的质量信息在基金现有的有限合伙人和其余投资者之间是不对称的（勒尼和肖尔，2002）。

4.3.4 无法正确估价

　　二级市场的结算价格由许多不同因素决定，包括信息不对称、卖方和买方的谈判技巧、结束交易的压力等。此外，买卖双方可能存在不同的偏好。例如，卖方给予短期流动性更高的溢价，而买方可能更重视长期业绩，而较少考虑持有期的长短。由于市场参与者无法观测到标的资产的真实价格，因此他们必须依赖特定的估值技术。实际上，许多另类资产只有估定价值，因为其市值是由少数专家，而不是由大量卖方和买方确定的。

4.3.5 禀赋效应

　　"禀赋效应（endowment effect）"，又称"剥离厌恶效应（divestiture aversion effect）"或"现状偏见（status quo bias）"，同样可能导致基金流动性不足。在行为经济学中，禀赋效应是指这样一种行为学实验结果：通常人们赋予已拥有商品的价值远高于他们为获得该商品所愿意支付的价格[泰勒（Thaler），1980]。因此，资产交易常受主观因素影响。禀赋效应中一个常见的例子是，若某家族长期拥有一幅画作，那么无论买方出价多少，该家族通常都不愿意出售这幅旧画。

　　虽然各种行为学实验中都出现了禀赋效应，但我们还是不太清楚这种效应对金融市场的影响程度，在金融市场中，投资者理论上都应追求利润最大化[阿伦（Arlen）等，2002]。投资者的行为偏差可能是由损失厌恶（loss aversion）造成的，即投资者更倾向于避害而非趋利。然而在私募股权和实物资产中，我们必须考虑到基金的有限合伙人和基金经理的关系非常紧密（这也是它们与其他公开交易资产的区别）。由于有时基金的投资渠道并不畅通，同时基金投资者与基金经理多年来已经建立了相互信任的关系，投资者可能不愿意终止合作关系(除非有不得不这么做的理由)。因此,基于非流动资产市场的特征,禀赋效应可能在该市场中产生较大影响[布莱克(Blake),2008]。

4.4 有限合伙结构的缺陷

私募股权和实物资产的投资者都知道有限合伙制存在流动性不足的问题,但他们愿意通过有限合伙制这个投资框架,承担非流动性风险以获得溢价。私募股权和实物资产的流动性不足并不代表市场失灵,相反这其实是投资者获得超额收益必不可少的条件。然而人们有时(尤其是在市场低迷时)认为有限合伙模式已经失效,且它注定将要消失[如斯科特(Scott),2012]。

此外,一些基金经理认为,与其为定期筹款投入大量的时间和资源,不如将这些时间和资源用于搜寻好的项目并进行投资。事实上,这是投资机构在上个筹资的高峰期公开上市的重要动机,当时许多私募股权公司都将筹集到的资本投资于自己的基金之中。而且在许多情况下,尤其在风险投资交易的早期阶段,有限合伙基金的标的投资组合公司可能无法在基金存续期结束前充分发挥其全部潜力。因此一些普通合伙人呼吁延长基金的存续期,或主张发展我们前文提到的常青基金。

有限合伙人也对有限合伙制作为私募股权和实物资产的主要投资方式这一点表示担心,但他们的理由与普通合伙人不同。在有限合伙基金中,有限合伙人的资本将锁定长达十年及以上,他们重新平衡投资组合的能力可能因此有所下降。这点在经济不确定性加剧的时候显得格外重要。

一些有限合伙人,如耶鲁大学基金会的大卫·斯文森,强调了另一个因素,即有限合伙人和普通合伙人之间的利益分配并不尽如人意。正如前文所述,梅特里克、亚苏达(2009)和法利普(2009)发现,与绩效不相关的管理费用占基金经理总薪酬的60%左右。最近市场低迷使得有限合伙人对这一薪酬结构愈发不满,他们认为在这种薪酬结构下,普通合伙人可能不愿意从表现不佳的投资组合公司撤资。

最后,有限合伙基金有限的存续期使得投资者不太可能积累足够的储备。阿赫莱特纳和阿尔布雷希特(Achleitner & Albrecht,2011)指出,投资者可以长期持有上市公司的股票,因而有机会积累相当可观的储备。这些储备被称为未实现的资本损益(UCGL),它们与通货膨胀和经济总体增长情况相关。它们对人寿保险公司非常重要,通过实现这些未实现的资本损益,人寿保险公司可以获得可预测的、稳定的投资收益,而这些正是股东和寿险持有人所期望的。

4.5 私募股权和实物资产的其他投资方式

投资者一直在寻找可以避免或减轻有限合伙制现有缺点的投资方式[①]。除了之前提到的常青基金之外,市场上也诞生了一系列替代方式供投资者选择。然而这些方法各有优缺点。

4.5.1 上市

上市是一种将另类资产的优势与较高的流动性相结合的投资方式。它类似于投资信托结构,突破了监管要求、税收效率和透明度的障碍。此外,它还使投资者能够立刻获得多元化的投资组合和专业的管理技能。对另类资产不熟悉的机构投资者在决定设计自己的投资方案之前,常常会利用这类产品来了解市场。

然而上市的流动性也可能会严重受限,若股票价格下跌,投资者在撤回投资时几乎必然会遭受重大损失。流动性不足通常会反映在市场价格上,而极端的价格下跌并不罕见,随之而来的是浅碟市场(thin market)里的高买卖价差。那些购买需求相对较大的买家通常会发现卖家难寻。寻找卖家的过程可能会花费他们很长的时间,价格也可能在这个过程中显著提高。同样,因为市场只有在价格大幅下跌时才能吸收增加的供应量,潜在的卖家可能会因此蒙受巨大损失。

此外,虽然上市提高了投资者进行策略性资产配置的灵活性,他们也可以因此增加另类投资的头寸,但与传统合伙制相比,两种投资方式的利益并不一致,因为在传统合伙制中,投资者会严格控制资金的使用。从本质上来说,上市具有与股票相同的特征,它们对资金的控制远不如有限合伙制那样直接。

最后,投资者必须区分对上市机构的投资和对上市的另类资产管理公司的投资。就后者而言,投资者持有另类资产管理公司的股份,而该公司可能是有限合伙基金的普通合伙人。事实上,已经转型为另类资产管理公司的几家最大的私募股权公司已经上市(例如黑石集团、凯雷投资集团、KKR)。然而,如果投资者获得了管理公司的股份,他们将面临该公司持有的所有资产类别所面临的风险,例如私募股权、基建、房地产、信贷和对冲基金。这不一定符合投资者的利益。投资于公开上市私募股权公司的基准(如 LPX 50 指数)也面临着同样的情况,它既包含上市公司,也包含上市管理公司。

4.5.2 直接投资

私募股权和实物资产是相对昂贵的资产类别,其中传统有限合伙制的薪酬结构对有限合伙人的收益有着深远的影响。一些投资者为了避免支付高额的管理费和业绩提成,采用了其他方法来投资另类资产。然而节省成本不一定是直接投资的唯一理由,其他一

[①] 　这部分讨论的目的聚焦于机构融资,而忽略了某些投资工具所带来的持续创新与试验,这些工具主要存在于创业投资初期正规和非正规资本市场的边界,如创业天使网络(business angel networks)、捐赠基金、众筹等。

些因素(如更好的市场时机)也可能在投资中发挥重要作用,有时甚至发挥主要作用(Fang等,2012)。美国安大略市雇员退休系统的私募股权投资部门(OMERS PE)是有限合伙人进行直接投资的一个知名案例,该养老金系统的规模达550亿加元。2004年,OMERS PE开始了从私募股权基金投资转为直接投资的重大转变。最终,其直接投资规模占其私募股权总敞口的85%[维特科夫斯基(Witkowsky),2012]。之后,越来越多的投资者开始实施这种策略,尤其是加拿大的养老基金,这些养老基金扮演了投资公司的角色,带头采用控制力更强、成本更低的投资策略。

Fang等(2012)发现直接投资的绩效实际上显著优于标准基金投资基准。然而直接投资是否适用于更广泛的投资者群体仍有待商榷。事实上以前也有投资者尝试过这样的投资结构:直到20世纪90年代末,欧洲某类重要的投资者仍在采用这种类似"圈养(captive)"的投资结构。然而这类投资者的市场份额因面临以下几项挑战而显著下降:①建立一种为投资专家提供投资权和决策权的治理结构;②尽管可能与母公司存在利益冲突,但仍要吸引该结构中的其他投资者;③建立和培养一个有才能的团队;④维护好它们与母公司下属其他公司之间的关系。然而想要以恰当的方式战胜这些挑战需要投入大量成本。在预期收益相同的情况下,到底是内部直接投资计划的成本低,还是以基金作为中介的投资成本低,我们并不清楚。

4.5.3 按项目投资

一些公司也给投资者提供了按项目投资的方式,它的某些特点与直接投资相类似。从有限合伙人的角度来看,它似乎具有很大的吸引力,因为它带来了如下的可能性:①比如在存在流动性约束的时候拥有退出选择权;②降低管理费用;③构建更符合其目标资产构成的投资组合。然而按项目投资的决策过程很短,且需要具有直接投资经验的专业人士,这对于大多数机构投资者来说都无法企及。从基金经理的角度看,按项目投资方法也面临相当大的挑战。基金经理需要保证投资者在参与其中时,不仅仅是策略性的交易流程旁观者(deal-flow watchers),而且要具有做出承诺的能力。总之,按项目投资在大多数市场的实践动力不足,并且在可预见的未来这种境况几乎不可能改变[罗曼(Romaine),2012]。因此,按项目投资能一直在中东地区扮演重要角色,看来仍是一个例外。

4.5.4 共同投资

为了避免有限合伙结构的缺点,越来越多的投资者开始采用共同投资的方式。共同投资需要基金与一个或多个有限合伙人一起进行联合融资。某些基金的规模可能太小,以至于无法收购那些经过风险调整后,收益看起来特别有吸引力的资产;同时,有限合伙人在进行此类交易时可能缺少特定的行业知识和关系网。普通合伙人和有限合伙人理论上能够通过共同投资实现能力互补。

与直接投资不同的是,共同投资涉及的交易是由基金经理搜寻、筛选、组织和定价的。虽然有限合伙人通常不需要为共同投资支付费用和业绩提成,但这种投资方式在不同投资者的配置方案中的作用可能天差地别。一些有限合伙人采取消极和近乎自动的投资策略,他们几乎完全依赖基金经理进行投资。然而其他一些有限合伙人的行为就像直接投资者,对于他们来说,共同投资就是一种联合形式。在任何情况下,共同投资的发起方通常只邀请该基金中规模最大的有限合伙人,而且共同投资计划的成功通常需要重要的一级市场基金专营权。与此同时,从特邀交易(invited deals)中进行选择需要具备类似于直接投资所需的经验和技能,这解释了为什么在私募股权交易和类似的实物资产交易中,共同投资者往往是经验丰富的大型机构。

4.6 经得起时间考验的结构

有限合伙制的诞生是为了解决另类投资市场上的信息极度不对称和激励问题。虽然人们通常认为这种合伙结构是为风险投资以及私募股权和实物资产的其他投资形式所研发的创新结构,但其起源可以追溯到古代。几乎自有史以来,合伙制就已有所记载。的确,对于规模较大或风险较大企业来说,为了更好地搜寻投资机会,他们自然需要整合资源。资源整合使得合伙人获得的收益大于单项投资收益的总和。重要的是,这种思想跨越了文化和法律体系,博登(Borden,2009)因此认为人类天生倾向于合伙经营,而他的分析显示,古往今来各种形式的合伙关系都有许多共同特征。

• 其中一个例子发生在公元前2750年的古巴比伦,苏美尔批发商"damgar"和他们的代理商"shamallu"订立了合伙关系。双方规定shamallu可以独立行动,shamallu和damgar之间进行利润共享和责任分配,这与中世纪康曼达契约(commenda)以及现代合伙制有某些相似之处。相关文献表明,早在公元前1947年的贸易伙伴关系中,所谓的"tapputum"就已经存在了,它要求某些特定商业项目的合作伙伴投入等额的资本,并将其用于购买商品或转售获利。该结构允许合伙人为其业务进行债务融资,并规定了合伙人的联合责任或集体和个人责任。由此可见,古巴比伦的tapputum具有中世纪康曼达的特色。

• 汉斯曼等(Hansmann et al.,2005)的研究发现,古罗马虽未能建成一个通用的商业实体,但他们建立了一种被称为"合伙税(societas publicanorum)"的多业主公司类型。这种合伙关系建立于公元前四世纪,它由被称为包税商(publicani)的投资者组成,他们对国家合同项目或征税项目进行投标。在接受投标后,国家先支付合同的一部分款项,并在项目全部完成时支付剩余部分款项。该投资不能撤回,也不能在全部合同义务履行完毕之前清算公司的资产。汉斯曼等(2005)认为,在古罗马,寻求资本积聚的多业主结构是不存在的,因为大量的财富已经集中在少数家族手中,所以他们并不需要这种结构。只有少数行业,例如公共工程的建设或武器的制造,即使对于一个富有的罗马家族来说也无法承担这些行业所需的资本,因此需要多业主包税合股来填补投资上的空白。

• 虽然合伙制最早可以追溯到古代,但许多学者认为现代合伙制法主要起源于拜占庭或阿拉伯。合伙制是基于《贾斯蒂尼安法典》中的一项法规和《罗得岛法》设立的,《罗得岛法》(Lex Rhodia)是7世纪拜占庭帝国关于商业贸易和航海的规章制度,它重点规定了货物丢失或损坏的责任,并为船主、货物所有者和乘客之间如何分担损失提供了依据,从而作为他们抵抗风暴和海盗行为的一种保险。这部法律一直沿用到 12 世纪,而它从 11 世纪起就为意大利城市的海洋法带来了深远的影响。

- 阿拉伯合同法为今天广泛使用的合伙结构奠定了一部分基础。利润分享(mudaraba)是商业合同的一种形式,它规定一个投资者或一组投资者可以将资本委托给代理人(mudarib),代理人通过交易,再将本金和利润的预定份额返还给投资者[布伦湖贝(Brunnhuber),2007]。在前伊斯兰阿拉伯商队贸易的背景下,风险融资的 mudaraba 就已经形成了。由此看来它似乎起源于阿拉伯半岛汉志地区商队贸易的主经区域。

- 因此,mudaraba 的概念似乎与远程国际贸易的背景高度相关。根据布伦湖贝(2007),伊斯兰合同法一直以来都有在商业投资的相关方之间界定和分担投资风险的传统。伊斯兰金融的一个基本原则是禁止收取利息,而其他宗教(如基督教或印度教)仅在历史上的某些时段禁止收取利息。人们普遍认为标准贷款的利息几乎没有风险,因为无论交易成功与否,贷款人的收益均有保障。然而伊斯兰教的看法与此相反,他们强调的是需要分担而不是转移风险。

- Mudaraba 跟随阿拉伯的对外征服战争传播到北非和近东,最终传入南欧。合伙制被引入欧洲,得益于意大利商人频繁在地中海东部进行贸易。随后,欧洲的商人们开始熟悉这种制度,并开始采用"康曼达(Commenda)"这一契约形式。事实上,研究人员已经证明了 mudaraba 和康曼达两者的结构有着非常高的相关性。康曼达契约中有一个长期投资者,称为投资人(commendator),他会将资本提前付给被称为"tractator"的航海助理。

- 康曼达结合了融资与保险的特征,如果船舶或货物丢失,借款人无须对出资人承担任何责任。该合同在商人返程并分配利润后终止。投资人只能获得部分利润,但无须承担损失,也不触犯高利贷罪,他还可以通过与不同的商人签订康曼达契约来分散风险。康曼达契约不是长期商业投资的一种常见形式,因为大多数长期业务需要个体业主的资产抵押。康曼达会进行"自我清算",即在业务完成或者 tractator 死亡后自动结束。

- 1673 年的《科尔伯特商业条例》和 1807 年的《拿破仑法典》强化了欧洲法律中有关康曼达契约的有限合伙概念。1907 年英国颁布了第一部有限合伙制成文法,而 19 世纪初,有限合伙制在美国得到了普及。

虽然有限合伙制曾因受到法律限制,一度并不受欢迎,但在 20 世纪初期,新油田勘探行业中越来越多的公司开始运用有限合伙制筹集资金。美国第一家 VC 有限合伙公司的成立可以追溯到 20 世纪 50 年代后期至 60 年代:1959 年,德莱普(Draper)、盖瑟(Gaither)和安德森(Anderson)以有限合伙结构成立了(很可能是)第一家风险投资行业的有限合伙公司①。这种风险投资模式可以说是世界上最成功的模式，如今它广泛应用于各国市场。的确，现在许多人都认为有限合伙制是私募股权和实物资产较为理想的投资方式。

4.7 总结

由普通合伙人和有限合伙人组成的有限合伙公司是一种特殊的金融中介机构，它将风险和收益在普通合伙人和有限合伙人之间进行非对称的分配。经过长时间的发展，人们发现有限合伙制在处理不确定性方面确实行之有效，它帮助投资者在现代大公司的高效、规模效应和控制力，以及小团队的灵活性、沟通能力和适应能力之间权衡。虽然常有人宣称有限合伙制已经消亡，但人们早已证明得出这个结论为时尚早。除了自我清算和有限的存续期之外，有限合伙制可能还有其他严重缺陷，然而当前市场上没有比它更加好的投资结构。正如温斯顿丘吉尔爵士所说的，除却人们曾经尝试过的其他各种投资形式以外，有限合伙制可能是私募股权和实物资产最糟糕的投资形式了。有限合作制已经以各种各样的形式存在了几千年，可令人惊讶的是，从投资组合多样化的角度出发，人们对其风险特性仍知之甚少。大多数人仍像投资传统资产类别那样投资有限合伙基金。正如我们在本书其他部分所讨论的，这可能会造成意想不到的后果。所以投资者需要有一种能够反映有限合伙制具体特性的风险管理方法。

---

① 该公司[后更名为德丰杰风险投资（Drap Fisher Jurvetson）]取得了长期的成功，它与另外一家风险投资公司美国研究与发展公司（ARD）最终的衰落形成了鲜明对比。ARD 是根据 1940 年《投资公司法案》设立的可公开交易的封闭型投资公司，由乔治·多里特将军（General George Doriot，前哈佛商学院教授）在二战前创立。苏和肯尼（Hsu & Kenney，2004）指出，这种封闭型公司结构主要受到了三方面问题的困扰：①ARD 的公司结构类似于投资基金，这要求 ARD 必须产生稳定的现金流。②在该结构下，ARD 的投资专家难以获得合意的薪酬奖励，这降低了该公司对投资专家的吸引力，并最终引发了一系列的辞职风波。③封闭型投资基金常用现金和有价证券来进行折价交易，它们因此极易成为恶意收购的对象。ARD 是一个行业先锋，虽然它的商业模式最终以失败告终，但是有限合伙制却更好地适应了市场。

第五章　收益、风险溢价和风险因子配置

投资非流动资产时，投资者希望获得更高的收益，以补偿他们所承担的非流动性风险。投资有限合伙基金的本质是非流动性，从投资组合的角度来看，该属性使得投资者难以保证自己的投资组合能够一直处于平衡状态——而这恰恰是标准资产配置模型（standard asset allocation models）的关键假设（洪崇理和索勒森，2011；洪崇理等，2011）。正如本书第六章所述，尽管近年来二级市场取得了长足发展，但清算有限合伙基金的股份仍非易事。此外，由于投资者必须能够随时应对招款，因此除市场流动性风险之外，他们还面临融资风险或承诺风险。由于招款和分红都是随机的，投资者可能会突然面临过度承诺或承诺不足的情况，其投资组合因此偏离最优状态，进而也降低了他所能获得的多元化收益（法利普和韦斯特菲尔德，2012）。如何测量、管理融资风险与市场流动性风险对于非流动资产类别的投资者来说至关重要，因此我们将在本章第二部分讨论这个问题。

无论是从概念上还是从统计意义上来看，量化非流动资产类别的风险溢价都面临着相当大的挑战。虽然近年来可用数据增加，有关非流动资产投资收益的文献因此显著增加，但大多数研究都集中于比较非流动资产与流动资产的收益。然而正如本章所述，有关风险调整后收益的研究，尤其是有关流动性风险调整后收益的研究仍少之又少，而且随着文献研究的深入，我们应以更为谨慎的态度对待这些现有的研究结论。尽管私募股权和实物资产这两类非流动资产的风险难以测量，但越来越多的机构投资者已经开始采用一种新的资产配置法来获取特定资产的风险溢价，即风险因子配置策略（risk factor allocation strategy），具体来说就是从各种不相关的投资风险中获取多元化收益，而非像传统的均值方差法那样强调不相关的收益，详见本章第二部分。

5.1 私募股权的收益和风险

许多投资者分两步构建投资组合：第一步，确定整个投资组合中每个资产类别的比重；第二步，为每个资产类别设计特定的投资策略[夏普（Sharpe），2007]。在本章中，我们主要关注第一步。正如我们在第二章中所谈到的，非流动资产的投资者基本上仅限于负债结构适合投资的长期投资者。他们的长期负债使他们可以投资于非流动资产，以较高的收益弥补流动性的不足。但非流动资产是否真的能产生相对较高的（风险调整后的）收益？在考虑这个问题时，我们一般会先想到将私募股权收益率与上市股票收益率进行比较，这两种资产类别在公司资本结构中的地位相同，但流动性水平却天差地别。

5.1.1 私募股权与上市股票的收益比较

就杠杆收购(leveraged buyouts)而言,普通合伙人在为其有限合伙人创造价值并获取高额收益时,通常会结合采用三种措施:

- **战略措施**(strategic measures) 包括并购和自行开发最初目标公司(buy-and-build initiatives)、剥离非核心业务、研发新产品和开拓市场,这些措施旨在提高 EBITDA 的增长率,也经常带来多元化扩张。
- **运营措施**(operational measures) 侧重于提高产品质量和销售效率,减少间接成本并优化公司的价值链。
- **财务措施**(financial measures) 旨在最大化资本效率并优化公司的资本结构。

在采取战略、运营和财务措施时,普通合伙人也特别注重治理结构的有效性,确保公司管理层的利益完全符合所有者的利益。投资组合公司的管理团队可以因此获得公司大量股权(包括股票和期权),并从股价的上涨中得到激励。同时,管理团队在要求公司经理为公司进行有意义的投资时,也面临着股价下跌的风险。

在 20 世纪 80 年代,有充分的证据表明收购使得公司经营业绩颇丰,公司价值上涨,或两者兼得[文献综述请参见卡普兰(Kaplan)和斯通博格,2009]。然而在 20 世纪 90 年代最近一次收购热潮中,相关案例的研究仍不多见。当然也有例外,郭等(Guo et al. 2011)研究了 1990 年至 2006 年间完成的 192 次收购交易后发现,尽管当时普通合伙人越来越重视与金融杠杆相关的运营措施,但这段时期公司的经营业绩却远低于 20 世纪 80 年代,这似乎有些矛盾。不过总的来说,收购前后资本投资的收益都是显著为正的,这与 20 世纪 80 年代有关收购交易的早期研究相一致。重要的是,收购所创造的价值似乎是长期的:曹和勒尼(Cao & Lerner,2009)研究了反向杠杆收购[曾被私募股权投资者收购的公司的首次公开发行(IPO)]后发现,即使 IPO 五年后,公司的表现仍优于非私募股权 IPO。

卡瑟(2011)分析了 1990 年至 2011 年间欧洲的 332 笔中期市场收购交易,并以一种创新的方法将收益按不同的价值驱动因子(如收入增长、多元化扩张和财务杠杆)进行分解。他发现欧洲收购交易中约三分之二的总收益可归因于旨在提高收入的战略措施和运营措施。相比之下多元化扩张因子可以忽略不计。虽然他估计收购交易中另外三分之一的总收益可以归因于杠杆效应,但这在统计意义上并不显著,所以卡瑟(2011)得出结论:"如果杠杆能够为收购交易带来收益,那么它是为卖方带来了收益,而非买方。"

阿赫莱特纳等(2011)得出的结果略有不同。他们研究了 1986 年至 2010 年期间欧洲和北美收购交易的绩效驱动因子。具体来说,他们发现收益的来源更为广泛,除了运营的改善和杠杆作用外,多元化扩张也将影响收益。最后,阿查里雅等(2013)研究了 1991 年至 2007 年间西欧的 395 次收购交易。在修正了杠杆因子后,他们发现平均超额收益显著为正,这主要是因为销售增长率以及 EBITDA 与销售额的比率(利润率)的增长速度高于同业。

尽管单个价值驱动因子的作用还没有定论,但人们普遍认同收购交易为私募股权基金创造了利润。然而这并不代表私募股权合伙基金所做出的收购投资对其有限合伙人来说也具有吸引力。首先,由于私募股权公司在收购交易中通常会支付大笔溢价,因此卖方可以获得该公司创造的大量价值。此外,如上一章所述,普通合伙人可以从有限合伙人处获得大量管理费和业绩提成,而有限合伙人主要关注扣除费用和业绩提成以后的分配净额,而非普通合伙人所赚取的总收益。

如今,越来越多的研究旨在衡量私募股权基金的净收益,并将其与有限合伙人以相同的资本投资于公开市场指数中所能得到的收益进行比较(迪勒和伍尔夫,2011)。卡普兰和肖尔(2005)的研究使用了 Thomson Venture Economics(TVE)的一个数据集,该数据集涵盖了 1995 年之前筹集的 169 个(大部分已经清算的)美国并购基金,他们比较了有限合伙人从私募股权基金中获得的净收益与用相同的资本投资于标普 500 指数所能获得的收益。为了使两者具有可比性,作者采用了一种名为公开市场等价物(public market equivalent,PME)的度量方式。这种方法先将基金在获得所有收益时产生的现金流出值投资(或贴现)于公开市场指数(该研究使用的是标普 500 指数),并计算投资收益的价值,再将该计算结果与标的基金总收益的现金流入值(扣除所有费用)进行比较。由此可见,PME 避免了潜在现金流的再投资假设问题,这是使用 IRR 衡量投资收益时一个众所周知的问题。[①] 若有限合伙基金中某项投资的收益与公开股票市场的投资收益完全相同,则 PME 等于 1;若有限合伙基金中某项投资的收益高于(低于)公开股票市场的投资收益,则 PME 大于(小于)1。[②]

卡普兰和肖尔(2005)计算出样本中并购基金的 PME 为 0.97,这表明扣除费用后,合伙基金的业绩表现略微落后于公开股票市场。若以规模为权数测量加权平均收益,则合伙基金的业绩表现相对会更差(PME=0.93)。因此卡普兰和肖尔(2005)发现,虽然投资者经常将超常业绩表现作为投资于私募股权这种非流动资产的理由,但事实上私募股权的超常业绩表现并不突出。[③] 法利普和戈沙尔格(2009)使用了更新后的卡普兰和肖尔数据集,也获得了类似的结论。事实上他们的研究结果表明,假设尚未清算的到期基金的市场价值等于零(完全冲销),在扣除费用之后,并购基金的业绩表现更差。从这些研究中我们可以得出一个值得深思的结论:即使未经风险调整,私募股权的投资收益也不那么有吸引力。若考虑到私募股权投资者承受了流动性高度不足的风险,这一结论就会变得更有意义。因此从收益的角度来看,只有投资者投资于绩效排名前 25% 的并购基金(这些基金有显著的超常业绩表现),该投资才有意义。

---

① 当投资者用 IRR 衡量收益时,隐含假设为,在整个投资期间内,私募股权基金的现金收益将以 IRR 再投资。例如,若某基金的 IRR 为 40%,且该基金在存续期早期就已经获得了现金收益,则我们假设该现金收益将再次以 40% 的利率进行投资。然而在实践中,这样的投资机会非常罕见。

② 鲁夫内兹(2007)提出了一种基于 IRR 的 PME 法,该方法使用基金的原始投入额,并测量了私募市场现金流和公开市场现金流在最终资产净值相同时的分红金额,然后基于这两个新的现金流计算和比较 IRR。鲁夫内兹的研究结果表明,1980 年至 2003 年期间募集的基金的超额收益为 3%。戴(Day)和迪勒(2010)估计私募股权的投资收益比标普 500 指数高出 6%。

③ 然而卡普兰和肖尔(2005)表示,在对管理费和业绩提成做出合理假设的情况下,总 PME 至少比预计净 PME 高 13%。因此无论是算术平均还是以规模为权数加权平均,总的 PME 都将远高于 1。

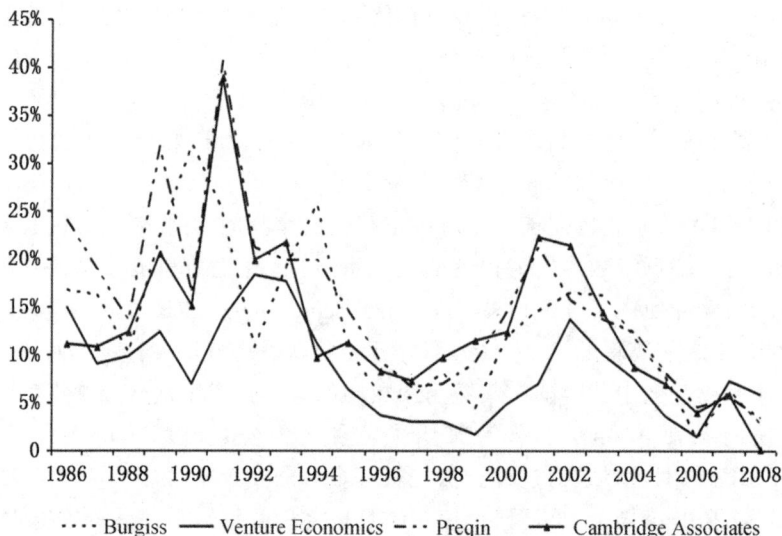

图 5.1　美国并购基金收益率的比较(基于四家数据供应机构提供的 IRR,扣除所有费用)
资料来源:哈里斯等(**2012**)

　　再来看风险投资(风险投资通常没有杠杆),至少在科技泡沫之前,风险投资的收益情况比较乐观。卡普兰和肖尔(2005)基于 577 个 VC 基金的 TVE 样本,以规模为权重计算得出加权平均 PME 为 1.21,这表明有限合伙人在这些 VC 基金中获得的投资收益高于对上市股票的投资。对于样本中所有的私募股权基金,卡普兰和肖尔(2005)得出以规模为权重的 PME 加权平均值为 1.05,这意味着投资于私募股权略优于投资于公开市场。[①]

　　近期的研究表明,私募股权的利润率可能高于早期的研究结果(卡普兰和肖尔,2005;法利普和戈沙尔格,2009)。上述几项研究都使用了 TVE 数据集,然而该数据集中私募股权的平均收益远低于其他数据供应机构(例如 Burgiss、Cambridge Associates、Preqin 和 State Street)(哈里斯等,2010,2012;科尼利厄斯,2011)。如图 5.1 所示,对于美国并购基金,不同数据供应机构提供的 IRR 随时间推移遵循类似的走势,但在每个具体的投资起始年份中,不同机构的数据会相差几百个基点。这些差异是由数据自身的特性造成的,即基金收益的相关信息并不公开。一些数据供应机构的信息来源于普通合伙人和有限合伙人自愿公开的信息,以及根据《信息自由法案》(Freedom of Information Act,FOIA)所做的信息披露(如 Preqin、Thomson),其他一些数据供应机构则从自身的有限合伙人用户中获取数据,它们为这些用户提供后台服务和基金投资监控(如 Burgiss、Cambridge Associates)。虽然没有数据库能覆盖所有的基金,但前者更容易出现选择性偏差和数据更新的问题。

　　斯图克(2011)最近的研究详细分析了 TVE 提供的收益数据,再次发现 TVE 可能低估了私募股权基金的真实收益。具体说来,他发现 TVE 数据集中大量基金的 NAV 有待

---

　　①　迪勒和卡瑟(2009)发现 1980 年至 2003 年欧洲私募股权基金(并购和风险投资)的 PME 为 1.05。

更新,这可能是因为 Thomson 不再接收来自普通合伙人/有限合伙人的数据,而简单地在后续季度中重复使用最后一次已知的 NAV。许多基金数据都出现了这一问题,由于缺少现金流量记录,基金 IRR 随时间推移而下降。通过更新这些数据,斯图克(2011)发现基金收益率显著高于早期研究报告中的收益率。

　　哈里斯等(2012)则使用了 Burgiss(一家提供后台服务的机构)提供的数据集。这个数据集的基金量大,而且也不太容易出现选择性偏差和数据更新的问题。他们的研究结果表明,早期的研究可能低估了私募股权基金,尤其是并购基金的业绩表现。事实上并购基金的收益被严重低估:哈里斯等(2012)估计,在美国并购基金的平均存续期内,其平均收益比标普 500 指数高出 20%至 27%,平均每年高出 3%。在未加权的基础上,作者发现 1984 年至 2008 年并购基金的平均 PME 为 1.22;在资本加权的基础上,平均 PME 约为 1.27。事实上在 25 个投资起始年份中,只有 5 个年份的平均 PME 小于 1(见图 5.2)。作者还发现 VC 基金的业绩表现在 20 世纪 90 年代远优于公开市场,但在 21 世纪初却表现不佳。

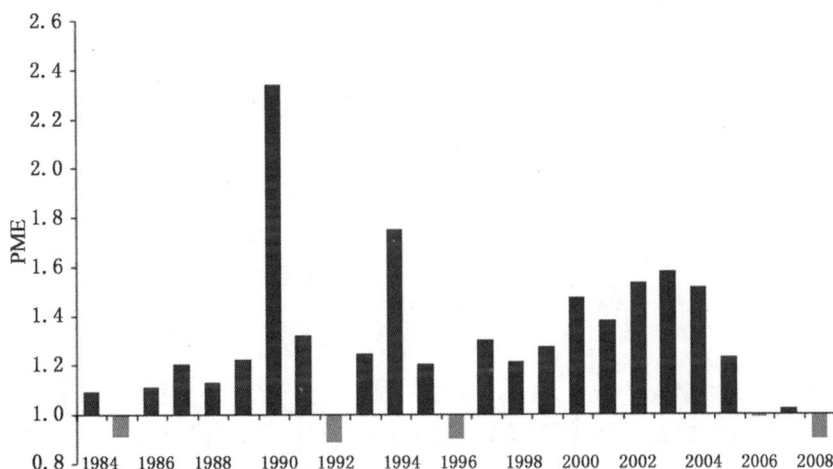

图 5.2　美国并购基金收益——各投资起始年份的 PME

资料来源:哈里斯等(**2012**)

　　哈里斯等(2012)得出的结果与罗宾逊和森索伊(Robinson & Sensoy,2011)类似,后者的分析数据主要来源于大型有限合伙人,他们的数据库不仅包括美国并购基金,也包括跨国合伙公司。虽然在哈里斯、罗宾逊和森索伊的研究中,各投资起始年份的基金 PME 有所不同,但两项研究都认为并购基金的平均 PME 超过 1.0,这表明私募股权基金的投资收益高于上市股票的投资收益。

　　希格森(Higson)和斯图克(2012)也得出了类似的结论,他们采用的现金流数据来源于美国康桥咨询公司(Cambridge Associates),其样本包括 1980 年至 2008 年期间募集的美国并购基金。就 1980 年至 2000 年间清算的基金而言,作者发现其每年的超额收益约为 4.5%。如果将样本扩展至 2005 年,并算上部分清算的基金,则超额收益将超过 8%。然而他们发现横截面差异相当大,只有百分之六十几的基金绩效优于标普 500 指数,同时超额收益是由前十分之一的基金而非前四分之一的基金驱动的。此外他们还发现,在全部 29 个投资起始年份的样本中，绝对收益明显呈现下降趋势。

虽然哈里斯等（2012）以及希格森和斯图克（2012）发现私募股权基金确实存在超常业绩表现，但是标普 500 指数的收益率是否能作为一个衡量基准，这点仍有待商榷。法利普（2012）在研究了 Capital IQ（一家业内领先的数据供应机构）的数据后强调，在杠杆收购交易中，95％的公司价值低于 11.75 亿美元，接近 Fama-French 小盘股指数中市值最大的股票。然而哈里斯等（2012）的研究结果表明，美国并购基金的业绩表现对衡量基准并不敏感。事实上当他们以罗素 2000 指数为基准计算 PME 时，所得结果基本相同，而罗素 2000 指数是衡量美国小盘股表现的指数。[①]

风险是更为棘手的问题。虽然最近的文献表明，美国并购基金的业绩表现优于上市股票，但这本身并没有告诉我们，有限合伙人向私募股权合伙基金提供资本之后，他们所承担的风险是否得到了充分的补偿。

5.1.2 市场风险和资本资产定价模型（CAPM）

投资风险通常以随时间变化的收益率的方差来计量。方差越大，该类资产的风险就越大。在其他条件相同的情况下，资产收益率更稳定的资产类别将在投资者的投资组合中占据较大份额（反之亦然）。换句话说，只有当投资者能获得更高的预期收益来补偿他们所承担的风险时，他们才愿意将资本投资于方差更高的资产类别中。收益率与其方差之间的关系可以通过夏普比率表示，其原始表达式（夏普，1966）[②]将（i）历史超额收益率 $E[R]$ 和无风险利率 R_f（通常为 3 个月国库券利率）的差值与（ii）超额收益率的标准差 σ 相除得到：

$$S = \frac{E[R] - R_f}{\sigma}$$

作为金融理论中最大的成就之一，CAPM 说明了投资组合中至少有部分风险是可分散的，或是特有的。根据马科维茨（Markowitz，1952）、特雷诺（Treynor，1962）、夏普（1964）、林特纳（Lintner，1965）和莫森（Mossin，1966）提出的开创性理论，我们知道了投资组合中最关键的是各资产收益率的相关性。基于此，现代投资组合理论（MPT）将资本谨慎地配置于多种资产类别，试图在给定的投资组合风险下使投资组合的预期收益最大化（或者同样的，在给定的预期收益下使风险最小化）。在完美市场中，我们可以这样确定资产的最优配置方式：资产的预期收益率能够反映它在投资组合中承受的系统性风险或不可分散风险。我们通常将这种风险称为市场风险或 β 风险。这也是 CAPM 的核心，它

---

① 法利普（2012）得出了不同的结论，他研究了 Preqin 提供的 1993 年至 2010 年间筹集的 392 个美国基金的现金流后发现，如果以三维基金顾问公司（Dimensional Fund Advisor，该公司以低成本被动投资于小盘股）管理的小盘共同基金的收益率为基准，则 PME 接近 1。截至 2011 年 12 月，小盘共同基金的最大市值为 11.3 亿美元，高于 Capital IQ 报告中的第 95 大杠杆收购案例的公司价值。

② 夏普后来认识到无风险利率会随时间变化，于是将比率修改如下：$S = \frac{E[R - R_f]}{\sigma}$，其中 $E[R - R_f]$ 表示资产收益率超过基准收益率部分的期望值，σ 表示资产超额收益率的标准差，$\sigma = \sqrt{var[R - R_f]}$。

规定了资产价格取决于在组合中加入该资产后,市场组合风险/收益特征的改善程度。

由卡普兰和肖尔(2005)与哈里斯等(2012)计算出的公开市场等价物隐含了私募股权市场风险为1的假设,但这一假设正确与否仍有待商榷。过去10年中,美国和欧洲的收购交易都带有杠杆,其平均债务权益比约为60∶40。杠杆放大了收益和损失,在其他条件不变的情况下,我们一般认为杠杆收购交易的β大于1。换句话说,若β为1,则其他因素(例如投资组合公司结构和运营的改进)可以抵消杠杆对收益的影响。

一些学者试图精确估算并购基金和风险投资中的市场风险与超额收益,然而私募股权投资的性质,收益的公布,以及绩效数据的获得难度均使得这些估算困难重重。[1] 首先,标准资产定价模型适用于在透明,具有流动性和基本无摩擦的市场中进行交易的资产,但这些假设基本不适用于私募股权投资(或类似的实物资产投资)。其次,私募股权投资收益率的测量频率低,表现良好的基金可能会拉高平均收益,标准数据库会因此受到样本偏差的影响。因此,为了合理测量私募股权投资的收益和风险,我们可能需要调整α和β的估计值。

在测量α和β时,有些研究使用了基金层面的数据,也有一些研究使用了交易层面的数据。就前者而言,真奎斯特和理查森(Ljungqvist & Richardson,2003)分析了某个大型有限合伙人投资于1981年至1993年期间募集的基金时所产生的现金流量数据,样本包括19个VC基金和54个并购基金。他们发现基金的平均IRR(扣除所有费用)为19.81%,而同期标普500指数的平均收益率为14.1%,这意味着基金的业绩表现优于标普500指数。为了估计β风险,真奎斯特和理查森将投资组合公司归为48个行业,并测量相同行业内上市公司的β平均值,由此估计出并购基金的β为1.08,风险投资的β为1.12。基于私募股权的预期收益和市场风险,真奎斯特和理查森(2003)将超额收益的5%～6%归为非流动性溢价。但是请注意,该结果并未对并购(VC)的杠杆进行调整。

德里森等(Driessen et al.,2011)提出了一种新的实证方法来从基金层面估计现金流的α和β。他们分析了1980年至2003年间筹集的272个成熟并购基金的数据,发现β为1.3～1.7,具体数值视模型而定。虽然在他们的样本中,并购基金的α略微为负(负的0.4%～1%),但这在统计上并不显著。德里森等还研究了包含686个VC合伙基金的样本,发现VC基金的β为2.4～2.7,α为负的0.7%～1%。

其他一些学术研究使用了公司层面的数据。这类数据可能更有利于分析,因为它们包含更多细节信息,研究人员可以借此对风险做出更精确的估计,还可以将风险和收益作为单个公司特征的函数进行分析。然而使用公司层面的数据也面临着一系列挑战。首

---

① 具体来说,CAPM假设所有投资者都可以获得相同的信息,对所有资产的风险和预期收益看法一致。此外,它还假设交易中不存在税收或交易成本,并且市场组合由所有市场中的所有资产组成,每个资产在组合中所占的权重就是其市值占市场总价值的比重。个人投资者对于市场和资产没有偏好,他们只根据风险/收益曲线选择资产。最后,所有资产可以无限分割至可持有或交易的份额。

先，公司层面的现金流量数据并不包含有限合伙人所支付的管理费和业绩提成，因此预期的风险和收益反映的是包含总费用的投资风险和收益，而不是有限合伙人的风险和收益。其次，公司层面的数据需要符合连续时间范式（continuous-time specification），而标准CAPM适用于离散时间，复利模型并不适用。尽管这是实证金融中一直存在的问题，但是洪崇理和索勒森（2011）指出，在标准离散时间的CAPM模型中，人们不能再将连续时间范式解释为超额算术收益。相反，他们认为超额收益（即α）可以通过预计波动率平方的0.5倍得到：$\alpha = \delta + 0.5\sigma^2$。

就风险投资而言，目前主要有两项研究使用了公司层面的数据：科克兰（Cochrane，2005）以及柯特维格（Korteweg）和索勒森（2011）。他们研究了VC公司的数据后发现，VC公司的波动率很高，算术α因此也很高。科克兰估计年度α约为32%，这个数值与用基金层面的数据得到的预期收益相比，似乎非常高。同时他发现系统性风险的β为0.6～1.9，这看似较低。相比之下，柯特维格和索勒森计算所得的β更高，在2.6至2.8之间，他们的α是正的，但数值较小。虽然20世纪90年代后期α非常高，但在21世纪初α是负的，这与使用基金层面数据得到的预期收益大体一致（哈里斯等，2012）。

很少有研究人员用交易层面的数据对收购进行研究。弗兰佐尼等（Franzoni et al.，2012）是个例外，他们用CEPRES（一家独立咨询公司，最初是德意志银行和法兰克福大学的合资企业）提供的数据进行分析。他们的样本包括1975年至2006年间的约7 200个收购投资案例，经计算后得出β为0.9～1.4，α为0.4%～9.3%，具体数值视模型而定。

我们对最近的学术研究进行简要回顾后发现，私募股权的（超额）收益和市场风险仍然存在相当大的不确定性，对系统性风险的估计差异尤其大，而且若真实的β被高估（低估），那么真实的PME会被低估（高估）。我们上面提到的PME估值对β的变化到底有多敏感呢？哈里斯等（2012）提出了一种研究思路，他们假设另类投资的收益分别是标普500指数收益的1.5倍和2倍，然后对PME进行估计。这个假设是为了在将股票投资的杠杆水平调整至私募股权投资公司（financial sponsor）买方交易的杠杆水平后，估计它可能产生的影响。研究发现PME对标普500指数收益率的倍数非常不敏感，作者从而得出结论："……系统性风险并不能解释我们得到的并购基金PME。"

罗宾逊和森索伊（2011）的研究使用了某个大型有限合伙人的专有数据库，并得出了类似结论。具体来说，他们通过改变β，将用来计算并购基金PME的标普基准收益率杠杆化，以此来追踪每个基金的"杠杆PME（levered PME）"和β的关系。研究发现，β的小幅增加对PME有显著影响，但随着β进一步提高，该影响将随之递减。例如β从1提高到1.5时（接近部分文献中并购交易β值的上限），平均杠杆PME从1.18降至1.12，不过相对于股票投资而言，基金的业绩仍然很出色。

5.1.3 价格僵化和私募股权的最优配置

在学术研究中，研究人员会使用大部分清算或全部清算的基金的现金流量数据来估计私募股权投资的风险和收益，在这种情况下，他们不必担心价格僵化的问题。价格僵化是投资非流动资产时投资者所面临的常见现象，它是指基金公司根据尚未完全清算的合伙基金的实际现金流量及其剩余价值的NAV，计算出基金的收益率。尽管NAV的计算深受行业主导因素的影响,也受制于更严格的会计准则[①],但它仍具有一定的主观性。此外,NAV 的估计并不频繁,且通常具有滞后性。由于人们不能直接观察到某些市场价值变化,一般仅能通过基金公布的数据进行计算,所以普通合伙人剩余价值的估计值通常代表"平滑化的(smoothed)"数据。

考虑到有限合伙基金较长的存续期,使用全部清算的基金的缺点在于可用数据相对陈旧。因为市场可能会发生结构性变化,所以分析师通常倾向于使用最新的数据。举个风险投资的例子,21 世纪初 VC 基金的收益率远低于它们在 20 世纪 90 年代末的收益率。然而如果投资组合是根据基金层面的数据来确定的,而这些数据中又包含大量相对较新的合伙基金,那么投资者必须考虑到价格僵化的问题,并对收益率进行调整。如果不纠正收益数据,那么价格僵化会导致投资组合剩余部分的相关性偏低。由于私募股权和其他非流动资产的真实资产定价及 β 的测量具有不确定性,因此有限合伙人持有的投资组合的风险/收益状况可能是次优的。若真实的 β 被低估,那么投资者可能会对私募股权做出过度投资(反之亦然)。

康罗伊(Conroy)和哈里斯(2007)从 TVE 获得了基金层面的数据,并利用这些数据来计算由私募股权(并购基金)、上市公司股票(大公司标普 500 指数和小公司纳斯达克指数)和债券组成的有效投资组合。[②] 在标准的 CAPM 框架中,如果投资者的目标年收益率为 10%,那么他们对私募股权的最佳配置比例是 20%,此时投资者整体投资组合的标准差估计将达到 5.8%。如果投资组合的期望收益率为 12%,则对私募股权的最佳配置比例将升至 50%,标准差升至 6.6%。

为处理非流动资产类别中著名的价格僵化问题,康罗伊和哈里斯(2007)随后将私募股权收益率"去平滑化(de-smooth)"。两位作者并没有使用普通合伙人提供的原始数据,而是使用了迪姆松(Dimson,1979)提出的一种标准方法得出了"去平滑化"的收益率,这种方法将当前观察到的收益率作为当前和过去真实收益率的加权平均值。[③] 然而这种方法的重点在于风险(方差),它将业绩报告中的收益率当作是单个基金和整体资产业绩表现的真实反映。康罗伊和哈里斯(2007)在重新计算了私募股权的方差—协方差之后发现,私募股权的真实风险明显更高。事实上在使用原始数据时,β 为 0.53,使用调整后的数据时 β 升至 1.17。由于数据调整后私募股权的风险看似更大,因此在任何给定的投资组合预期收益率下,私募股权的投资权重都将更小。例如,当投资组合的预期收益率为 10% 时,私募股权的配置比例为 14%,比未经

[①] 例如,国际私募股权估值(IPEV)准则最近根据全球公允价值的会计要求和做法的变化进行了修订,修订时特别参考了美国财务会计准则委员会(FASB)和国际会计准则委员会(IASB)发布的规定。

[②] 他们基于 1989 年至 2005 年的季度 TVE 数据得到了并购基金收益和风险的估计值。

[③] 盖曼斯基等(Getmansky et al. ,2004)提出了一种私募股权收益波动"去平滑化"的替代方法。迪勒(2007)则发现若将这种方法论应用于欧洲私募股权基金的数据集,收益的波动率每年都会因此达到 35%。卡瑟等(2003)介绍了其他几种替代方法。

调整的原始数据计算得出的配置比例少 6 个百分点。[1]

康罗伊和哈里斯(2007)的研究结论证实了早期戈姆佩斯和勒尼(1997)的研究成果,戈姆佩斯和勒尼(1997)研究了一家私募股权公司(Warburg Pincus)在 1972 年第一季度至 1997 年第三季度期间的投资。他们发现若使用原始数据,该公司的算术年均收益率(包括费用)为 30.5%,β 为 1.08。然而当他们依据投资组合的市值,在市场收益上对"更新(refreshed)"收益进行回归时,CAPM 回归中的 β 升至 1.44。[2] 尽管回归分析中的截距项仍为正数,但作者提醒我们:"私募股权基金公布的收益率可能无法准确反映价值真实的演变过程,真实的相关性也可能没有 Thomson Economics 和其他行业观察家所得出的相关性那么低,而忽略真实的相关性可能会带来风险。"

5.1.4 对均值方差模型框架做出准确的判断和针对性调整

一些投资者,如耶鲁投资办公室(史文森,2009),并不是使用计量经济学的方法来纠正价格僵化和其他非流动资产的异常问题,而是使用通识判断来调整观察到的历史收益、波动特征以及与其他资产的相关性。例如在使用原始数据时,私募股权和美国上市股票收益的历史相关系数约为 41%,但耶鲁投资办公室在进行资产配置时假定相关系数为 70%。正如史文森(2009)所说:"私募股权的历史投资收益为 12.8%,历史风险水平为 23.1%,而假设投资收益为 12%,风险水平为 30%,是对该历史数据适当的、较为保守的修正。"同样,耶鲁投资办公室将实物资产和美国上市股票收益率之间的相关系数从使用原始数据时的 1% 调整至 20%,其预期收益也低于该资产类别的历史业绩表现。

然而在修正非有价资产(non-marketable assets)的风险和收益假设,并调整它们与其他资产之间的相关矩阵时,投资者应该意识到,即使相对较小的改变也会导致投资组合权重发生相当大的变化。特别是在非流动资产中,鉴于非流动资产投资的长期性及其在各个细分市场投资机会的有限性,投资者可能难以实现相应的权重分配。为了能在实际应用中解决这个问题,布莱克和李特曼(Black & Litterman,1992)建议投资者采用"反向CAPM(CAPM in reverse)"方法。具体来说,他们的模型考虑到投资经理会更倾向于思考如何分配投资组合的权重,而不是平衡预期收益与风险。Black-Litterman 方法的出发点在于市场均衡收益,它提供了一个中性的参考点,即如果所有投资者都持有相同的观点,则市场出清。在该模型中,投资者可以明确设定他们的收益预期,并表明对该预期的把握程度,但该收益可能会偏离中性市场均衡。因此最优投资组合只是一组中性市值权重的偏差,它体现了投资者对投资组合的态度。

---

① 迪勒和雅克尔(Diller & Jackel,2010)使用 1983 年至 2005 年间筹集的 1 717 个美国并购基金和VC 基金的数据集,计算了基金的收益率和波动率。他们的研究假设私募股权的分红完全用于再投资,并采用了德·兹瓦特等(de Zwart et al.,2007)提出的方法。迪勒和雅克尔(2010)发现,私募股权的标准差为 23%,而上市股票的标准差为 16%,私募股权每年的业绩表现比上市股票高 2.5%,平均收益率(扣除费用)为 14.13%,同时私募股权和公开市场指数之间的相关性约为 63%。

② 对于没有投资或减记(write-down)的季度,戈姆佩斯和勒尼(1997)根据相应行业公开市场指数的变化调整了投资组合的价值。

此外,在调整均值方差模型的框架时,投资者应从最近的全球金融危机中吸取一个重要经验——考虑动态风险。CAPM 假设各资产的相关性保持不变,因而是静态的,但实际上所有资产的风险可能整体上升,各类资产收益率的相关性也会快速上升,从而偏离"正常"相关性。这种转变可能导致投资者在构建投资组合时严重低估投资组合的风险。正如思朋斯(Spence,2009)所解释的那样,投资组合风险中很大一部分都不是静态的。这种风险是系统性的,当系统内的风险整体上升时,各类资产收益率的"正常"相关性也会迅速上升。如果发生这种情况,多元化和对冲模型以及风险缓解策略必然会出现问题。同时如上所述,动态风险会严重影响投资者的现金流模型。分红减少、赎回暂停、对对冲基金和抵押品追加保证金,这些都会使得模型参数迅速发生变化,部分投资者可能会因此面临严重的流动性不足。根据上述经验,越来越多的投资者开始考虑动态风险,并在投资非流动资产的同时增加一部分流动资产的投资。

5.1.5 CAPM 的扩展和流动性风险

虽然 CAPM 是资产定价的主要模型,并且还被广泛用作研究投资项目的框架,但是它仍存在诸多限制,因此研究人员正着手开发新的模型与方法。在实证应用中,CAPM 的一个重要局限性在于,它仅使用一个变量(β)来描述投资组合的收益和整个市场的收益之间的关系。Fama-French(1993)模型是对 CAPM 进行扩展的重要模型,该模型使用了三个变量。具体来说,该模型在 CAPM 的基础上增加了两个因子,以反映投资组合对小盘股和价值股的敞口,而这两类资产的收益均优于整个市场。在实证应用中,因为小盘股和价值股的预期收益率高于大盘股和成长股,Fama-French 三因子模型因而明显比 CAPM 更具说服力。

帕斯特和斯坦博(2003)进一步拓展了 CAPM,他们在 CAPM 模型中增加了第四个因子——流动性因子。具体来说,Pastor-Stambaugh 模型认为市场流动性是影响股票定价的重要因子。阿查里雅和佩德森(2005)为资产定价中的流动性溢价建立了一个理论模型,并得出结论:流动性的负面冲击与较低的同期收益和较高的预期收益相关。

Fama-French 和 Pastor-Stambaugh 的扩展模型跟最初的 CAPM 一样,适用于有价资产。然而最近一些研究人员试着将这些模型应用于私募股权这种非流动资产。弗兰佐尼等(2012)发现流动性风险因子的 β 很显著,每年能为投资者带来约 3% 的风险溢价。[①] 他们指出由于收购交易的杠杆较高,它对私募股权债务提供者[主要是银行、对冲基金和担保债务凭证(CDOs)]面临的资本约束特别敏感。在风险厌恶程度较高且市场流动性较低的情况下,私募股权基金经理很难为投资进行再融资,这可能会使基金的业绩表现变差。

弗兰佐尼等(2012)得出的 VC 基金和并购基金的流动性风险溢价,与大多数从业人员在投资于私募股权合伙基金时希望获得的对流动性不足的适当补偿,两者大体相一致。在考虑流动性溢价后,哈里斯等(2012)与希格森和斯图克(2012)的研究,以及罗宾逊和森

---

① 梅特里克(2007)对风险资本进行了估计。在一个简单的有关 Pastor-Stambaugh 模型的教科书示例中,他估计在 1966 年至 2004 年的样本期间,流动性因子所创造的年均收益率为 3%。然而梅特里克(2007)将样本期间分为不同的子期间后发现,自 1980 年以来该收益率接近 6%。

索伊(2011)的敏感性分析均表明,私募股权对投资者来说是一种具有吸引力的资产类别。然而这个结论也颇具争议。索勒森等(2012)对有限合伙人投资组合选择模型进行校正,考虑了对私募股权的非流动投资,以此作为估计流动性风险溢价的替代方法。他们发现典型的有限合伙人能获得显著的非流动性溢价,其非流动性成本在规模上相当于管理费和业绩提成的总成本。此外他们认为,用于评估私募股权绩效的公开市场等价物(PME)并不能准确衡量这些投资的风险和非流动性成本。然而上述结论有待进一步证实。

5.1.6 负债驱动型投资和风险因子配置

正如本书第二章所述,为了获得非流动性风险溢价,投资者需要具备适当的负债结构以及合适的风险管理策略。然而 CAPM 及其各种扩展模型基本上都忽略了投资者的负债情况。因此严格说来,只有当投资者没有负债,即没有预定的支出要求时,他才可以将 CAPM 及其扩展模型作为自己的资本配置工具。实际上只有家族财富管理办公室和基金会最接近这种投资者类型,其他投资者在为不同资产类别配置资本时必须考虑到自身的负债情况。因此目前越来越多的养老金计划和寿险公司开始在统一的资产负债管理框架(framework of asset liability management,ALM)[①]下采取一些负债驱动型投资(liability-driven investing,LDI)方法,从而摆脱纯资产框架的限制。

LDI 方法侧重于管理资产池的规模和构成,负债及其对利率变动、通货膨胀和决定资本市场环境的其他因子的敏感性(Cambridge Associates,2011)。由此可见 LDI 框架考虑了同时影响投资者资产负债表中借贷双方的风险。这种方法在最近的金融危机中显得尤为重要,此次金融危机使得养老金固定收益计划(DB)产生了巨大的动荡,股权价格和市场债务贴现率的急剧下降导致许多养老金计划的资金状况严重恶化。在经济压力时期,出资人现金流量减少,且难以从资本市场融资来履行他们缴款的法律或合同义务,此时资金状况的恶化往往会加剧。

在 LDI 框架下配置资本时,投资者必须设定好无风险或风险中性的头寸。这种情况显然不同于纯资产投资方法,因为在纯资产投资方法中无风险资产通常是指高质量的政府债券(例如美国国库券)。而在 LDI 框架中,我们所指的风险中性资产池(risk-neutral pool)可以完全对冲投资者的负债。若给定投资者的风险偏好,该资产池可以作为评估如何权衡预期收益和风险的基准。风险偏好本身取决于投资者的自身情况,例如就养老基金而言,风险偏好取决于三个关键变量:与出资人资产负债表规模相对应的预期负债规模,与出资人的预期自由现金流相对应的未来潜在投入规模,以及出资人的运作与风险资产收益率和利率变化之间的相关性(Cambridge Associates,2011)。

一些机构投资者的投资策略与这种方法不谋而合,他们决定构建两个投资组合:对冲风险型投资组合和增长型投资组合。对冲风险型投资组合旨在将资产池规模和相关负债

---

① 有关 ALM 的文献逐年增多。对 ALM 技术细节特别感兴趣的读者可以参考霍凡纳斯(Hoevenaars,2008),他的研究影响了 ABP 投资公司(世界养老金行业中最大的养老金资产管理公司之一)的战略资产配置方法。有关 ALM 框架下保险公司对私募股权的资产配置,参见阿赫莱特纳和阿尔布雷希特(2011)。

之间的波动最小化,我们将这类波动称为"剩余风险(surplus risk)"。对于养老金固定收益计划来说,这种风险通常是关于利率和通胀的函数,二者都会影响出资人的负债价值。在对冲剩余风险时,投资者通常会买进固定收益工具,在理想情况下,这些固定收益工具的利率与贴现率完全相同。在收益与通胀挂钩的情况下,对冲风险型投资组合通常依赖于通胀挂钩债券(inflation-linked bonds)和通胀互换(inflation swaps)。对冲风险型投资组合的结构取决于投资者所采用的方法是只关注久期匹配或现金流匹配,还是两者都关注。

增长型投资组合旨在产生超额收益以减少投入额。为了实现这一目标,越来越多的投资者转为采用关注风险的资产配置方法,这种方法可能更适用于获取潜在的多元化收益。采用这种方法的投资者通常选用一种简化的资产配置框架,该框架强调将风险因子作为收益的关键驱动因子。CalPERS、加拿大养老金计划投资委员会①、丹麦养老基金ATP、挪威主权养老基金及新西兰和阿拉斯加的主权财富基金等机构投资者均在使用这种方法。事实上,一些投资者仅将资本配置于四到五个大类,而不是像危机前那样将资本配置于高度细分的资产类别。风险因子配置法明确考虑了非流动性风险以及其他风险因子,如股权风险、期限风险和信用风险。每个风险因子都能为投资者提供特定的收益(即风险溢价)(见图 5.3)。为了获得这些风险溢价,投资者需要投资于特定的资产类别,其中具体的资产配置方式则需在 ALM 框架下确定。就私募股权投资而言,收益主要来源于股权风险溢价和流动性风险溢价。

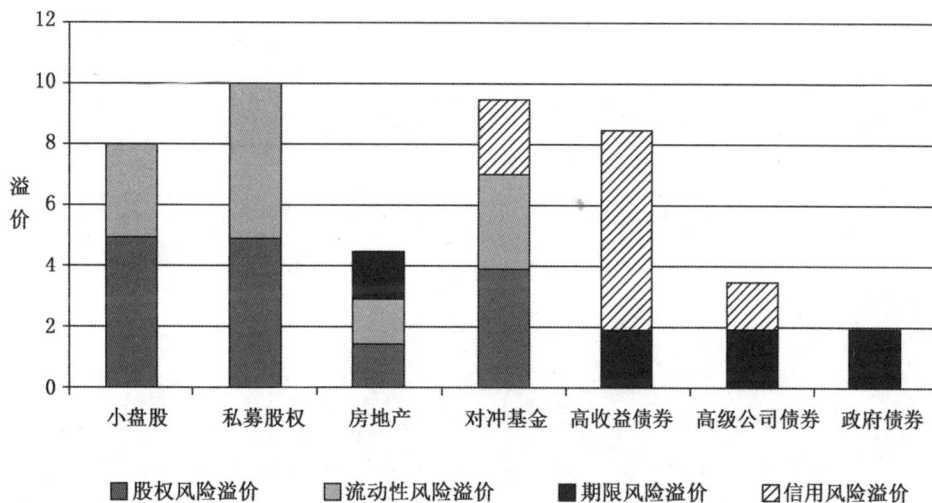

图 5.3　通过风险因子配置将投资组合多元化

资料来源:世界经济论坛(WEF,**2011**)

越来越多的投资者转而在 LDI 框架下使用风险因子配置法,正如世界经济论坛(WEF,2011)所强调的,其中一个尤为重要的原因是传统投资策略的"幻灭"。在危机发生前,投资者的注意力集中于选择不断高度细化的资产类别,这限制了他们对投资组合中

---

①　详情请参阅哈佛商学院关于加拿大养老金计划投资委员会的案例研究[哈迪蒙(Hardymon)等,2009]。

风险和收益的潜在驱动因子的洞察能力。在危机期间，充分多元化的投资策略并没有为投资者提供稳定的收益，相反许多投资者还发现自己缺乏可以变现的流动资产。与基于CAPM的传统策略不同的是，在风险因子配置法中，资产类别是识别关键的潜在风险和收益因子的途径。这种方法的吸引力在于直观简单。

风险因子配置法是否真的有助投资者获得较高的风险调整后的收益，我们现在还无法评判。国际投资者因而密切关注着CalPERS的投资经验。CalPERS于2011年年中引入了"新的另类资产分类"，该分类方法采用了基于风险的资产配置策略，并构建了两个对冲风险型投资组合来应对极端的市场风险和上升的通胀率。投资组合的其余部分涵盖了如上市股票和私募股权、实物资产等增长导向型资产。表5.1展示了新旧资产配置的目标比例。该表中每类资产都有相应的策略计划，我们将在本书第三部分对此进行说明。

表5.1 CalPERS的另类资产分类

风险类别	资产类别	目标	2009年6月	2011年7月
			配置比例(%)	
收入	全球固定收入	提供稳定的收入	20	16
增长	上市股票和私募股权	积极应对经济增长	63	63
实物	房地产、基建、林业	保持养老基金的实际价值	10	13
与通胀挂钩	商品和通胀挂钩债券	对冲通胀	5	4
流动性	现金和名义政府债券	必要时提供流动性	2	4

资料来源：CalPERS；IMF(2011)

5.2 总结

长期投资者在投资非流动资产时难以保证自己的投资组合始终处于平衡状态（标准资产配置模型的一个关键假设），因此他们承担了更高的风险。为弥补这种风险，投资者通常会要求更高的风险溢价。在本章中，我们回顾了有关风险调整后的私募股权投资收益的文献。私募股权与上市股票相比，除了前者的流动性严重不足外，两者在公司资本结构中的作用基本相同。我们将结果总结如下：

· 在风险未调整的基础上，通过有限合伙基金投资于私募股权基金所得的收益远高于投资于上市股票所得的收益。

· 我们通常基于公开市场等价物(PME)对私募股权和上市股票的收益进行比较，这其中隐含假设β为1，但大多数有关市场风险的研究发现β大于1。

· 敏感性分析表明，在对β做出合理假设时，私募股权的PME仍然大于1，这意味着在风险调整的基础上，私募股权的业绩表现仍优于上市股票。

• 专注于流动性风险的研究发现,流动性风险溢价为 2%～4%。

尽管人们在估计私募股权收益率以及相关的风险方面做了重大的努力,但通过我们的文献综述可以发现,人们还是无法确定私募股权高额的收益是否足以补偿投资者所承担的风险,也无法确定在风险调整的基础上,私募股权的业绩表现是否仍然优于上市股票。这种不确定性对投资者的资产配置策略产生了重要影响。在金融危机发生以前,大多数投资者采用了基于 CAPM 的传统投资方法,他们试图通过不断细化资产类别来分散风险;然而最近越来越多的投资者开始采用风险因子配置法,该法着重考虑了风险。正如我们在本书第二部分所讨论的,这种方法特别依赖于运行良好的内部风险管理系统的发展。

第六章 二级市场

二级市场交易是指投资者购买和出售其在私募股权和其他另类投资基金中原有的有限合伙利益。这些利益包括普通合伙人已动用的承诺额度和未拨付的承诺额度(unfunded commitment)。然而二级市场中,这种有限合伙人之间对于承诺额度的让渡与二级市场上的并购及类似交易有着本质区别,因为在并购交易中,有限合伙人的退出是将标的投资组合公司出售给另一个基金。

有限合伙公司股份的二级市场形成后,投资者欢呼雀跃,因为在二级市场中,原来缺乏流动性的资产类别可以具有流动性。随着流动性风险的降低,二级市场的进一步拓展和深化就有利于促进私募股权和实物资产的一级市场的发展。此时,那些已经持有此类资产的长期投资者会进一步增加投资额,同时更高的流动性水平使得人们可以摆脱表内负债的限制,从而吸引了更多的投资者。然而人们常误以为与投资资本的主观 NAV 估计值相比,二级市场交易的增长率是一种更为优良的价格发现手段。

事实上,基金投资的二级市场在过去十年中势头良好,它也是另类投资近年来最重要的发展之一。毫无疑问,正是因为二级市场的发展给有限合伙基金的买卖双方带来了巨大的利益,所以它的重要性与日俱增。然而二级市场并不会改变基金投资的本质,所以在衡量有限合伙基金的资本承诺所带来的特定风险时,投资者所面临的挑战仍然没有改变。

我们从简要介绍二级市场的微观结构入手展开讨论,分别介绍了市场的卖方和买方,并讨论了买卖双方的交易中介。随后,我们讨论了私募股权投资者在二级市场上出售和购买资产的不同原因,这些原因对二级市场基金的供需影响巨大。我们尤为关注基金股份或基金投资组合中股份的定价,因为价格反映了基金已经取得的收购价值,以及该基金或基金投资组合未拨付的承诺额度。此外,我们考察了二级市场的价格在整个周期中的变化情况以及过去十年中资产的换手量。最后,本章讨论了一级市场和二级市场之间的相互作用,并讨论了在考虑风险的情况下它们对构建投资组合的影响。

6.1 二级市场的结构

6.1.1 卖方及其出售动机

二级市场的卖方是私募股权基金或投资于实物资产的类似基金结构的有限合伙人。有限合伙人决定出售其基金股份的原因有很多。一般来说,我们可以按原因不同将出售分为两类,一类主要由流动性约束驱动,另一类则与投资组合策略的重新定位有关。了解这些不同的原因对于评估二级市场中交易价格的信息非常重要。

流动性驱动(liquidity-motivated)的出售

就流动性驱动的出售而言,投资者转让有限合伙基金股份的意愿通常具有周期性。专栏6.1介绍了哈佛管理公司(Harvard Management Company)的案例,哈佛管理公司在最近的金融危机期间出售了价值10亿美元的非流动性基金的投资组合股份,因此该案例曾受到公众的广泛关注。哈佛大学捐赠基金显然并非特例。事实上,持有大量私募股权和其他非流动资产风险敞口的有限合伙人正面临着这样的情况:当其他投资(如对冲基金)的追加保证金上升,且赎回金额减少甚至不能赎回时,分红也会终止。在这种情况下,一些具有较大的未拨付的承诺额度的有限合伙人极有可能对潜在的招款违约,因而他们会清算部分或者全部头寸。

专栏6.1 流动性约束和出售有限合伙基金股份:来自2008—2009年全球金融危机的经验

2008年秋天雷曼兄弟的破产是历史上最大的破产事件,它造成了近几十年以来最严重的全球衰退。随着市场参与者变得极度厌恶风险,金融市场上风险资产交易停止,而安全资产的收益率跌至历史最低位。投资者的现金流模型无法应对这类尾部风险(tail risk),许多长期投资者发现,当私募股权基金的分红枯竭,对冲基金和类似投资工具的追加保证金上升,以及赎回暂停时,自己将面临流动性不足的困难。

面对大量未拨付的承诺额度和流动性严重短缺,许多投资者尝试在二级市场上出售私募股权基金股份。然而由于宏观经济存在巨大的不确定性,流动性高度缺乏,投资者普遍厌恶风险等原因,二级市场几乎没有买家。同时,标的投资组合公司经营业绩快速恶化,公开市场指数持续下跌,然而基金的NAV只能对此逐步调整,这使得买卖双方价格预期的差异不断扩大。在2009年上半年,买卖双方的价差已经难以逾越,二级市场的交易量因而急剧下降。从一整年来看,二级市场的股份换手总数比上年减少了50%以上。

大量机构投资者试图(部分)清算其私募股权基金股份,美国的大学捐赠基金尤其致力于减少其风险敞口,一些捐赠基金减少的风险敞口占他们资产管理规模的20%以上。管理哈佛大学捐赠基金的哈佛管理公司(Harvard Management Corporation, HMC)就是其中一例,它尤为引人瞩目,并受到了媒体的密切关注。在2008年年中,该捐赠基金坐拥369亿美元,是最大的大学捐赠基金。当时私募股权占哈佛管理公司总投资组合的13%,这与其他大型捐赠基金相比并不大。然而哈佛管理公司对非流动资产类别的总风险敞口非常大,其中实物资产(不动产、基建、林业、石油和天然气)投资占比超过30%。

在金融危机之前,哈佛管理公司每年为哈佛大学预算做出的贡献高达12亿美元,占该校全年营业收入的三分之一以上,接近学费和赞助研究资金的总和。因此哈佛大学在招聘、扩建和新设施的规划中都依赖于哈佛管理公司。但这有个前提,即哈佛管理公司能从"收获颇丰的"私人投资中获得稳定的现金流。这一前提假设基于历史观测数据,然而在2008—2009年,当退出市场随金融环境不断恶化而不得不闭市时,人们发现该假设完全无法成立。

更糟的是,哈佛管理公司有大量未拨付的承诺额度,在正常的市场条件下,他们可以用分红进行融资,然而在危机期间几乎不存在分红,现金储备实际上是负的,这意味着捐赠基金整体上加载了杠杆,因此哈佛管理公司不得不清算资产,从而避免他们对此前的私募股权承诺违约,也避免对他们难以轻易退出的投资项目违约。他们决定清偿一些股权和固定收益投资,而事实证明他们选择了最差的清偿时机。哈佛管理公司迫切需要额外的流动性,于是他们决定出售 15 亿美元的基金投资项目,其中包括未拨付的承诺额度,而此时私募股权基金二级市场的平均报价为私募股权资产 NAV 的 50%~60%。在流动性危机的冲击下,哈佛管理公司为提高流动性,还在资本市场发行了超过 10 亿美元的债务。

可以肯定的是,哈佛管理公司并不是个例。正如洪崇理和嘉尔(2011)的报告显示,加州公共雇员养老基金(CalPERS,美国最大的养老基金)在 2008—2009 年的市场动荡期间损失了 700 亿美元。洪崇理和嘉尔参考了《华尔街日报》的一篇文章[1],并总结出了发生损失的原因:CalPERS 为履行其在私募股权和房地产投资中的偿付义务,出售了上市股票来筹集现金。CalPERS 的股权比重在 2007 年 6 月 30 日为 60%,但到 2008 年 6 月 30 日,这一比重缩至 52%,2009 年 6 月 30 日为 44%,CalPERS 因此几乎错过了上市股票市场随后的大幅反弹。吸取此次经验之后,CalPERS 于 2011 年 7 月开始采用了一个新的资产配置框架,该框架考虑了风险因子(IMF,2011)。

类似的甩卖(fire sales)并不新鲜。事实上,二级市场的流动性风险始终不容忽视。正如塔尔默尔和法斯法里(2011)所述,二级市场交易出现于 1987 年秋季股市崩溃以及 20 世纪 90 年代初全球经济衰退之后,当时的经济状况导致投资者对流动性的需求非常强烈。出于同样的原因,投资者也希望减轻对承诺资本的融资义务,因为如果他们不能满足普通合伙人的招款,就会违约,且后果十分严重。由于在经济动荡期间,投资者对非流动资产的需求较小,卖方通常必须在交易中接受 NAV 的巨大折价(我们将在 6.3 讨论这个问题)。

战略性出售

随着二级市场趋于成熟,越来越多的私募股权投资者通过二级市场来积极地管理他们的投资组合。卖方有限合伙人可能决定出售他们在特定基金中的全部股份,甚至出售他们全部的基金投资组合。而其他的有限合伙人可能决定只出售他们在合伙基金中的某些股份,这表明他们对基金经理还有信心。卖方有限合伙人的选择取决于他们的个人目标。

有时,有限合伙人对基金或基金投资组合的业绩表现不满意,并对其管理团队失去信心。他们可以出售这些基金的股份,将所获资金重新配置于新的投资机会中(迈耶和马森内特,2005)。相反,如果有限合伙人认为在基金的剩余存续期内,基金经理不太可能进一步提高标的投资组合公司的业绩,那么他可能希望锁定收益[阿尔梅达资本(Almeida Capital),2002]。

出售的另一个战略原因可能是私募股权的风险敞口高出预期。这种原因可以被称为分母效应(denominator effect),通常出现在金融崩溃时期,此时可交易资产的价格与非流动资产投资的价值相比,前者的调整速度快得多,这导致后者的份额高于目标值。事实

---

① Karmin and Lublin, "Calpers sells stock amid rout to raise cash for obligations", Wall Street Journal, 25 October 2008.

上,针对非流动资产类别,许多投资者倾向于划定目标配置范围,这是一种务实的方法,它可以避免对公开市场中相对短期的发展结果产生过度反应。为了使实际投资组合权重与资产配置目标一致,投资者可能需要抛售部分非流动资产。或者,若投资者在某些资产的风险敞口过大,则他可以暂缓对该资产类别做出新的投资承诺,从而逐步调整其投资组合。然而选择这种方法的投资者在投资时,可能无法实现投资起始年份的多元化,这在多元化投资中是一个特别重要的维度。

与之相关的是投资者方法的调整和"战术"的转变。例如许多养老基金多年来建立了高度(甚至过度)多元化的投资组合,但部分养老基金决定通过专注于它们的核心项目并更有效地利用资源,从而使这些投资组合更为合理。

此外,监管方面的原因也有可能导致有限合伙人通过二级市场提前退出。监管规则一直在变化,例如与银行有关的监管规则[巴塞尔协议Ⅲ(Basel Ⅲ)、欧洲资本充足指令Ⅳ(European Capital Adequacy Directive Ⅳ)、沃尔克法则(Volcker Rule)],与保险公司有关的监管规则[欧盟偿付能力Ⅱ(Solvency Ⅱ)]和与养老基金有关的监管规则[IORP指令(IORP Directive)],这些规则的变化可能会对某些资产类别施加数量上的限制,或通过改变特定的资本要求来影响其吸引力,从而保护投资者的投资组合免受可能由金融冲击带来的意外损失。随着持有非流动投资的机会成本增加,投资者可能决定在二级市场上将其出售。值得注意的是,二级市场的交易量在 2008 年至 2011 年间始终主要来自金融机构(图 6.1)。

我们也可以在重新定位投资者的基金投资组合后,考虑二级市场的出售情况。例如在已经实现总体配置目标的情况下,特定细分市场内的重组活动将更快完成,比如新兴市场可以通过出售以发达经济体的私募股权和实物资产为标的的基金,来更快地完成重组。

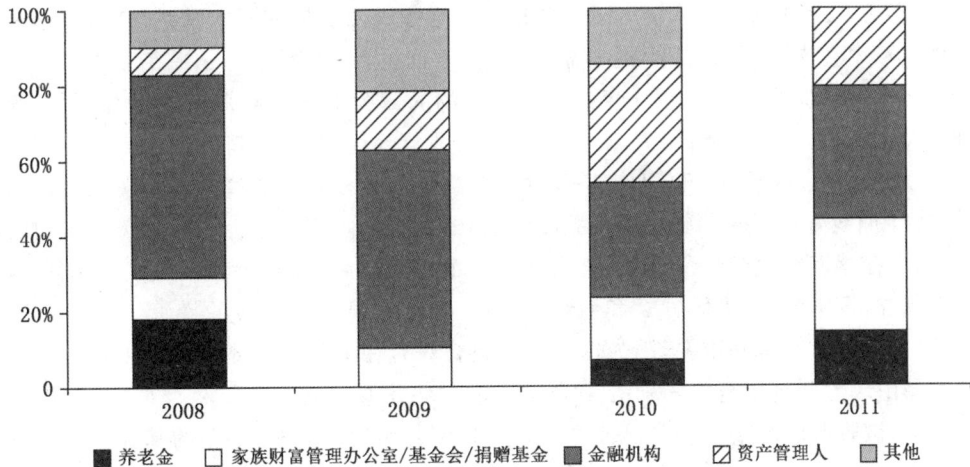

图 6.1 机构投资者(卖方)在二级市场的交易

数据来源:瑞士联合银行集团

最后,出售计划有时会受集团战略(group strategy)的变化驱动,群体战略的变化往往发生于投资结果不佳的时期,此时通常市场环境严峻,公司正面临着控制权变更、高级管理层变动或其他事件(迈耶和马森内特,2005)。在这种情况下,有限合伙人有时会决定出售大量基金投资组合，放弃整个资产类别或至少其中的子资产类别，如 21 世纪初科技泡沫破裂后的风险投资。

6.1.2 买方及其购买动机

历史上，二级市场的买方主要有专业的子基金和其他母基金。然而近年来，越来越多的非传统买家进入市场，包括养老基金、保险公司、捐赠基金、基金会、家族财富管理办公室、主权财富基金以及对冲基金。买方通过二级市场交易购买非流动资产的原因与卖方出售其持有的资产的原因一样有很多。首先，在某些市场条件下，那些流动性充足，且在基金投资中能够满足未拨付的承诺额度的投资者，在交易不良资产时能享有巨大的折价。

投资于二级市场还有一个重要优势，与作为资本"盲池（blind pools）"的一级基金的承诺相比，投资于二级市场的不确定性较小。除有限合伙协议规定的宽泛的投资指南外，一级投资者在做出承诺时，并不知道自己的资本最终将如何运用于基金的投资项目。在二级市场交易发生时，基金的大部分资本都已经投资于投资组合公司中。潜在的买家可以仔细分析其投资情况，并且他们已经有了一些指标来帮助他们区分公司是否按计划发展。

然而需要注意的是，在早期的二级市场交易中，这一优势并不明显，甚至不存在。这类交易发生在基金非常早期的阶段，有时被称作"已购一级交易（purchased primaries）"。在极端情况下，基金尚未进行任何收购时，买方就已同意认购卖方的承诺。已购一级交易通常是廉价急售，其中买方可以从有限合伙人处获得基金或基金投资组合的股份，而这些有限合伙人面临着对基金经理未来的招款违约的风险。这些交易主要发生在 2009 年金融危机期间，近年来其交易量大幅下降。

其他有限合伙人对二级市场交易感兴趣的原因可能在于，二级市场交易中投资者无须做出 10 至 12 年的资本承诺（一级基金投资者必须做出长期的资本承诺）就可以迅速获得私募股权和实物资产。基金通常需要几年才能达到现金流盈亏平衡点（cash flow break-even point），而对以存续 4 年的基金为标的的二级市场收购来说，达到盈亏平衡点的时间大大缩短，甚至可能消除。此外在基金自我清算前，其整个持有期通常会缩至 6 到 8 年。二级市场的不同动态可以作为一种抵消一级基金投资 J 曲线效应（J-curve effect）的手段。J 曲线效应描述了投资者在投资私募股权和类似资产类别时一个众所周知的现象：在基金存续期的最初阶段，资本流出导致 IRR 为负，当基金开始剥离资产后 IRR 会逐渐转正，此时资本流入（见图 6.2 和专栏 6.2）。对于年限相对较短的投资组合的投资者来说，这种缓解效应特别重要，因为这些投资组合只有在项目中期才能达到正的净现金流量。例如由瑞士联合银行集团作为中介达成的二级市场交易（图 6.3）。在 2011 年的二级市场中，被收购的基金中几乎三分之一来自投资起始年份为 2007 年的基金。如果我们算上投资起始年份为 2006 年和 2008 年的基金，那么 2011 年被收购的基金中几乎有四分之三已经存续了 3 到 5 年。

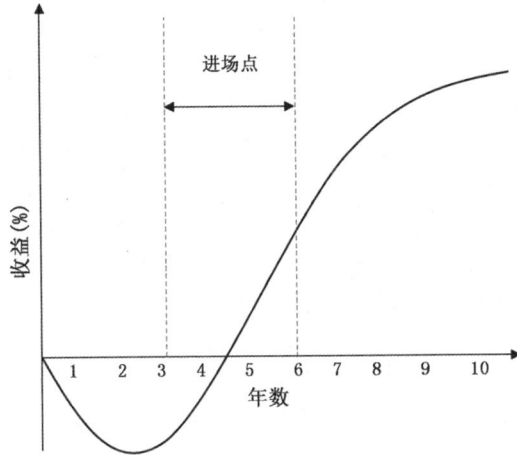

图 6.2 J 曲线与二级市场交易的经典择时

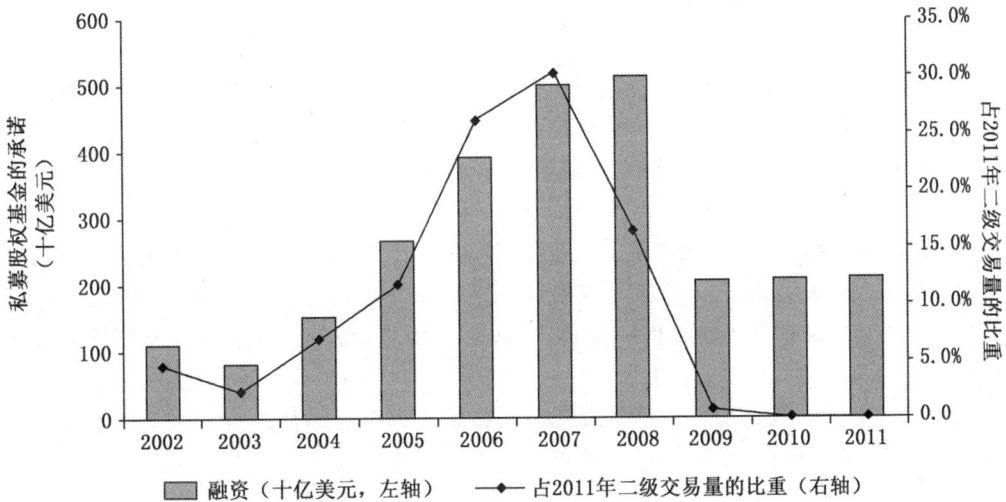

图 6.3 全球私募股权融资与投资分配额占 2011 年二级市场交易量的比重

数据来源:瑞士联合银行集团、阿尔普投资合伙人公司

专栏 6.2 J 曲线

J 曲线可以用有限合伙基金结构中的设立成本、管理费用,以及基金经理所遵循的估值政策来解释(迈耶和马森内特,2007)。"J 曲线"这一术语涉及多种形式,尤其和基金现金流量、基金 NAV 或基金绩效的变化趋势息息相关。

从有限合伙人的角度来看,"现金流量 J 曲线"出现的原因在于,净现金流量在早期(即基金的投资期内)为负值,且越来越小。之后,该趋势出现了逆转,在基金撤资期内,现金流变为正值,直至基金到期。

"资产净值 J 曲线"描述了资产净值(NAV)与营业利润(NPI)的变化情况,它在基金存续期的前几年趋于减少,后期逐渐回升。就像受现金流量和估值影响的"绩效J曲线"一样,资产净值J曲线在一定程度上可以由投资对象和项目固有的不确定性以及投资结果的偏差来解释,即使采用公允价值法,偏差也有可能存在。

人们通常认为J曲线在VC基金中更为显著,因为VC基金需要花几年的时间来创造价值——尤文·马里恩考夫曼基金会(Ewing Marion Kauffman Foundation)最近正在研究这个现象。马尔卡希等(Mulcahy et al.,2012)指出,基金业绩不佳时,普通合伙人常说这只是J曲线导致的暂时现象,但是有限合伙人需要对这个说法保持警惕。马尔卡希等的结论是:"J曲线效应是一个难以捉摸的后果,在1990年代中期以后成立的基金中尤为如此。"

然而不能否认的是,由于有限合伙基金生命周期独特,会对资产的风险建模带来偏差和扭曲,所以我们要重点考虑,详情参考本书的第二部分。

此外,与仅对一级基金做出资本承诺相比,投资者在二级市场进行投资可以更快实现对私募股权和实物资产的配置目标。而融资市场的周期性也有利于有限合伙人保持稳健的投资步伐。

有人认为,投资于二级市场可能有助于有限合伙人购买在一级市场已经超额认购的基金。投资者一般难以进入业绩尤为突出的优质基金,除非他们曾对这类基金做出过资本承诺。事实上,有时二级市场交易与普通合伙人筹集新基金密切相关。在基本交易(stapled transaction)中,二级市场的买方可以从当前的有限合伙人处获得现有基金的利益,同时对普通合伙人的新基金做出投资承诺。然而有限合伙人能否通过投资于二级市场获得成为现有投资者的资格取决于普通合伙人。即使普通合伙人认可现有合伙关系中的二级市场交易,也不能保证他在后续基金中依然认可该有限合伙人的身份。

最后,投资于二级市场也提高了投资者构建多元化投资组合的能力。在一级市场中,跨地区、行业、基金规模、投资策略和投资起始年份的多元化潜力仅限于当前与未来的年份,而在二级市场中,虽然估值信息反映在交易发生之时,但是多元化潜力却可以突破至过去的年份。

6.1.3 二级市场的中介机构

虽然二级市场的交易量在过去10~15年中大幅增加(见下一节),但二级市场的透明度仍然很低。从本质上来看,潜在卖家需要找到潜在的买家,而那些希望在二级市场购买私募股权和实物资产基金股份的人则需要识别潜在卖家。虽然二级市场的交易通常由卖方发起,但对于二级市场中私募股权基金的股份来说,买方有限合伙人主动发起交易也很常见。尽管各数据供应机构正针对二级市场交易努力搭建特定的互联网平台,但是市场透明度仍然不尽如人意。关于市场状况的信息通常并不真实,而且有关交易最终价格的信息也较为缺乏。

此外,二级市场的出售过程本身就非常复杂,且需要耗费大量时间。涉及单个基金或小型投资组合的交易通常是由双边磋商进行的,而对于规模更大、更复杂的交易来说,通过中介进行拍卖的形式日益普遍。金融中介如今参与了二级市场的大多数交易,主要是卖家利用中介来识别买家和安排基金利益分配。金融中介或是二级市场中专门的顾问（例如坎贝尔·鲁坦斯公司、科晶合伙人公司和瑞士联合银行），又或是配售代理人，它通常收取交易价1％到2％的交易费（塔尔默尔和法斯法里，2011）。

金融中介能确保出售过程充满竞争。金融中介通常会接触多个有限合伙人，试探他们潜在的购买兴趣。在出售大型投资组合时，中介会将其分为多个不同的部分，提高找到买家的可能性。有限合伙人根据中介提供的关于基金持有量和估价的机密信息，在拍卖中对他们想要购买的股份报价。许多二级市场的拍卖包含两轮。在第一轮报价之后，卖方和中介会邀请其中少量的潜在买方参加第二轮报价。在第二轮中，有购买意向的买家有机会根据他们在拍卖过程中获得的新信息来修改他们的报价。虽然中介为所有有购买意向的买方提供了相同的信息集合，但拥有多元化投资组合的大型有限合伙人通常具有更大的竞争优势，因为他们掌握更多有关基金经理的专有信息，包括基金经理以前的业绩记录和当前的投资质量。

由于买家和卖家动机多种多样，二级市场的中介变得越来越复杂。虽然大多数交易都是传统的二级市场交易，但近年来结构化的二级市场交易（structured secondaries）日益重要。结构化的二级市场交易可能带来如下改变：新的资产持有结构、新的资产管理团队、不同的支付结构，或者卖方也有可能在投资组合上涨时参与交易。例如塔尔默尔和法斯法里（2011）表示，卖方可以在其资产负债表上保留部分或全部的基金利益，同时买方同意"资助卖方投资组合未来所有的招款，以换取卖方投资组合未来的优先回报"。

6.2 市场规模

在过去的10～15年中，由于一级市场大幅扩张，卖方和买方对其另类投资组合采取了更为积极的管理方法，二级市场因而得到了长足发展。

6.2.1 交易量

据估计，从世纪交替之际到2011年，全球二级市场交易量增加了10倍（图6.4）。科晶合伙人公司（一家金融中介机构，2012）的数据显示，2011年私募股权基金股份的换手量约为230亿美元，市场交易量第二年突破200亿美元。需要强调的是，其总供给明显更大。例如合众集团（Partners Group，2011）发现，2010年二级市场交易量超过600亿美元，这意味着2010年，有限合伙人约有三分之二的待出售资产没能找到买家。

交易未能找到买方意味着价格过高，市场无法出清（见6.3节），其问题的关键在于信息不对称，即我们在4.3.2中介绍的"柠檬问题"。通常卖方比潜在买方更了解其投资组合的质量，如果买方没有更多的信息，他们就会假定卖方提供的基金或基金投资组合处于平均水平。这意味着高质量投资组合的卖方可能无法以足够高的价格成交。因此"柠檬问题"阻碍了交易，这解释了为什么每年报出的交易金额远远超过实际转手的承诺额。请注意，尽管潜在买家通常是经验丰富的大型投资者，由于对同一合伙基金做出过初始承诺（primary commitments）等原因，他们一般十分了解卖家提供的投资组合，但是"柠檬问题"仍给他们造成了巨大的障碍。

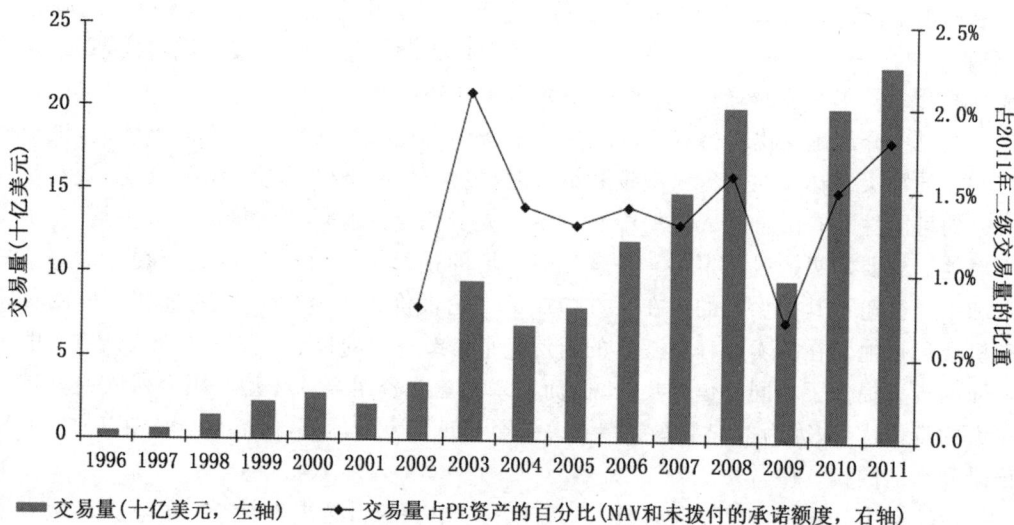

图 6.4　二级市场交易量

数据来源:科晶合伙人公司、瑞士联合银行集团、阿尔普投资合伙人公司

　　从历史水平来看,有限合伙人在市场上有 3%～5% 的敞口尚未填补,潜在买家可以从中获益。而最终每年大约有 1.3%～1.6% 未填补敞口(NAV 和未拨付的承诺额度之和)参与交易(图 6.5)。二级市场的快速发展反映了过去几年来一级融资市场的大幅扩张。注意,2011 年资产池的情况有很大一部分归因于高峰期内(2005 年至 2008 年)组成的合伙基金。在这四年中,对私募股权基金的承诺(不包括实物资产基金)总计近 1.7 万亿美元。如图 6.3 所示,这些投资起始年份的交易量占 2011 年二级市场总交易量的四分之三左右。

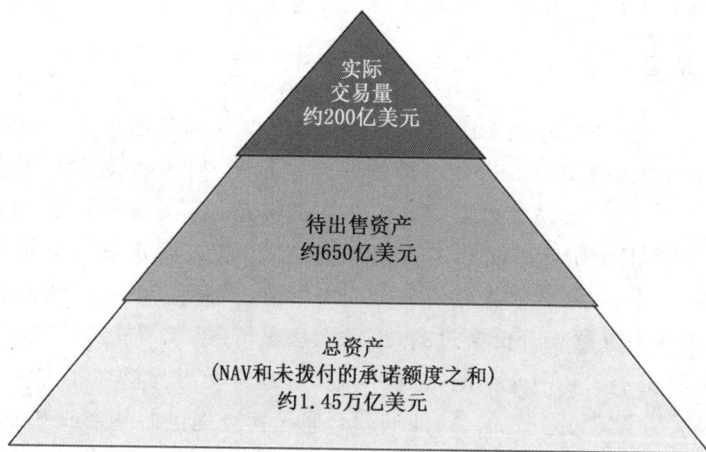

图 6.5　资金池和交易量(2010)

数据来源:阿尔普投资合伙人公司、合众集团、瑞士联合银行集团

　　然而二级市场交易的快速发展并没有遵循稳定的轨迹,相反,其长期趋势出现了重大波动。例如 2003 年,其绝对交易量翻了近 3 倍,相较于标的基本资产池增长了 2.5 倍。

这种飞跃由多种因素共同促成。首先,该年的总交易量反映了二级市场历史上规模最大的交易之一——MidOcean Partners 收购了德意志银行(Deutsche Bank)在美国和欧洲的私募股权投资项目,MidOcean Partners 是 2003 年由一次管理层分拆交易(management spinout transaction)形成的公司。许多投资者为这次收购提供了资本,其中包括二级市场上最大的一些参与者[如阿尔普投资合伙人公司、科勒资本(Coller Capital)、汉柏巍和保罗资本(Paul Capital Partners),还有一些大型养老基金]。这次收购的单笔交易额超过 18 亿美元,占全年总交易额的约三分之一。

虽然德意志银行/MidOcean 的交易规模是独一无二的,但是其背后原因却并非如此,恰恰相反,推动此次交易的原因同样也会促使其他投资者至少出售私募股权组合的一部分,或者直接放弃整个资产类别。2010 年左右经济慢慢复苏,但是许多有限合伙人仍然对私募股权投资组合的业绩持怀疑态度,而在这些投资组合中风险投资基金占据多数。虽然风险基金在科技泡沫前期表现出色,但是许多有限合伙人都认为这样的业绩神话不可能再现。与此同时,一级私募股权基金的资本承诺枯竭了,直到 2004 年才真正开始恢复。重要的是,二级市场的卖家第一次出现了养老基金——康涅狄格州的退休计划和信托基金(the State of Connecticut Retirement Plans and Trust)。卖家愿意接受的价格远低于 NAV,我们将在下一节讨论这个问题。

2009 年的二级市场交易量比 2008 年减少了一半以上,又在 2010 年回到了 2008 年的水平。2009 年年初,由于历史上最大的一次破产——2008 年秋季雷曼兄弟的破产,全球市场状况恶化至前所未有的水平,风险资产的价格大幅下跌,资产相关性急剧下滑,大规模的资金流向安全资产,美国国债收益率创下历史新低,银行同业拆放市场几乎冻结,这促使世界各国的中央银行通过非常规措施注入大量流动性。投资者的现金流模型无法应对这些尾部风险,许多长期投资者发现,由于追加保证金提高、分红停滞、对冲基金暂停赎回,自己正面临着流动性不足的困境。

在这种环境下,私募股权基金股份的供应量急剧上升,但鉴于宏观经济高度不确定,市场流动性深度缺乏,以及投资者高度风险厌恶,潜在买家寥寥无几。相比标的投资组合公司快速恶化的经营业绩以及持续萎缩的公开市场,NAV 的调整速度过于缓慢,这使得卖方和买方之间的价格预期存在巨大差距。在 2009 年的上半年,这个差距对许多投资组合来说不可逾越,即使是促成交易的卖家也是极其不满意的。直到 2009 年年中,全球市场才大致稳定下来,此时 NAV 与实际经济情况相符,二级市场交易量才开始有了恢复的势头。

6.2.2 融资

过去对私募股权基金的承诺决定了现在资产池的供应规模,对于买方来说,二级市场近年来也得到了迅速发展。在危机后的几年(2009—2011 年)中,机构投资者向专业二级私募股权基金做出了约 420 亿美元的承诺,这是自二级市场出现以来规模最大的三年期承诺(图 6.6)。虽然二级市场的发展历史较短,但二级私募股权基金中资本承诺的周期性弱于一级基金,而融资呈现上升趋势,且与之前同期相比有着大幅波动。例如 2001 年到 2003 年期间,一级融资市场的资本承诺大幅下降,但是同期对二级私募股权基金的资本承诺却持续上升,因而二级私募股权基金的资本承诺占融资市场份额从 2000 年不足 1％到 2003 年攀升至 5％。在繁荣期内(2005—2007 年),虽然流入二级私募股权基金的资本一直呈上升趋势,但与一级市场相比,其资本承诺依旧很少。因此二级私募股权基金在整个融资市场中所占的份额又下降到 2％以下。然而在危机后的一段时间内,由于对一级市场基金的承诺额度尚未回升,二级市场规模再次达到新高。

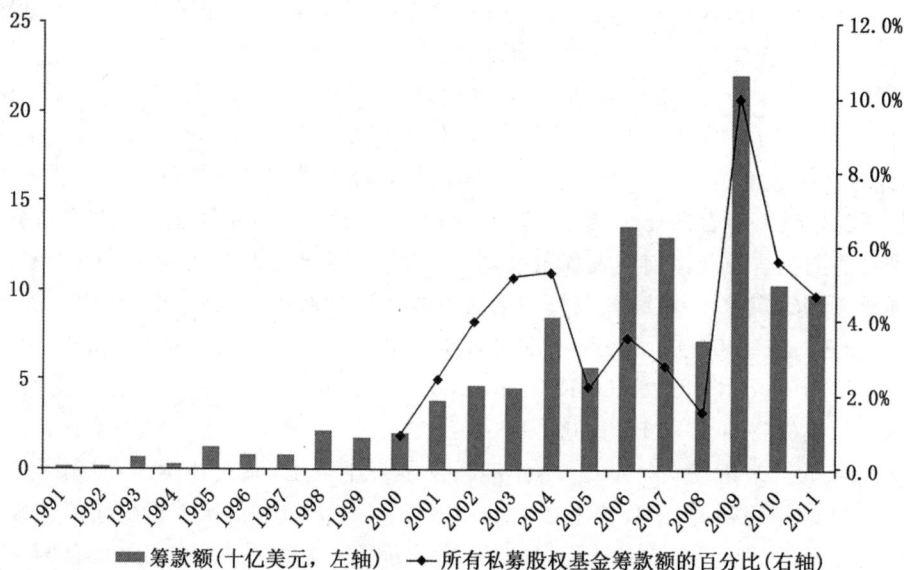

图 6.6　已筹集的二级私募股权基金

数据来源:阿尔梅达资本、普瑞奇

普瑞奇估计,专业二级私募股权基金在 2012 年第一季度结束时拥有超过 300 亿美元的资本。这些资本被称为"干火药"(dry powder),它们是投资者已经做出的资本承诺,但暂未被基金经理用于实际投资。值得注意的是,"干火药"并不包括来自非传统买方的潜在资源,也不包括投资者对二级私募股权基金的新承诺。关于后者,普瑞奇的报告指出在 2012 年第一季度末,市场上有 26 个二级私募股权基金,其目标总额近 230 亿美元。在这些基金中,近 50％已经完成至少一次的交割。因此从买方的角度看,二级市场有望进一步扩张,但它可能会受长期趋势中周期性变化的影响。

6.3 定价与收益

6.3.1 二级市场交易的定价

价格可以平衡供求关系,因而在市场中发挥了关键作用。在供过于求的市场环境下,价格往往会下调,从而吸引更多的买家,减少卖家,以达到市场均衡点。相反,如果供不应求,价格会被推高,从而吸引卖家并减少买家,直到供需平衡。这一基本原则也适用于私募股权和实物资产基金的二级市场,但重要的是,投资者需要识别这个市场的特性,从而了解二级市场定价的信息。具体来说,投资者、风险管理师和监管者都对以下问题感兴趣:公允价值可以为那些没有市场价格的非流动投资组合定价,但是二级市场的价格在多大程度上反映了市场的公允价值?

传统市场中,市场公允价值是基于基金或基金投资组合的 NAV 确定的。正如迈耶和马森内特(2005)指出的,只有当 NAV 等于基金总体预期现金流量的现值时,我们才可以认为该 NAV 是公允的。这些现金流不仅包括已经用于投资的现金流,还包括与尚未动用的承诺额度(由买方融资)相关的未来现金流。虽然二级市场的价格一般表现为相对于市场公允价值的折价或溢价,但卖家和买家对这种折价或溢价的基准有不同的看法。就卖方而言,参考基准通常是基金经理已投资资本的 NAV,而潜在的买方更倾向于将公允价值作为基准,因为它适用于所有承诺——包括那些未拨付的承诺额度。

从潜在买方的角度来看,评估二级市场交易公允价值的一种方法是使用来自内部或公共数据库的大量基金的历史现金流,从自上而下的角度进行分析(迈耶和马森内特,2005;迪勒和赫格尔,2009)。在考虑了一些有关基金特征的具体假设后,这些历史现金流被用于模拟未来现金流。这些假设可能来自内部评级系统(详见第十四章),其中投资组合的经济价值可以在备择情景中确定。二级市场的买方价格将根据买方对资产的业绩期望,由其预期现金流量贴现而来:

$$P_0 = \sum_{i=0}^{n} \frac{CF_i}{(1+\text{IRR}_{\text{buyer}})^i}$$

其中,P_0 表示二级市场的买方价格,CF_i 表示基金在 i 时刻的预期现金流量,n 表示基金的到期时间,$\text{IRR}_{\text{buyer}}$ 表示买方的预期 IRR。

潜在买家愿意支付的价格反映了拨付与未拨付的承诺的预期现金流量,这通常不同于普通合伙人提供的 NAV,NAV 一般是卖方的参考价格。折价可以表示如下:

$$\text{Discount}_t = \frac{\text{NAV}_t - P_{0,t}}{\text{NAV}_t}$$

很少有买方仅仅采用自上而下的分析方法。二级市场中大多数资产的买方将根据自下而上的方法分析给定的投资组合,并以此来确定他们愿意支付的价格。在自下而上的分析中,因为标的资产的出售时间仅发生在未来,所以普通合伙人提供的 NAV 并不重要。自下而上的分析考虑了当前投资组合投资的预期退出价值和退出时间,预期未来招款和使用这种提取方法时的未来投资收益,以及基金的法律结构。这些变量将用于贴现现金流(DCF)分析,以确定买方在交易中的期望收益(目标收益贴现率)。

采用自下而上的方法为给定的投资组合定价需要大量资源。例如为了确定个人控股公司在出售时的预期价值,买方需要分析投资组合中每家公司的关键变量,例如 EBITDA、公司的负债程度(资产负债表中超额现金的净值)和公司中基金的所有权。此外,买方必须对公司剩余持有期、EBITDA 增长率、债务偿还率和未来 EBITDA 乘数做临界值假设。虽然普通合伙人此前的投资情况可以提供一些参考(例如具体的持有期),但分析结果可能对基本假设非常敏感。因此买方通常认为他们的估值应该受限于不同情景下的宏观经济环境,以及该环境对 EBITDA 增长率、利率和退出乘数的影响。

如果说对收购投资组合估值很困难,且存在很大的不确定性,那么对风险投资组合估值更具挑战。正如我们在本书的不同部分所提到的,风险投资可能有各种各样的结果,其中大量的资产减值(write-downs)和坏账冲销(write-offs)可能会被几次非常成功的交易抵销。有限合伙人通常无法评估个别公司不同结果的发生概率。因此二级市场中 VC 资产的买家通常更依赖于基金经理提供的信息,也更关注他的声誉和业绩记录。

就未拨付的承诺额度而言,买方通常先确定用于未来投资的承诺额,而不是用于基金费用、支出的承诺额。在确定未来招款可能产生的价值时,买方会仔细核实普通合伙人的质量及其历史收益。未拨付的部分依据这些因素被分为资产或负债。同时,买方通常会根据历史数据来估计未来招款的预期速度。

最后,买方需要根据他的分析确定目标收益率或贴现率。这个目标收益率在不同的细分市场中有所不同,夹层基金(mezzanine funds)的目标收益率通常低于并购基金,而并购基金的目标收益率又低于 VC 基金,这反映了它们各自不同的风险特征。此外,目标收益率反映了随时间变化的市场环境。根据科晶合伙人公司的半年度趋势分析,在上一周期的峰值,目标收益率平均下降到 15％以下,但在 2008 年年末和 2009 年年初,由于宏观经济前景和全球金融市场的极度不稳定性,目标收益率上升到 30％。虽然参与拍卖的大型买方的目标收益率可能低于这些数字,但是对于其他细分市场,其目标收益率仍然非常高。例如人们认为对于那些中介较少,透明度较低的小型市场来说,其目标收益的周期性并不明显,且收益水平较高。

在这种情况下,投资策略也可能产生影响。例如塔尔默尔和法斯法里(2011)指出,由于 2007 年和 2008 年筹集的大型合伙基金拥有巨额的资本承诺,买家并不急于对其进行报价。假设这些基金终有一定的股份进入市场,买方只需静静地等待一个更具吸引力的交易价格即可。此外,一些有限合伙人可能通过一级市场交易成为基金的投资者。虽然这有利于提高有限合伙人的透明度,并成为他们的竞争优势,但这也可能会超过他们承受范围,给他们带来投资约束。

现在讨论卖方。从卖方的角度来看,买卖的关键在于买方提供的价格与普通合伙人提供的 NAV 之间的偏差。当买方以合伙基金最近的 NAV 折价购买基金股份时,该交易可能造成卖方的账面损失。虽然损失对任何投资者而言都是痛苦的,但塔尔默尔和法斯法里(2011,p.201)指出,这对于另类资产投资者而言可能更为重要,因为他们的薪酬通常与绩效紧密挂钩。买卖双方目标收益率的不同可能进一步加剧发现市场出清价格的难度。卖方使用的贴现率往往低于潜在买方,这反映了其信息劣势的风险溢价等其他信息。如果卖方是养老基金,出于精算的原因,它们的目标收益率很低,而这将进一步扩大卖方与买方之间的目标收益率差异。

价格反映了不同的供需动态以及买卖双方价格预期的形成,它在整个周期内变化显著(图 6.7)。2003 年,在以科晶合伙人公司为中介进行的资产交易中,第一轮报价的平均最高水平是 NAV 的 70％左右。如图 6.4 所示,尽管折价很大,但交易量几乎翻了三倍。显然,卖家在追求流动性,或出于战略原因需要重组他们的投资组合时,愿意接受大量的损失。2009 年上半年,第一轮报价的平均最高水平与 NAV 之间的差距已经扩大到约 60％,创历史新高。同时,报价价差(等于给定资产的平均最高价除以此类资产的平均最低价)也上升至历史新高,这反映了资产估值的不确定性和资产供应池质量的差异性,未拨付的承诺额度在资产供应池中占了相当大的份额。然而在这个买家市场上,仅有几个被迫清算资产的不良卖家接受潜在买家所要求的巨大折价,其他情况不至于这么糟糕的卖家并不会接受这么大的折价。因此大量待出售的资产未能找到买家,交易量比上年下降超过50%。

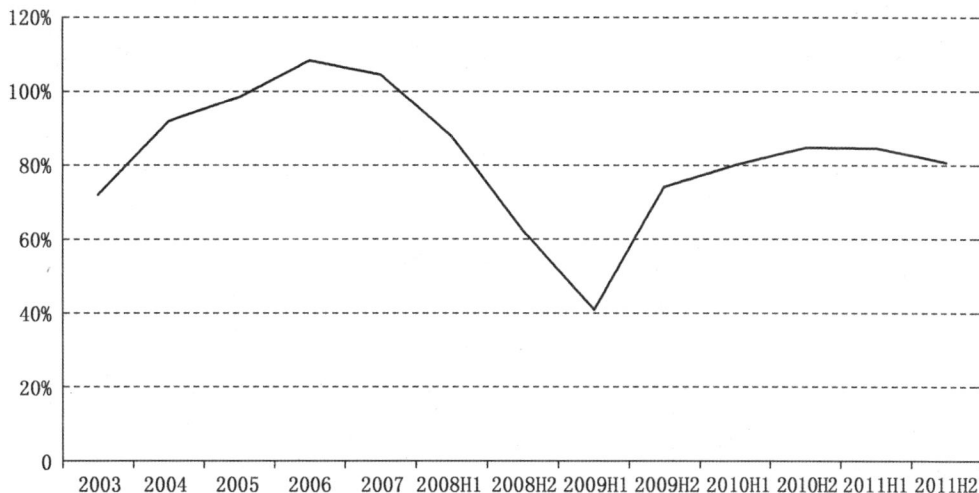

图 6.7　第一轮报价的平均最高水平

数据来源:科晶合伙人公司

　　正如合众集团(2011,p.5)指出,价格形成过程的关键在于 NAV 报告的惯性(inertia)。在危机高峰期,买家要求的折价特别大,市场上许多交易价格仍低于2008年9月和12月的 NAV。然而鉴于市场上的估值进一步大幅下降,以及宏观经济和金融市场状况迅速恶化,这些 NAV 迅速脱离了现实,且不再适用。但是随着普通合伙人逐渐下调NAV,让其与市场环境相适应,二级市场的买卖价差开始缩小,这为交易的重新活跃创造了条件。最近,第一轮报价的折价稳定在80%左右,而结算价格可能远超报价。与此同时,随着供应质量趋于一致,以及宏观经济不确定性的降低,买卖价差再次缩小。

　　我们可以将二级市场的报价与上市私募股权投资公司交易的溢价和折价进行比较(图 6.8)。该图由普瑞奇编制,这些折价/溢价大多基于最近公布的 NAV,且仅包括100个上市公司。整体图像基本上与图 6.7相同。在危机高峰期内并购基金和 VC 基金的一段小型溢价期之后,2008年开始出现了大幅折价,并于2009年第一季度在宏观经济和金融不确定性的高峰期达到低谷。此后,折价缩小至20%左右——与在二级市场观察到的折价量基本一致。

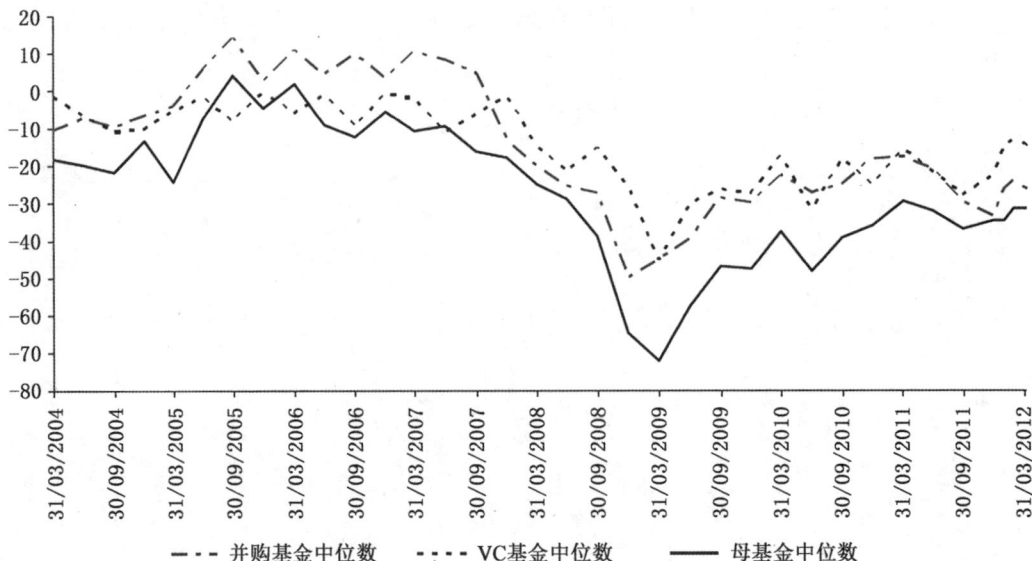

图 6.8　上市私募股权：按不同基金种类的折价/溢价

数据来源：普瑞奇

6.3.2 二级市场的投资收益

二级市场的投资收益取决于二级市场交易发生时的市场供需情况。潜在买家根据基金股份的可得信息来估计基金持有的投资组合公司的价值，这可能导致 NAV 的折价或溢价。虽然金融理论中通常将未拨付的承诺额度视为 NPV＝0 的资产，但正如我们之前所论述的，潜在买家可能根据基金经理的信息对它们赋予不同的价值，然而一级投资还未发生时，投资者无法获得该类信息。因此我们需要认识到，二级市场的投资者无法通过历史估值信息来获取超额收益。相反，二级市场代表了一个独立的细分市场，是对一级市场基金投资计划的补充。

鉴于二级市场估值的动态性，我们应该如何比较二级市场的收益与一级市场基金的投资收益呢？在解决这个问题时，我们关注的是以 IRR 和基金的回报倍数 TVPI 表示的二级市场私募股权基金的收益。其收益基准是某个给定年度筹集的所有私募股权基金组成的投资组合，而且该年的现金流数据可得。我们选取的数据来自普瑞奇（一家领先的数据供应机构），涉及并购、风险投资、增长资本、夹层、周转、特殊情况和不良资产领域的合伙基金，样本期间为 1998 年到 2008 年。我们的基准旨在反映有限合伙人可选择的所有潜在的投资机会。结果如表 6.1 所示。

在资本加权的基础上，当用 IRR 衡量基金收益时，大多数年份二级市场私募股权基金的业绩表现都超过了我们的基准投资组合。虽然由于二级市场私募股权基金的存续期较短，TVPI 较低，但其强劲的 IRR 表现使得近年来承诺额不断增加。有限合伙人在决定如何分配资本时，基本上都会比较二级市场私募股权基金与一级市场基金计划的预期收益。然而有趣的是，从本章讨论的角度来看，在给定的投资起始年份中，二级市场私募股权基金产生的收益与之前几年募集的一级市场基金的股份购买情况有关。例如 2004 年募集的二级市场私募股权基金,以筹集的资本加权,其 IRR 为 21.2%。该基金收购的大部分股份包括 1998 年至 2001 年募集的一级市场基金的股份。然而这些股份的业绩相对较差,收益率在 1998 年的 6.7% 到 2001 年的 18.6% 之间。这种收益差距与二级市场的特征相关,它还证明了收益反映的是卖方和买方在进行二级市场交易时获得的信息,而不是标的资产的基本价值。

表6.1 二级市场私募股权基金的业绩

投资起始年份	私募股权一级市场基金										二级市场基金									
	样本大小	已缴纳资本(%)	IRR(%)				TVPI				样本大小	已缴纳资本(%)	IRR(%)				TVPI			
			加权平均	中位数	Q1	Q3	加权平均	中位数	Q1	Q3			加权平均	中位数	Q1	Q3	加权平均	中位数	Q1	Q3
1998	185	97.4	6.7	7.2	14.4	−1.3	1.43	1.34	1.69	0.87	7	98.5	8.7	7.0	—	—	1.32	1.27	—	—
1999	183	96.5	5.2	6.7	13.8	−4.3	1.40	1.34	1.81	0.69	5	95.9	12.2	12.3	—	—	1.32	1.25	—	—
2000	294	97.2	10.9	8.0	17.1	−2.3	1.59	1.35	1.86	0.85	6	96.0	12.8	13.6	—	—	1.55	1.61	—	—
2001	179	97.6	18.6	10.6	24.0	1.1	1.86	1.49	1.97	0.98	4	94.8	21.1	—	—	—	1.67	1.61	—	—
2002	151	99.7	19.5	11.2	22.8	2.2	1.70	1.42	1.85	0.94	7	94.0	18.1	17.8	—	—	1.54	1.56	—	—
2003	124	97.8	17.4	9.0	21.5	0.9	1.76	1.32	1.73	0.92	9	88.1	28.1	23.6	32.9	16.8	1.73	1.91	1.97	1.46
2004	154	95.4	13.6	8.2	14.6	−0.1	1.64	1.36	1.77	0.97	8	90.2	21.2	15.3	—	—	1.46	1.61	1.70	1.28
2005	254	93.9	10.3	7.7	13.7	2.6	1.44	1.30	1.60	1.03	13	93.8	11.4	7.1	11.3	6.2	1.32	1.27	1.40	1.22
2006	283	91.9	3.7	6.8	11.4	0.8	1.17	1.20	1.40	0.97	11	87.4	5.6	4.3	6.5	1.1	1.16	1.13	1.22	1.04
2007	307	78.4	6.4	8.0	16.2	0.9	1.21	1.19	1.39	0.97	10	71.7	14.0	13.0	16.2	10.0	1.31	1.31	1.34	1.23
2008	264	69.6	9.2	8.0	15.7	0.8	1.22	1.15	1.34	1.00	15	71.2	18.8	21.3	24.2	15.6	1.31	1.34	1.44	1.27

注:2012年3月31日的估值;已缴纳资本取加权平均值。一级市场基金包括并购、VC、增长资本、夹层、周转、特殊情况和不良资产。

数据来源:普瑞奇

6.4 总结

正如本章所述,过去 20 年中出现了二级市场,它使得投资者可以出售他对有限合伙基金的资本承诺,以获取流动性或实现自己的目标。这些承诺既包括那些已经由普通合伙人用于投资的承诺,也包括那些未拨付的承诺额度。资本承诺的交易过程中通常需要专业投资银行作为中介。投资者购买资本承诺的理由包括交易时可能存在折价,投资资本的锁定期较短,以及二级市场中投资组合多元化的特征。

人们通常认为二级市场交易的出现是应对基金投资流动性不足的市场反应,在流动性不足时,只有那些负债情况适宜的投资者才能进行投资。本章已经提醒过读者,在构建有效投资组合时,我们不能将二级市场视为非流动投资的风险管理中游戏规则的改变者,这点与二级市场的发展一样重要。首先,尽管二级市场近年来迅速扩大,但相对于一级市场而言,它的规模仍然很小,只有百分之几的初始承诺在二级市场上交易。其次,二级市场像其他金融市场一样,可能在最需要资金的时候面临资金枯竭的问题。2009 年的金融市场就是一个重要的例子。虽然当时市场供应量是史上最高,但实际交易量已经崩盘,因为除非卖家十分迫切地需要流动性,否则他们不愿意接受 60%(个别情况下甚至更高)的折价。

出于类似的原因,二级市场的价格能否作为公允市场价值的基准这一点值得怀疑。投资者无法直接观察到二级市场的价格。交易是保密的,一般只有买方和卖方(以及中介结构,基于中介机构这一专业代理在促成交易时所做的贡献大小)知道最终结算价格。对于市场参与者来说,无论作为卖方或买方,二级市场的价格都反映了当前的市场环境,但它几乎没有反映投资组合持有至到期的潜在价值。买家所受约束较少,而处境艰难的卖家只能被迫接受买家的大量折价。二级市场的动态提醒我们,适当的风险管理尤为重要。

第二部分
风险测量与建模

第七章　非流动资产和风险

　　追求高收益的投资者通常需要承担更大的风险。如果有效市场假说成立,投资者将无法获得风险调整后的超额收益,这里的风险是指 CAPM 背景下定义的风险。事实上"资产的市场价格并不总是其公允价值"。但是"在多数情况下,大部分市场总是能够合理有效地为资产定价,因此几乎不存在套利机会"(史文森,2009)。若存在任何风险定价偏差,都会有投资者通过相对价值交易策略(relative-value strategy)套取超额收益。

　　有价资产市场的高效性使得投资者可以在透明度和有效程度较低的市场中寻求投资机会。正如史文森(2009,p.82)所说,这些市场通常缺乏流动性,"因为有价值的投资都在黑暗的角落里,而不是在照明灯之下"。但是当长期投资者进入非流动市场,如私募股权和实物资产市场时,新的问题随之产生:如何定义和测量风险(我们已在第五章讨论过这个问题)。首先,我们无法观测到市场价格。有限合伙基金公布的季度收益是以主观 NAV 为基础的,这给风险调整后的收益估计带来了重大挑战。即使研究人员找到这个问题的解决方法,如使用现金流数据,但是除了美国并购基金和美国风险投资以外,大多数细分市场收益的时间序列都很短。

　　投资者因此面临两难:在传统市场中,投资者几乎无法享受超额收益,相比之下,缺乏流动性的非传统市场效率一般较低,但投资者可因此获得超额收益。然而在非传统市场中,投资者很难采用标准资产配置模型,因为该模型依赖于风险的可测性,但这并不适用于非流动资产。

　　在这种背景下,本章首先对风险和不确定性进行区分,它们分别代表了不同类型的概率情况。在评估非流动投资风险时,人们并非纯粹以客观概率进行风险评估,主观因素同样非常重要。最后,本章介绍了风险管理,讨论了风险管理和尽职调查之间的关系,并指出它们是投资过程中明显不同但又互补的两部分。

　　本章讨论的是非流动资产中风险的定义与测量,同时我们遵循"风险与收益正相关"这一普遍原理。这个原理十分重要,它意味着风险管理应该是无偏的,即同时关注上行风险和下行风险。正如达莫达兰(Damodaran,2007)所观察到的,中国人眼中的"风险(risk)"事实上是危险和机遇的结合体。在风险管理中,尽管双边风险管理方法的基本原则也适用于非流动资产,但是投资者在向私募股权基金和类似结构做出资本承诺时,还是需要一些特定的方法。

7.1 风险、不确定性,以及它们与收益之间的关系

在金融理论中,单一资产投资组合的风险常被定义为投资收益的方差。在包含多个资产的投资组合中(如 MPT 所示),由于各资产的收益并非完全正相关,因此至少有一部分风险可以通过多样化投资进行分散。在 CAPM 的实际应用中,人们根据资产价格的历史变动来测量风险,根据定义,这要求相关的时间序列具有可得性。然而在私募股权和实物资产中,这个条件难以满足。首先,这些资产类别的特性意味着它们的市场价格不具有可观测性,这使得我们难以在 CAPM 的背景下测量其市场风险。在以往的文献中,学者使用了多种不同的方法来解决这个问题,但是正如本书第五章的文献综述中所提到的,实证估计结果差别很大。因此一些投资者在做出均值—方差假设时仍然需要获取充分的信息才能进行判断(史文森,2009,pp.118-119)。此外,目前的学术研究在评估风险调整后的收益率时,主要集中在更为成熟的私募市场,例如美国并购基金和美国风险投资。相比之下,其他细分市场(如新兴经济体的不良资产、夹层或增长资本)几乎没有可用于实证研究的数据。

我们难以将 CAPM 应用于非流动资产(如私募股权基金和类似的合伙结构),同时我们还面临着一个更为根本的问题:在无法观测市场价格,因而面临相当大的不确定性时,我们该如何评估非流动资产类别的风险?

7.1.1 风险和不确定性

为解决这个问题,我们需要回顾奈特(Knight,1921)对三种不同概率情况做出的区分:(i)先验概率(priori probability);(ii)统计概率(statistical probability);(iii)估计概率(estimated probability)。

· 先验概率从模型本身所具有的对称性中推导而来。就好比概率游戏(games of chance),其结果只能落在指定的范围内,且该范围涵盖了所有事件。每个事件完全同质,且概率相同。

· 在统计概率中,事件不是同质的,因此每个事件发生的概率不相等。统计概率是从事件的经验分类中得出的(例如,现在和过去的数据表),它并没有特定的范围。统计概率基于一个潜在的假设,即过去的分布在未来将保持不变。

· 在估计概率中,不存在对事件进行分类的有效依据。估计的结果通常独一无二,或不太常见,以至于我们没有必要将估计结果制成表格,并以此作为度量概率的方式。

奈特(1921)认为"风险"与前两类相关,而"不确定性"与第三类相关。在评估不确定性时,人们不但需要严密的推理,还依赖于判断和直觉,因此很有可能产生巨大误差。由于事件存在或多或少的独特性,人们难以运用统计技术计算概率,甚至无法确定发生错误的概率。因此处理不确定性相当于"概率判断",它不同于先验概率和统计概率。从这个

意义上来看,对私募股权和实物资产的投资可能受制于不确定性而不是风险。

虽然对风险和不确定性进行区分理论上很有必要,但是在实践中,我们经常发现"可测量的"风险与不确定性(即"不可测量的"风险)之间在概念上具有连续性(continuum)。就非流动资产而言,最近文献的创新之处主要是从非市场(现金流)数据中提取信息,从而测量风险,从奈特给出的定义来看,这类投资属于不确定投资。然而目前的学术研究成果是否确实为风险管理的实际应用提供了合理的估计结果,这一点仍有待证实。关键在于,如果数据驱动型频率论方法(frequentist approach)[本纳普兰科和罗切特(Be'ne'planc & Rochet),2011,p.29]可以测量非流动资产的风险,那么非流动资产产生超额收益的潜力将逐渐下降,并最终消失。在此之前,由于缺少足够的观测值来计算客观概率,非流动资产的风险管理师在处理不确定性时,将在很大程度上依赖于主观方法。

7.1.2 概率的客观性

继奈特(1921)的开创性工作之后,风险的概念与人们如何理解概率有了不可分割的联系[热博纳托(Rebonato),2007]。奈特认为,只要概率的计算基于足够大的观测样本,其结果就可以客观地用于风险估计,但这个观点仍存在争议。霍尔顿(Holton,2004)在自己的研究中提到了统计学家伦纳德·J.萨维奇(Leonard J. Savage)和布鲁诺·德·菲尼蒂(Bruno de Finetti)的观点,他们提倡概率的主观解释。萨维奇指出"我们都认同统计学在某种程度上依赖于概率。但关于概率是什么,以及它如何与统计联系在一起,自从巴别塔(the Tower of Babel)建设以来,很少有这样彻底的分歧和争议"。[1]

根据他们的客观解释,概率可以通过逻辑的应用来确定,或根据统计分析进行估计。"投资者'只是知道'世界未来不同状态的客观概率"(热博纳托,2007,p.26)。然而这不能完全令人满意:"如果我们想描述人类如何在存在不确定性的情况下真正做出选择,最好先确保我们了解如何将概率真正应用于实际决策,而不是去研究程式化的超理性代理人(他们拥有上帝提供的完美统计信息)如何做出决定"(热博纳托,2007,p.26;原文中的斜体部分)。因此根据主观解释,概率反映了投资者对不确定性的看法。

风险管理师一般认为定量分析是测量风险和实施风险管理计划时最有效的方法。只有(显然)客观的量化才能够准确地测量风险,并比较不同资产类别的风险状况。根据这种观点,客观量化风险的能力是风险管理师在投资过程中令人信服的先决条件。定性技术常带有"概括""预感""直觉""内心感受"或一些"反量化手段"的标签,哈伯德(Hubbard,2009)甚至认为倒不如没有风险管理计划。我们可以通过创建数据库来记录单个资产的详细信息,以及提取非市场数据中与风险相关的信息来解决这个问题[洛伦兹等(Lorenz et al.),2006]。然而这些寻求客观性的方式可能是"实现真正概率信仰的一次虚幻的尝试"(德·菲尼蒂)。

可以肯定的是,客观概率依赖于稳定的环境。然而正如我们在第五章所述,金融风暴期间,资产的风险/收益特征可能会大幅波动。此时根据反映"正常"市场条件的数据所建立的风险模型大都不再适用,甚至还有可能损害投资者的收益。因此风险管理师对抽样

---

[1]　引自 Savage L. J. (1954).The Foundations of Statistics[M]. John Wiley & Sons, New York.

期间的选择将对资产的风险评估产生深远的影响。在某种意义上，投资者因而面临着海森堡（Heisenberg）的"不确定原则"，其目的是在相对较高的精确度下测量静态市场的概率，或者在不断变化的市场中粗略估计概率。

7.1.3 基准近似的有用性

对于非流动资产来说，即使是静态市场数据也常常缺乏真实性，这就产生了一个问题：是否可以用某些资产来近似替代非流动资产。私募股权基金的一个首选替代是公开上市私募股权指数，如 LPX 50 指数。根据桑亚尔（Sanyal，2009），"因为 PE-VC 基金并非定期交易，且存在数据限制，因此它（LPX 50 指数）是最好的替代品之一"。欧洲监管机构（例如 EIOPA）赞同这一观点，它们要求投资者在欧盟偿付能力 II 的标准方法下利用 LPX 50 指数确定风险权重。然而私募股权基金的设立就是为了使基金经理获取非流动性溢价，因此它的风险状况完全不同于公开上市的私募股权公司或提供每日市场报价的特定机构，而该观点忽视了这一点。

还有一些研究人员将纳斯达克（NASDAQ）指数作为（美国）风险投资的近似替代，用小盘指数，例如罗素 2000 指数（Russell 2000）作为美国并购的近似替代。但是另一些研究人员对这种方法提出了异议：尽管这种替代方法易于实施，但它们是否可以对私募股权（一种投资方式截然不同的资产类别）的风险/收益概况提供有意义的参考，这点仍有待商榷。例如在将房地产投资信托基金（REITs）作为房地产合伙基金的近似替代时，我们也会面临同样的问题。

新兴市场中几乎没有私募股权投资的历史收益数据。在此类市场中，有限合伙人基于什么来确定他为合伙基金提供多少资本呢？理论上有三种方法，但没有一种令人满意。首先，投资者仅采取一种中立的态度，即他们在新兴市场中对私募股权和实物资产的风险敞口接近这些市场的相对投资额。例如，如果新兴市场吸收了全球 20% 的私募股权承诺资本，那么投资者将把自己 20% 的资金投资于面向该市场的私募股权基金中。虽然这种配置方式类似于 Black-Litterman（1992）提出的市场均衡投资组合，但它并没有说明对于私募股权资本来说，新兴市场比其他市场更具吸引力。投资者可能会偏离市场观点（market view），而 Black-Litterman 方法基于投资者风险调整后的收益预期以及他们对预期的信心程度，为他们推导投资组合权重提供了一个适当的框架。但是这里有个问题：投资者的预期是如何形成的？

投资者也可以在新兴市场中使用上市股票指数作为替代，如 MSCI 新兴市场指数或国家市场指数。但是投资者在使用这些指数时同样会面临上述问题。最后，投资者可以从更成熟的市场（特别是美国）中获取数据，将数据根据风险溢价进行调整，再据此建立自己的风险调整收益预期。然而这种方法未能认识到在新兴市场和更成熟的市场中，私人投资的动态可能不同。例如在投资私募股权时，新兴经济体中大多数交易是成长型资本交易，普通合伙人占比很少，且几乎不使用杠杆。此外，新型经济体中的基金经理构成越来越多元化，国际私募股权公司与当地快速发展的普通合伙人相互竞争。在许多新兴市场中，市场退出机制仍处于萌芽阶段，国家风险对其影响巨大。国际投资者风险偏好的突然转变也可能导致新兴市场汇率的巨大动荡。基于上述多种原因，成熟市场的数据是否对新兴市场具有指导意义仍值得商榷。

一般来说，替代基准越接近有限合伙公司投资的具体特征，分析结果就越有意义。然而研究人员在寻找合适的基准时，可能同样面临数据可用性和可靠性的问题，因此投资者需要进行权衡。当投资者决定投资于非流动资产类别——史文森（2009）所说的市场暗角（dark corner）时，他们需要承认测量和管理风险在相当程度上必须依赖于主观评估。

7.1.4 主观概率和新兴资产

上述内容指出投资者应该以奈特式频率论方法为基础，对 CAPM 中风险的标准处理方式进行补充，即当投资者进入无法运用 CAPM 度量风险的新市场时，采取一种以其承担的风险为重点的主观方法。从这个意义来看，风险与投资的"新颖性（newness）"有关，因为投资者需要在没有历史收益、分布和相关性信息的情况下进行投资决策。正如奈特（1921）观察到的，商业决策"一般来说处理的是那些非常独特的情况，任何统计报表都不能为其提供有价值的指导"。

风险投资就是一个鲜明的例子。风险投资家在公司成立早期为其提供资金。但 VC 基金投资的大部分公司都会亏损，其投资收益主要来源于少数非常成功的交易，这些交易被称为"全垒打（home runs）"。卡普兰等（2009）发现，投资失败或成功主要取决于风险投资家的业务（特定产品或服务的市场和技术）选择能力，而不是管理团队本身，投资者在业绩不佳时（常常）可以更换管理团队。虽然风险投资家可以查看管理团队的业绩记录，而且这也是他们在决策过程中的一个重要变量，但是新产品或新技术的市场潜力是未知的，因此投资仍然充满了巨大的风险。

有限合伙基金的投资者面临类似的挑战。正如我们在第二章所述，20 世纪 80 年代初，私募股权基金的投资者远不如现在这么多。他们总的敞口只有约 20 亿美元，根据通货膨胀调整后，大约相当于今天一个基金的规模。当时有限合伙人承诺对这种新的资产类别出资，实际上是在探险未知领域，因为他们没有任何历史收益和方差数据作为指导。三十年后，私募股权已成为了一个成熟的资产类别，许多大型机构投资者或多或少都对其进行了投资。然而这一资产类别中也出现了新的利基（niche），例如发展中经济体的私募股权。以这些市场为标的的私募股权基金或基建基金的新颖性无疑带来了风险，而投资者为了获取超额收益主动承担了这些风险。

投资者获取超额收益的能力取决于他们能否成功找到新的市场机会，以及学习到在新市场投资成功的方法。这对基金经理以及基金的有限合伙人来说都是如此。请注意，为了避免风险而放弃新的投资策略并不能保证投资者可以获得稳定的回报。随着市场成熟、竞争程度提高、透明度增强，投资者获得超额收益的可能性将降低。在这种情况下，一些人［如弗雷泽·桑普森（Fraser-Sampson），2006，p. 92］发现，例如在 20 世纪 90 年代大部分时间和 21 世纪初期，欧洲市场并购基金的业绩表现与美国市场相比更为优异。在弗雷泽·桑普森看来，其中一个关键因素是前者的市场缺陷。当时欧洲的普通合伙人"仍有很多能够主动寻找交易，并独占交易"，但在美国这种能力已经基本消失了。但是对于为投资于欧洲公司的基金经理出资的投资者来说，他们几乎无法获得客观的信息来分析他们所需承担的风险。

尽管缺少历史收益数据和标准的风险指标，如资产价格的方差和相关性，有限合伙人仍在不断调整他们在新兴市场的投资策略。他们主要依靠主观判断和定性指标来评估进入新市场的风险。然而这种做法偏离了标准的风险管理实践，标准的风险管理实践通常是纯粹的定量方法，它与"巴塞尔协议Ⅱ/Ⅲ"或"欧盟偿付能力Ⅱ"等监管框架相符。

7.2 风险管理、尽职调查和监管

7.2.1 对冲，金融风险 vs 非金融风险

风险管理的重点是反映 CAPM 和 MPT 中特定的风险概念，但这种定义往往是狭义的。人们一般认为管理金融风险相当于对冲风险，但这种观点不适用于非流动投资。达莫达兰(2007)分析了我们经常将对冲风险等同于管理风险的几个原因。第一，大多数风险管理产品是为风险对冲设计的，包括保险工具、衍生工具或掉期。风险对冲通常可以产生可观的收入，因此人们自然认为它是"风险管理的核心"。第二，达莫达兰(2007)认为人类倾向于记住损失(下行风险)而非利润(上行风险)。例如当市场崩溃造成极端损失时，投资者将更青睐应对下行风险的风险对冲产品。第三，达莫达兰指向了众所周知的委托代理问题。虽然管理人倾向于对冲风险，但委托人可能更倾向于承担风险。我们将在第十六章讨论风险经理的作用时更详细地讨论这个问题。

为什么投资者常将风险管理狭义地当作对冲风险？除了达莫达兰(2007)给出的原因之外，有些人认为监管也可能是一个影响因素。金融监管部门通常倾向于制订风险对冲类的解决方案，在这些方案中受监管的投资者只用满足较低的资本要求。金融危机之后，监管通常随之收紧，这进一步刺激了风险对冲的发展。由于风险不可量化，人们难以明确如何处理风险。非金融风险就是如此，例如与环境、社会和治理问题(ESG)相关的风险评估在很大程度上依赖于定性的信息。然而定性分析面临着巨大挑战，从监管的角度来看尤为如此，所以人们通常将不可量化的(有时称为非金融的)风险视为事后的考虑因素。审计师和监管机构对有形和可精确量化的信息明显的偏好也促成了风险管理的定义狭义化。

7.2.2 区分风险管理和尽职调查

另外需要澄清的一点是，尽管尽职调查是另类资产行业主要的风险管理工具之一，但人们还是不能将它与风险管理相混淆。然而事实上，人们在区分风险管理(在风险测量的基础上)、尽职调查和监管时有很大的困惑。

一般来说，尽职调查涵盖了与评估单个投资提案相关的所有活动。迈耶和马森内特(2005)以及塔尔默尔和法斯法里(Talmor & Vasvari,2011)详细描述了基金的尽职调查过程。该过程包括调查和评估特定合伙基金的投资前提，旨在"通过对具体投资机会逐步进行严格的调查来做出更好的投资决策"(塔尔默尔和法斯法里,2011,p.81)。重要的是，尽职调查同时采用定量和定性方法进行分析，重点关注基金拟采用的投资策略，管理公司的组织，团队的特殊技能、属性和业绩记录，以及法律条款和条件等。

尽职调查由有限合伙人的交易团队完成。鉴于尽职调查过程中涉及风险管理，因此

通常发生在相对后期(即接近最终投资决策时),例如对提案提供更多意见。交易团队只需专注于具体的投资提案,而不必从投资组合的角度分析投资的潜在影响,后者是风险管理的职责所在(表7.1)。更具体地来说,风险管理师有责任评估投资组合的预期风险调整收益率和该投资组合在新投资发生后可能受到的影响。与关注具体投资提案的尽职调查不同,风险管理是一个持续的过程,它涵盖金融风险的所有方面,包括资本风险和流动性/融资风险(见第八章)。就共同投资和二级市场的投资决策而言,风险管理通常还关注投资机会对部门集中度和投资组合外汇敞口的潜在影响。

投资决策反映了在进行尽职调查和风险管理时的可用信息。然而由于有限合伙基金的存续期长达10年或更久,即使是最彻底的尽职调查也无法完全消除投资的不确定性。基金存续期内可能会发生很多难以预料的事情,因此每年都有大量私募股权和实物资产的合伙基金无法满足投资者的收益预期,还有一大部分甚至不能回本(第十章)。这些基金显然不仅仅包括那些尽职调查不到位的有限合伙人。

此外,人们可能会忽视或误判一些重要因素,基金的原始特征也可能随时间改变,例如"风格转变(style shift)"导致基金特征改变。这就需要持续进行监管,即监管应"贯穿"风险管理和尽职调查的全过程,由有限合伙人的风险管理师和投资经理共同负责。

表 7.1　主要概念差异

风险管理	尽职调查	监　　管
关注基金投资组合	关注单个基金	单个基金和基金投资组合
风险管理师负责	投资经理负责	投资经理负责单个基金,风险管理师负责基金投资组合
经常被用于整个基金投资组合	一次性详细分析单个基金提案	经常执行
持续(投资前和投资后)	主要用于投资前的决策制定	持续(投资后)
金融风险量化	接受或拒绝投资提案	收集信息
对基金投资组合情况的无偏(即公平)估计	带有严格临界标准的保守性偏差	快速反应并输入风险管理系统
覆盖基金投资组合的所有相关风险,特别是融资风险和流动性风险(见第八章)	注重实现单个投资提案的高绩效,即资本风险	注重保护单个基金的投资,主要是操作风险

监管是投资和风险管理过程监控系统的一部分(见图7.1)。我们不应将监管基金与管理投资组合公司或项目相混淆,后者完全由普通合伙人负责,而有限合伙人负责管理其基金投资组合,并监管基金经理的行为(迈耶和马森内特,2005)。有限合伙人需要与合伙基金的普通合伙人和其他有限合伙人相接触(如通过年会或咨询委员会),从而确定绩效相关问题。从有限合伙人的角度来看,监管类似于"持续的尽职调查",可以收集信息并决定是否对普通合伙人的后续基金进行投资。这些信息还为风险测量提供了重要的输入值。风险管理师主要监管整个基金投资组合的发展过程,并与投资经理协调相应的校正

措施。

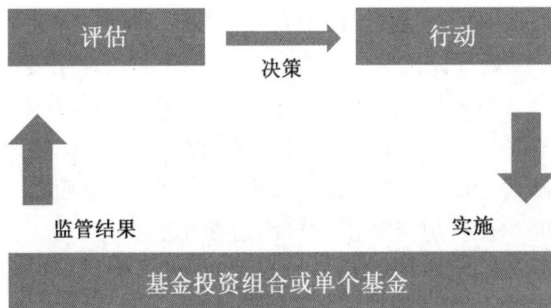

图 7.1　监管——监控系统的一部分

7.3 总结

本章从"高收益高风险"这个金融基本现象入手。即使有效市场假说并不总是成立，传统市场的投资者也很难获取风险调整后的超额收益。由于另类资产市场的市场透明度和效率较低，更有可能产生超额收益，因此越来越多的投资者进入另类资产市场。

然而如何测量另类资产市场的收益和风险？就非流动有限合伙基金的投资而言，投资者难以观测到市场价格并以此计算标准的风险指标，因而面临两难：一方面，传统市场几乎不存在超额收益，而另一方面，在非传统、非流动市场中投资者又难以计算风险调整后的收益。传统的风险管理和投资组合构造技巧都以奈特式频率论方法为基础，而它难以适用于非流动市场。

那要怎么做呢？传统的 CAPM 框架中需要估值数据，而现有的学术研究侧重于寻找从不可观测的估值数据中提取信息的方法。然而此类研究相对较少，而且他们的研究结果证明了非流动投资风险仍然存在相当大的不确定性。此外，由于可用数据较少，许多现有的研究集中于历史相对较长的市场，如美国并购市场和美国风险投资市场。相比之下，很少有研究针对以新兴市场、不良资产或夹层为标的的合伙基金的风险/收益情况。因此投资者在投资于金融市场的"暗角"时，他们的投资决策在很大程度上依赖于主观的定性风险评估。这不仅从投资者的角度提出了重要问题，例如如何在更广泛的资产配置和风险建模问题中处理非流动投资，它还从监管的角度提出了重要问题，因为定量风险模型中通常考虑了金融监管。

本章最后，我们指出投资者不应该混淆尽职调查与风险管理，前者侧重于单个投资机会，它并不审查整个投资组合，而后者关注整个投资组合。虽然这两个职能是分开的，但它们相辅相成，共同包含于持续的监管过程中。

第八章 有限合伙基金的金融风险敞口

在过去几十年时间里,投资者主要通过对有限合伙基金做出投资承诺的形式,大幅增加了对私募股权和实物资产的敞口。与此同时,在经历了多次金融危机后,例如 1987 年 10 月的股市崩盘,20 世纪 90 年代末和 21 世纪初几个新兴市场中因国际收支危机引发的金融市场动荡,2000 年科技泡沫的破灭,导致雷曼兄弟破产和经济大萧条的美国次贷危机,以及最近的欧洲主权债务和银行业危机,投资者在加强金融风险管理方面花费了大量精力。然而正如本格阿兹和沙利耶(Bongaerts & Charlier,2009)所说,关于金融风险管理和私募股权交叉部分的学术文献竟仍然接近空白。同样,除了韦迪格(Weidig)和马森内特(2004)与迪勒和赫格尔(2008)等业内人士为此做出过杰出贡献之外,其他从业人员的贡献仍少之又少。

监管方面的情况也是如此。虽然在过去几十年中,银行监管发生了重要变化,相关文献的数量也在迅速增加,但是涉及私募股权和实物资产的监管措施却鲜有改变。巴塞尔银行监管委员会(BIS,2001)提到,在私募股权领域中,投资者通常会采取对私募股权合伙基金做出承诺的投资形式,但其中风险管理的意义仍含糊不清。就保险业而言,欧洲保险与职业养老金管理局(EIOPA,2012)在欧盟偿付能力 II 中对私募股权提出了特定的资本要求,但他们忽略了有限合伙基金的特殊性质,这会使得该资本要求的合理性下降。因此EVCA 设立了一支工作团队,专门编写封闭式基金中有限合伙人衡量其风险敞口的指南。

在该指南的基础上[1],本章分析了有限合伙基金中有限合伙人所面临的各种类型的金融风险,我们聚焦与基金相关的特定风险。即使投资方式非常特殊,我们也不讨论具有一般性质的风险。例如操作风险(包括法律风险和声誉风险)在所有投资活动中都十分常见,所以它并非是投资基金时所特有的风险。[2] 相反,我们集中研究资本风险和流动性/融资风险,它们是有限合伙人所面临的两类金融风险。就融资风险而言,我们建议根据尚未动用的承诺额度,把融资测试作为有限合伙人管理其流动性头寸的重要工具。最后,鉴于私募股权和实物资产的跨境投资量有所增加,我们也要讨论外汇风险的重要性。

---

① 本书的三位作者科尼利厄斯、迪勒和迈耶是 EVCA 工作团队的成员,特作披露。

② 就巴塞尔协议 III 而言,监管资本由银行面临的三类主要风险计算得出,具体包括:信用风险、操作风险和市场风险。在投资阶段,人们认为其他风险仍难以充分量化。欧盟偿付能力 II 考虑了市场风险、信用风险、流动性风险、保险风险和操作风险,而在欧盟另类投资基金经理指令(AIFM Directive)所管辖的市场中,信用风险和流动性风险被视作"金融风险"。

8.1 风险敞口及风险构成

在标准风险模型中,人们根据两个变量来衡量金融风险:(i)(负面)事件的概率,(ii)由与机构总风险敞口相关的事件造成的损失。例如在信用风险模型中,预期损失是违约概率和违约损失率(loss given default,LGD)的乘积。因此在量化金融风险时,我们必须确定机构的风险敞口及其资本所面临的风险。

8.1.1 定义风险敞口和识别金融风险

对于私募股权和实物资产投资,我们首先关注的是如何衡量有限合伙人的风险敞口,这个问题看似微不足道,实则不然。一般来说,有限合伙人的风险敞口是由他们在基金或基金投资组合中的份额决定的(EVCA,2011)。然而鉴于自我清算型合伙基金的特性,有限合伙人的风险敞口可能根据其实际衡量方式不同而不断改变,有限合伙人甚至无须购买或出售基金份额。在实践中,风险敞口并没有统一的衡量策略,有限合伙人一般使用以下一种或几种口径来确定他们的风险敞口:基金的 NAV、净实收资本、NAV 加尚未动用的承诺额度、净实收资本加尚未动用的承诺额度或仅仅使用基金的承诺额。以上这些口径都存在一定的缺陷,它们并不能全面地反映风险。例如基金的 NAV 或净实收资本并不包含尚未动用的承诺额度中蕴含的融资/流动性风险。若考虑到(尚未动用的)承诺额,总敞口可能会因为过度承诺而超过投资者的可用资源(详见第 8.3 节)。

在风险管理师之间的一次网上对话中,我们可以看到问题所在,详见专栏 8.1。

专栏 8.1　风险从业人员之间的对话

多年来,风险从业人员一直苦于如何将私募股权和实物资产纳入传统的风险管理框架中。他们在博客上的一次交流反映了这个困扰[①],大家的跟帖都在讨论一个问题:如何在市场价格无法观测的情况下测量风险。虽然人们通常认为银行可以使用上市公司的股票价格或股票指数来近似评估投资组合中非上市公司的价值,但是这种方法遭到了一位博主的质疑,他认为这种方法忽略了该资产的特殊风险。这次的讨论内容可以总结如下:

· 其中一位讨论参与者认为这种量化模型不会有太大的价值。事实上,尝试量化所有风险是没有意义的。相反,依靠投资者的经验和直觉来评估非流动基金的风险更为重要。

· 以上观点得到了另一位博主的支持,他认为非流动资产的风险难以量化。他的观点是,由于缺乏有组织的市场,非流动资产投资面临着不可逾越的挑战:日常定价、标准绩效指标或披露要求。此外他强调,逐日盯市这类情况在非流动资产中很罕见。

· 考虑到有限合伙基金承诺的投资期较长,以及在计算风险调整收益时所面临的挑战十分艰巨,风险管理最好的方法就是明智地选择投资项目和基金经理,有一位博主认为这甚至可能是唯一的办法。"在此之后你可以做的就是每年监测 IRR,并将它与你设置的任何基准进行比较……然后

---

① 2005 年 2 月 21 日,蒂姆·黑尔曼(Tim Hellmann)的博文:私募股权——风险度量,详见 http://www.riskarchive.com/link/ar05-1.htm [2008 年 10 月 14 登录]。

期待获得最好的结果。"

　　·最初提出问题的博主此前阅读的文献观点与这些回应一致,这证实了投资者理论上应该对未来现金流进行预测。博主也承认每一种方法都存在缺陷或偏差,而且"几乎不可能存在风险的量化测量方法"。然而"银行需要某种所谓的测量方法",即使该方法毫无意义。① 那么是否有一种方法可以克服已知的缺点,并生成一个尽可能完善的风险测量模型?

　　·其中一个建议是"收集一些实际上并无用处的电子表格,并告诉他们它是根据极值理论(extreme value theory)制定的"。另一个建议则是使用经验法则(rules of thumb),如果私募股权投资组合的年收益率比威尔希尔 5000 指数或罗素 3000 指数低 6 个百分点,则投资组合面临"高"风险;如果它的年收益率比上述指数高 9 个百分点以上,那么根据博客中提出的论点,它面临"低"风险;中间任何一个收益水平都代表"中等"的风险水平。

　　总体而言,这些博客认为风险管理师更倾向于制定"所谓的风险指标"以满足特定的监管要求,而并不致力于规划健全的风险管理实践。因此博主们得出的结论是:监管机构认为"私募股权投资的风险至少是住宅抵押贷款投资的 8.5 倍。虽然其逻辑依据存在缺陷,但你还是可以简单地关注住宅抵押贷款的价格波动,并将它乘以 8.5 倍来估计你的私募股权投资组合的风险"。

　　博主们在博客中对度量有限合伙基金风险所表达的失望之情引起了很多人的共鸣。克罗伊策(Kreutzer,2008)采访了一位投资顾问后表示,私募股权的风险管理本质上是进行适当的尽职调查和关系管理:"你真的想知道你在和谁交易。你可以量化收入的杠杆,但你也可以掺假。合理地处理这件事并不容易。"这名顾问认为,以系统性的方式量化风险可能只是"浪费时间"。

　　在第十章中我们将更详细地讨论尚未动用的承诺额度。虽然尚未动用的承诺额度常被视为一种净现值为零的资产,因而往往会被忽略。但许多投资者在最近全球金融危机期间的经验表明,在确定有限合伙基金在私募股权和实物资产的金融风险敞口时,尚未动用的承诺额度具有重要意义。

　　由于有限合伙人对非流动性投资的风险敞口逐渐增加,我们进而将讨论金融风险管理的第二部分,即金融风险的识别和量化。基金投资的风险类型主要可以分为两类,即(i)资本风险——无法收回投入资本,也无法获得预期收益的风险;(ii)流动性风险——投资者的流动性头寸使他无法应对招款的风险(融资风险),以及投资者无法在二级市场中清算其股份的风险(市场流动性风险),他无法使自己的投资组合持续处于平衡状态。

8.1.2 资本风险

　　在评估基金投资的资本风险时,我们有必要区分有限合伙人对自我清算型合伙基金

---

　　① 这个观点与丹尼尔松(Danielsson,2008)书中的一个轶事类似:"一个著名的美国经济学家在第二次世界大战期间应征入伍,在英国的美国陆军气象部门工作,他于 1944 年 5 月接到一名将军的电话,将军要求他预测诺曼底 6 月初的天气。经济学家回答说,他不可能预测这么久以后的天气。将军完全同意他的观点,但为了战争计划,他仍然坚持马上要得到那些数字。"是否拥有数字似乎比数字是否有用或有意义更加重要。

的承诺与普通合伙人对资产的收购。就私募股权而言,收购一家投资组合公司显然是公司资本结构中的股权投资。然而我们无法明确地界定有限合伙人的基金投资,这部分投资具有某些信用特征,即人们并不确定投资者投入的资本在有限合伙协议规定的期限后能否得到返还。因此流动性高度不足的基金股份可能会受到违约风险的影响(迈耶和马森内特,2005)。据此,相关人员提出了类似评级的方法来评估有限合伙基金的风险(见第十三章)。这些方法将基金按风险分类,它们在行业中应用广泛,并得到了巴塞尔委员会(BIS,2001)的认可。

然而在有限合伙基金中,违约并没有一个统一的定义。基金的违约理论上是指未能向有限合伙人偿还资本,或者普通合伙人未能达到一定的门槛收益率。但在上述定义中只有在基金到期时才能确定违约与否,因此它不构成真正意义上的"可年化事件(annualizable event)"。[1]

一些风险管理从业人员和研究人员试图将现有的信用组合模型(credit portfolio models)应用于私募股权。例如克罗莫和曼(Krohmer & Man,2007)使用了私募股权研究中心(Center of Private Equity Research,CEPRES)提供的数据集,他们的样本包括了1971—2006年间的252个私募股权基金,以及期间12 008个基金投资组合公司的16 097项投资。他们选用的违约模型基于威尔逊(Wilson)的信用组合观点模型(Credit Portfolio View™),在他们的模型中,违约被定义为 IRR 等于 −100% 时的总损失,基金的 PD/LGD 则通过模拟投资组合公司的发展过程来确定。克罗莫和曼(2007)研究后发现风险投资基金的违约率为 30%,明显高于并购基金的违约率(11.5%)。

与韦迪格和马森内特(2004)以及迪勒(2007)的研究相比,以上估计值看似很高,但是信用风险模型实际上只能反映下行风险,这限制了该模型在有限合伙基金中的实用性,加总单个基金 PD/LGD 的数据而不考虑其他基金的上行潜力,必然导致基金投资组合的总体风险权重过高。由于绩优基金的收益弥补了"违约"基金的损失,多元化基金组合的风险明显低于单个基金,这意味着投资者应该将资本配置于基金投资组合,而非单个合伙基金。事实上,巴塞尔委员会早已承认股权投资的未确认和未实现收益(或潜在的重估收益)可以作为损失的缓冲(BIS,2001)。我们将在第九章详细讨论这个问题。

8.1.3 流动性风险

2008 年爆发的金融危机再次让人们意识到了管理流动性风险的重要性。为应对市场动荡,巴塞尔银行监管委员会发布了稳健的流动性风险管理原则(BIS,2008):

"流动性是指银行为资产增值提供资金,履行到期债务同时不招致过多损失的能

---

[1] 我们很难获得足够多而且无偏的样本来估计基金层面的违约概率和违约损失率(PD/LGD)。公开可用的私募股权数据库通常受限于严重的幸存者偏差(survivor bias),而且大多数数据库仅仅提供存在使用限制的汇总数据。BIS(2001)提出了 PD/LGD 方法,但在 21 世纪初巴塞尔委员会向一些作者表示该法并不适用于基金。他们认为 PD/LGD 方法可能适用于以债务融资的直接投资,本格阿兹和沙利耶(2009)也赞同这一观点。

力。……有效管理流动性风险有助于确保银行履行现金流义务的能力,该能力会受到外部事件和其他代理人行为的影响,因而是不确定的。"

事实上,监管机构如今已普遍意识到流动性风险管理的重要性,他们要求受监管的投资者建立一个完善的流程对流动性风险进行识别、测量、监测和控制:

"该流程应包括一个稳健的框架,从而全面预测一定时间范围内资产、负债和表外业务产生的现金流量。"

人们通常将流动性风险定义为流动性成本随时间变化所带来的潜在损失。有限合伙基金的投资者面临大量流动性风险敞口:尚未动用的承诺额度可被视为债务,同时有限合伙人必须按照巴塞尔委员会的规定遵循流动性管理流程。一般来说,"流动性"包括市场流动性[斯坦格(Stange)和卡瑟,2009]和资金流动性。

市场流动性

市场流动性风险产生于如下情形,市场上有一方愿意交易资产,但是却无法找到交易对手,或者交易对手提出的交易价格与该资产("最近观测到")的公允价值大相径庭[多德(Dowd),2001;布尔(Buhl),2004;阿米胡德和门德尔松(Amihud & Mendelson),2006]。市场流动性风险可以反映在估值的大幅折价中,也可以反映在需要持有流动现金储备,或在资产的持有时间远超预期时。因此有限合伙基金的投资者通常需要非流动性溢价来补偿他们不能使其资产组合持续处于平衡状态所带来的损失,而标准资产定价模型中的一个关键假设是可以不断实现投资组合的再平衡。

资金流动性

资金流动性指的是基金到期时立即履行偿付义务的能力。资金流动性风险与在特定范围内,投资者无法履行义务或只能以不必要的高价进行偿债的可能性有关[德热赫曼和尼克拉艾(Drehmann & Nikolaou),2008]。有限合伙人通常必须在10天或更短的时间内对基金的招款做出回应。这要求他们随时都要留有足够的现金储备,或能在短时间内清算其他资产。如前所述,有限合伙人若无法履行义务,即无法对招款提供相应的资金,则将被视为违约投资者,在极端情况下,他可能会失去他在基金中的全部投入资本。有限合伙人能否继续保留对基金的承诺,从而获得基金全部的长期价值,或者以公允价格在二级市场上交易,取决于他对融资风险的控制能力。

专栏 8.2　私募股权基金分红的发展过程

在2008年全球金融危机之前,由于基金分红很普遍且规模大,所以大型基金投资组合的流动性管理并未对投资者构成挑战。当时经济快速增长,利率水平走低,基金价值升高,许多投资者都增加了对私募股权的投资承诺。然而后来基金估值暴跌,市场退出机制崩溃,分红几近停滞,市场情况因此发生了巨大变化。虽然基金的提款速度随金融危机的加剧而显著放缓,但现金流出的速度

仍逐渐大于现金流入,许多投资者的现金管理方法都面临严峻的问题。对于追求过度承诺策略的投资者来说,情况更为严峻。

根据汤森路透提供的数据(截至 2011 年 9 月),分红额从 2007 年 1 200 亿美元的历史新高下降到 2008 年的 510 亿美元,然后在 2009 年再次下降到 240 亿美元。虽然招款也在减少,但相对分红来说较不明显,汤森路透的报告称,2009 年私募股权基金的招款总额为 580 亿美元,超过分红 1.4 倍。许多投资者为了避免在二级市场上甩卖自己的基金份额,需要额外的资金来源来应对招款。

有限合伙人常用成熟基金的分红来应对投资组合内未成熟基金的招款(见专栏8.2)。若市场情况"正常",同时基金投资组合多样化,这种方法则行之有效。然而根据最近全球金融危机期间的经验,现金流模型在市场严重失调的时候可能难以适用,投资者将因此被迫寻求额外的资金来弥补其短缺的资金。

8.1.4 市场风险和流动性不足

正如我们在第五章所述,鲜有文献关注基金投资的资本风险和流动性风险。在衡量私募股权的风险时,学者多着眼于标准资产定价模型(如 CAPM)框架下的市场风险。鉴于这类模型的假设(透明、流动且摩擦小的市场)存在局限性,他们大部分集中于探讨估计 α 和 β 的实证问题(价值观测值少、可用数据库可能存在样本偏差)及其解释上。

问题的本质在于市场风险对有限合伙基金投资者的影响有多大。这其中隐含的假设是,无论基金价值的度量方式如何,对有限合伙人来说,非流动基金投资价值的短期变动与可交易资产组合价格的变动一样重要。这种观点可能存在争议,因为有限合伙基金的长期投资者有意将自己的资本锁定 10 年或 10 年以上。他们对这些基金做出承诺时,通常不打算在到期前出售其基金份额,因此他们也不太关心其基金投资 NAV 的季度变化。

然而我们在第六章中提到,有限合伙人会在二级市场上出售基金份额。有时这种出售行为源于投资策略的转变,但在大多数情况下,这种撤资决定是由流动性问题导致的。即使有限合伙人计划在合伙基金到期前一直持有其基金投资份额,其持有期内的基金估值仍然至关重要。由此可见,市场风险和流动性风险密切相关,学者就此开始验证流动性不足对构建投资组合的影响(例如洪崇理等,2011)以及具体验证流动性不足对私募股权最佳投资金额的影响。关于后者,洪崇理和索勒森(2011)认为"私募股权投资风险(特别是非流动性风险)和收益的一种解读方法是,投资者在特定的资产配置背景下研究私募股权。"这正是我们下一节的内容——进行融资测试,从而确保始终满足有限合伙人的特定资金需求。

8.2 融资测试

如第六章所述,对于评估有限合伙基金的公允市场价值来说,二级市场并不是一种完美的价格发现机制。在市场价格无法观测的情况下,风险管理师必须借助模型,然而一般模型都假设有限合伙人能够一直持有其资产,或者能够在正常的市场条件下出售其资产。问题在于投资者如何在抛售时确定其资产的公允价值,行业估值指南几乎没有为这一重要问题提供任何指导。[①] 在这种背景下,有限合伙人必须通过所谓的"融资测试"来确保自己始终有足够的可用资源来应对招款,而且无须低价出售任何资产。虽然尚未动用的承诺总额度是已知的,但每次提取的金额和时间却是未知的,因此招款也是未知的。

融资测试的方法有很多种,比如简单的关键比率分析或是复杂的未来现金流量的情景分析。比率分析侧重于设定具有相关关系的关键会计变量,监测这些变量在一定时间内的变化情况,并从中提取与风险相关的信息。这是一种可以将所投公司和其他相关公司或是和整体市场进行比较的量化手段。比率的变化标志着投资组合的发展方向。衡量有限合伙人融资风险的关键比率有流动比率(current ratio,CR)、调整后的流动比率(adjusted current ratio,ACR)、过度承诺比率(over-commitment ratio,OCR)和未履行承诺水平(outstanding commitment level,OCL)(马森内特和迈耶,2007)。

流动比率(CR)是一个用于分析公司短期资金为短期负债融资的能力的标准指标:

$$CR = \frac{流动资产}{流动负债}$$

流动比率可以用来衡量企业的流动性满足偿债需求并能够存续的能力。流动比率为100%意味着即使不开展任何业务,该公司理论上仍可以存续 1 年。流动比率较低表明可用流动性不足。然而从长期来看,流动比率较高也可能表明企业的资源利用效率低下。在任何流动比率低于 100%的情况下,过度承诺都会面临风险。

然而流动比率对有限合伙基金投资组合的解释力非常有限,因为它忽略了尚未动用的承诺额度。

  • 短期内,有限合伙人必须支付当前尚未动用的承诺额度的一部分,这部分被视为短期负债($x\%\times$尚未动用的承诺额度)。
  • 此外还须考虑有限合伙人的分红($y\%\times$实收资本)。

这两项都反映在调整后的流动比率(ACR)中:

$$ACR = \frac{流动资产 + (y\%\times实收资本)}{流动负债 + (x\%\times尚未动用的承诺额度)}$$

以当前实收资本的百分比表示的预期分红额取决于基金投资组合的到期时间。通过分析历史数据,我们可以确定预计分红额和短期内需要支付的尚未动用的承诺额,而这些都以当前的累计未履行承诺为依据。

过度承诺比率(OCR)是有限合伙基金尚未动用的承诺额度相对于可用资源的比率。尚未动用的承诺额度是单个基金承诺额的加总,可用资源的定义则取决于投资者。对于母基金来说,可用资源仅仅是其投资者的承诺出资额。对于保险公司、银行和其他机构投资者来说,可用资源是配置于私募股权和实物资产基金投资的流动资产,有时甚至是明确的未来固定收入。

---

① 如参照 EVCA(2005)。《国际私募股权和风险投资估值指南》为确定这些非流动资产的公允价值提供了行业标准。

$$OCR = \frac{尚未动用的承诺额度}{资本承诺的可用资源}$$

过度承诺比率的计算因此取决于"可用资源"的定义。在最保守的情况中,投资者能规避所有风险,并用以现金形式持有的可用资源来支付所有尚未动用的承诺额度。然而在实践中,只有极少数有限合伙人能在投资其未动用资本时完全规避风险,因此投资者面临的难题是如何选择适宜的过度承诺比率。由于基金只在存续几年后才会提出招款,而且一些基金甚至不会动用全部的承诺资本,所以过度承诺几乎无法避免。

过度承诺比率低于100%通常表明资源的利用效率低下。超过100%时,过度承诺比率越高,过度承诺的投资者履行承诺和避免违约的能力越低。但过度承诺的谨慎范围暂无统一标准。一般来说,人们认为过度承诺比率在105%～115%的范围内是相对谨慎的。然而在实践中,125%～150%的过度承诺比率并不少见(马森内特和迈耶,2007),这一水平值得关注。在可用资金数量不变的前提下,只要没有额外融资,现有投资组合的预期分红自然而然地为新基金的投资承诺设定了限额。因此资产的长期平均收益率为过度承诺策略设定了上限。

财务分析通常分为短期、中期和长期流动性比率分析。我们建议监测以下三种不同的比率:

- OCR1,反映立即可用的现金(即持有现金或流动资产)。
- OCR2反映了OCR1资产加上出售高流动性资产(如高评级主权债券和股票)的潜在收益。
- OCR3反映了OCR2资产加上出售可以在几周内清算的资产(如公司债券)的收益。

因此:

$$OCR1 \geqslant OCR2 \geqslant OCR3$$

通过比较尚未动用的承诺额度与资本承诺总额,我们可以获得有关投资组合到期情况的信息。未履行承诺水平(OCL)可被定义为:

$$OCL = \frac{尚未动用的承诺额度}{资本承诺总额}$$

假如投资和承诺策略没有发生变化,那么目前的未履行承诺水平可以用于表示下一个预算年度预计动用的资本。保持合理的未履行承诺水平非常重要,因为它预示着未来的负债。

监测这些比率显然只是第一道防线(见专栏8.3),适当的融资测试要以若干现金流情景的评估为基础(图8.1)。如果投资者没有能力在基金投资组合存续期间应对所有招款,则他要么违约,要么在二级市场出售部分投资组合,在极端情况下他甚至可能需要出售整个投资组合。根据市场周期规律,投资者只有大幅折价才有可能卖出基金或基金投资组合的股份,而这会给有限合伙人带来其他风险。

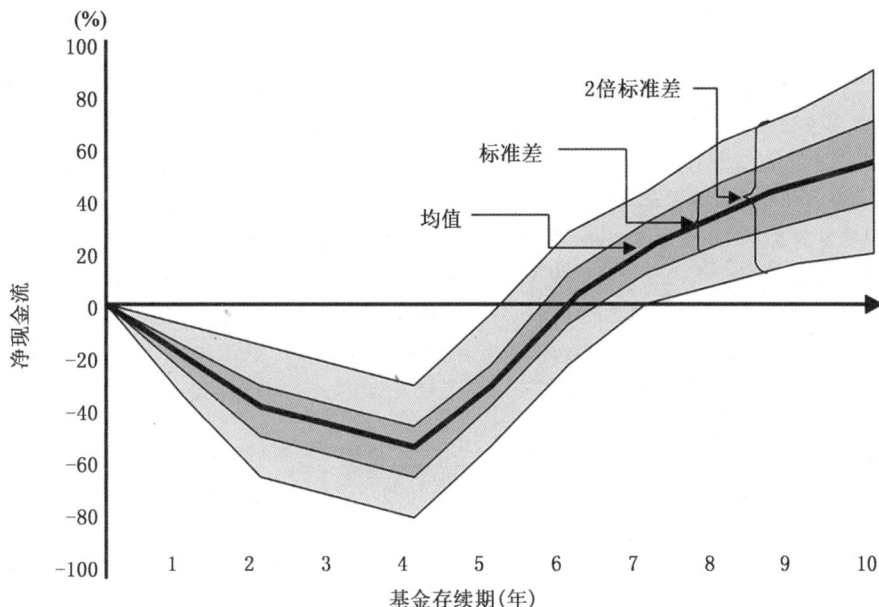

图 8.1　私募股权基金投资组合(包含 10 个私募股权基金)的预计现金流

专栏 8.3　监测过度承诺比率

那么如何使用这些比率呢? 在此我们仅讨论 OCR。假设有两个不同的投资者计划投资于同一个私募股权项目。

· 投资者 A 是一家保险公司,其总资产的 4.4% 用于投资非流动资产。保险公司每季度可从其经营业务中获得 7 500 万欧元的净收入,它们被直接投资于所有资产类别。总体来看,保险公司的资产总额为 20 亿欧元,其中债券占 75.6%,股票占 15%,非流动资产占 4.4%,其余 5% 以现金形式持有。

· 投资者 B 是一个捐赠基金,其可用现金总量为 5 500 万欧元,此外它还持有 1 000 万欧元的流动资金。

两个投资者都对包含 10 个基金的投资组合做出了资本承诺,在最近的三个投资起始年份中承诺总额达 1.5 亿欧元。普通合伙人已经动用了其中 5 000 千万欧元的承诺资本,剩下 1 亿欧元作为尚未动用的承诺额度。

两个投资者都想分析他们目前持有的现金是否足以应对不同的市场情况。我们可以将两个投资者的 OCR 作为第一个指标。

· 投资者 A 的现金持有量为 1 亿欧元,则其 OCR1 为 100%。持续的净现金流入使其 OCR2 下降至 57% 左右(在考虑所有高流动性的债券和股票之后,OCR2 甚至更低)。因此投资者 A 没有流动性问题,可以预期他当前的投资组合在各种市场阶段都不会有问题。

· 投资者 B 的 OCR1 为 154%,这表明他采用了过度承诺策略。由于目前除了现金账户和预期的私募股权分红之外没有其他收入来源,投资者 B(捐赠基金)很有可能会面临流动性不足的风险。

为了评估投资者 B 违约的概率,我们需要仔细分析考虑未来分红之后的各种现金流量情景(见图 8.1)。在正常的市场情况下,我们估计该私募股权基金投资组合的现金需求接近平均水平(见灰色区域中间的黑线),即 5 500 万欧元的总现金需求。投资者 A 和 B 都可以承担这个金额。

> 然而若市场条件不利,现金需求可能会大幅上升。虽然投资和分红在长期应保持平衡,但在这种情景下,投资组合公司进一步的资金需求和退出机会可能在短期甚至中期内显著偏离预期。私募股权基金收购资产的速度通常也会在投资不确定性加剧的情况下放缓,其投资活动的减缓速度可能低于分红的速度,因为分红有时会随退出市场机制的崩溃而停止。实际上在市场混乱时,杠杆贷款和高收益债券投资的需求较少,普通合伙人需要投资更多的股权,他们会以较低的市场价格进入,所以提款的速度并不会改变,(净)现金需求可能会因此显著上升。
>
> 再来考虑其他情景下现金流量的模拟,6 500万欧元的现金储备(包括流动性资产)足以涵盖标准差范围内可能发生的结果(如图8.1所示)。然而投资者B有严重的违约风险。在近似2倍标准差的情景下,净现金流需求为760亿欧元,投资者B将面临1 100万欧元的资金缺口。为了避免违约,投资者B将被迫在二级市场出售其部分私募股权投资组合或清算其他资产,而且此时需要有庞大且具有流动性的二级市场。

8.3 跨境交易和外汇风险

前文已经对有限合伙基金的投资者所面临的金融风险进行了一般性的分析。但是如果投资涉及受外汇风险影响的跨境交易,投资者就会面临额外的风险。只要各国私募股权和实物资产的国内市场相互分割,外汇风险不会造成多大影响。然而随着市场一体化程度加深,有限合伙人开始向以外币计价的基金做出投资承诺,这反过来又促进了跨境收购,而这使得投资者更容易受到货币波动的影响。因此我们为这种与资本和流动性风险相互作用的特定风险单独编写了一节。

8.3.1 有限合伙人的外汇风险敞口

汇率变动在较长的时间跨度内将对投资造成重大影响,有限合伙人的另类投资组合要想在国际范围内多样化,就必须密切监测和管理其外汇敞口。

外汇风险通常是指国际收支危机之后双边汇率突然上升。当一个实行固定汇率制的国家由于不可持续的经常账户赤字和资本外流导致外汇储备耗尽时,该国的固定汇率制度将会崩溃,危机往往由此发生。莱因哈特和罗戈夫(Reinhardt & Rogoff,2009)全面概述了国际收支危机,至少在过去的几十年内,国际收支危机大部分发生于新兴经济体(如墨西哥,1994年;亚洲,1997年;俄罗斯,1998年;巴西,1999年;阿根廷,2001年。1992年英国的外汇危机是一个例外,英国因此被迫退出了欧盟的汇率机制)。货币崩盘使得外国投资者的投资收益显著降低或完全消失了。

外汇风险绝不仅限于新兴经济体内的投资。虽然如今几乎所有的发达国家都采用浮动汇率制度,这大大降低了货币崩盘的可能性,但汇率在不断波动。汇率反映了通货膨胀差异、货币政策差异以及与利差交易等相关的投机资本的流动。以美元/欧元汇率为例,它联系了世界上两个最重要的私募股权和实物资产市场。在2001年欧洲统一货币推出2年后,美国投资者需要为1欧元支付0.82美元。2008年汇率几乎翻了一番,达到近1.60。2002年中期至2003年中期,美元的价值相对于欧元下跌了26%。根据弗兰克尔和罗斯(Frankel & Rose,1996)的定义,这一汇率变动已经算是货币崩盘。

8.3.2 外汇风险的不同维度

对于有限合伙基金的投资者来说,外汇风险有若干个维度。第一,从投资者用外国货币做出投资承诺到普通合伙人提取资本的这段时间里,向以外币计价的基金做出承诺的投资者将面临汇率波动的风险。假设基金所用的货币相对于投资者的本国货币升值,投资者需要投入的本国货币将超出对基金的原始承诺,这可能会引发流动性问题。相反,有限合伙人对私募股权和实物资产的敞口也有可能并未达到目标值。

第二,当收益换算成投资者本国货币时,汇率变动将影响外国基金的绩效。欧元区的投资者对欧元的收益感兴趣,就像美国投资者对美元的收益而不是对基金本地货币的收益感兴趣。在其他条件相同的情况下,本国货币在基金的存续期内升值将对外国基金收益产生负面影响。相反,如果本国货币在有限合伙基金的存续期内贬值,则可能产生正面影响。

第三,如果基金本身在收购时就使用外国货币,那么投资者将因此面临外汇风险。例如一个欧元区的养老基金向使用欧元的合伙基金提供资本,而该合伙基金使用其部分资本来收购以英镑计价的英国资产和以美元计价的美国资产。在更复杂的情况中,欧洲养老基金向美国私募股权基金提供资本,后者收购以拉丁美洲本地货币计价的资产。

有限合伙人在向以外币计价的基金做出资本承诺时承担的外汇风险,可能通过其投资的合伙基金所进行的跨境收购来分散。例如由欧洲的有限合伙人持有的若干以美元计价的基金,实际上收购了欧洲资产。然而基金投资层面的外汇风险也可能因投资组合公司层面的外汇风险而放大,当然这取决于投资的时间和方向。

外汇风险甚至还有第四个维度,即投资组合公司在交易和资金运作上会涉及对外交易。但这种风险与上市公司可能面临的外汇风险并无不同。此外在公司层面,外汇风险通常会被对冲,因此在本书的其余部分我们不再对此特别说明。

8.3.3 对基金收益的影响

有限合伙人面临的外汇风险对以本币计价的基金收益影响有多大?科尼利厄斯(2011)分析了欧元区母基金投资者投资的大量合伙基金的季度现金流量,发现外汇效应确实相当大。例如由于美元对欧元贬值,截至 2009 年 9 月 30 日,以美元计价的基金投资 IRR 比 2002 年减少了 5 个百分点以上。私募股权的长期平均收益(扣除费用)约为 15%,这意味着若以投资者的本国货币来计算投资收益,外汇汇率变动可能对其投资组合的业绩造成重大影响。诚然,因为美元在 2011—2012 年有所升值,科尼利厄斯(2011)计算所得的损失可能已经部分挽回。但是总体情况很清楚,外汇风险确实有影响,而且不仅仅是对新兴经济体基金的跨境承诺有影响。

科尼利厄斯(2011)进一步表示,在国外投资的普通合伙人也深受外汇风险影响。有利的货币价值波动可能会使以基金货币计价的收益增加,反之亦然。例如有一家位于美国的基金,它在 2001 年收购了一家欧洲公司,并于 2006 年出售该公司,由于在此期间欧元升值,该基金获得了巨大的外汇收益。但这也产生了一些基本问题:有限合伙人如何在尽职调查中衡量基金的业绩?由于货币价值变动而产生的收益是否只是纯粹的运气,而与普通合伙人的业绩记录无关？从业绩提成的角度应如何处理货币收益（和损失）？

尽管我们可以在事后相对直接地计算外汇汇率变化对基金业绩的影响，但是我们很难测量投资组合所面临的外汇风险的确切程度。有限合伙人当然知道他对以外币计价的基金承诺了多少资本，他也清楚地知道基金的跨境投资所产生的外汇风险敞口。然而他所不知道的是其未拨付的资本承诺所面临的外汇风险。虽然有限合伙协议可以为基金在外国市场的投资额度提供一些指导，但为了使普通合伙人能在不同市场通过交易获利，投资额度的上限已经变得越来越灵活。

8.3.4 对冲外汇风险

对于有限合伙人而言，非流动基金投资的特殊性使得传统的对冲工具基本失效。[①]投资者使用远期合约、期货、货币互换和期权时，需要知道受外汇风险影响的现金流发生的时间和金额。然而在非流动投资中，情况一般并非如此。现金流库只能提供预期投资和分红的估计值，但仅凭这些数据，投资者无法应用标准对冲工具，在由少数基金组成的相对年轻的投资组合中，这一挑战尤为突出。此外，外汇对冲成本高昂，它同时也使得有限合伙人在对本身跨国运作的国际基金做出投资承诺时，面临更大的挑战。

由此可见，长期投资者将面临两种选择。第一种选择就是"无为而治"。正如佛鲁特（Froot，1993）所说，与短期相比，货币对冲在长期具有非常不同的特性。事实上从长期来看，完全对冲的国际投资其收益率的方差可能比未对冲的国际投资更高。例如假设美国房地产基金在欧元区进行收购，又假设欧元因预料之外的市场扰动在短期内贬值，美国投资者会受到价值损失，因为短期内价格水平不变，欧元实际上也在贬值。然而如果购买力平价理论在长期内成立，那么欧元区的价格水平相对于美国来说应该有所上升，从而导致欧元真正升值。由于投资价值与国内价格水平相关，价格效应在长期应可以抵消货币效应。因此长期来看，投资可以"自然对冲"。

第二种选择是货币管理外包（currency overlay）。大型国际投资者热衷于此，他们不仅仅是对另类投资组合进行货币管理外包，而是整个投资组合。货币管理外包策略通常被委托给外部或内部的专业经理，由他们来决定以货币持有的头寸并管理货币风险。由于货币被视为是金融价格，委托人通常可以确定能反映投资者中性货币目标敞口的基准对冲比率，例如索尼克和麦克里维（Solnik & McLeavey，2009）就曾讨论了如何设计货币管理外包策略。

8.3.5 外汇敞口——投资组合多样化的潜在工具

正如我们将在第十一章中讨论的，通过对有限合伙基金的现金流量建立模型，有限合伙人可以进行风险构成分析，从而深入分析外汇风险。有一种简单的方法就是以历史固

---

① 从普通合伙人的角度来看，因为交易和退出的时间由基金经理决定，因此对冲在某些情况下可能更可行。事实上，普通合伙人对汇率失调可能性的看法或许会影响交易的时间。例如若普通合伙人认为外国投资所用的外币被高估，并且其价值可能向普通合伙人的本国货币回归，那么在其他条件相同的情况下，他可能会撤资。

定汇率重新计算现金流量,以此来表现汇率变动对资本风险的影响。国际投资虽然会使现金流的波动增大,但也可能由于潜在的分散化效应降低基金投资组合的资本风险。投资以外币筹集的基金能否降低有限合伙人的整体风险,主要取决于与基金现金流量相关的汇率变动。注意在这种情况下,预期汇率通常是普通合伙人投资和撤资决策的一个重要变量。虽然有限合伙协议除了对基金货币以外的其他货币设定了最高的投资限额之外,在基金的外币敞口及其管理方面的作用相对模糊,但是有限合伙人有必要密切监控其投资组合层面的外汇风险以满足其流动性需求。

8.4 总结

从最基本的层面来看,对非流动性资产的金融风险进行适当的管理需要:(i)了解投资者对这些资产的风险敞口;(ii)确定该敞口需要承担的风险。这两点看似简单,实际上却难点重重。

虽然我们强调了尚未动用的承诺额度的重要性(我们将在第十章中更详细地讨论这个问题),但本章大部分篇幅都集中讨论了金融风险的定义。正如前文所说,有限合伙基金中的有限合伙人主要面临两种风险——资本风险和流动性风险。资本风险是指基金未能返还投资者资本的风险,我们应该从投资组合的角度,而不是像信用风险评估那样,从某个基金的角度看待资本风险。

流动性风险产生的原因在于,投资者难以在二级市场上清算基金份额(市场流动性风险),同时招款和分红在时间上并不确定。这并不意味着市场风险不重要,在标准资产定价模型的背景下,市场风险是学术研究的核心,也是监管的核心。事实上,市场风险、资本风险和流动性风险密切相关。然而长期投资者会为某些资产类别将资本锁定10年或10年以上,他们因而不太关心该资产类别的短期估值波动。

若要强调流动性风险的重要性,最近的全球金融危机将是最好的例证。在此背景下,本章强调了融资测试的作用,融资测试以关键财务比率分析和情景分析为基础。在第十二章中我们将再次讨论这个问题,并将重点放在现金流量预测上。

最后我们探讨了外汇风险,这是与不同货币的跨境交易相关的特殊风险。外汇风险有若干维度,每个维度对基金投资的业绩表现、潜在的现金流量,以及资本风险和流动性风险都有重要影响。虽然有限合伙人对冲外汇风险的能力受到严格限制,但从汇率变动对投资组合总体风险水平的影响来看,在投资组合层面密切监测其风险敞口显得至关重要。

第九章 在险价值(VaR)

　　VaR 是金融风险管理师和监管者测量风险的一个标准方法,它通常是指在给定的时间范围和置信水平下,某一投资组合可能遭受的最大市值损失。从本质上讲,VaR 旨在计算罕见事件对投资组合的影响。例如根据资产价格的历史市场走势,给定 99.5% 的置信水平,某投资组合在未来 1 年时间内遭受损失的概率相当于平均每 200 年才可能发生一次损失[关于 VaR 概念的概述,请参阅若里翁(Jorion),2006]。

　　但并不是所有人都认可 VaR,原因有很多,例如有人认为 VaR 忽略了尾部风险,这将低估投资者所面临的风险,给他们一种虚假的信心,甚至可能导致投资者过度冒险。还有人认为对于风险管理师而言,更为重要的是关注资产组合的风险超过 VaR 时可能承担的损失,而非关注 VaR 本身。我们认同大部分对 VaR 的批评,但只要风险管理师能够意识到 VaR 的缺点,它就仍具有重要参考价值。我们同意若里翁和塔利布(Jorion & Taleb,1997)的观点:"VaR 的最大好处在于采用一种结构化的方法来批判性地研究风险。因此 VaR 的计算过程可能和数值本身一样重要。"

　　对于这场有关 VaR 的辩论,我们没有什么好补充的,从 1996 年金融机构获准在监管资本模型中使用 VaR 起,VaR 就成为金融监管中不可分割的一部分[1],我们将以此展开讨论。鉴于对风险报告和综合风险管理实践的需求日益增长,将 VaR 应用于非传统资产类别也指日可待。然而风险管理师和监管者面临的难题在于,有限合伙基金投资组合的流动性高度不足,且市场价格也难以观测,所以他们该如何估计该投资组合的 VaR 呢?

9.1 定义

　　对于一个给定的基金投资组合、概率和时间范围。我们将 t_0 时刻的 VaR 定义为在一定置信水平 $\alpha(0 \leqslant \alpha \leqslant 1)$ 下,该投资组合在未来特定时期 $[t_0, t_1]$ 内的损失。为了计算 VaR,我们通常假定市场正常运行,并且基金投资组合的构成不会发生变化。

　　虽然监管机构通常要求将置信水平设为 99%～99.5%,但由于风险管理师获得的有关非流动资产的历史数据有限,过高的置信水平并没有意义,因为风险参数可能无法通过实证检验。与 200 年发生一次的突发事件相比,实际发生的损失在数值上可能更小,但频

---

　　[1]　参见例如亨德里克斯(Hendricks,1996),迪菲和潘(Duffie & Pan,1997),以及多德等(2004)。由于 VaR 方法最初是为大量参与交易的投资银行设计的,因此它在多大程度上适用于非流动资产类别还有待商榷。然而信用在险价值(credit-VaR)等概念表明,相关风险的度量可以参考市场风险。

率更高。正如米特尼克(Mittnik,2011)所述,关注"这种极端风险就像是给医生一个只显示 42 摄氏度以上的温度计,但依然要求他确定合适的治疗剂量。"

一般来说,正确测量有限合伙基金的风险需要对相对应的投资进行"公允"估值。因此建立风险模型应满足以下标准:

1. 风险模型必须完整,也就是说,模型需要考虑所有相关风险参数。

2. 有限合伙基金的金融风险通常根据具体的收益变量(如 IRR 或 TVPI)进行建模。风险建模的结果必须与现金流量情景相符,这是进行风险估计的基础。

3. 对于基金存续期的具体特征(如众所周知的 J 曲线模式),风险度量应该是无偏的。在基金存续期的某一阶段,投资组合中全部基金的加权平均净现值(NPV)必须为零。

4. 在其他条件相同的情况下,预期收益结果的范围随着基金到期而缩小。因此有限合伙基金中非流动投资的风险在基金的整个存续期内倾向于单调递减。

5. 对风险模型进行回溯测试要求资产价格是可观测的。尽管可以通过市场交易观察可交易工具的价格,但非流动资产的风险模型需要依赖于资产价格近似值或可观测的流动性投资项目。

6. 测量非流动基金投资的风险时需要考虑一点,即可以通过多元化降低风险,或通过过度承诺策略放大风险。风险是相互关联的(例如 PD/LGD 方法忽略了这一点)。

这些标准又引发了一个重要问题——我们如何界定可能存在风险的资产价值? 市场波动将如何影响这一价值?

资产估值理论上有两种方法。一是参考近期交易中观察到的价格所代表的现行市值,或是直接对资产进行估价。二是参考该资产预计未来现金流量的现值(PV)。在流动市场中,套利使得上述两种方法得到的估值相近。然而在流动性不足和其他市场无效率的情况下,这两种方法得到的结果会出现差异,有时甚至差异显著。

9.2 基于 NAV 时间序列的 VaR

在金融领域,人们经常以资产价格的波动率来衡量风险。与标准均值-方差法一致的是,人们通常根据基金池 NAV 的(季度)变化来计算私募股权和类似资产类别的风险(例如麦克里斯特尔和查克拉瓦蒂(McCrystal & Chakravarty),2011;关于估计私募股权市场风险的详细讨论见第五章)。在估计私募股权收益及其波动率时,研究人员和投资者通常采用商业数据供应机构(例如 Preqin、Thomson VentureXpert)或特殊服务供应机构(Cambridge Associates、Burgiss)提供的时间序列。有时他们也会使用公开上市的私募股权的市场指数来进行估计。

9.2.1 计算

人们通常根据链式修正 Dietz 公式(a chained modified Dietz formula)来计算 NAV 时间序列的收益。根据该公式,$t-1$ 期(在 t 期终止)期初投资者的 NAV 记为 NAV_{t-1}。

这一期收益率R_{t-1}^t的表达式为

$$R_{t-1}^t = \frac{\text{NAV}_t - \text{NAV}_{t-1} - \sum\limits_{i>t-1}^{i\leqslant t} \text{投入额}_i + \sum\limits_{i>t-1}^{i\leqslant t} \text{分红}_i}{\text{NAV}_{t-1} + \sum\limits_{i>t-1}^{i\leqslant t}\left[\text{投入额}_i \times \left(1-\frac{i-t_1}{t-t_1}\right)\right] - \sum\limits_{i>t-1}^{i\leqslant t}\left[\text{分红}_i \times \left(1-\frac{i-t_1}{t-t_1}\right)\right]}$$

投资新公司会提高基金的 NAV。相反,即使其余投资组合公司的估值保持不变,从一家公司撤资也会降低 NAV。在此期间,基金提取资金和分红将导致期末 NAV 发生变化。投资组合的市场价值设为

$$\text{MV}_t = \text{MV}_{t-1} \times (1+R_{t1}^t)$$

其中历史数据中第一个收益率数值设为 0。这样定义的时间序列可以利用市值收益取对数后的标准差估计投资组合的波动率,如下所示

$$\log\left(\frac{\text{MV}_t}{\text{MV}_{t-1}}\right), \ t=1,\cdots,n-1$$

年度标准差可以由季度收益取对数后的标准差导出,这在本质上是"向前年化"(图 9.1):

$$\sigma_{4t} = 2\sigma_t, t = 1,\cdots,n-1$$

图 9.2 展示了汤森路透(Thomson Reuters)提供的 1980 年至 2010 年间私募股权基金 NAV 的年度变化。在 1999 年,NAV 上升了 59%,而在 2001—2002 年科技泡沫破裂和 2008 年金融危机的背景下,NAV 有所下降。[①]

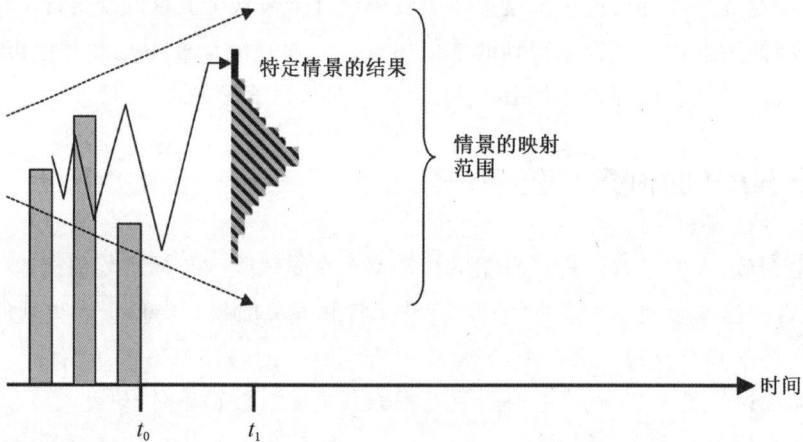

图 9.1 将季度收益向前年化

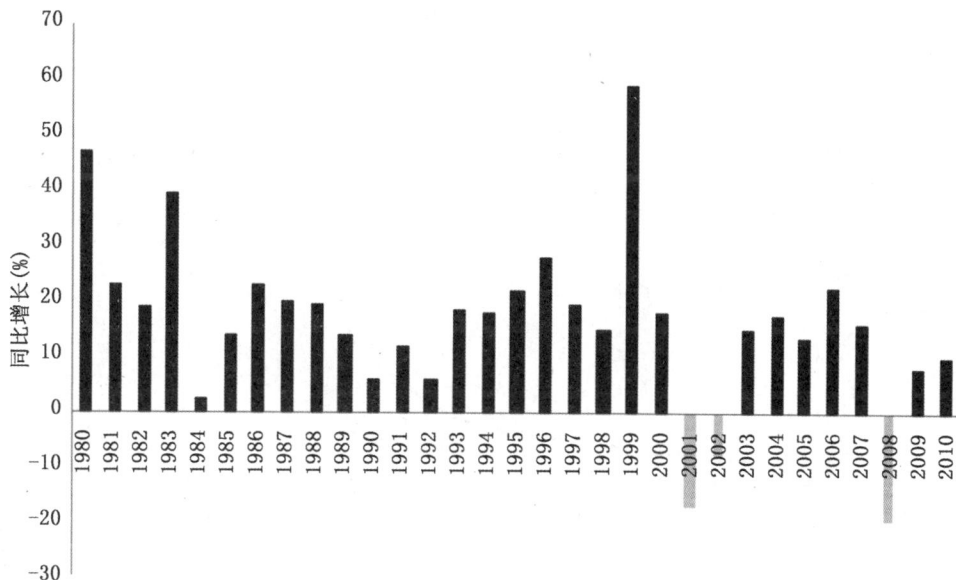

图 9.2　NAV 年度变化——基于汤森路透 1980 年至 2010 年的数据

资料来源:汤森路透

　　基金投资组合 NAV 的变化可用于计算收益指数。例如 Preqin 的私募股权指数,这个关于并购基金和风险投资合伙基金的指数每个季度更新一次。欧洲风险投资协会(EVCA,2012)最近的研究中使用了类似 Preqin 的基金样本和另一个数据供应机构 Pevara 提供的数据,总样本包含近 2 000 个合伙基金,该研究计算了这些基金 1980—2010 年期间 NAV 季度和月度的变化(图 9.3),并用这些变化值计算了 99.5% 置信水平下的 VaR。

　　欧洲风险投资协会的研究是针对欧盟偿付能力Ⅱ(新的欧洲保险公司监管举措)开展的。在确定偿付能力资本要求(SCR)时,欧洲保险和职业养老金管理局(EIOPA)将一年期 VaR 的置信水平校准至 99.5%,以覆盖保险公司面临的所有风险。欧洲保险和职业养老金管理局用公开上市私募股权的 LPX 50 指数,计算出适用于"其他股权"的"压力因子(stress factor)"为 49%,其中"其他股权"包括私募股权、对冲基金、商品和基建等。[1] 然而正如欧洲风险投资协会(2012)的研究结果所示,他们得出的"压力因子"过大。相反,若使用基于 NAV 的私募股权基金指数,他们计算得到的冲击系数(shock factor)小于 38%,且根据计算方法不同,私募股权和上市股票的相关系数在 50%～75%。

　　以类似上市股票的建模方法为私募股权的市场风险建模具有明显的优点,因为它使用了机构投资者(例如养老基金和保险公司)的风险管理师以及监管者所熟悉的"语言"。在估计相关性等数据时,季度收益与公开指数类似,因此采用基于 NAV 的时间序列看似直观,且具有吸引力。然而由于多种原因,这种方法可能并没有看上去那么简单。

---

[1]　最初,欧洲保险和职业养老金管理局得出的"压力因子"为 59%,高于 49%。

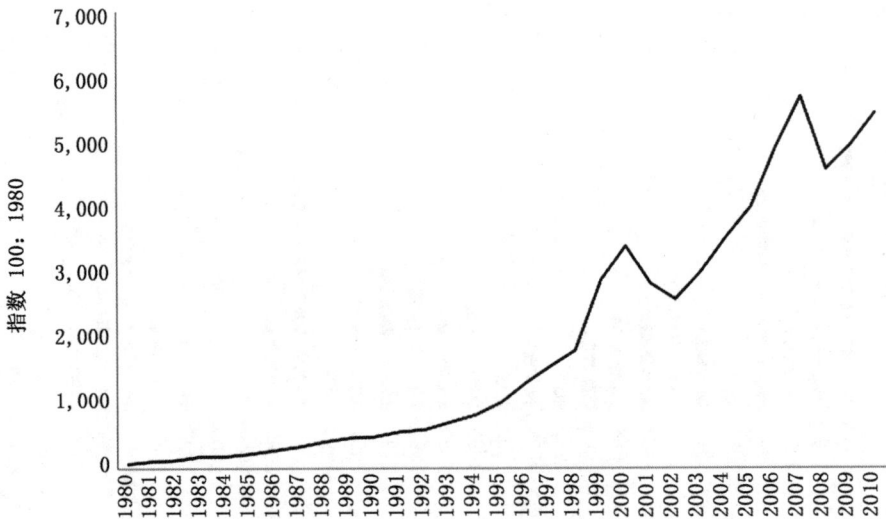

图 9.3　基于季度 NAV 变化的指数

资料来源：汤森路透，作者的计算

9.2.2 问题和局限性

首先，基金或合伙基金投资组合 NAV 的变化频率相对较低。鉴于我们仅能获得 NAV 的季度数据，数据量通常非常有限。即使是美国私募股权市场（历史最悠久的市场），大约也只有 30 年的样本期和约 120 个季度的观察结果。在不太成熟的另类资产市场，尤其是新兴经济体中，样本期通常要短得多，这会使计量过程变得棘手。

另外，NAV 基于主观评估的结果，而非可观测到的市场价格。根据估值效应，NAV 时间序列往往低估了波动率，这种效应被称为价格僵化，它与时滞效应密切相关[埃默里（Emery），2003；伍德沃和霍尔（Woodward & Hall），2003]。由于风险通常由收益率的方差来衡量，所以简单地使用 NAV 可能低估投资于私募股权基金和其他资产类别中类似合伙结构的风险（以及高估风险调整后的收益率）。为解决价格僵化问题，NAV 时间序列需要去平滑化（de-smoothed），我们已经在第五章讨论过这个问题[简特纳（Geltner）等，2003]。目前有多种统计技术能调整 NAV 时间序列的价格僵化问题，例如迪姆松（1979）或盖曼斯基等（2004）。[1] 然而重要的是，我们要认识到调整后的时间序列只能是真实估值的近似值，我们无法观测到真实估值。

风险管理师在处理 NAV 时间序列时，面临着计量经济学方面的挑战，除此之外，人们对这种方法还持有一些保留意见（马森内特和迈耶，2007）。其中重要的一条是，NAV 忽视了基金的生命周期特征，例如 J 曲线效应、尚未动用的承诺额度在未来的使用情况、未来的管理费用和基金经理的附加价值（或价值损失）。NAV 时间序列方法旨在使用有限的历史数据来预测基金的未来发展。这对于相对成熟的基金而言，可能不算无法解决

---

[1]　康罗伊和哈里斯（2007）沿用了迪姆松的方法。迪勒和雅克尔（2010）沿用了盖曼斯基等（2004）的方法。

的问题,因为其基金价值主要来自现有的投资组合公司,而其尚未动用的承诺额度基本上可以被忽略(EVCA,2011)。但是对未成熟的基金而言,其尚未动用的承诺额度无法忽略,因此仅使用 NAV 数据违反了对风险合理建模的标准,此时的模型既不"完整"也非"无偏"。

另外,基金标的投资组合的变化不会直接导致有限合伙人现金流量的变动。虽然有限合伙人在投资组合公司估值上行期间选择退出的可能性增加,但出售的主动权仍然掌握在基金经理手中。因此 NAV 时间序列方法难以与资金流入或流出的现金流情景相协调。

除此之外,从基金有限合伙人的角度来看,投资组合公司层面的市场风险概念可能存在一些问题。例如假设有一个存续了 2 年的基金,其 NAV 下降了 10%,那么该基金还有 8 年时间让 NAV 回升。然而对于一个存续了 8 年的基金来说,情况截然不同,由于该基金的剩余存续期较短,有限合伙人的剩余基金份额受到的影响相对更大。因此基于 NAV 的风险测量标准与我们的标准不一致,即有限合伙基金中,非流动投资风险应该在基金存续期内单调递减。因此根据 NAV 波动率建模的方法可能高估风险,从而可能导致投资者对私募股权和实物资产做出次优配置,即配置不足。

虽然上文提及的修正 Dietz 公式考虑了投资组合中的现金流入和流出,但它并没有区分基金及其标的头寸。由于承诺投资于一级市场基金的有限合伙人实际上是投资于"盲池(blind pool)",因此只有在基金开始投资活动之后(即理论上风险管理产生最大的影响之后),他们才能得到 NAV。有限合伙人所面临的一个主要风险是以尚未动用的承诺额度为代表的融资风险,而该风险常常被忽略。事实上正如我们在第四章中所讨论的,有限合伙基金的目的是保护处于发展初期、羽翼未丰的投资组合公司,以及需要从不利的市场环境中进行重组的较为成熟的公司。

如果对于投资者自身投资组合的构成和多元化程度来说,某指数的构成具有代表性,则该指数可以作为该基金投资组合风险的近似替代。这是针对上市股票的合理假设,因为投资组合经理可以追踪上市股票的某个指数。然而一个特定有限合伙人的投资组合构成通常明显异于市场指数(市场指数通常根据标准数据供应机构或服务供应机构提供的数据得到)。对于那些规模更小,多元化程度更低,且面临风险更大的有限合伙人来说,情况尤为如此。

最后,由于 NAV 是估计值,而且我们无法观测到市场价格,所以采用此估值指标的风险模型无法在真正意义上进行回溯测试。相比之下,流动性投资项目是可观测的,因此可以针对基金的现金流量对模型进行测试。从许多方面来看,现金流量预测似乎是构建 VaR 模型更为合适的方法,因为它包括其他风险维度,特别是流动性风险和融资风险。

9.3 基于现金流波动率的 VaR

可以代替 NAV 波动率方法的是关注基金投资组合在整个存续期内收益的变化,并且基于现金流信息来计算 VaR(卡瑟和迪勒,2004a;迪勒,2007;迪勒和赫格尔,2008)。现金流量法的重要优势在于,在该方法中 VaR 已适当反映了尚未动用的承诺额度。

现金流量法关注"期末财富离差"(terminal wealth dispersion),而非采用时间序列的收益率,前者直接关系到预期收益和波动水平。[1] 由于有限合伙基金无法定期获得市场估值,所以基金组合的整个存续期都与风险评估相关。理想情况下,在现金流的实证风险分析中应只考虑完全清算基金。然而由于此类基金数量有限,实证分析中通常还包括成熟基金,这些基金仍然活跃,但超过了标的数据样本中最低年限的设定阈值。[2] 计算这些基金的现金流入和流出,并在计算投入资本的基金的回报倍数(TVPI)时反映最新公布的NAV。根据每个基金 TVPI 的计算结果,我们可以确定其概率密度函数(见图 9.4)。

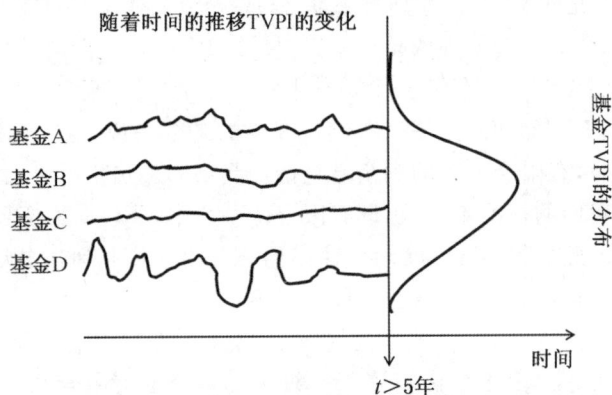

图 9.4 基于期末财富离差的计算方法

对于成熟基金来说,由于其投资期已经结束,首次分红和退出也已完成,其 NAV 的权重相对较低,这种方法不仅考虑了 NAV 的变化,也反映了现金流的状况。基金组合的风险概况由可比成熟基金的收益率推导而来(韦迪格和马森内特,2004)。假设当前持有的投资组合中的基金业绩与过去类似,则这在很大程度上避免了数据过少(如自相关和去平滑)引发的相关问题。

假设在 t_0 时,投资者希望确定他在未来时刻 t_1(通常是年底)持有的基金投资组合的VaR。为此,投资者需要确定其基金投资组合的价值在 $t_1 > t_0$ 的概率分布。其中一种标准方法是采用蒙特卡罗模拟法,它能够从反映拟建投资组合特征的数据库中随机抽取成熟基金的收益率。

- 运行蒙特卡罗模拟的次数越多,结果就越趋于平稳。
- 有限合伙人投资组合中的每个基金都会产生一个特定的现金流情景(我们将在第十一章详细讨论这点)。
- 为了在每次模拟中反映现金流,将随机生成一组参数作为基金模型的输入值。
- 为反映相关性,将随机抽取的样本限制在数据库的一小部分中(例如特定的投资起始年份或策略)。

---

[1] 然而卡瑟等(2003)强调了几个问题。例如由于期末财富离差给出了较长时间内的平均收益率,因此我们无法检测到其与市场动向的依赖关系。同样,该方法不能够估计资产类别之间的相关性。

[2] 就私募股权而言,迪勒和赫格尔(2008)将成熟基金定义为已经存续了 5 年以上的基金。

- 汇总所有单个基金情景以形成整个基金投资组合现金流的情景。
- 采用合适的贴现率来确定该投资组合情景的现值(PV)。
- 汇总投资组合模拟情景的所有现值,得到分布函数。
- 基于分布函数,确定置信水平 α 下的 VaR。

收益的年化标准差可以通过"向后年化"的期末财富离差导出(见图 9.5)。

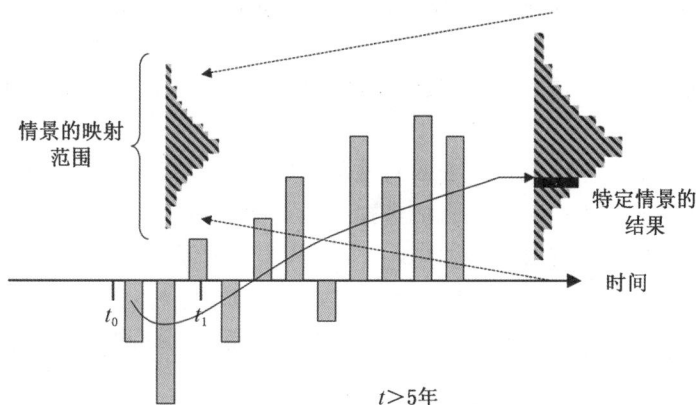

图 9.5　将期末收益向后年化

　　该分析反映了有限合伙基金的投资组合中投资者的风险,该投资者具有足够的流动性来应对所有招款,因此在投资组合的存续期内,即使在市场条件可能对投资者不利的情况下,他也不会被迫在二级市场上出售股份。这一假设对于大多数大型机构投资者而言至关重要,这些机构投资者在私募股权和类似的非流动资产上的配置额往往相对较少。然而正如我们之前强调的,从最近金融危机期间一些最有经验的投资者所经历的教训来看,这些投资者没有自满的余地。相反,他们需要进行融资测试以确认有限合伙人是否处于类似的情况。

　　如何使用按向后年化技术来计算投资组合中基于现金流量的 VaR？这里我们提出两种可供选择的方法。

　　(i)时间序列计算。第一种方法根据每个基金在整个存续期(n 期)内模拟现金流序列的现值计算年度 VaR。给定时期的 VaR 是根据两个时期之间的现值差异计算的。

　　(ii)基金增长计算。第二种方法先对基金的整个存续期(n 期)内的现金流序列进行 m 次模拟,以此计算基金在时间 $t=0$ 时的公允价值。计算每个情景中整个存续期内的直线增长水平以及每个时间段产生的收益或损失。最后,从 $t=0$ 时的公允价值开始,根据所有情景下的预计收益和损失计算给定时期的 VaR。

　　一般来说,风险管理师需要了解各种可行方法的假设、含义和缺点,然后根据自己的目标选择最适合的方法。

9.3.1 时间序列计算

　　我们从单个基金入手,该基金在 $n=0\sim10$(即存续期结束)期间每年都有现金流动

（见附录表 9.A.1）。基金在 $n=0\sim4$ 期间（即投资期内）获得投入额 C_n，随后产生分红 D_n。该基金的 TVPI 为 1.55，IRR 为 6.0%。

第一步，我们用贴现率 $d=5\%$ 来计算基金到期前每个时期的现值，以此反映该资产的机会成本。[①] 例如在第 3 期期初，我们根据第 3 期至第 10 期的所有现金流计算现值：

$$\sum_{n=3}^{10} \frac{(D_n - C_n)}{(1+d)^n} = 94\text{EUR}$$

第二步，我们计算 10 年期内由 10 个基金组成的投资组合的 VaR，这些基金的投资期和撤资期各不相同，收益率也不同（见附录表 9.A.2）。在这个例子中，为简单起见，我们假设所有基金始于同一年（这不是该分析必须满足的要求，我们也可以对基金成熟度不同的投资组合进行分析）。

我们根据两个观察期之间的现金流对现值进行调整。例如假设时间间隔为 1 年，那么当前时期的现值等于上个时期的现值经现金流调整后所得。对于更长的时间间隔，现金流调整值（cash flow adjustments）本身也需要用复利计算。例如在第 3 期，第 1 期 50 欧元的现金流将计算两期的复利，第 2 期（－20 欧元的现金流）将计算一期的复利，依此类推。因此现金流调整值（CFA）等于现金流量（80 欧元）加上后期现金流以 5% 的贴现率贴现加总：

$$\text{CFA}_{t=3} = \sum_{n=0}^{3} (D_n - C_n) \times (1+d)^n = -86.13\text{EUR}$$

因此 t 时期的年度现值 PV_t 是根据前期发生的现金流进行调整后的现值。第 3 期的年度现值 $\text{PV}_{t=3}$ 是第 3 年至第 10 年中所有现金流的现值根据第 0、1 和 2 期的所有复利现金流进行调整后所得。这些数字构成了计算标的投资组合 VaR 的基础。由此可得第 3 期的年度现值为

$$\text{PV}_{t=3} = \sum_{n=3}^{10} \frac{(D_n - C_n)}{(1+d)^n} + \text{CFA}_{t=3}$$

它由约 94 欧元的现值经约 86 欧元的负向现金流调整后得到，最终价值约为 7.55 欧元。在该时期和其他时期中，现值都为正，这是因为基金收益率为 6%，高于 5% 的机会成本。如果我们假设机会成本为 8%，它将如何影响现值的计算呢？在这种情况下，年度现值将为负（例如示例中的基金 4、9 和 10；参见附录表 9.A.2）。

附录表 9.A.3 展示了年度现值以及 99% 置信水平下的 VaR。VaR 是通过一个时期内所有基金各年度现值的横截面数据计算得到的。在我们的例子中，99% 的年度现值在每个时期都为负值。净投资额与累积投资额之间的关系有助于我们评估 VaR 的相对大小。但请注意，由 10 个基金组成的投资组合规模太小，在统计上不具有显著性，因此它难以反映多元化的大型投资组合的特征。

---

① 如果贴现率为零，我们将得出有限合伙人承担无法返还投资资本的"违约风险"。

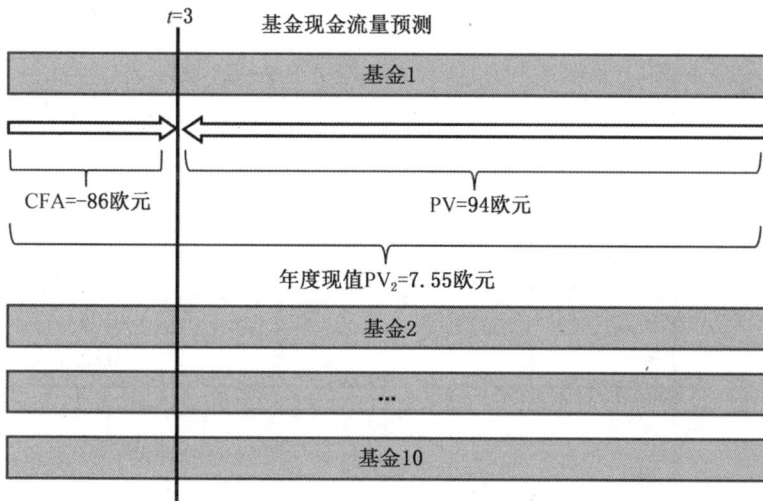

图 9.6　时间序列计算方法

图 9.6 展示了时间序列计算方法,即基于每个基金的现金流模拟,通过计算未来现金流来获得现值,其中未来现金流须经复利历史现金流调整。这些年度现值将用于计算投资组合的年度 VaR。

9.3.2 基金增长计算

与时间序列方法相反,基金增长方法以每个基金在其剩余存续期中的一些模拟路径为基础。此外,VaR 的计算基于每次模拟得出的现值与其当前价值之差。

使用替代情景可能导致的较高不确定性,进而影响密度函数的分布。具体来说,计算 VaR 遵循以下五个步骤:

1. 在基金的整个存续期 n 内,对样本中的每个基金生成 m 个现金流量情景。

2. 用给定的贴现率,计算每个情景 i 的现值 PV_i。

3. 计算一个基金所有情景的平均现值 $Avg(PV)$,以此得出基金在 $t=0$ 时的公允价值:

$$Avg(PV) = \frac{1}{m}\sum_{i=1}^{m} PV_i$$

4. 给定情景 i 的期间收益或损失等于基金的公允价值和 PV_i 的差额除以期数 n(取决于计算季度 VaR 还是年度 VaR)。这种线性方法消除了基金的 J 曲线效应或其他基金生命周期的特征引起的扭曲:

$$收益(损失) = \frac{Avg(PV) - PV_i}{n}$$

5. 根据这些计算结果,我们可以计算年度/季度收益和损失的密度函数。我们还可以在给定的置信水平和期间内计算投资组合的 VaR。

举一个有助于说明这种方法的简单例子,假设我们想要为某个基金确定 1 年内的 VaR。我们以给定的贴现率为该基金模拟三个现金流情景,并得到三个现值(图 9.7)。

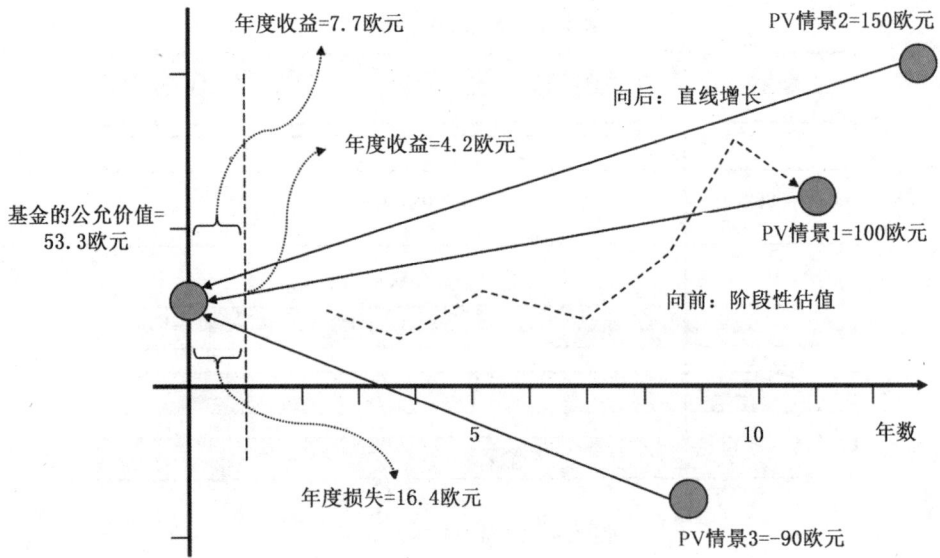

图 9.7　基金增长计算方法

情景 1:基金的剩余预期存续期为 11 年,$PV_1=100$ 欧元。

情景 2:基金的剩余预期存续期为 12.5 年,$PV_2=150$ 欧元。

情景 3:基金的剩余预期存续期为 8.75 年,$PV_3=-90$ 欧元。

这三种情景是基于不同的现金流量情景得出的,因此它们反映了基金可能真实发生的结果。假设它们发生的概率相同,那么基金在时间 0 的公允价值就是这些情景的平均值:

$$\frac{150\ 欧元 + 100\ 欧元 - 90\ 欧元}{3} = 53.3\ 欧元$$

我们根据这些情景和给定时间段的收益/损失计算该基金的风险。在情景 1 中,基金在其预计存续期内的收益为每年 4.2 欧元:

$$\frac{100\ 欧元 - 53.3\ 欧元}{11\ 年} = 4.2\ 欧元 / 年$$

在情景 2 中,年收益为 7.7 欧元。而在情景 3 中,基金每年将损失 16.4 欧元。基于这些结果,1 年后基金价值的密度函数可以由如下式子确定:

- 如果情景 1 发生,1 年后该基金的价值为 53.3 欧元 + 4.2 欧元 = 57.5 欧元
- 如果情景 2 发生,1 年后该基金的价值为 53.3 欧元 + 7.7 欧元 = 61.0 欧元
- 如果情景 3 发生,1 年后该基金的价值为 53.3 欧元 - 16.4 欧元 = 36.9 欧元

通过这些估值,我们能够确定 1 年期内资本损失的风险。现在让我们通过另一个例子来比较该计算方法和时间序列计算方法的差别。

我们首先生成一组情景。第一个模拟路径 A 得出的现金流序列见附录表 9.A.1。除此之外,我们还进行了额外的模拟(在实践中,风险管理师通常会为每个基金模拟 1 000 到 100 000 个路径)。基金 1 的模拟结果("A"至"J")如附录表 9.A.4 所示。在对基金 1

进行模拟之后,我们对基金 2,3,…,10 也进行相同的模拟。为简单起见,我们仅展示对基金 1 的现金流量情景进行模拟的结果。其他基金的结果类似于基金 1。

对 m 个情景的所有现金流路径进行估计之后,我们计算这些情景中现金流的现值。对于情景 A,假设贴现率为 5%,现值 PV=6.85 欧元,情景 B 的现值 PV=−18.47 欧元。为了确定基金当前的公允价值,我们计算出这些数字的平均值,为 19.11 欧元。现在我们开始计算每个情景的差值。例如对于情景 A,我们得到 6.85 欧元−19.11 欧元=−12.27 欧元,这是基金在其存续期内的总损失。为了确定其年度亏损,我们需要将该金额除以 10 年的预计存续期,得每年−1.23 欧元。

同样,情景 B 中年度损失约为 3.8 欧元,而投资者在情景 C 中的年度收益预计为 0.12 欧元。

根据这些结果,我们可以确定未来某个时点基金估值情景的直方图和密度函数,这构成了我们在预测期间(年度或季度)确定 VaR 的基础。虽然模拟的次数越多,结果越稳定,但在我们给出的例子中,每次新的模拟得到的结果差值更高。这也表明与时间序列方法相比,该模拟结果具有额外的波动性,这似乎更好地反映了实际情况,也更好地反映了投资组合的多元化。从这个例子可以看出,基金增长方法得到的模拟路径变动更大,因而比时间序列方法覆盖了更多可能出现的结果,但是它的计算量相对更大。

9.3.3 标的数据

为了计算 VaR,我们需要使用具有代表性的市场数据(参见附录表 9.A.2)或综合现金流,并能够预测基金的未来现金流量。我们将在第十一章更详细地讨论如何预测现金流。在此前的讨论中,我们"向后"年化期末收益来计算有限合伙基金投资组合的年度 VaR。根据投资者的目标或具体的财务制度,投资者可能需要计算季度 VaR 而不是年度 VaR。在这种情况下,投资者需要用季度利率计算每个基金到期前在每个季度的现值。此外,现金流需要按季调整,并相应地以复利计息。

长期进行私募股权和实物资产投资的大型机构投资者通常拥有自己的专有数据集,该数据集能反映其经验和投资策略。相比之下,小型的有限合伙人和那些刚开始投资于有限合伙基金的投资者不得不依靠数据供应机构(如 Preqin、Thomson VentureXpert)或专业服务供应机构(Burgiss、Cambridge Associates、State Street)提供的公开数据。科尼利厄斯(2011)和哈里斯等(2012)对这些数据集进行了详细分析,他们发现不同的数据集在样本期间、样本规模、地理覆盖率、平均收益率和收益离散度等方面有显著差异(见第五章)。没有一个数据集是完备的,即没有一个数据集能够包含所有已筹集的基金,而这会引起潜在的样本偏差问题。

对于风险管理师来说,为计算 VaR 选择数据集早已成为一项重要的决策事项。例如 Thomson VentureXpert 数据库所覆盖的样本期间最长,最早可以追溯到 20 世纪 80 年代初,涵盖多个市场周期,如 20 世纪 80 年代后半段的第一次收购浪潮,20 世纪 90 年代后期的科技泡沫,以及 21 世纪初的第二次收购浪潮(图 9.8)。因此从业人员和学术研究经常参考 Thomson VentureXpert 数据库。然而哈里斯等(2012)和斯图克(2011)发现,由于 NAV 更新不频繁,Thomson VentureXpert 数据的质量可能会受到影响。在这种背景下,风险管理师最好使用备选数据集来检查结果对标的数据的敏感性。

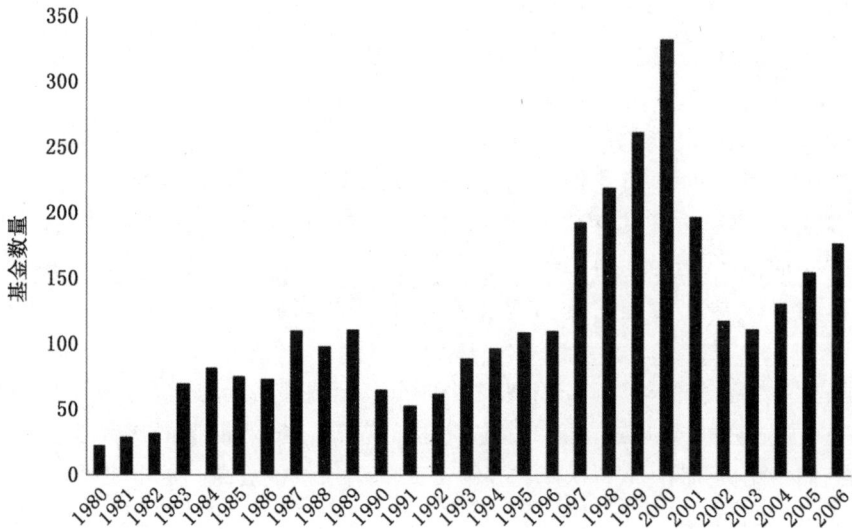

图 9.8　数据样本中投资起始年份的分布
资料来源:汤森路透

　　此外,由于一个或甚至几个联合的数据供应机构难以覆盖所有相关情景,因此使用"综合"现金流可能是一种解决方案(在某些情况下可能是唯一的解决方案)。但这可能意味着压力因子增加,像更低比例的分红(影响业绩),以及更频繁的投入和更不频繁的分红(影响持有期,从而影响流动性管理)。如第十五章所述,评级机构也使用这些方法来为证券化的私募股权投资组合债券评级。

9.4 多元化

　　有限合伙人持有的基金通常是多元化的,而多元化体现在多个维度,例如投资策略、标的资产、基金经理、投资起始年份、行业、地域和货币等。通过投资于更多的基金以实现更高程度的多元化有两个重要的特征:第一,基金经理及其投资策略更加多元化,这通常具有积极作用。第二个特征可能更为重要,即基金层面的多元化程度越高,投资组合公司的多元化程度也越高。由 10 个私募股权基金构成,涉及 80 至 150 家标的公司的投资组合,与由 150 个私募股权基金构成,涉及 1 200 至 2 250 家公司的投资组合相比,两者的风险特征不同,其中涉及的公司收购于商业周期的不同阶段。

　　现在让我们考虑多元化的两个维度,即:①投资组合中基金的数量,②募集基金的投资起始年份。我们采用 Thomson VentureXpert 提供的样本数据,其中包含 3 183 个私募股权合伙基金。这些合伙基金包括 1980 年至 2006 年期间募集的美国和欧洲并购基金和风险投资基金(其估值截至 2011 年 9 月底)。我们以 2006 年为界,确保样本只包括完全清算基金或已经相对成熟的、处于撤资阶段的基金。对于完全清算基金,我们使用其真实现金流量(关于投入资本分红率 DPI 的信息);对于样本的其余部分,我们将最近的 NAV

作为其最终现金流,该做法与计算 TVPI 类似。

假设投资者在 1980 年至 2006 年的样本中随机挑选一个投资起始年份,再从该年份中挑选一个基金。那么如图 9.9 所示,最高频率(即众数)的分布位于 TVPI 的 1 倍附近。换句话说,投资者随机投资于单个私募股权基金时,最有可能出现的结果是他可以回收其投资资本。然而分布明显右偏,一些基金产生的 TVPI 大于等于 5。平均 TVPI 为 1.62,高于中位数 1.24。在分布的左侧,损失设为 0 倍,只有极少数的基金亏损了全部资本(完全注销)。样本中,第十百分位的 TVPI 为 0.6 倍,第五百分位为 0.43 倍,第一百分位为 0.14 倍。这意味着当私募股权投资者的置信水平为 99% 时,在基金到期时,他的损失不会超过其投资额的 86%。这与 84% 的已投入资本在险值[iCaR,迪勒和赫格尔(2008)引入的概念]相符。

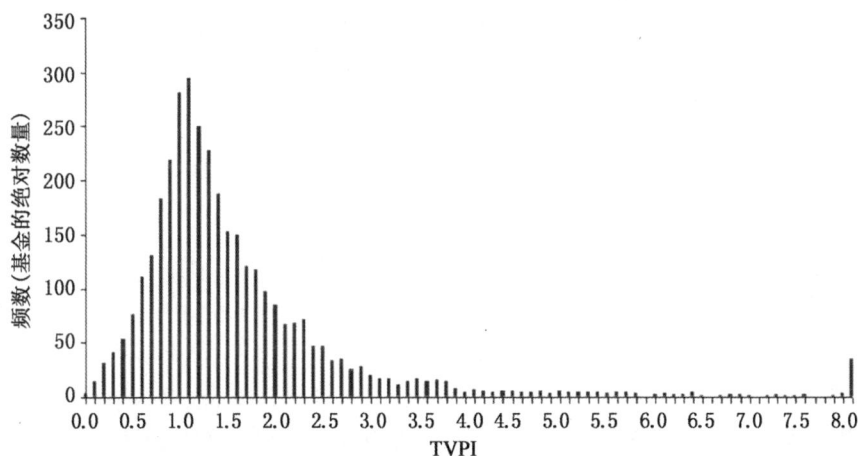

图 9.9　TVPI 的概率密度函数(随机抽取的私募股权基金,投资起始年份为 1980—2006 年)
数据来源:汤森路透,作者整理

我们用 Preqin 提供的数据集重复了上述分析。Preqin 样本包括 1 892 个基金,虽然其中主要是美国基金,但我们获得的结果大致相似(图 9.10)。具体来说,投资者若随机选择样本中的某个基金,在给定 99% 的置信水平下,其期望损失不到其投入资本的 92%。

正如韦迪格和马森内特(2004)所言,多元化投资组合的风险显著低于任何单一基金的投资风险,因为绩优基金补偿了投资者因“违约”基金遭受的损失。虽然私募股权基金也能获得多元化收益,但韦迪格和马森内特(2004)与迈耶和马森内特(2005)发现,多元化程度相对较低的私募股权基金可以获得更高收益。这对于在投资起始年份上多元化的投资者来说尤其如此(迪勒和赫格尔,2008)。

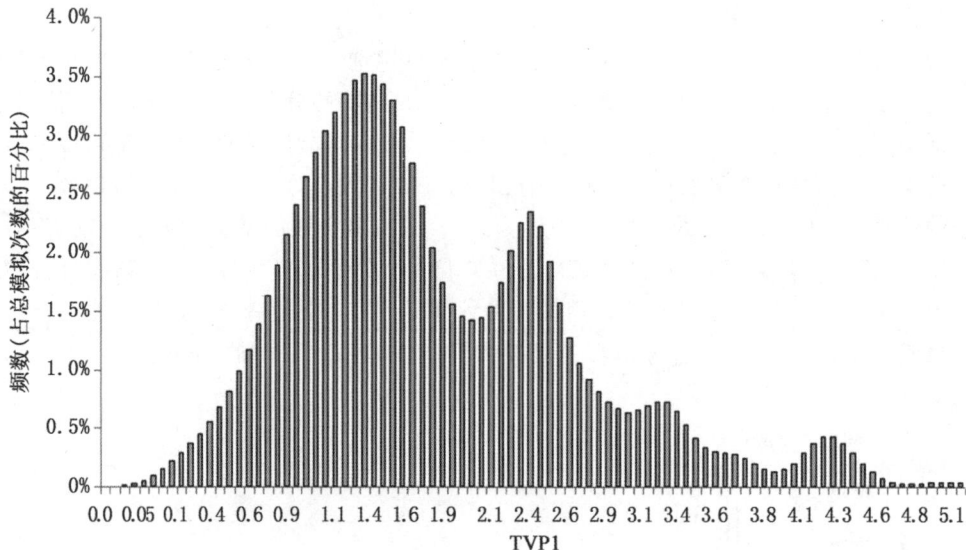

图 9.10 TVPI 的概率密度函数(随机抽取的私募股权基金,投资起始年份为 1980—2006 年)
数据来源:Preqin,作者整理

　　因此持续监测和管理投资组合的多元化情况是有限合伙人风险管理框架的一个组成部分。多元化降低了基金投资组合的长期风险。对于大型投资组合而言,人们发现多元化可以提高预期平均收益,然而这种收益的增加是以降低获得超额收益的可能性为代价的(马森内特和迈耶,2007)。因此若投资者有信心选到最佳基金,那么他可能会持有一个多元化程度较低的投资组合。在这种情况下,我们需要认识到在市场衰退期间,现金流往往会变得高度相关。因此即使投资者在投资基金时遵循不同策略或针对不同地域,他们也可能在短期和中期面临类似程度的流动性风险。多元化的影响也取决于基金投资组合与其他资产之间的相互作用,例如所谓的分母效应。

　　用相关性来衡量投资组合内基金之间的依赖性具有明显的局限性,这种方法以测量基金风险为基础,因而面临挑战(类似前文提及的一些困难)。为此,从业人员尝试了不同的建模方法:

　　　　• 如果能从公共或私人来源获得基金业绩数据,则根据所观测到的基金(或共同投资,如下文所述)业绩数据进行直接相关性建模。
　　　　• 根据映射到每个基金和/或标的投资组合公司的系统性因素(即价值驱动因子)进行间接相关性建模。

　　或者我们可以通过其他工具,如聚类分析(cluster analysis)来评估规模较大的投资组合中基金的相对依赖性或独立性。聚类分析是一种将相似的对象归入相对同质的群组,将不同的对象归入不同群组的技术[拉比坦(Lhabitant),2004]。它可以用来分析基金投资组合的"紧密(clogged)"程度,即是否倾向于形成具有高度相互依存性的基金子组合群。属于同一群组的基金在建模时应朝同一方向变动。在应用压力情景时,我们应假设这些基金投资组合会越来越紧密。因此在构建有限合伙基金的投资组合时,投资者应该在多种设定维度上追求高度多元化的投资策略,例如投资起始年份、投资阶段、行业角度和地域角度。

如前所述,人们一般认为投资起始年份的多元化是影响最大的维度,至少在私募股权行业是这样。然而投资起始年份的多元化需要遵循很多原则。墨菲(Murphy,2007)表明,投资者可以在相对较短的时间内实现他对私募股权的目标配置,但是这种策略不可避免地会导致投资组合的高度集中,这将带来(在其他条件相同的情况下)更高的风险。由于基金的投资期通常有好几年,所以这些公司的收购次数、债务环境和价格水平往往有很大差异。我们可以在基金层面观察到这种差异,而在投资组合公司层面,差异更为明显。随着时间的推移,多元化程度越高,行业、地域、债务状况和标的公司存续期的不同阶段中产生的差距越大,它们彼此之间几乎没有相关性。

实际上,投资者当然不会只投资于单个基金。回到之前那个例子,但这次我们考虑投资者对几个基金做出投资承诺的策略,这些基金分别来自几个不同的投资起始年份。比起在单一投资起始年份下投资者从不同基金中获得的收益,我们更关注投资起始年份多元化的重要性。我们假设有两个投资者,他们的投资组合中有 36 个随机选择的基金。投资者 A 建立了 4 年期的投资组合,每年投资 9 个基金,投资者 B 每年只投资 4 个基金,但投资期为 9 年。

两种策略的效果分别如图 9.11 和图 9.12 所示。比较这两个策略可知,随着时间的推移,多元化显然具有更大的风险减轻效应。除了大幅降低分布在左侧的风险之外,整个分布都明显转移到正区域中。重要的是,投资者没有资本损失的风险,因为整个分布都位于正的 TVPI 范围内。对于投资者 A,TVPI 分布的中位数为 1.15,第一百分位的投资组合实现的 TVPI 为 1.06。就投资者 B 而言,TVPI 的中位数为 1.35,第一百分位的投资组合实现的 TVPI 为 1.20。同时分布的尾部明显平坦化。显然,投资策略多元化程度更高的代价是实现超额收益的可能性下降。

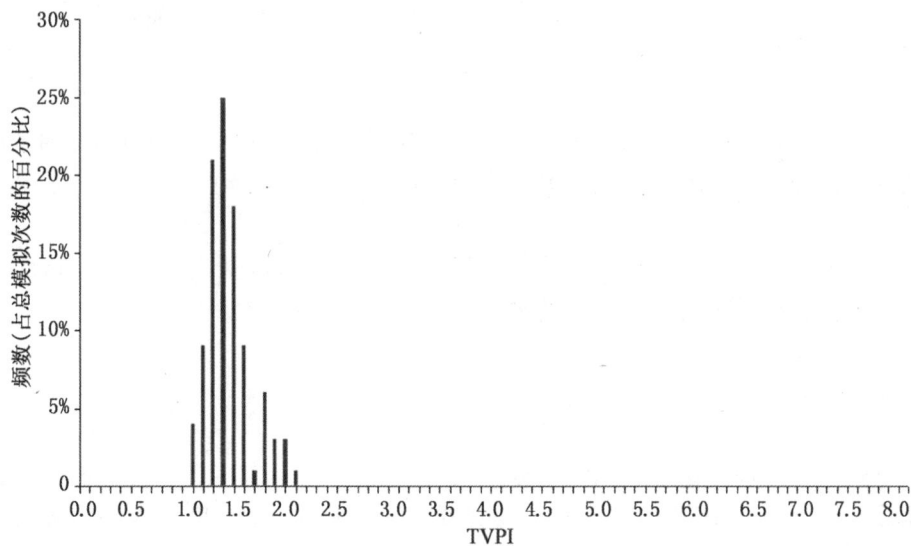

图 9.11　投资者 A 的投资组合(4 年,每年 9 个基金)

数据来源:汤森路透,作者计算

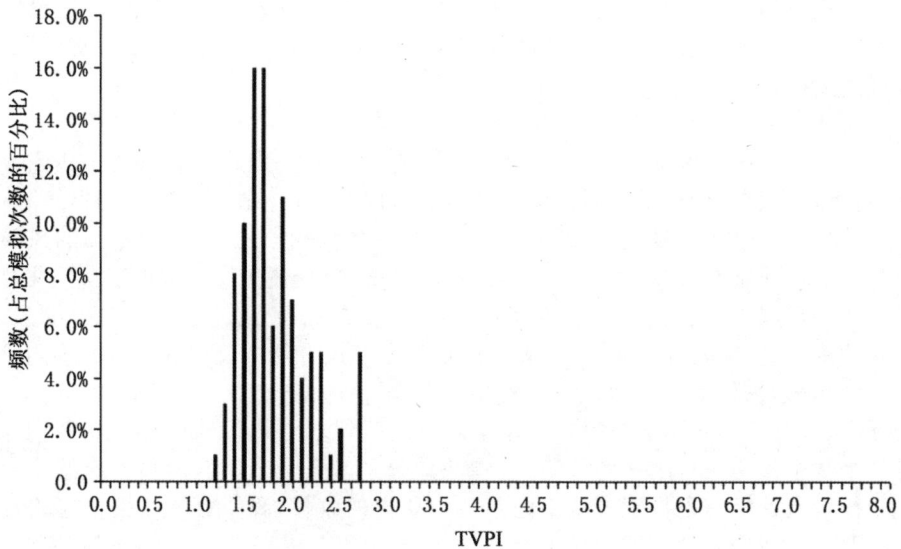

图 9.12　投资者 B 的投资组合(9 年,每年 4 个基金)

数据来源:汤森路透,作者计算

到目前为止,我们仅关注了基金投资。然而现在越来越多的投资者开始采用共同投资策略,即投资者既持有基金投资组合公司的股份,同时也是这个基金的有限合伙人。共同投资的退出决策完全由普通合伙人决定。一般来说,上述模型也适用于共同投资。例如史密斯等(2012)以"共同投资基金"的形式对共同投资进行建模,并参考一级市场私募股权基金构建了相同的结构,即包含相同数量的投资项目,但每项共同投资由不同的基金经理管理,项目投资归属相同的地域,规模大致相同,并在 1 年内投资于对应的一级市场基金。然而在应用该模型时,我们需要对有限合伙人的甄选技能和投资所产生 TVPI 的范围做出假设。

共同投资通常没有为额外融资提供资金的合同义务或法律义务,因此一般不存在融资风险。然而在某些情况下,融资风险依然存在,如进行扩张型投资(例如并购和自行开发策略,此时可能需要收购竞争对手)时,或为满足债务契约,甚至是为了维持偿付能力而注入股权时。

最后,一些有限合伙人也会采用直接投资策略。然而在这种情况下,投资和撤资决策取决于有限合伙人,其中涉及的风险管理方法超出了本书的讨论范围[①]。

9.5 机会成本

由于资本有时间价值,投资者对有限合伙基金做出资本承诺时需要考虑机会成本,这与基金经理可能无法将投资资本返还给投资者的风险不同。在这里,我们关注的是基金无法满足投资者目标收益的问题。

---

① 例如可以采用本格阿兹和沙利耶(2006)提出的技术。

我们可以从不同的角度看待机会成本。首先,投资者通常可以投资于各种资产类别。因此投资有限合伙基金的机会成本是投资其他资产类别(如债券、股票、房地产、对冲基金等)的预期收益。若将上市股票指数或高收益债券的收益率等作为私募股权基金收益率的基准,则计算 VaR 时可以反映出未达到该基准的风险。另外,一些国家的保险公司和养老基金规定,其人寿保险产品在存续期内须实现某个保证利率或固定利率。[①] 在这种情况下,VaR 可以反映在投资于私募股权和实物资产时无法实现该收益率的风险。此外,保险公司、银行或非金融公司等机构投资者也面临公司资本成本的约束。

为了反映这种机会成本,我们需要预测基金投资组合在整个存续期内的现金流量。风险计算的参考基准是投资组合的资本成本,即平均持有期内机会成本的复合年利率。[②]假设投资者对 50 个随机选择的基金做出投资承诺,并且由这些基金构成一个 10 年期投资组合(图 9.13)。在每次蒙特卡罗模拟中考虑机会成本会对结果产生显著影响,如图9.14 所示,假定机会成本为 4%,分布将左移,同时 VaR 上升。这意味着与没有机会成本的情况相比,投资组合的多元化程度只有更高,才能达到相同的风险敞口百分比。

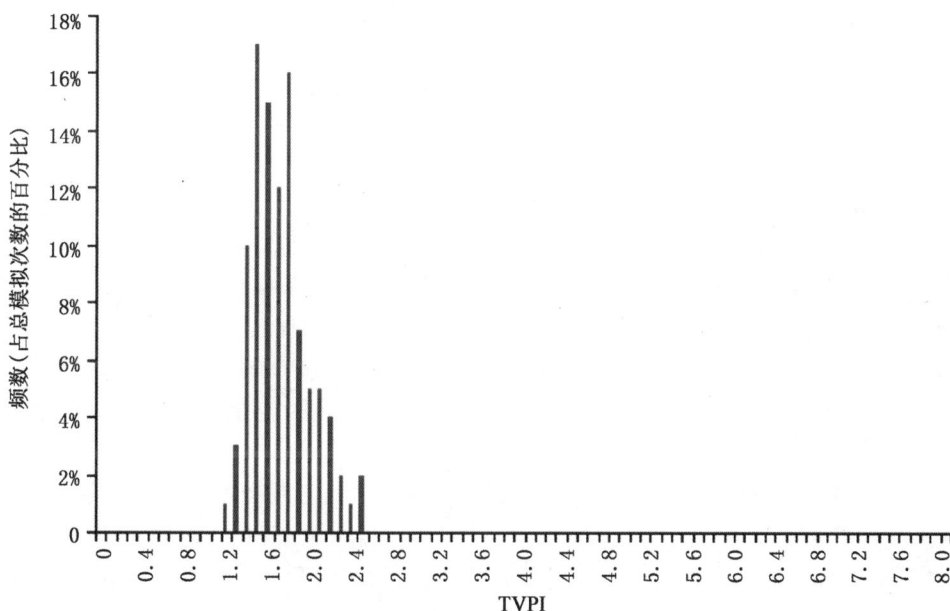

图 9.13 10 年投资期 TVPI 的分布

数据来源:汤森路透,作者计算

---

① 例如在德国,人寿保险单会注明可调整的保证利率。截至本书写作之时,该利率为 1.75%,与 21 世纪初的 3.25% 相比有所下降。在日本,20 世纪 90 年代人寿保险单上超高的保证利率导致几家保险公司经营失败并被接管。

② 在进行蒙特卡罗模拟时,为了考虑现金流的风险性质,我们需要在"风险中性"概率下模拟现金流。若用历史均值和方差模拟现金流,然后用无风险利率将这些现金流贴现,则会夸大价值。我们感谢彭·斯通博格指出了这一点。

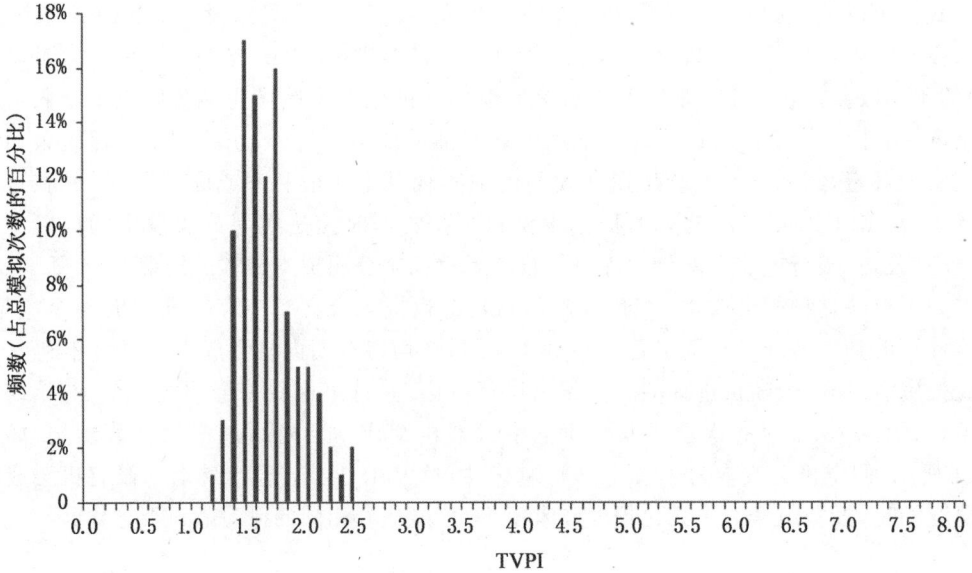

图 9.14　机会成本的影响

数据来源:汤森路透,作者计算

9.6 现金流在险值(CFaR)

投资者将 VaR 作为确定资本充足率和测量交易风险的基础。然而非金融公司在进行风险管理时,发现这一概念难以适用,因为它们的价值主要体现为对固定资产的实物投资形式,因而难以货币化。非金融公司认为现金流在险值(CFaR)能更好地测量其风险敞口。CFaR 是指给定置信水平下,给定期间内标的风险因子的变化所导致的实际现金流和设定水平(例如预算数值)之间的最大偏差。

可交易资产的 VaR 计算周期通常非常短(天或周),而 CFaR 涉及的期间较长,通常为季度,有时甚至为年度(见达莫达兰,未注明日期)。就金融公司而言,有人认为,按市值计价的投资组合可以迅速变现,因此它们的 VaR 也是它们的 CFaR(参见达莫达兰,未注明日期;Yan 等,2011)。然而这一观点并不适用于非流动资产,在处理非流动资产时,我们要用基于现金流波动的方法(之前已有讨论)来计算基金投资组合的 VaR。

我们在研究基金投资组合的 CFaR 时,关注的是给定时间间隔$[t_1, t_2]$内现金流量的变化(图 9.15)。当有限合伙人进行融资测试时,现金流的正、负两个方向都是相关的:当有限合伙人进行新的投资或为满足未来的招款时,现金流为正;当可用现金不足以履行其财务义务,有限合伙人因此面临流动性风险时,现金流为负。

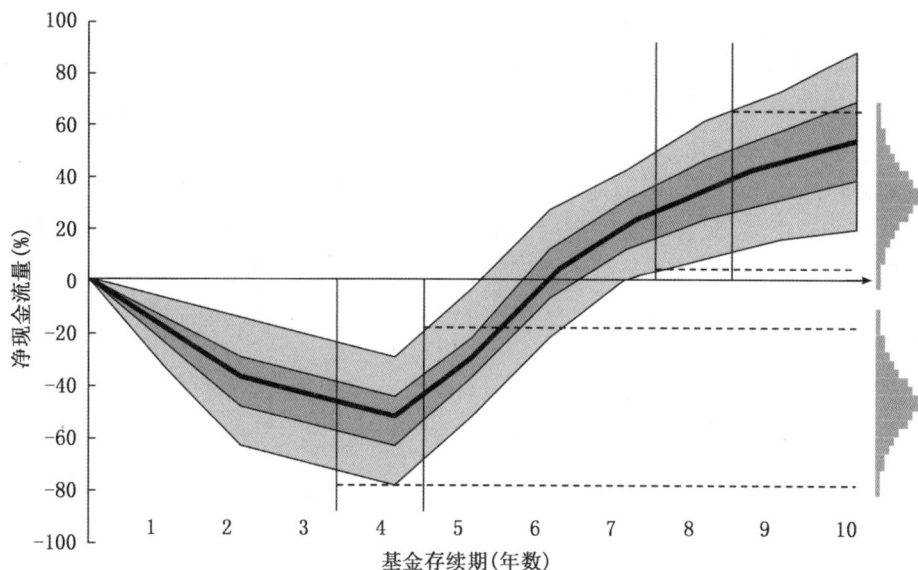

图 9.15　确定 CFaR 的两个不同时间间隔的现金流分布

9.7 总结

在本章中,我们介绍了有限合伙基金投资的 VaR 方法。直观来看,计算这些基金 VaR 的目的类似于 VaR 概念的最初构想,而 VaR 是为可交易资产设计的,即在给定的置信水平下,某一投资组合在给定期间内的最大可能损失。可以肯定的是,VaR 概念受到了一些批评,原因有很多,特别是它无法在金融风暴期间帮助企业避免损失,例如最近的全球金融危机(其中损失最大的是雷曼兄弟)。虽然投资者需要充分意识到 VaR 的不足,但投资者也要知道,VaR 非常有利于我们采用结构化方法批判性地考虑风险(若里翁和塔利布,1997)。

非流动基金投资者在采用 VaR 法确定其投资组合的风险时面临很多其他问题。具体来说,非流动基金缺乏可观测的市场数据作为输入值。那么我们该怎么做呢?我们提出了两种备选方法:第一,基于 NAV 时间序列的方法;第二,基于现金流量的方法。虽然基于 NAV 的方法实施起来相对简单,但其适用性受到许多限制,尤其对于相对不成熟的投资组合来说,该法的适用性更差。正如我们在本章所论及的,不成熟投资组合的特点是存在大量未拨付的资本承诺,因此我们建议用基于现金流的 VaR 为其建模。

我们从其他资产类别中了解到,多元化可以显著降低风险,而通过有限合伙基金投资于私募股权和实物资产时也是如此。投资者可以从多个维度实现多元化,包括投资起始年份、投资策略、投资阶段和投资地域。其中,如前文所示,投资起始年份的多元化所带来的收益最大。

虽然我们通常以资本损失的概率来表示投资风险,但是这种观点忽略了机会成本。另外,有限合伙人可以投资于不同的资产类别,如上市股票指数或高收益债券。而经机会成本调整后得到的 VaR 可以考虑到这点。

最后,我们简要介绍了一个补充方法——CFaR。人们通常认为这种方法对于难以清算实物资产的非金融公司尤为重要。虽然 VaR 概念在金融监管方面的作用日益显现,但事实上,CFaR 可能更适用于非流动资产。基于现金流的 VaR 提供了一种能用相同方法计算 VaR 和 CFaR 的工具,因而能够保证 VaR 和 CFaR 在概念上并不矛盾。这符合我们在第八章中所讨论的,即强调融资测试的重要性,以确保投资者始终能够应对招款(招款的时间和数额都是不确定的)。

附录——示例

表 9.A.1　一个基金的情景，贴现率为 5%

年	0	1	2	3	4	5	6	7	8	9	10	TVPI	IRR
现金流	−50.00	−20.00	−10.00	−15.00	−5.00	5.00	10.00	20.00	30.00	40.00	50.00	1.55	6.0%
现值	6.85	57.19	80.05	94.05	113.75	124.44	125.66	121.95	108.04	83.45	47.62		
调整后的现金流/期数	−50.00	−72.50	−86.13	−105.43	−115.70	−116.49	−112.31	−97.93	−72.82	−36.47	11.71		
年度现值	6.85	7.19	7.55	7.93	8.32	8.74	9.18	9.63	10.12	10.62	11.15		

表 9.A.2　基金投资组合(包含 10 个基金)的情景

年	0	1	2	3	4	5	6	7	8	9	10	TVPI	IRR
基金 1 的现金流	−50	−20	−10	−15	−5	5	10	20	30	40	50	1.55	6.00%
基金 2 的现金流	−10	−30	−10	0	0	10	20	40	50	40	10	3.40	20.40%
基金 3 的现金流	−30	−20	−10	0	10	20	40	20	10	0	0	1.80	10.10%
基金 4 的现金流	−15	−15	−15	−15	15	15	15	10	5	5	5	1.22	3.40%
基金 5 的现金流	−50	−20	−10	−15	20	10	20	20	50	40	50	2.53	12.30%
基金 6 的现金流	−10	−30	−10	10	20	40	20	20	20	0	0	5.00	24.10%
基金 7 的现金流	−5	−15	−20	−5	10	15	15	20	20	10	0	2.29	15.10%
基金 8 的现金流	−5	−15	−20	−5	0	10	15	15	20	20	10	2.00	12.30%
基金 9 的现金流	−50	−20	−10	−15	0	10	15	15	20	2	10	0.95	−0.8%
基金 10 的现金流	−15	−15	−20	−5	0	10	15	5	5	20	0	0.67	−7.6%
合计	−240	−200	−135	−65	70	145	185	185	230	177	135		
累积总投入	−240	−440	−575	−650	−655	−655	−655	−655	−655	−655	−655		

续表

年	0	1	2	3	4	5	6	7	8	9	10	TVPI	IRR
累积总分红	0	0	0	10	85	230	415	600	830	1007	1142		
总投资净额	-240	-440	-575	-640	-570	-425	-240	-55	0	0	0		

表 9.A.3 基金投资组合（包含 10 个基金）的情景——年度 VaR 计算

年	0	1	2	3	4	5	6	7	8	9	10	平均值 Average
基金 1 的年度现值	6.85	7.19	7.55	7.93	8.32	8.74	9.18	9.63	10.12	10.62	11.15	
基金 2 的年度现值	66.01	69.31	72.78	76.41	80.24	84.25	88.46	92.88	97.53	102.40	107.52	
基金 3 的年度现值	15.82	16.61	17.44	18.31	19.23	20.19	21.20	22.26	23.37	24.54	25.77	
基金 4 的年度现值	-3.60	-3.78	-3.97	-4.17	-4.37	-4.59	-4.82	-5.06	-5.32	-5.58	-5.86	
基金 5 的年度现值	50.17	52.67	55.31	58.07	60.98	64.03	67.23	70.59	74.12	77.82	81.71	
基金 6 的年度现值	49.02	51.47	54.04	56.74	59.58	62.56	65.69	68.97	72.42	76.04	79.84	
基金 7 的年度现值	22.50	23.62	24.81	26.05	27.35	28.72	30.15	31.66	33.24	34.90	36.65	
基金 8 的年度现值	19.53	20.51	21.54	22.61	23.74	24.93	26.18	27.49	28.86	30.30	31.82	
基金 9 的年度现值	-27.45	-28.82	-30.26	-31.77	-33.36	-35.03	-36.78	-38.62	-40.55	-42.58	-44.71	
基金 10 的年度现值	-23.32	-24.49	-25.71	-27.00	-28.35	-29.77	-31.26	-32.82	-34.46	-36.18	-37.99	
年度 VaR 的第 99 百分位	-27.08	-28.43	-29.85	-31.34	-32.91	-34.56	-36.28	-38.10	-40.00	-42.00	-44.10%	
净投资资本	11.3%	6.5%	5.2%	4.9%	5.8%	8.1%	15.1%	69.3%	0.0%	0.0%	0.0%	11.5%
累积投资资本	11.3%	6.5%	5.2%	4.8%	5.0%	5.3%	5.5%	5.8%	6.1%	6.4%	6.7%	6.2%

表 9. A. 4　一个基金的十种情景("A"到"J")——年度 VaR 计算

模拟情景	\(年\) 0	1	2	3	4	5	6	7	8	9	10	$PV_m(t=0)$	$PV_m(t=0)-$ Avg(PV)	存续期 (年)	年度差值	TVPI
A	−50	−20	−10	−15	−5	5	10	20	30	40	50	6.85	−12.27	10	−1.23	1.55
B	0	−50	−20	−10	−15	0	5	10	20	30	40	−18.47	−37.58	10	−3.76	1.11
C	0	0	−50	−20	−20	0	10	20	30	40	50	20.35	1.23	10	0.12	1.67
D	−50	−20	−10	−15	25	55	65	65	30	10		89.56	70.44	9	7.83	2.63
E	0	−50	−20	−10	10	0	0	20	0	20		−39.07	−58.18	9	−6.46	0.63
F	−50	−20	−10	−15	0	0	10	20	30	10	30	−10.74	−29.85	10	−2.99	1.25
G	−50	−20	−50	−15	−5	15	10	20	30	40	50	14.31	−4.80	10	−0.48	1.65
H	0	0	−50	−20	−20	0	10	70	80	10		33.89	14.78	8	1.85	1.78
I	−50	−20	−10	−15	25	55	65	65	30	10		89.56	70.44	9	7.83	2.63
J	0	−50	−20	−10	10	0	0	100				4.90	−14.22	7	−2.03	1.38
平均现值 PVt												19.11	VaR(0.1)		−6.19	

第十章　尚未动用的承诺额度的影响

正如我们在前几章所讨论的,由于一些有限合伙人的另类投资组合中有大量尚未动用的承诺额度,因此他们在最近的金融危机期间遇到了许多问题。他们的经历使得从业人员和学者开始研究所谓的"承诺风险"或"融资风险"。不过研究仍处于起步阶段。例如在评估私募股权的(风险调整后的)业绩时,哈里斯等(2012)注意到:

> "……若私募股权基金组合中包含多个投资起始年份的基金,则不确定性和潜在成本无法避免,这些不确定性及潜在成本与现金流发生的时间有关,也与持有的非公开市场资产的流动性有关。例如在实现投资组合的配置目标时,由于招款和收益产生的时间并不确定,投资者难以计算对私募股权基金做出多少投资承诺。因此投资私募股权时存在'承诺风险'……估计承诺风险溢价的合理范围是未来研究的一个主题……"

学者在研究承诺风险时,通常从构建投资组合的角度入手,例如法利普和韦斯特菲尔德(2012)强调:

> "因为招款和分红是随机的,投资者可能会突然过度承诺或承诺不足。这种变化……可能会降低投资者的多元化收益,投资组合也会因此偏离最优状态。"

该研究旨在解决以下问题。假设一个投资者想要在私募股权领域配置 $x\%$ 的资产,为了达到这个目标,他不得不做出 $(x+y)\%$ 的过度承诺,因此他所面临的挑战是确定 y 的值,较高或较低的 y 值都会导致他偏离整体最优投资组合。[①]

因此无论有限合伙人是否在任何给定时间点都具有足够的流动性(例如由于合同指明了信用额度)来应对一般合伙人的招款,承诺风险都存在。然而若有限合伙人突然面临流动性约束,事情会变得相当复杂。最近金融危机期间,大量有限合伙人遇到了这个情况,为避免对私募股权和其他非流动资产的承诺违约,他们被迫出售流动性最强的资产(如上市股票)和/或发行债券,他们的投资组合也因此进一步偏离最优头寸。

在本章中,我们并不量化承诺风险溢价,而主要关注承诺风险的管理。为此,我们将从下列问题出发展开讨论:对基金做出过度承诺在多大程度上代表加杠杆? 由于基金投

---

① 感谢提姆·詹金森说明了这一点。

资涉及承诺风险,那么是否存在界定过度承诺谨慎与否的界限? 从单个合伙基金的角度来看,尚未动用的承诺额度对基金的估值是否重要? 如果它们的确很重要,那么应该如何定价? 这些问题有助于我们阐明核心观点,并为未来处理现金流的不确定性提供研究方向。

10.1 过度承诺代表着加杠杆?

正如第八章所述,过度承诺是指投资者做出的资本承诺超出其实际能支配的资本总额的投资策略,其中的差额将由他现有投资组合的未来收益填补。[①] 过度承诺通常能确保投资者对私募股权和类似非流动资产的实际敞口与最优组合权重保持一致。其中组合权重的设置是为了最大化投资组合风险调整后的收益,偏离该权重将面临损失。由于尽职调查过程和有限合伙协议的谈判耗时很长[②],过度承诺比率(OCR)小于100%表明资源利用效率低下。而过度承诺比率大于100%意味着承诺风险增加,因为投资者可能没有足够的现金来应对预期之外的招款,在其他条件相同时,(承诺)风险调整后的收益将降低。如前所述,学者们对过度承诺的谨慎范围意见不一。理论上来说,过度承诺比率超过105%~110%就算是过度承诺,但现实中过度承诺比率经常会超过125%(马森内特和迈耶,2007)。

学界对于过度承诺是否代表加杠杆同样存在不同意见。有人认为过度承诺不是加杠杆,因为它并不涉及债务,但是这种观点存在争议。例如该观点可能与另类投资基金经理指令(AIFMD)相左,AIFMD将"加杠杆"定义为"另类投资基金经理(AIFM)扩大其在管另类投资基金(AIF)风险敞口的任何方法,无论是通过借入现金或证券,还是利用衍生品头寸中的杠杆或任何其他手段"(作者强调)。

从根本上说,杠杆是用来放大收益的,这也正是过度承诺策略背后的动机。此外,过度承诺可能导致投资者需要从外部筹集资金。因此追求过度承诺策略的有限合伙人可能需要通过某种应急计划(例如以信用额度的形式)来减轻承诺风险。由此可见,过度承诺一开始或许不需要借款,但事后投资者可能会为有限合伙基金的股权投资举债,进而为其另类投资组合加载杠杆。我们之前提到过一个哈佛管理公司的例子,该公司为避免其对有限合伙基金的承诺违约,还额外发行了债券。

另外,投资者可能会依靠二级市场来出售自己的股份。正如哈里斯等(2012)提到的,"从某种程度上来说,在二级市场上将承诺份额出售给私募股权基金可以缓解"承诺风险。然而他们也表示"……二级市场交易的发展仍处于起步阶段"。事实上在大萧条期间,这

---

① 有限合伙人做出的过度承诺不同于单个基金所谓的过度承诺。普通合伙人通常只提取其筹集资本的80%至95%,他们有时会将退出投资所获的收益进行再投资[康纳(Conner),2005]。基金内的这种资本循环不同于有限合伙人的过度承诺,因为普通合伙人没有义务继续为投资组合公司融资,或通过收购新资产进行收益的再投资,而有限合伙人有应对招款的合同义务。

② 过度承诺对于母基金尤为重要。虽然潜在的现金拖累(cash drag)可能导致收益较低,但母基金的管理人通常仅在其有限合伙人无法履行承诺时承担承诺风险。因此对于管理母基金的普通合伙人来说,与有限合伙人密切合作对现金流建模至关重要。

条路对许多投资者来说都行不通。大量有限合伙人发现其尚未动用的承诺额度越来越难以兑现,他们只有以极大的折价才能找到买家。由于此时人们认为上市股票是最具流动性的资产,因此加州公共雇员养老基金(CalPERS,我们之前提到的另一个例子)决定清算其上市股票。虽然 CalPERS 因此避免了在债务市场上融资,但随后股票市场反弹时它损失了巨大的收益。

由此可见,从测量和管理风险的角度来看,我们倾向于将过度承诺视作加杠杆。虽然过度承诺不一定涉及债务,但是它的驱动因素类似,而且面临相似的风险,这需要受到谨慎监管。

10.2 如何为尚未动用的承诺额度估值

如果尚未动用的承诺额度确实与风险相关,那么应如何为其定价？试想这样一个简单的例子:假设我们想要为两个不同的基金估值。

- 基金 A 尚未动用的承诺额度为 100 美元,预计在第 2 年用于投资,在第 5 年以 200 美元退出。
- 基金 B 没有尚未动用的承诺额度。有一个投资组合公司预计在第 3 年以 36.22 美元退出。

假设折现率为 15%,易得两个基金的 NPV 为 23.82 美元。根据标准金融理论,两个基金具有相同的价值。

尚未动用的承诺额度在标准金融模型中并不重要,不同的投资项目和资产可以单独估价,每个项目都有自己的 NPV,通过适当的折现率对未来现金流量进行贴现即可。不管如何筹集资本以及如何对期间现金流量进行再投资,若 NPV 大于零,该投资就是具有经济价值的。由于尚未动用的承诺额度不代表实际现金流量,因此在标准模型中,它可以被忽略。换句话说,尚未动用的承诺额度的 NPV 为零。

许多学者和大多数投资者都认同这个观点。许多人认为大型养老基金和保险公司的尚未动用的承诺额度基本上与流动性无关,因为与其持有的上市股票和债券相比,他们对非流动合伙基金的资本配置额相对较少。然而在最近的金融危机中,该观点受到了质疑,虽然不是所有的投资者都与 CalPERS 一样损失惨重,但许多机构投资者在金融危机期间实际上都要求他们的普通合伙人延期投资,并因此延缓招款。

为了避免承诺风险,投资者可能不会过度承诺,同时会持有流动性极高的无风险资产(如国库券)来保持流动性。根据标准模型,国库券是 NPV 为零的投资,低收益且无风险。然而在实施这一策略时,风险厌恶型投资者要承担机会成本,其机会成本相当于私募股权和实物资产的预期收益。简单起见,我们假设私募股权投资的年收益率为 15%,无风险利率为每年 5%。如果私募股权的平均投资率为 66%,而另外约 33% 的资本以无风险利率持有,则投资者的平均收益率将降至 11.6%。[①]

从标准金融模型来看,当总体风险较低时,总体收益率较低并不奇怪。每种资产的定价都是正确的,私募股权投资(包括尚未动用的承诺额度)的定价也是正确的。因此投资者似乎没有必要考虑未拨付的承诺额度。

然而在实践中,承诺风险是未知的,现有文献也未对此作出估计。虽然量化承诺风险的研究仍然处于萌芽阶段,但哈里斯等(2012,p.30)推测:

> "承诺风险溢价的大小很可能取决于投资者多元化投资的能力(或意愿),投资者需要选择多个投资起始年份,也要在同个年份中选择不同基金……此外,偏离'最优'投资组合配置方案的成本,以及现金流不确定性的影响,会因投资者而异。因此不同投资者面临的承诺风险可能大不相同。"

承诺风险是有限合伙模式的特殊性质,但这种风险难以量化,所以它大大增加了投资者实现最优投资组合配置方案的难度。在我们的例子中,由于风险厌恶型投资者高估了承诺风险,最终他在私募股权和类似的非流动资产的风险敞口将是次优的。根据标准 CAPM 模型,投资者以自身的效用函数与有效边界的切点来表示最优投资组合。他们通过持有低收益、低风险、高流动性的现金资产,减轻甚至消除了承诺风险。然而在有效边界的约束下,持有这些现金资产可能意味着实际效用低于其效用函数所表示的期望效用(图 10.1)。

我们再来回顾过度承诺策略的问题,投资者在自身的风险偏好下,通过收获非流动性风险溢价来获得更高的收益。若投资者做出的资本承诺大于其实际拥有的资产,他将面临风险,而投资者会从更高的预期收益(基于其效用函数得出)中获得风险补偿。然而投资者在追求最优配置时,尚未动用的承诺额度至关重要,从这个意义上来看,我们不应该像标准金融理论那样忽视尚未动用的承诺额度。

---

① 迪勒和卡瑟(2004)计算了纯私募股权策略和由私募股权投资和债券或股权投资组成的混合策略之间的收益差异。他们用欧洲私募股权基金的样本,得出其平均 IRR 为 12%。就混合策略而言,他们假设将尚未动用的承诺额度投资于 MSCI 欧洲指数(MSCI Europe)和摩根大通政府债券指数(JP Morgan Government Bond Index)。所得分红也将再投资于相同的资产直至基金到期。具有流动性的上市股票和债券投资的收益率分别约为 9.8% 和 8.2%,其预期收益率与纯私募股权投资相比低了 2%~4%。

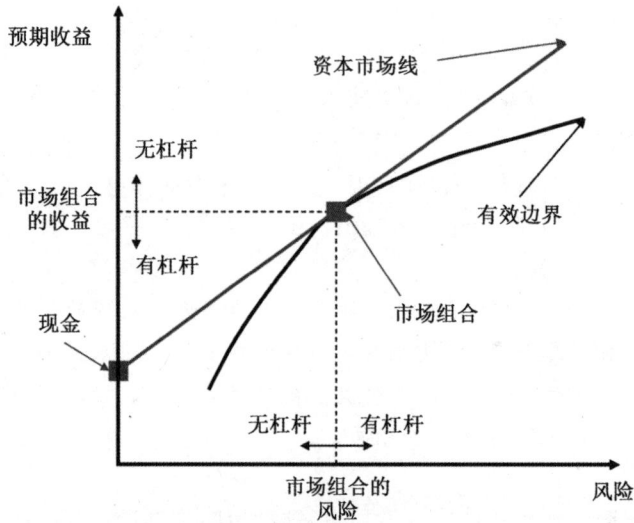

图 10.1　资本市场线(无杠杆和有杠杆)

10.3 切实可行的方法

在投资有限合伙基金时,投资者必须持有足够的现金来满足随时可能发生的招款要求,但在标准模型中,我们没有直接的方法来应对这点。标准模型中并没有流动性约束,它假设有限合伙人能够在市场上为现金流出融资,而我们强调过,最近的金融危机已经说明这个假设具有误导性。但是除非投资者能找到更有逻辑的方法来替代当前的模型,否则他们不能轻易地抛弃标准金融理论。鉴于投资者的投资组合对非流动资产的敞口日益增加,我们很有必要建立一个以尚未动用的承诺额度为主的模型。这是未来值得研究的课题且极具挑战,而下文将指出学者在改进研究框架时需要解决的问题。

10.3.1 从会计角度核准基金估值

在上一节中,我们仅仅关注了投资的实际经济价值,完全忽视了基金的会计处理方式。然而会计很重要,因为投资者需要向内部代理人以及外部相关方(如审计师和监管者)报告他们的资产配置情况。监管部门要求投资者从会计角度来核准风险的测量。为了正确测量风险,估值应反映资产的经济实质。历史上,投资者曾从会计角度出发,以相对简单的方式为有限合伙股份估值。具体来说,尽管出台了一些重要的监管改革措施,如FAS 157(美国财务会计准则委员会 FASB 发布的准则),但投资者一般以普通合伙人报告中深受主观性影响的 NAV 为估值基础。如前所述,基金的真正价值只能在长期实现,而季度 NAV 报告最多只能提供一个粗略的近似值。

人们通常将尚未动用的承诺额度视为表外项目,而且人们认为投资于基金的资源和因过度承诺而产生的风险之间没有联系。但情况并不一定如此,投资者的投资决策可能既无法消除风险,还会损害投资价值。如果基于现金流量预测的基金估值未能反映尚未动用的承诺额度,那么投资者可能会发现自己缺少用来应对未来招款的资金,因为这些资金来源于其他基金未来的现金回流。

如何在使用标准金融模型的同时,考虑尚未动用的承诺额度的影响与过度承诺/过度配置的收益和风险? 传统做法是根据基金的现金流入和流出对有限合伙基金建模,一般不专门考虑承诺的规模(承诺的规模决定未动用资本)以及未动用资本的变化。然而如前所述,流动性风险是风险管理的重要部分,我们需要在对有限合伙基金建模时将其反映出来。这很重要,原因有二:第一,通过在建模时将尚未动用的承诺额度视为债务,将过度承诺视为加杠杆,基于现金流预测的基金估值模型就可以用会计观点进行核准;第二,即使投资者拥有充足的流动性,他们也希望优化尚未动用的承诺额度的使用方式,从而确保他们的风险敞口与最优投资组合一致。

10.3.2 在建模时将尚未动用的承诺额度视为债务

我们或许可以在建模时将基金整体看作一个金融资产(普通合伙人管理的资金),把有限合伙人持有的未动用资本看作对该金融资产的贷款。在前面的章节中我们曾提到,有限合伙人的基金股份与贷款具有某些共同特征,而有限合伙基金在某种程度上介于债务和股权之间。金融的标准估值技术是指在建模时创造一种资产,该资产是其他价值已知或价值更容易计算的资产的组合。

因此我们可以将有限合伙人看作为普通合伙人扩展信用额度的"银行"。普通合伙人可以按照他认为合适的方式来提款,就像从信用额度中提款一样,此时资本承诺等于招款和获批的无息贷款的总和。在建模时将尚未动用的承诺额度看作贷款并不新颖。[①] 但在建模时将有限合伙股份作为有限合伙人提供给普通合伙人的贷款具有一定困难(我们不是说这不可能,但我们目前还没有方案):有限合伙人无权规定招款的时间,而普通合伙人需要偿还的金额是未定的(它可以少,也可以多),也无法强制实行。

我们不建议把有限合伙人视为贷款人,而是应该反其道而行,虽然这看似反常,但实际上普通合伙人才有权使用尚未动用的承诺额度。在建模时,我们假设普通合伙人调用了所有的承诺额度,然后成为有限合伙人的"贷款人"。此时本金是承诺的规模,普通合伙人对尚未动用的承诺额度具有合法请求权。与典型的贷款类似,如果有限合伙人违约,则普通合伙人可以重建与有限合伙人的关系。在这种情况下,由于普通合伙人将有限合伙人已投入的资本作为抵押,有限合伙人可能失去其投入资本或遭受其他处罚。有限合伙人支付资本的时间段也有明确规定(即投资期[②])。

我们主要考虑两类资金:有限合伙人对基金的承诺("虚拟基金",即承诺和分红)和普通合伙人向有限合伙人提供的贷款(投入)。因为普通合伙人提供贷款的要求收益率在承诺时是固定的,之后也不会改变,所以从有限合伙人到普通合伙人的现金流量无须考虑净值,反之亦然(图 10.2)。

---

① 感谢洛多威克·法利普和莫顿·索勒森对本节的详细意见和建议。

② 如果在投资期结束时仍有大量尚未动用的承诺额度,则在建模时可以假设有限合伙人偿还剩余贷款,且普通合伙人立即返还等额资本。

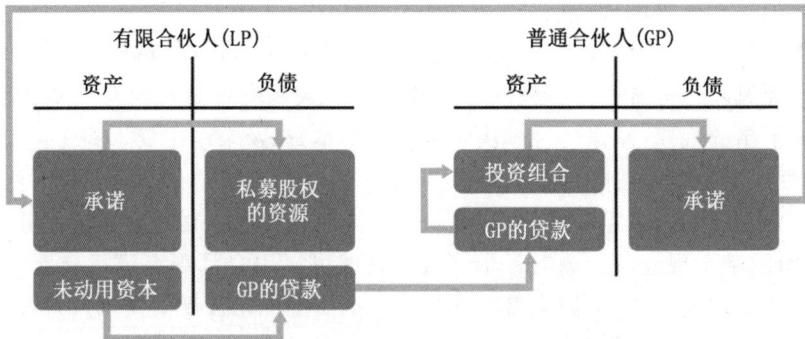

图 10.2　第一种情况下的现金流：没有过度承诺

如此一来，许多问题都可以得到解答。我们主要关注由过度承诺导致的违约风险。将普通合伙人视作贷款人后我们可以发现，如果有限合伙人将贷款投资于无风险的国库券资产，他就会遭受损失。若仅根据实际资本流动来测量基金的收益而忽略尚未动用的承诺额度，基金的业绩表现将会受到限制。因此即使有足够的流动性，投资者也有必要优化投资于私募股权和实物资产的资源配置，例如遵循过度承诺策略（图 10.3）。

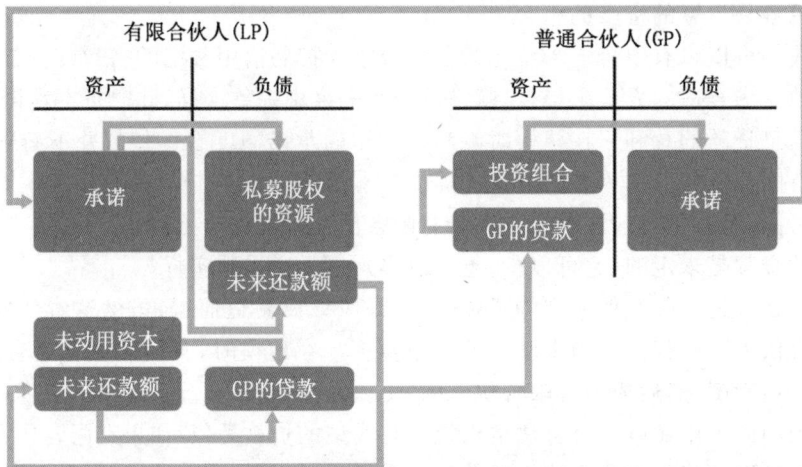

图 10.3　第二种情况下的现金流：过度承诺

上述思路类似于银行向普通合伙人提供贷款的情况，其收益来自有限合伙人的未来招款。在我们的方法中，我们以类似银行贷款的方式对有限合伙人获得的贷款进行建模。事实上近年来，许多普通合伙人都曾在困难时期通过银行借款来管理招款。银行利用有限合伙人尚未动用的承诺额度作为担保，由于有限合伙人向银行支付利息，显然未拨付的承诺额度会影响他在有限合伙基金的投资收益，所以银行可以以此分析有限合伙人的信誉。

10.3.3　作为估值基础的"虚拟基金"

我们先将有限合伙基金视为一个实体，即"虚拟基金"（VF），它包含基金持有的标的另类资产投资及其未动用资本。这种处理方式反映了承诺具有合同约束力。事实上在20 世纪 80 年代中期前，常见的做法是在做出承诺时就调用全部资本，或根据预先安排提取承诺资本[埃弗茨(Everts),2002]。普通合伙人管理标的资产,而有限合伙人管理未动用资本。因为有限合伙人通常是机构投资者,更有利于汇集和管理资产,所以这种安排更有效率。然而正如我们在第四章所讨论的,尚未动用的承诺额度的择时和使用均由普通合伙人全权决定,就像掌握在普通合伙人"手中"。

根据这些假设,做出承诺时"虚拟基金"的现值等于初始承诺额,因此基金未来还款额的现值为:

$$承诺额 = \sum_t \frac{D_t}{(1+d)^t}$$

其中 D_t 表示 t 期虚拟基金获得的分红,d 表示折现率,即在金融市场上投资于风险类似的资产时可以获得的收益率。在建模时我们单独将基金的投入 C_t 视为普通合伙人提供给有限合伙人的贷款。注意还要考虑未动用资本产生的投资收益。

通过计算承诺的现金流出规模,以及从历史现金流库获取的可比基金的现金流出,我们可以得到两个 IRR,将两者的平均值作为虚拟基金的贴现率 d_{VF}。注意,虚拟基金未动用资本 UC_{VF} 的贴现率通常不是有限合伙人未动用资本的收益率 d_{LP}:虚拟基金未动用资本的贴现率反映了"市场的"投资策略,即针对所有其他有限合伙人的资产和过度承诺水平。

虚拟基金的估值如何变化? 例如通过基金现值变化等"内部"变化,或通过基金的加速提取(减少未动用资本)。当虚拟基金归还资本,即有现金流出时,其现值相应减少。

为了评估过度承诺的影响,我们首先考虑投资于基金的可用资源。如前所述,过度承诺的风险可以由过度承诺比率(OCR)表示:

$$OCR = \frac{签署的承诺额}{可用于承诺的资源}$$

如果 OCR > 100%,签署的承诺额(signed commitments)和可用资源之间的差值是过度承诺的资本(over-committed capital, OCC):

$$OCC = 签署的承诺额 - 可用于承诺的资源$$

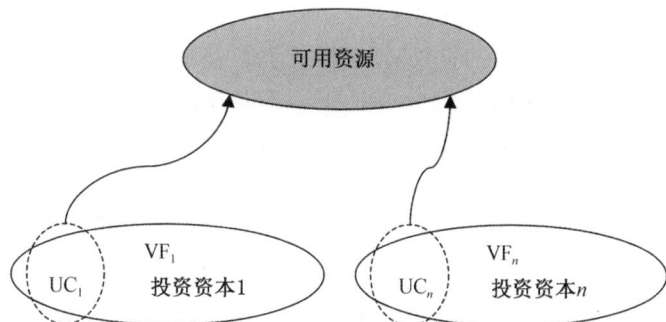

图 10.4　为过度承诺建模

过度承诺的影响是什么? 我们如何在有限合伙人对其投资组合(包含 n 个基金)的估值中明确这些影响? 在建模时,我们将过度承诺视为 n 个虚拟基金将其未动用资本 UC_{VF} "借给"名为"可用资源(AR)"的账户(图 10.4)。

实际可用资源由以下公式决定:

$$AR = \sum_n UC_n - OCC$$

有限合伙人必须为这些资源支付贴现率为 $d_{VF}-d_{LP}$ 的机会成本。为什么是 d_{VF} 而不是私募股权和实物资产投资的平均收益率呢?因为在标准金融模型的框架内,我们假设虚拟基金可以以 d_{VF} 的利率进行借贷。这些机会成本代表所谓的"现金拖累",而过度承诺可以减少"现金拖累"。我们可以利用其他资本来源或对基金收回的资本进行再投资,来减少过度承诺的资本(可用资源因此增加)。然而对于每次招款(CC),我们必须确保以下条件成立:

$$AR \geqslant CC$$

否则有限合伙人将成为违约投资者。由于承诺具有合同约束力,不能履行义务的有限合伙人无法付款,并因此失去了其在合伙基金中的大部分份额。我们还需要考虑违约投资者可能造成的预期损失并做准备。这种过度承诺储备(OR)将与过度承诺比率成正比。

过度承诺储备的规模在很大程度上取决于有限合伙人投资的其他资产。例如,对于另类资产投资占比较低的保险公司来说,他们通过出售流动资产可以产生充裕的资金和现金,因此其过度承诺储备实际上可以忽略不计。欧洲私募股权及风险投资协会(EVCA)有关私募股权基金风险测量的指南草案建议,投资者应该保守评估流动性的短缺程度,即应该假设现有的单个基金头寸在短期内不会提供任何流动性(EVCA,2011)。因此有限合伙人投资组合的价值是虚拟基金的现值总和减去可用资源的机会成本,减去过度承诺的资本,再减去过度承诺储备。

附录表 10.A.1 中的示例展示了未拨付的承诺额度价值的作用,以及在投资者为未拨付的承诺额度保留资本时,它如何影响投资者的收益。在这个示例中,我们分析了一个存续期为 10 年的基金的现金流量。在基金的投资期内,我们将在 5 年内提取100 个货币单位的承诺额,基金的首次分红从第 4 年开始。如果只考虑现金流量净值,我们需要 80 个货币单位的资本来支付这笔承诺。基金收益为投资资本(100)的两倍,IRR 为 16%。

附录表 10.A.2 中给出了虚拟基金的现金流。一开始,投资者从虚拟基金借出资金,然后用私募股权投资的分红偿付"贷款"。如果投资者锁定了 100 的可用资源,虚拟基金(即投资者)实现了 11.7% 的 IRR,与仅投资于私募股权的收益率 16% 相比低了 4.3%。在标准模型中,较低的收益意味着风险相对较小,但在考虑投资者的效用函数后,这种组合对于投资者来说可能是次优的。

投资者可以做些什么来达到最优风险/收益的敞口呢?我们将考虑这样一种过度承诺策略,我们假设投资者持有少于 100 个货币单位的储备。图 10.5 显示了这种策略对收益的影响。投资者的收益随着可用资源的减少而增加。当可用资源等于最大现金需求(在我们的例子中为 80)时,投资者达到与纯私募股权策略相同的收益率。然而当可用资源下降到 70 时,除非投资者可以按照给定利率在市场上借款,否则他将违约。违约时投资收益率为 0,违约的有限合伙人很有可能将无法再投资于有限合伙基金。

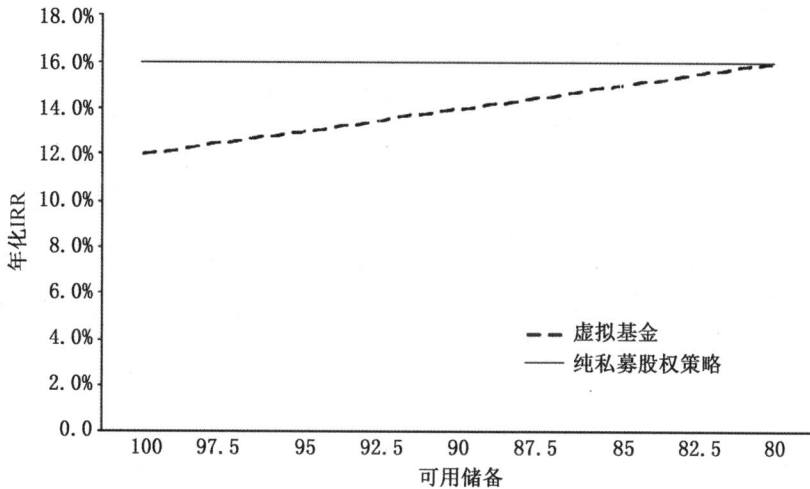

图 10.5　虚拟基金和纯私募股权策略的 IRR

10.4 总结

　　本章重点讨论了尚未动用的承诺额度,这是投资于缺乏流动性的有限合伙基金时的一个关键特点。承诺风险曾长期被投资者和学者忽略,但最近的金融危机过后,情况有所改变。我们通常从投资组合最优配置的角度来研究承诺风险,现金流的不确定性可能会导致投资者偏离最优配置方案,而承诺风险溢价正是由这种偏离的可能性决定的。

　　无论有限合伙人是否受流动性约束,他们都面临着承诺风险。然而在现实中,大量有限合伙人的过度承诺策略都曾引发了突发的流动性问题。为避免对其投资承诺违约,一些有限合伙人被迫出售了流动性最强的资产(如上市股票)和/或以超高利率在债务资本市场借贷,这不但使其投资组合进一步偏离了最优的多元化水平,还提高了风险溢价。

　　虽然我们仍难以量化承诺风险,且承诺风险可能会因投资者而异,但最近金融危机期间的经验表明,承诺风险的风险溢价可能相当大。若真是如此,未拨付的承诺额度就显得非常重要。在此背景下,本章重点讨论了三个相关问题:过度承诺是否代表加杠杆?尚未动用的承诺额度在基金估值方面是否重要?若它们确实重要,应该如何为未拨付的承诺额度定价?

　　虽然过度承诺一开始不涉及债务,但我们认为它们与加杠杆策略有着重要的共同点。过度承诺被用于放大收益,就像杠杆被用来放大并购的股权收益一样。然而从标准金融模型的角度来看,这点并不重要。投资者将过度承诺策略用于实现更高收益的同时,它们也意味着更高的风险。相反,若以低收益国库券的形式持有资本来应对招款,收益会降低,但同时风险也会降低。

　　从标准金融理论中我们得出,投资者可以根据他的效用函数选择一个符合自己风险/收益偏好的承诺策略。然而实际情况颇为复杂。由于(过度)承诺风险溢价非常难以确定,投资者最终持有的投资组合头寸或许只是次优的。此时该头寸可能会表现为极度厌恶风险，这意味着他的机会成本（以非流动投资的预期收益率表示）将非常高。因此在本章的最后一节，我们试图从会计和经济角度核准尚未动用的承诺额度。显然这是一个有待研究的前沿问题，在未来无疑将引起投资者和学术界的巨大兴趣。

附录——示例

表 10. A. 1　私募股权基金现金流量示例

年	1	2	3	4	5	6	7	8	9	10
投入	25	25	20	20	10					
分红				10	20	30	40	45	30	25
净现金流量	−25	−25	−20	−10	10	30	40	45	30	25
累计净现金流量	−25	−50	−70	−80	−70	−40	0	45	75	100

表 10. A. 2　虚拟基金与私募股权基金的现金流量和业绩比较，承诺额为 100

年	1	2	3	4	5	6	7	8	9	10	IRR	TVPI
私募股权基金现金流量	-25	-25	-20	-10	10	30	40	45	30	25	16.0%	2.25
虚拟基金现金流量	-100	0	0	10	20	30	40	45	30	25	11.7%	2.00

第十一章　现金流建模

"只要是合格的投资组合经理都能挑选出收益率超越其他机构资产收益率的几个投资项目,而缺乏经验的投资者无法识别真实的风险,因为风险存在于提取承诺资本之前、分红之后,并且伴随着资本配置不足的全过程。"

——柯奇士等(Kocis et al.,2009)

本章我们将讨论能为非流动有限合伙基金生成现金流样本的各种相关技术。这些基金的资产,如基建、杠杆收购、风险投资、房地产和自然资源[①]都具有许多共同特点,因此我们可以以类似的方法建模,但从统计角度来看,各种资产类别之间也存在显著差异。[②]我们将有限合伙基金视为所谓的"现金流量资产",而不是将它们视为只有在发生重大延迟和大幅折价时才能进行交易的对象;我们认识到,成功构建投资组合的关键不在于对市场上可得的价格进行建模,而是关注有限合伙基金的现金流,建模有许多目标,如:

- 承诺进度,即投资组合经理达到资产类别目标配置的过程(柯奇士等,2009)。
- 流动性管理,即投资组合经理识别资本过剩或短缺情况,评估投资者违约的可能性,并据此调整投资组合(迪勒和雅克尔,2010)。
- 与此相关的是风险管理如何实现风险和收益之间的目标权衡。这可以通过几种方式实现,例如确定每个时间段内未来现金流的分布、期末损益的分布、投资组合期末收益的分布或未达成收益目标的"违约"的概率(迪勒,2007)。
- 投资经理需要监测预期发展过程与已实现的发展过程之间的差距,从而验证进行推测时提出的假设并在必要时进行更正。

将基金获取收益过程中的风险视为唯一风险来源是不明智的。因为无论是投资前还是投资后,投资经理都要考虑资本使用的风险与机会成本问题:投资前,基金的未动用资本也需要用于适当的投资。但问题在于,投资者如果没有足够的现金可应对基金的招款,或者未动用资本已经投资于证券市场,那么变现过程中就不得不遭受损失。如何将基金

---

① 例如石油和天然气。
② 甚至在同一资产类别内(例如私募股权),这种情况也有可能发生:柯奇士等(2009)发现,规模小于10亿美元的收购、规模大于10亿美元的收购、前期风险投资、后期风险投资、夹层和不良债务之间存在差异,他们根据这些分类对未来现金流量和估值进行建模。

返还的资本用于再投资？理想情况下，应该将资本重新投入其他基金，但是这些基金招款的时间并不确定。如果将太多的资本留作"储备金"，则存在亏空风险，这与未实现目标配置的机会成本相关。这一点以及上一章的讨论表明，现金管理与投资组合和风险管理之间息息相关。我们有意用"管理（management）"代替通常所说的"预测（forecasting）"，但是考虑到投资规划的长期性和高度不确定性，人们对"管理"这个术语可能会产生过高的期望。

11.1 推测（projections）和预测（forecasts）

"在大家讨论天气和气候时，情景（scenario）、推测（projection）、预言（prediction）和预测（forecast）经常可以互换使用，好像它们完全是同义词一样。"

——麦克拉肯（MacCracken，2001）

在讨论各种现金流管理技术之前，我们有必要阐明我们的目标。对于大多数投资经理来说，建模与决策或解决问题有关。本书中，我们认为建立模型的目的在于进行合理的高精度预测，尤其当分红过程平稳分布的时候，我们确实能够通过模型进行高精度预测。然而我们知道另类资产领域的一个特点在于分红过程并不服从平稳分布，这使得建模者几乎不可能进行高精度预测。

事实上正如本节引言所述，情景、推测、预言和预测这四个词几乎没有区别。我们在谈论这个问题时显然期望或者至少是希望能有一种技术的预测可以达到一定精确度[①]，或者换句话说，如果这种预测的技术不能作为预言未来的"水晶球"，那么所有努力还有什么价值？因为预期经常遭到反驳，所以人们可能会怀疑这些词语意义不明：虽然在一定时间范围内，决策者最多对与非流动资产相关事件的预测结果表示质疑，但是如果事件的结果不能满足决策者的预期，那么决策者将拒绝接受这个结果。比如监管机构要求对内部模型进行回溯测试，其中隐含地假定了一个稳定的、可预测的过程，在这个过程中，过去的情况可以延续至未来——当这一必要条件无法满足时，监管机构不会买账。有学者建议关注最佳情况和最坏情况之间的范围，但这也同样无济于事，正如范德海登（van der Heijden，1996）指出的，这并没有为"预测"的思想增加新的概念。

如果某一分析过程不能算是预测，而且不能可靠地满足预期目的，那么对于决策来说有什么用呢？这一领域的从业人员往往对于预测结果并不满意，却不得不接受这些结果，从而做出错误的投资决策。与其相信我们的"预测"能力，倒不如依靠我们的"推测"能力，为此我们做了以下区分：

　　• 推测是条件语句，即只要满足条件，某种情况就会发生。生成推测的模型将具有概率性的未来的结果与条件联系起来。推测可以基于一个相对简单的逻辑：我们

---

　　① "推测"和"预测"的区别很模糊，参见康纳利（Connolley，2007）。在本书的讨论中我们只使用"预测"。

知道一个基金的投入总额不会超过承诺额，一段时间过后这些投入会带来分红。虽然这样预测不一定精确，但它提供了一些有用的信息。

•预测建立在条件满足的假设上，换句话说，预言是最大似然估计，预测是专家意见的统计总结（范德海登，1996）。预测作为"最有可能"的推测，它假设过程稳定且可对其建模，人们因而可以对该模型进行回溯测试。

•情景是一组连贯且内部一致、看似合理，但结构上不同的未来状态（范德海登，1996）。推测和预测是概率性的，而情景是在不确定未来如何发展的情况下给出的备选情况。

显然预测的目标是以合理的精确度来确定未来将发生什么，但是随着时间的推移预测精度迅速降低。经济是具有社会属性的，因此它是一个没有固定周期的复杂系统，在该系统中历史不会自我重演［施尔登（Sherden），1998］。另一方面，即使在动荡的经济环境中，人们也有一定的把握确定什么不会发生，而推测正是基于这一事实。在这样的情况下，我们需要监测推测的潜在条件，使推测更加精确、可靠。我们对"滚动预测（rolling forecasts）"更感兴趣，它只覆盖较短的时间段，但其主要目的是确保在长期的范围内对投资组合进行控制。我们在本节中所讨论的技术是为了使推测过程能实现这种滚动预测。

与预测相反，推测必须同时对假设条件和参数进行监测。虽然推测不是"水晶球"预言未来，但在推测过程中定期监测假设条件和参数，并持续运行推测模型，这样就能捕捉到环境中的最新变化，推测的有效性源于严格统一运行控制回路，在该回路中人们将不断监测和调整假设条件和数据。

11.2 模型是什么

在讨论各种可能的建模方法之前，我们需要考虑使用模型的理由以及模型本身的局限性。模型是以简化的方式描述和解释现实环境情况的理论结构，尤其当我们不能完全理解一个复杂系统时，就需要对它进行抽象建模。模型一次仅关注问题的某一个方面，因而缩小了问题的研究范围。同时，模型包含某一组变量和这组变量之间的逻辑关系，这些关系通常（但不总是）可以通过使用数学方法来量化。

因为模型是对现实问题的简化，因此它无法顾及方方面面。尽管模型并不完美，但为了创造价值，投资经理至少会试着用它来预测什么将会发生，而他们是否能够成功则需另当别论。对于风险管理而言，知道什么不会发生已然很有价值，在此过程中，可能会出现许多合适的模型。正如爱泼斯坦（Epstein，2008）所言，即使模型不能用于预测，但是也有其他重要的原因促使我们对现实环境建模。首先，模型通常能够确定结果的可能范围。虽然在这个范围内，我们可能无法得到达到一定精度的实际预测结果，但是从风险管理的角度来看，它仍然是有价值的。模型可以揭示所预测事件的动态核心和不确定性。在另类资产市场中，数据资源稀缺且获取成本昂贵，而模型可以指导人们收集数据，并找出与现有数据不相容的潜在市场假设。模型也可以指出低效之处并提出改进方式，它们有助于根据情景构建"管理者对话（management dialogue）"，并记录为确保过程的完整性而做出的决策。

11.2.1 模型要求

通常情况下,模型的使用者会争论某个模型是否优于另一个模型。由于模型是对现实的简化和抽象,它们只包括影响广泛或被认定为与给定抽象层次和所研究的问题相关的那些因素,因此模型孰优孰劣并没有一个确定的答案。在任何情况下,我们都不应该将模型视为"黑箱",更不能盲目跟随。但在实践中,现金流模型有一些实用的准则:[1]

   • 现金流模型必须以合理的方式识别有限合伙基金的基本特征。因此理论上现金流模型应该简单明了。
   • 模型应该能够通过设置不同参数来处理各种基金类型及其表现。
   • 由于不同基金类型并不总是有足够的数据,因此应该不断测试参数是否合理,基金的表现是否与假设以及与其他非流动基金类型不同。
   • 理想情况下,模型不应只产生单一结果值而应产生一系列潜在结果。

我们通常采用回溯测试的形式来将模型的结果与实际结果进行比较,我们将在本章后面部分讨论回溯测试及可能存在的问题。

11.2.2 模型分类

在讨论生成推测的方法时我们要知道这绝不是最终的做法。引用柯奇士等(2009)的话来说,即使"人们对现金管理的研究已有多年,但随着我们思维的发展,我们仍在不断对各种方法加以改进"。从业人员需要在相互冲突的要求之间进行权衡,如复杂性和简单性,用户友好性和运行及检查模型及其结果的频率,灵活性和可靠性,精度和稳健性等。我们谈得更多的是"行业秘诀"而非科学。推测的方法有好几种分类方式,例如模型驱动法和数据驱动法,自下而上法和自上而下法,非概率法和概率法。

模型驱动法和数据驱动法

韦迪格(2002a,b)对模型驱动法和数据驱动法进行了区分。在模型驱动法中,人们用输入参数较少的模型来描述现象。对于这类模型驱动的推测方法,我们需要充分理解过程的结构和影响其运行状况的因素。由于某些难以观测和验证的输入参数具有高度灵敏性,这就会导致显著的模型风险。参数可以以判断(即人们将其视为"主观的")或者测量(因此也被视为"客观的")为基础。然而主观性和客观性也不是非黑即白的关系:在很大程度上,测量数据的选择也常是高度主观的。我们在第十三章中讨论的分级(grading)可能可以降低将历史收益率作为推测模型的输入时带来的主观性。

对于数据驱动的推测方法(通常也称为自举法)而言,该方法不需要人们充分理解事件过程的内部结构和因素,同时该方法的一个潜在假设条件是利用历史数据可以推测出未来数据。因此韦迪格偏好在基金层面上采用数据驱动推测,因为他认为模型的风险性

---

[1] 例如可以参考高桥和亚历山大(Takahashi & Alexander,2001)与柯奇士等(2009)。

和敏感程度均较低：模型的描述只反映可比基金过去的运行情况。他认为对于一个风险模型来说，在基金层面上使用数据驱动型现金流进行推测是最为简单有效的。但是我们面临的问题是另类资产的历史数据太少，这导致我们无法使用数据驱动型现金流模型进行推测。

自下而上法和自上而下法

我们可以自下而上或自上而下构建模型。自下而上法详细分析了基金持有的每个投资组合中的公司或项目，从而确定其投资时间和现金流的规模。自下而上的分析中考虑了更多影响整体风险水平的因子，但就其中某一单个因子而言，它对整体风险水平的影响较低。自下而上模型中的技术可以极其简单，例如要求投资经理给出他们对于这些公司或者项目的判断即可，也可以极其复杂，因为使用这项技术需要考虑到所有的变化情况。但是这其中所需的工作量超出了常规需要，这一点限制了这些技术在风险管理中的实用性，因此本书并不做详细讨论。

此外还有一些概念性的问题，比如当模型中大部分因子需要依靠主观判断进行估计时，可能会积累偏差，其总体结果也不一定比自上而下法的结果更加精确。采用自上而下法时，我们可以用一个具有显著影响的单一因子来囊括其他小因子，这也可以确保我们能够识别所有实质性风险。在自上而下的方法中，由于我们只能从整体上描述现实情况，因此我们在给基金分组时将以基金整体上看来较为一致的表现为依据。

决策者通常倾向于采用自下而上的方法。他们显然希望以这种方法来更好地解释会产生风险的潜在因子，从而得到更可靠（即更精确）的结果。事实上自下而上模型产生的预测结果通常落在较窄的范围内，这似乎印证了上述观点。特维尔斯基和卡内曼总结的"小数定律"可以解释此观点，即当整体可用数据偏少时，决策者通常会对观察结果的稳定性过度自信（例如从极少的统计信息中推断出早期趋势并相信其稳定性）。

然而我们还应该考虑到概念上和实际中经常遇到的注意事项。在基金的投资组合公司或项目独立开发的情况下，自下而上法可能更胜一筹。但是"独立性"这个假设并不是在所有情况下都成立。经验法则告诉我们，当投资者持有大约20个相对独立的头寸时，大部分市场风险就已经被分散了。但是有限合伙人往往通过几百个投资组合公司或是项目来对基金投资组合多样化。为什么投资组合中如此多的公司或者项目仍然不一定能达到风险分散的目的？原因是我们不能简单假设该基金所投资的公司或项目在概率上相互独立，即我们不能假设该投资组合中公司或项目的成功或失败与该基金投资组合中持有的其他公司或项目无关。例如尹德斯特和缪尼兹（Inderst & Muennich,2003）用博弈论方法研究了以上问题，他们发现基金拥有"浅钱袋"（shallow pockets,即资本承诺无法同时满足投资组合中所有公司或者项目的融资需求）是具有"高风险高收益"特征的投资品种的最佳策略，而风投的融资正是如此。随着时间的推移，有些公司需要风投机构多次为其融资，当这些企业家们不得不竞争稀缺的资金时，"浅钱袋"赋予了基金经理更多的议价能力。这是一种有效的激励方式，因为公司业绩些许的变化就可能左右风投机构是否向这些公司提供新的资金。没有"浅钱袋"这一类条件的限制，基金经理暂停对企业进一步提供资金的威胁就无法奏效。这意味着至少在风险投资基金中，遵循自下而上法是没有意义的。此外，基金标的投资组合的变化不会直接影响有限合伙人的现金流入和流出。

我们可以理解人们为什么尽力将特定的术语、条件以及一系列变量和细节整合到模型中,但是这样做的时候最好要谨慎点,因为这种自下而上的分析方法通常非常麻烦。柯奇士等(2009)认为"自下而上分析失效的主要原因是其中每个模型都无法得到充分分析"。考虑到长期非流动资产类别的高度不确定性,增加建模细节所能得到的"回报"(比如模型预测的精确性等)将迅速降低。此外,虽然自下而上法在对二级私募股权基金的头寸进行定价时具有一定的优势,但是由于市场当中的买家很容易产生悲观的系统性偏差,这不利于风险计量,因此在这种情况下对经济本质做出客观公正的判断对于买家及时获取正确的市场信号(如趋势变化等)是至关重要的。

专栏 11.1　透视法的要求

我们不应该将自下而上的估值方法与透视法相混淆,透视法是审计师和监管者所要求的,他们都需要清楚地知道基金如何投资。例如 EC(2010)规定,为了正确评估集合投资基金固有的市场风险,我们"只要有可能"就应该应用透视法来审查其经济实质,从而评估该投资项目标的资产的风险。

我们需要区分透视法和自上而下法,其中透视法可以确保透明度和验证策略合规性,而自上而下法是一种需要可比数据集的估值技术。虽然透视法旨在识别基金间接持有标的资产的风险,但在许多情况下,直接对基金应用透视法可能有些不切实际[索贝斯(Sourbes),2012]透视法无法正确识别有限合伙基金的风险状况,这种方法只与 NAV 中反映的现有资产有关,但不会涉及尚未动用的承诺额度。在选用这些方法时,我们可以参考基金的投资策略,并假设基金资本是按照该策略的历史绩效进行投资的——此时自上而下的方法可能会产生更可靠的结果。

然而这并不意味着我们放弃了透视法。为了决定采用哪种建模方法,有限合伙人仍然需要仔细分析基金的投资组合公司,从而评估所用方法是否适合投资组合的构成和是否满足基本假设。

最后,我们无法清晰地界定什么是"自上而下"和什么是"自下而上",这主要是角度的问题,它取决于待评估的对象,例如可以用自上而下法为母基金建模,即通过查看可比母基金的情况;也可以采取自下而上法,即通过汇总其投资组合中的单个基金。单个基金也可以用自上而下法建模,即以可比基金的数据作为替代,也可通过分析基金的单个投资组合公司来采取自下而上法。自下而上的视角可以计算一些衡量指标(例如收益率),它或许可以作为自上而下模型所需的输入变量。

非概率型和概率型

采用数据驱动法还是模型驱动法?如何进行选择则要考虑是否有足够的数据来构建概率模型。在可用数据太少的情况下,非概率模型是概率模型的一种替代方案。非概率模型只需要少量的参数,但数据的缺乏将使得模型结果具有高度主观性。由于上述局限性,非概率模型必须具有稳健性和相对简单性,它们也只能应用于非常特定的情况。例如下文所介绍的有限合伙基金的"耶鲁模型",它无法生成结果的范围,因此无法得到现金流的波动率,它只能在管理大型多元化基金组合的流动性风险时有所应用。[①]

从业人员往往倾向于使用概率型的现金管理模型,因为它们可以展示一系列潜在结果(柯奇士等,2009)。概率模型的前瞻性假设基于历史数据,它最终取决于数据的可得性及其质量。对于一部分投资者来说,他们刚刚开始投资某一资产类别且无法从大型历史数据集中获得数据,非概率模型可能是他们唯一可行的选择。即使投资者拥有综合数据集,他们也有可能会陷入开发和维护成本高昂的复杂模型中,但这些模型也许并不能得出更好的输出结果。在现实中,这两种模型的区别是很模糊的,人们可以将某些模型描述为"半概率型的",即并非所有的输入参数都是概率型的。

11.3 非概率模型

高桥和亚历山大(2001)描述了有限合伙基金[②]的"经典"非概率模型,简称为"耶鲁模型(Yale model)",它能帮助机构投资者预测非流动另类资产类别中基金的未来资产价值和现金流量。[③] 2001 年至 2005 年期间,他们的论文《非流动另类资产基金建模》在耶鲁大学管理学院国际金融中心网站的下载量已经超过 10 000 次[④],这表明耶鲁模型和类似技术已被广泛接受,其他学者也对此进行了一系列后续研究,例如德·兹瓦特等(2007)、赫克(Hoek,2007)和托坎普(Tolkamp,2007)。

耶鲁模型反映了有限合伙基金的实际投资周期,它区分了投入(现金流入)、分红(现金流出)和基金的标的资产。在建模时,所有现金流量产生的时间,以及承诺资本的收益都是确定性的(即对于给定的一组输入参数,模型仅能得出一个结果)。作者表示,模型生成的推测结果与历史数据的走势非常吻合。事实上他们在模型的每个步骤中都使用了最佳可用信息(例如基于该年尚未动用的承诺额度来推测投入额,基于当前估值等来推测剩余分红)。

11.3.1 耶鲁模型的特点

耶鲁模型的目的是为基金剩余存续期内每个时间段的投入与分红建模。本质上来说,投资和撤资的"步伐"影响了基金投入和分红的特征。该模型按照时间或者基金对现金流量建模,然后在基金投资组合层面上汇总。高桥和亚历山大(2001)提出的模型适用于年度数据,然而它只要稍作拓展就能应用于季度报告。

投资基金从做出资本承诺开始。承诺资本 CC 并不是立即全部用于投资,而是由基金经理"及时(just in time)"向投资者调用,即每当有投资机会时才会去调用承诺资本。

[①] 然而我们可以通过一组特定输入变量集来定义最差、最好和正常情况,并以此计算特定情况。

[②] 高桥和亚历山大(2001)使用了"非流动基金"一词。

[③] 参见例如柯奇士等(2009)。注意,当一些作者,例如弗雷泽·桑普森(2006),粗略地提到"耶鲁模型"时,他们指的是由耶鲁大学基金会的大卫·史文森(见史文森,2009)率先提出的多资产类别投资策略。

[④] 见 http://icf.som.yale.edu/research/。

时间 t 内的实收资本 PIC_t 包括前 i 期的资本投入总额 C_i：

$$PIC_t = \sum_{i=0}^{t-1} C_i$$

剩余的资本承诺，通常也称为"尚未动用的承诺额度"，是承诺资本减去先前所有期间的投入总额。该期间的净投入由时间 t 内的投入率 RC_t 决定，RC_t 随基金的当前存续年限变化，并决定剩余资本承诺的提取百分比。时间 t 内的投入额取决于承诺资本的初始金额、实收资本额和投入率：

$$C_t = RC_t \times (CC - PIC_t)$$

理论上每个基金都可以自行设定投入率，但实际上我们通常只为每个子资产类别和每个投资起始年份设定投入率。当尚未动用的承诺额度为零时，显然不会有任何投入。基于投入率所做的投资计划隐含假设了基金经理将永远不会拨付所有的承诺额，现实就是如此，因为许多基金的投资不足，它们并不会调用所有的承诺资本。[①]

每一期都有一部分基金净值被用于分红。时间 t 内的分红 D_t 取决于分红率 RD，基金持有的投资组合的估值 NAV 和基金的固定增长率 G：

$$D_t = RD \times NAV_{t-1} \times (1+G)$$

固定增长率包括了已实现的和未实现的收益。基金净值随着正的固定增长率和新的投入资金而增加，但是随分红的增加而减小：

$$NAV_t = NAV_{t-1} \times (1+G) + C_t - D_t$$

虽然耶鲁模型中的投入率是根据每期的计划人为设置的，但分红率则由基金的固定收益率 Y 和时间 t 所占基金存续期 L 的比例的 B 次方中较大的部分决定，这里的 B 我们称之为"弯曲因子（bow factor）"，于是分红率 RD 可以写成如下形式：

$$RD = \max\left[Y, \left(\frac{t}{L}\right)^B\right]$$

本质上来看，这个函数描述了基金存续期内分红率的变化情况。为了使耶鲁模型适用于各种基金类型，我们引入收益率假设 $Y \leqslant 1$，它为分红设置了最低水平，人们将其用于给可产生收益的资产类别建模，如房地产或基建等。持有 VC 这类资产的基金，其收益不一定具有周期性，在这种情况下收益率一般设置为零。

根据 B 的取值不同，基金分红率 RD 在存续期开始时或结束时都有可能取更大的值。在绘制基金存续期 L 与其分红率 RD 之间的关系图时，我们发现不同的 B 值会产生不同的形状，$B=1$ 时为直线，而 $B \neq 1$ 时则为曲线，"弯曲因子"因此得名。$B<1$ 时，曲线是凹的；$B=0$ 反映了一种极端情况，即一年中所有的 NAV 总是立即被支出[②]；$B>1$ 时，曲线是凸的；$B \to \infty$ 时，我们得到另一种极端情况，即所有 NAV 在最后才支出，即 $t=L$，即

$$RD = \left(\frac{L}{L}\right)^B = 1$$

---

① 然而在现实中，基金也会通过再投资资本进行"过度投资"，这是该模型没有直接涵盖的一个特征。

② 由于仍然可以为基金提供投入额，因此后期可能再次出现非零 NAV。

的时候,NAV_t才被支出。

值得注意的是,分红率不能大于1,否则用于分红的金额将超出基金净值,因此有:

$$\text{RD} = \min\left[1, \left(\frac{t}{L}\right)^B\right]$$

$B=1$ 时,分红率不随时间改变。例如存续期 $L=10$ 年的基金每年将分红其当前净值的 10%。注意,虽然分红率保持不变,但每年分红的数额是不同的。$B>1$ 时,分红率随着基金存续年限的增加而提高;而 $B<1$ 时,基金早期年份的分红率更高。综上所述,弯曲因子越大,大额分红发生的时间越晚。如果 $B=2$,假设存续期为 10 年的基金现处于第 8 年,那么其相应的分红率是

$$\left(\frac{8}{10}\right)^2 = 64\%$$

这个比率看似相当大,但这个成熟基金距离全面清算只剩 2 年时间了,因此高分红率也不足为奇。见图 11.1。

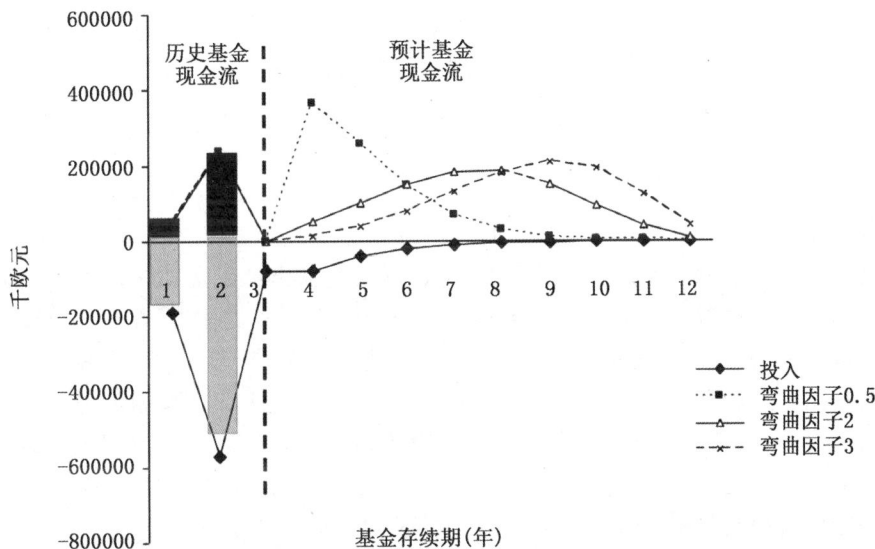

图 11.1 不同弯曲因子下的耶鲁模型

11.3.2 耶鲁模型的扩展

托坎普(2007)对耶鲁模型进行了扩展,在其扩展模型中,业绩指数代表了基金投资组合的收益,这些收益从所有单个投资起始年开始计算。该指数可以与有利于基金业绩表现的宏观经济环境相关联。指数包含了基金在特定年份能够产生的增长率 G_t。托坎普模型没有假定固定的净值年增长率,但其中包含的特定的增长率会影响每个投资起始年份,它汇集了现金流量和相关业绩数据,并从所有投资起始年份开始为基金建模。修正后的耶鲁模型将预计业绩数据和实际业绩数据相拟合来生成指数。

赫克(2007)用风险经济(Venture Economics)公司中美国并购和风险投资的汇总数据提出了另一个版本的耶鲁模型。在参考了投资专家们的意见之后,他特地评估了模型

生成的动态的模拟结果是否充分符合现实金融市场中私募股权的行为。与托坎普(2007)一样，赫克(2007)也同样假设增长率 G_t 和分红率 RD_t 都是随机的，其中增长率取决于上市股票的收益率，但是"根据市价调整"估值会有所延迟。作者还进一步扩展了有关投入率的随机模型。

虽然赫克将他的模型描述为"随机扩展"，但该模型对一组输入参数只产生一个结果，而不是一系列结果。显然与所有其他模型一样，预测时间越长，根据耶鲁模型得到的结果就越不精确。虽然该模型的机制很简单，且可以通过调整输入参数模拟各种情景，但因为模型涉及的参数数量相对较多，并且还需要对这些参数进行估计，这降低了非概率模型的有效性。特别需要指出的是，由于耶鲁模型及其扩展模型所估计的范围更加狭小，所以它们在风险管理的有效性方面受到了明显限制。

耶鲁模型及其他扩展模型假设未来现金流可以从分红计划中报告的 NAV 获得，同时模型需要输入增长率和分红函数。在耶鲁模型中，增长率等于基金的内部收益率。这是一种非线性度量方式，即对于新信息的调整并不是直接的，比如在基金预期存续期内的变化。模型的一致性要求预计 IRR 贴现得到的未来现金流等于剩余投资组合的价值，但是韦迪格(2002a)表明，根据计算已产生的现金流加上过去的现金流得出的 IRR 并不总是等于期间投资回报率(IIRR)。

11.3.3 耶鲁模型的局限性

耶鲁模型只要求较少的输入变量，即使在可用历史数据不足的情况下也能使用，所以简单且易于操作。显然这也是耶鲁模型的弱点，因为其输出结果的质量取决于输入参数的选择。但是这个模型并不是为了预测基金的投资表现。我们用 G 表示基金的预期期末业绩的增长率，并将它作为模型中需要输入的参数。与概率模型相反，单次运行耶鲁模型仅能为一组输入参数产生一个结果，而非一系列结果。由于耶鲁模型不能反映年度现金流的波动性，因此它对管理流动性风险几乎没用，它也不能用于计算 CFaR。我们很难跟踪基金的真实演变路径，并将其与模型结果相比较，我们也很难捕捉到各种不同资产类别之间的随机过程及其相关性。

耶鲁模型看似很好地解释了有限合伙基金的动态，但当模型运用于具体的投资组合时，我们仍需对其准确性持谨慎态度。该模型假定年增长率不变，即与基金最终实现的收益率相同，但在基金存续期内，我们无法观测到这个收益率。另外，模型的内部逻辑与投入和分红计划相符，我们可以从中确定 NAV 的数值大小。注意，模型中的 NAV 不同于基金经理在报告中提供的 NAV，后者是真实的会计数据，两者几乎不可能相同。

在任何情况下，我们都无法清楚地知道如何估计增长率(即基金的期末内部收益率)以及随机波动的幅度。虽然标准做法是按照期间 IRR 估算期末内部收益率，但只有在投资期快要结束时，期间 IRR 才近似于期末内部收益率，因此只有投资期末的期间 IRR 才是可靠的衡量标准(韦迪格，2002a)。我们将在后续章节详细讨论以下主题：在投资期内，我们会根据观测到的可比基金历史收益来估计增长率。因为内部收益率其实是 TVPI 和基金存续期的函数，因此改变基金的存续期，并且调整各种耶鲁模型参数，从而使得增长率等于原存续期内的内部收益率，这一做法在概念上是有问题的。因此在下文中，我们不考虑内部收益率,而是假设存续期和 TVPI 是基金模型中两个独立的输入值。随着现金流量的增减,我们可以根据调整的基金存续期对流动性风险的主要组成部分建模。调整基金 TVPI 有助于我们对基金资本风险的主要驱动因素建模。

11.4 概率模型

进行投资决策时,我们需要有可靠的平均估值,最好能有可能结果的范围。大多数情况下,这对单个基金而言没有意义,但它对基金投资组合意义重大。[①]柯奇士等(2009)将样本数据库中的每个基金按存续期内每个年份的投入和分红分别进行加总,并在每年年底记录每个基金的净值,从而以这些数据为基础进行建模。为了与其他基金进行比较,他们将这些数额以基金规模的百分比表示。由于我们假设在基金的存续期内,每个基金类别在每年的运行状况都有所不同,这些统计数据能帮助我们计算基金提取承诺资本的百分比或者某年的预期分红等。投入、分红和估值相互独立是该模型的主要假设,虽然这个假设可能会受到质疑,但它在建模时很常见,我们需要在复杂性和稳定性之间进行权衡。柯奇士等(2009)发现过分复杂的时间序列分析并不一定有益。

11.4.1 现金流量库

我们用历史数据来为有限合伙基金的运行状况建模,使用这种方法时,我们假设历史数据是具有代表性的。可用数据越多且历史记录越长,我们越有可能完全捕获市场的未来动态。但这种方法的主要问题在于如何调整历史现金流从而使其与基金情况相符。我们提供了几个可行方法。一种方法是汇编每个时期的现金流量数据并从中独立抽取现金流,这种方法假设连续现金流之间不存在自相关性,尽管此假设并不总是合理(韦迪格,2002b)。将自相关性考虑在内将更有说服力,但这会使模型变得更加复杂,而且我们还需要为此引入其他同样难以证明的假设。

或者,现金流量库为每个基金提供了整个现金流量的历史记录,我们可以以此为基础建立模型。下文中我们的讨论也仅限于这种情况。我们将具有相同合同结构的可比清算基金的历史现金流量库 H 定义为 m 个基金过去产生的现金流的一组库条目(library entry):

$$H \equiv \{h_1, \cdots, h_m\}$$

对于存续期 $L=n_i$ 的基金,每个库条目 h_i 被定义为其承诺资本、投入与分红的集合:

$$h_i \equiv \{CC_i, C_1, \cdots, C_{ni}, D_1, \cdots, D_{ni}\}$$

[①]　毕希纳(Buchner et al.,2010)等提供了一种方法,他们建立了私募股权基金的现金流动态和均衡价值模型,其中蕴含了系统性基金风险和基金价值的存续期。基于对投入和分红的随机过程的定义,作者还根据默顿(Merton)的跨期 CAPM 得出了均衡基金价值。此后,该模型经过修正,被应用于 203 个成熟的欧洲私募股权基金的样本。作者将实证结果与模型进行比较后发现,该模型是随机方法的良好拟合。庞兹等(Bitsch et al.,2010)分析了基建基金的现金流模式。迪勒和赫格尔(2009)根据基金的历史现金流模式介绍了另一种基于蒙特卡罗模拟的模型。此外,他们还模拟了公共市场的随机收益。这种基于 PME 的方法使调整基金收益成为可能,也突出了基金收益的重要性。

为了简化讨论，我们不考虑不同基金投资者之间地位上的不对称现象。[1] 可比基金也选自 H，但问题在于如何选择可比基金。基金数量越多，投资起始年份越多样化，样本就越具有代表性。但标准越严格，可用的可比基金就越少。一些商业数据供应机构可以提供现金流数据，一些投资者则可能利用其自有数据集（图 11.2）。

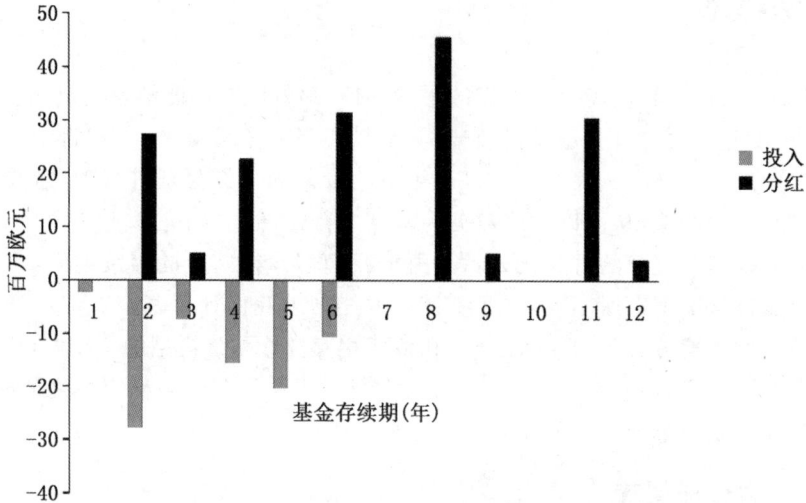

图 11.2　概率基金模型

在许多情况下，基金现金流量库是不完整的，其中缺失的单个现金流量由每个基金的 IRR 和 TVPI 代替。这些数字反映了现金流量的总和，但没有反映它们的全部信息。为现金流量预测生成一致的样本需要以下几个步骤：

- 从现金流量库 H 中随机选择一组现金流序列 h_i。
- 在存续期和 TVPI 等参数定义的约束下，从现金流量库 H 中随机选择一组现金流序列 h_i。
- 为拟合基金的实际存续年限和参数（存续期和 TVPI）建立"综合"现金流。

从 H 中随机选择一组现金流序列与过去的表现将延续至未来的假设相一致，因而我们可以通过模拟现金流量序列的组合来推导出未来投资组合的特征。但问题在于，由于历史观测值通常很少，这一模拟过程可能毫无意义。如何扩大样本规模？我们可以选取存续期不同的基金的现金流序列，对其进行相应的调整，使其达到目标存续期和目标 TVPI。这实际上假设了无论基金业绩的表现如何，基金的现金流模式将会保持不变，因而我们可以调整可比基金的现金流以适应基金，而且这种调整是有效的。

11.4.2 推测基金存续期

对于已经达到一定成熟度的基金，我们也需要预测其剩余现金流量。这里我们将再

---

[1]　例如我们不讨论政府在 VC 基金中占据从属地位的情况。

次面临一些挑战。例如基金的剩余存续期是多少？如何确保基金过去与未来现金流量的一致性？

内在年龄法

内在年龄法（internal age）是测量基金在投资和撤资时的现金流量以衡量基金的成熟程度的方法。给定时间的内在年龄是基金投资比率和撤资比率之和的一半，其值在 0 和 1 之间。

对投入建模相对简单，因为有限合伙协议通常为投入额明确设定了最大值，因此投入额将从 0 开始，最终达到基金规模。然而为确保准确性，我们应该考虑到有些基金并不总是提取所有资金，而一些基金提取的资金可以超过基金规模（例如管理费的再投资）。使用 0 到 1 的标度，"投入年龄（contribution age）"[1]形式上可以写为

$$0 \leqslant \frac{\sum\limits_{i=1}^{t} C_i}{\sum\limits_{i=1}^{L} C_i} \leqslant 1$$

因为我们只有在基金存续期结束时才能知道分红总额，所以对分红建模的难度较大。一种可行的方法是，基于总的市场统计数据（平均总还款额）或任何其他总还款估计值来估算分红。为简单起见，我们可以将期间 IRR 的第三个组成部分（即 NAV 加上未动用资本）作为替代变量。使用 0 到 1 的标度，"分红年龄（distribution age）"[2]形式上可以写为

$$0 \leqslant \frac{\sum\limits_{i=1}^{t} D_i}{\mathrm{NAV}_t + 未动用资本 + \sum\limits_{i=1}^{t} D_i} \leqslant 1$$

结合"投入年龄"和"分红年龄"，我们就得到了基金内在年龄的估计值。为简单起见，我们将它除以 2，以确保内在年龄在 0 到 1 之间：

$$\mathrm{IA} = \frac{1}{2} \times \left(\frac{\sum\limits_{i=1}^{t} C_i}{\sum\limits_{i=1}^{L} C_i} + \frac{\sum\limits_{i=1}^{t} D_i}{\mathrm{NAV}_t + 未动用资本 + \sum\limits_{i=1}^{t} D_i} \right)$$

内在年龄使得我们可以通过基金的合同存续期和当前年龄，推断出基金的期望存续期。参见图 11.3。

---

[1] 韦迪格称其为"提取年龄（drawdown age）"，参见迈耶和韦迪格（2003）。

[2] 韦迪格称其为"还款年龄（repayment age）"，参见迈耶和韦迪格（2003）。

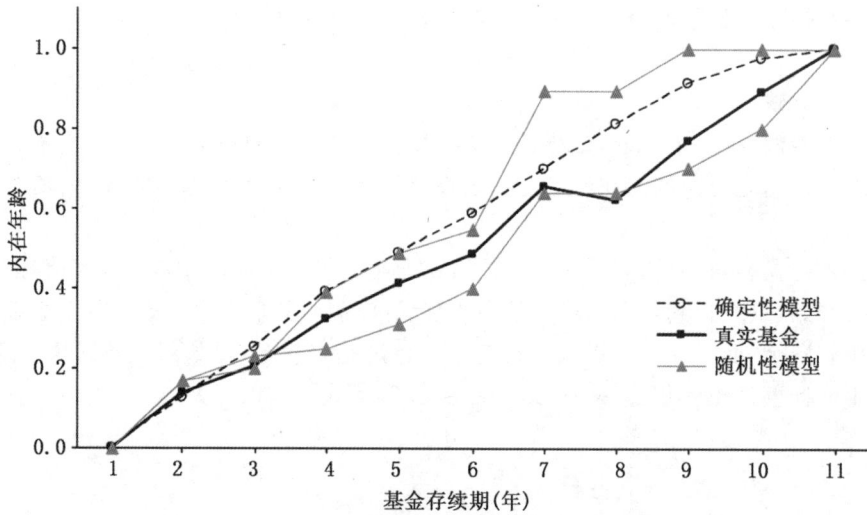

图 11.3　有限合伙基金的内在年龄变化过程

基金的期望存续期

随着基金存续年限的增长,预测基金期望存续期的确定性将提高,为了合理体现这个变化趋势,未成熟基金存续期波动的预期范围应该较大,成熟基金较小,清算基金则为 0。计算存续期波动需要分两步处理:首先,我们必须确定基金的期望存续期(expected lifetime);其次,我们需要知道预测存续期的最小值和最大值。

我们有几种合理的方法来估计初始时刻(0 时刻)基金的期望存续期。例如我们可以将基金的合同存续期作为期望存续期的第一个指标。另一种方法是采用可比基金集(例如具有相同的合同存续期的基金)来计算该基金集历史上观测到的平均存续期。

不管使用哪种方法进行估计,我们都将初始时刻(0 时刻)的期望存续期定义为L_0。通过内在年龄法,我们可以基于 t 时刻的期望存续期来预测 $t+1$ 时刻的期望存续期:$L_{t+1}=L_t \times (1-\text{IA}_{t+1})+t+1$。注意,此时$L_t \geq t$;$t \geq 0$。

因为我们不能假设存续期的范围以L_0为中心对称分布,所以它带来了另一个复杂的问题。经验表明,基金的存续期可以远长于合同存续期,但很少有基金存续期短于合同存续期。

基金存续期开始时,我们假设基金的最大下调范围(downward deviation)为 d 倍的区间长度,并将其最大上调范围(upward deviation)设为 u 倍的区间长度。我们还需要考虑当前存续期已经大于期望存续期减去下调范围的情况。一种可能的选择是在 t 时刻对基金进行蒙特卡罗模拟,其中基金期望存续期为L_t,从区间中抽取一个预期存续期样本

$$[\max\{L_t-(1-\text{IA}_t) \times d ; t\} ; L_t+(1-\text{IA}_t) \times u]$$

我们可以基于历史经验确定参数 d 和 u,即再次采用可比基金集(例如具有相同的合同存续期),并计算该基金集中最小和最大存续期之间的范围。基金的合同存续期通常为 10 年,以"1+1"的形式延期。然而在承诺时仅设定 2 年的上调范围对基金来说太少了。

在这种情况下,2 年的下调范围和 5 年的上调范围一般是比较合理的估计。

11.4.3 调整操作

我们根据各种参数对随机选择的现金流序列进行调整时基于如下假设:基金过去的现金流模式可以延续至未来。那么我们如何对现金流量库 H 中现金流序列 h 的存续期和 TVPI 进行调整,将存续期 $L^* = n$ 和回报倍数 $TVPI^*$ 分别调整至预期存续期 $L = m$ 和预期回报倍数 TVPI 呢?

调整基金存续期

假设基金现金流量库条目为我们提供了一个存续期 $L^* = n$,投入为 $\{C_1^*, \cdots, C_n^*\}$,分红为 $\{D_1^*, \cdots, D_n^*\}$ 的基金。若我们想在保持 $TVPI^*$ 不变的情况下,将存续期调整至预期存续期,那么我们需要使得现金流分布于 m 个而不是 n 个季度。由于投入往往遵循更可预测且更稳定的模式,例如耶鲁模型中的投入计划就遵循这种模式,所以投入在基金存续期延长时基本不会受到影响。然而我们也可以根据其他一些影响力较低的因素来相应地改变投入,例如 $m < n$ 时,就可能有必要改变投入。不过简单起见,我们在此只讨论针对分红来调整存续期的情况。

将基金的存续期从 L^* 调整至 $L = m$ 时,我们要使得原来的 n 次分红分布在 m 个时间段内。为此,我们将 D_i^* 分为 m 个现金流,并定义:

$$D_{i,j}^* = \frac{D_i^*}{m}; i = 1, \cdots, n; j = 1, \cdots, m$$

我们重新定义 $D_{(i-1) \times m + j}^+ = D_{i,j}^*$。对于存续期为 L 的基金,时间段 $j = 1, \cdots, m$ 内的分红为:

$$D_j = \sum_{i = (j-1) \times n + 1}^{j \times n} D_i^+$$

请注意,上述转变不会改变基金的预期 TVPI。参见图 11.4。

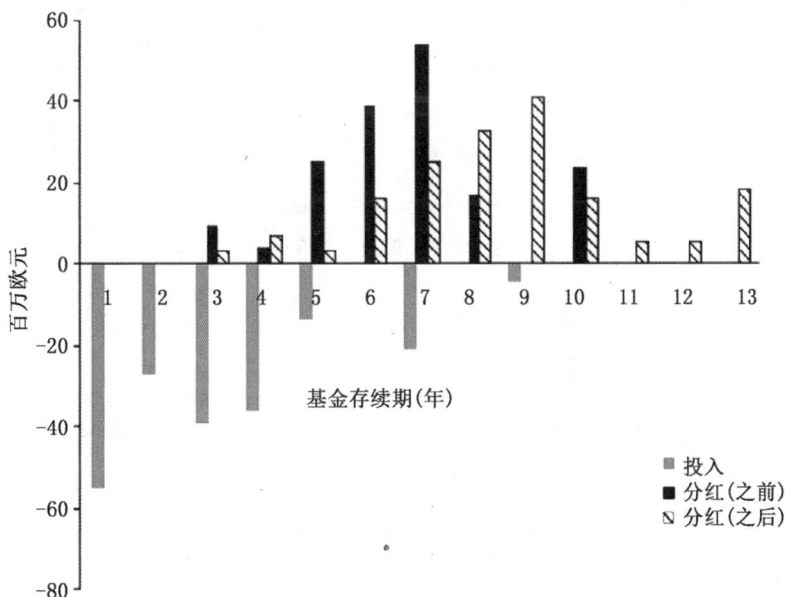

图 11.4 调整存续期

调整基金 TVPI

假设基金现金流量库条目为我们提供了一个投入为 $\{C_1^*,\cdots,C_L^*\}$,分红为 $\{D_1^*,\cdots,D_L^*\}$ 的基金,它的回报倍数为

$$\mathrm{TVPI}^* = \frac{\sum\limits_{i=1}^{L} D_i^*}{\sum\limits_{i=1}^{L} C_i^*}$$

同样,为简单起见,我们假设调整 TVPI 只影响分红。我们将基金的分红按照预期回报倍数进行调整,同时保持存续期 L^* 不变。从中我们可以得出重新调整后的预期投入和分红

$$\left.\begin{array}{l} C_i = C_i^* \\[2mm] D_i = \dfrac{\mathrm{TVPI}}{\mathrm{TVPI}^*} \times D_i^* \end{array}\right\}; i=1,\cdots,n$$

参见图 11.5。

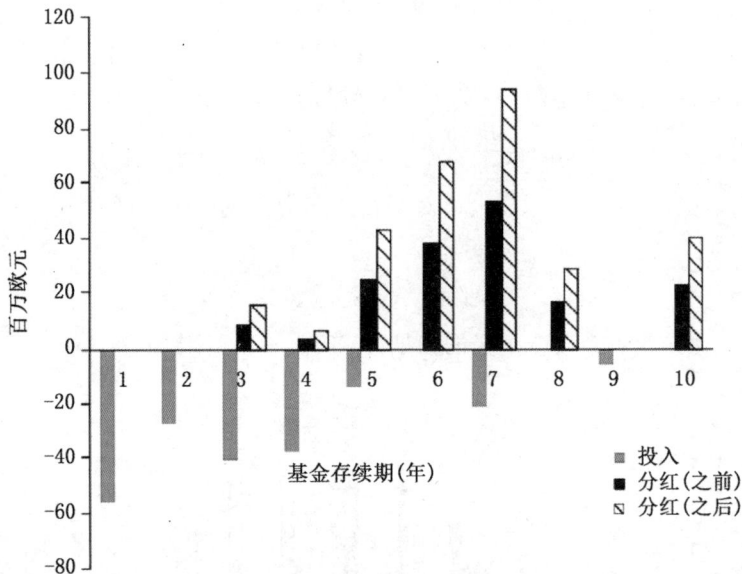

图 11.5 调整 TVPI

11.5 情景

任何建模方法都有其局限性,因为它非常依赖于从已经发生的现金流中收集内部和外部的真实数据,并以此来确定频率和损失程度的分布。我们不应该过分关注历史数据;相反,我们需要处理的是由市场变化导致的,会影响整个投资组合的潜在情况。因此情景的运用就成为一个重要的替代方法,我们这里所谈论的情景基于专业投资人士的判断和投入的技术,它依赖于概率或非概率模型。实际上,站在什么视角看问题以及如何权衡不同视角的关系与预测的结果是高度相关的。举例来说,有人认为基金经理的目标和任务

是处理影响力重大的罕见事件,如所投公司的 IPO 事件;也有人认为有限合伙人主要面对发生频率较高的事件,但是这些事件的单次影响较小。

经验表明,在另类资产中,总收益的主要部分由少数大型事件产生。统计数据所记录的频繁的小事件只提供有限的信息,而且这些信息几乎与投资某一资产类别的决策无关。我们可以认为另类资产的风险管理无法专注于消除较小的风险,它主要是为对成功至关重要的大事件展开相应的"搜索网(drag net)"。由于基金份额不可能无限小,所以我们无法抓住所有的机会,从而无法覆盖所有的市场。这也意味着与更传统的资产类别相比,另类资产在整体投资过程中风险管理的一体化程度更高。

在另外一些情况下(比如 VC 就是一种"经典"情况),若按照历史平均值判断,投资者只能得出不应该进行投资的结论。原则上我们有两种可行的方法来有效地克服这一点。第一种方法涉及如何选择数据(即从统计数据中消除那些过度负偏的数据)。另一种办法是在建模时集中分析分红的异常值(这里的异常值指的是那些数值大、不常见且不可预测的收益)。

高频率的高收益是另类资产所追寻的"圣杯",但在通常情况下(互联网泡沫是一个例外)这是不现实的。另类资产很难实现高收益,否则它将不再是另类资产(因为每个人都会想投资),正因为如此,另类资产没有任何可靠的统计数据,这限制了概率模型的使用。

统计数据太少也影响了回溯测试:那些易于量化的因子可能与另类资产无关,至于那些与另类资产高度相关的因子,除了专家的判断之外我们鲜有其他资料可供使用。见表 11.1。

基金的现金流会受影响力大、频率低的事件影响,在这种情况下,情景的运用可能是确定这些数据的最佳方法。情景利用相关数据和对业务环境的评估,同时大量依靠专家判断来确定相关性,并填补数据中的空白。高水平的情景分析可以确保所有重要的因子都被考虑在内。在实践中,这是一个三阶段的过程,第一步是确定情景及其参数,然后由业务专家审查情景及其参数,最后高级管理委员会需要对其进行审批。

情景不仅适用于罕见的重大事件,也适用于对长期看来整体情况可能会发生根本性变化的情况进行推测。范德海登(1996)指出,没人保证情景一定会成真,因此我们无法证明一个情景的真实性,而且我们在运用情景时也不用考虑它的真实性。

表 11.1　收益和收益实现频率的关系

频率	小额收益	大额收益
低频	非典型,但可以表征市场长期的衰竭。	
高频	通常是"次要"事件。 与传统资产类别相比通常没有差异(或者表现不佳) 其相似之处使我们难以区分高绩效基金和低绩效基金。 提高投资计划效率的主要依据。 流动性/现金流管理的主要影响因素	为建模带来困难的典型"主要"事件,但它是另类资产的构成部分 难以通过定义来理解和预期。 非典型,只能在泡沫期间观察到

11.6 混合各种模型产生的推测

情景法是一种务实的方法,它可以提供合理的结果,且具有成本效益。它们可以适应不断变化的情况,并据此做出调整。一般来说,建模者应该注意人们对"万灵药(the silver bullet)"的渴望,避免简单化地关注单一技术。因此在实践中,我们应该结合使用情景法和概率模型。

现金流量预测的随机方法可以很好地捕捉影响小但发生频率高的事件,而情景技术更善于处理影响大但发生频率低的事件。各种方法的"混合"使用很常见,但这需要重新调整基金的剩余现金流,使其对应的预计存续期和预计 TVPI 保持不变。

为了结合模型 B 在时间间隔 $[l_{\text{start}};l_{\text{end}}]$($1\leqslant l_{\text{start}}\leqslant l_{\text{end}}\leqslant L$)内的推测结果与模型 A 在基金整个存续期 L 内的推测结果,$[l_{\text{start}};l_{\text{end}}]$ 期间的推测结果必须实现"全面覆盖",即在这个时间段内模型 B 必须覆盖整个基金的现金流量。在结合两个推测结果之前,模型 A 生成了对于 $i=1,\cdots,L$ 的投入 C_i^* 和分红 D_i^* 的推测值,于是我们有

$$\text{TVPI}^* = \frac{\sum\limits_{i=1}^{L} D_i^*}{\sum\limits_{i=1}^{L} C_i^*}$$

$[l_{\text{start}};l_{\text{end}}]$ 期间的现金流 D_i^* 和 C_i^* 由模型 B 生成的现金流 D_i^+ 和 C_i^+ 所替代。为了确保一致性,模型 A 生成的 $[l_{\text{end}}+1;L]$ 期间的剩余现金流需要根据因子 s 进行调整,以确保

$$\frac{\sum\limits_{i=1}^{l_{\text{start}}-1} D_i^*}{\sum\limits_{i=1}^{l_{\text{start}}-1} C_i^*} + \frac{\sum\limits_{i=l_{\text{start}}}^{l_{\text{end}}} D_i^+}{\sum\limits_{i=l_{\text{start}}}^{l_{\text{end}}} C_i^+} + \frac{s\times\sum\limits_{i=l_{\text{end}}+1}^{L} D_i^*}{\sum\limits_{i=l_{\text{end}}+1}^{L} C_i^*} = \text{TVPI}^*$$

这意味着调整因子(scaling factor)为:

$$s = \frac{\left(\text{TVPI}^* - \dfrac{\sum\limits_{i=1}^{l_{\text{start}}-1} D_i^*}{\sum\limits_{i=1}^{l_{\text{start}}-1} C_i^*} - \dfrac{\sum\limits_{i=l_{\text{start}}}^{l_{\text{end}}} D_i^+}{\sum\limits_{i=l_{\text{start}}}^{l_{\text{end}}} C_i^+}\right) \times \sum\limits_{i=l_{\text{end}}+1}^{L} C_i^*}{\sum\limits_{i=l_{\text{end}}+1}^{L} D_i^*}$$

注意,此处我们要确保 $\sum\limits_{i=l_{\text{end}}+1}^{L} D_i^* > 0$

以及

$$\text{TVPI}^* - \frac{\sum\limits_{i=1}^{l_{\text{start}}-1} D_i^*}{\sum\limits_{i=1}^{l_{\text{start}}-1} C_i^*} - \frac{\sum\limits_{i=l_{\text{start}}}^{l_{\text{end}}} D_i^+}{\sum\limits_{i=l_{\text{start}}}^{l_{\text{end}}} C_i^+} > 0$$

如果这些条件无法满足,我们就无法调整模型 B 生成的剩余现金流,然而这些现金流理应与模型 A 在整个存续期内的多次预测结果相一致。此外,模型 B 可以预测 $l_{end} >$ L,即存续期超过基金最初的预计存续期的情况。

然而该结果不一定是错误的:当有更好的基金数据可以"覆盖"模型 A 的结果时,这就可能会发生。这对基金在其整个存续期中的投入做出了新的预测:

$$C_i = \begin{cases} C_i^* & ; i = 1, \cdots, l_{start} - 1 \\ C_i^+ & ; i = l_{start}, \cdots, l_{end} \\ C_i^* & ; i = l_{end} + 1, \cdots, L \end{cases}$$

分红则反映了调整因子

$$D_i = \begin{cases} D_i^* & ; i = 1, \cdots, l_{start} - 1 \\ D_i^+ & ; i = l_{start}, \cdots, l_{end} \\ s \times D_i^* & ; i = l_{end} + 1, \cdots, L \end{cases}$$

参见图 11.6。

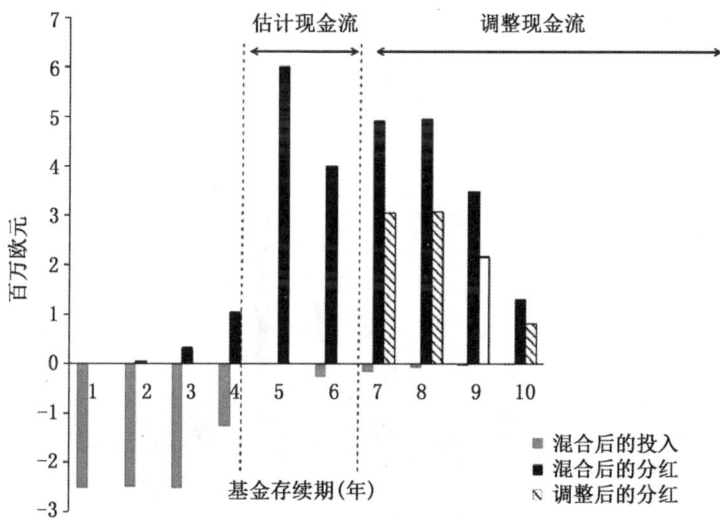

图 11.6 确定性模型与估计的结合

11.7 压力测试

创新产品(如另类资产)缺乏模型可用的数据。在高度不确定的环境中,历史数据的预测价值也会受到限制,这使得决策者和监管者都非常担忧。事实上在 2008 年金融危机之后,巴塞尔银行监管委员会一直在考虑停止将 VaR 作为计算市场风险资本的主要方法〔卡弗(Carver),2012〕,许多从业人员认为应该将压力测试作为 VaR 的补充。

虽然压力测试无法预测结果,但我们可以评估和量化冲击的影响(该冲击在很大程度上将改变预测结果),并观察极端情景对投资组合的影响,这也是有意义的。在运用基于现金流的基金模型和相关投资组合模型时,我们应在模拟中应用一系列压力因子。压力测试意味着引入更加悲观的假设,这使得它比 VaR 更加主观,因为它难以解释相关性,而且它在很大程度上依赖于情景的选择。压力测试主要是一种风险管理工具,其精确度并不重要。

除了延长基金预期存续期并降低预期 TVPI 之外,我们应该在模拟过程中应用其他一些压力因子——例如假设延期分红、加速投入或提高基金现金流的波动性等。

11.7.1 加速投入

在基金存续期 $L^* = n$ 内加速投入 $\{C_1^*, \cdots, C_L^*\}$ 的一种方法是通过"前置(front loading)",即将投入周期压缩至 $m < n$:

$$C_{i,j}^* = \frac{C_i^*}{m}; i = 1, \cdots, n; j = 1, \cdots, m$$

我们重新定义 $C_{(i-1) \times m+j}^+ = C_{i,j}^*$

$$C_j = \sum_{i=(j-1) \times n+1}^{j \times n} C_i^+; j = 1, \cdots, m \wedge C_j = 0; j = m+1, \cdots, n$$

该操作使分红计划保持不变,即

$$D_i = D_i^*, \quad i = 1, \cdots, n$$

参见图 11.7。

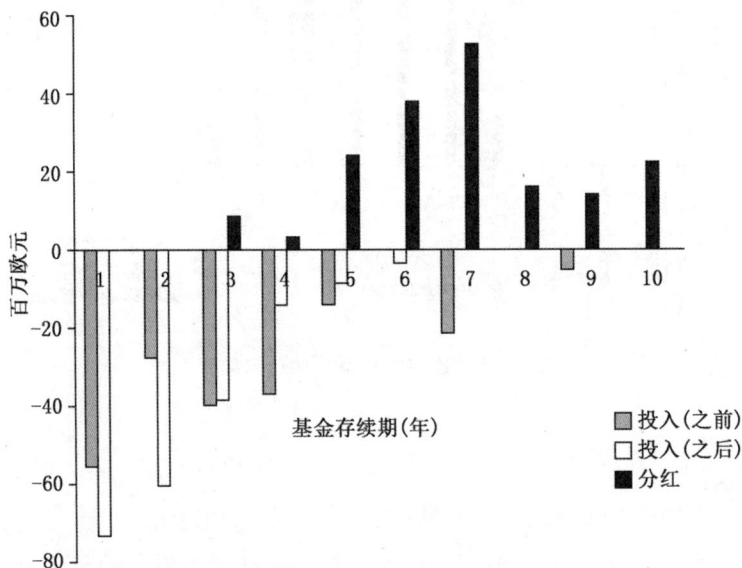

图 11.7 加速投入

11.7.2 减速分红

同样地,我们可以通过"后置(back loading)"在基金的存续期 $L^* = n$ 内将分红

$\{D_1^*, \cdots, D_n^*\}$减速,即将分红周期缩至$m < n$:

$$D_{i,j}^* = \frac{D_i^*}{m}; i = 1, \cdots, n; j = 1, \cdots, m$$

我们重新定义$D_{(i-1) \times m + j}^+ = D_{i,j}^*$,且令

$$D_j^* = 0; j = 1, \cdots, n - m$$

$$D_j = \sum_{i=(j-1) \times n + 1}^{j \times n} D_i^*; j = n - m + 1, \cdots, n$$

该操作使投入计划保持不变,即

$$C_i = C_i^*, i = 1, \cdots, n$$

参见图11.8。

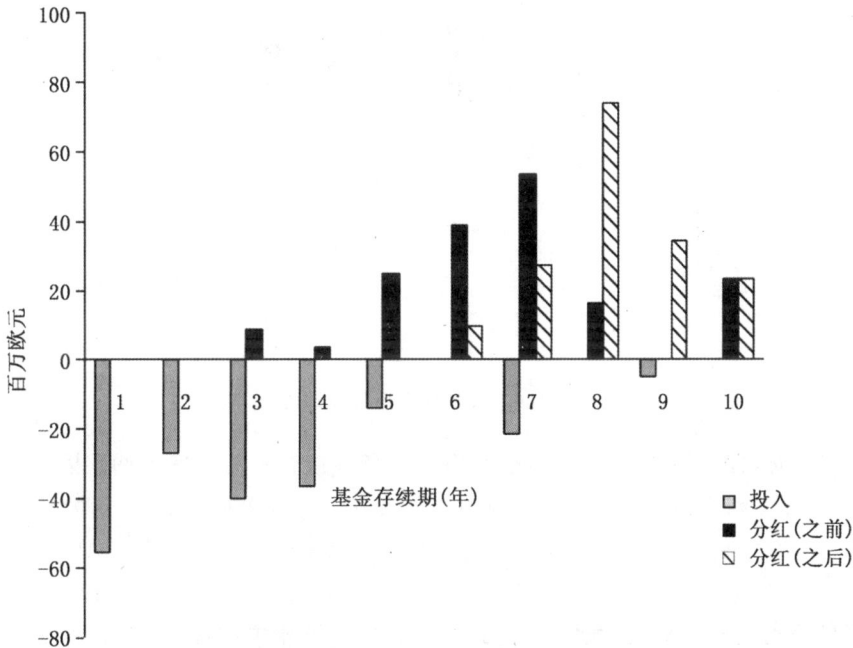

图 11.8 减速分红

请注意,基金的预期存续期在加速投入和减速分红时都保持不变。在以上两种情况下,现金流实际上都被"挤压"至更短的时间间隔内。在减速分红时,这也可以与进一步延长的基金预计存续期相结合。

11.7.3 提高波动性

延长基金的预期存续期(如前所述)并保持其预期 TVPI 不变将降低 IRR,其原因在于分红的时间段变长。保持基金的存续期不变,但缩小分红的规模将导致 TVPI 下降。引入压力因子的另一种方法是假设基金整体存续期不变,且分红发生在存续期后期。在耶鲁模型中,分红由弯曲因子 B 控制,B 不同,分红发生的时间也不同。同样,加速投入也可以通过减少投入发生的时间段来实现。事实上各种技术都可行,且均有意义。

增加基金现金流波动性的一种简单的方法是，将投入 C_i^* 和分红 D_i^* 乘以相同的调整因子（$s > 1$，$i = 1, \cdots, L$），但问题在于投入通常比较稳定。为了增加分红的波动性，同时使基金存续期及其 TVPI 保持不变，我们需要在特定假设下使用更复杂的技术，比如将调整因子 $0 \leqslant s \leqslant 1$ 应用到分红中，并将它们重新排列：

$$\left.\begin{array}{l} D_{L+2\times(1-i)} = D_{L+2\times(1-i)}^* + s \times D_{L+2\times(1-i)-1}^* \\ D_{L+2\times(1-i)-1} = (1-s) \times D_{L+2\times(1-i)-1}^* \end{array}\right\} i = 1, \cdots, L/2$$

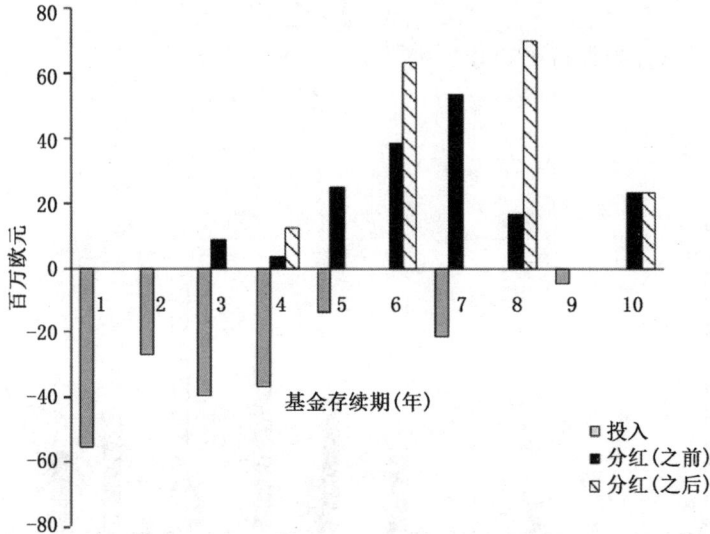

图 11.9　增加现金流的波动性

当 $s = 1$ 时，分红的次数基本上减半，每两次分红被合并为一次。调整因子不能大于 1，否则基金的 TVPI 会增加。同样，调整因子不能为负，否则分红也会为负。参见图 11.9。

对于单个压力情景，我们还应该假设基金之间存在更高程度的相互依赖性，从而捕捉整个市场的下行情景。对此，我们在第九章 VaR 背景下相关性的讨论中介绍了一些可行方法。

11.8 回溯测试

"当监管者随口要求我们计算一个千年一遇的不良信用事件时，我们不仅面临着如何收集更多数据的问题，还要考虑去哪儿找相关数据。若杰弗里·乔叟（Geoffrey Chaucer）的书中有第十一章那就好了，但事实上在杰弗里·乔叟所处的时代无法续写第十一章。"

——热博纳托（2007）

根据监管者的要求，金融机构在对内部资本充足性进行分析时，需要对资本需求风险进行识别、测量、监控和评估［洛佩斯（Lopez）和塞登伯格（Saidenberg），2001］。因为模型对于检验这些问题具有与生俱来的优势,金融监管正朝这个方向努力,但如前所述,在运用模型时,模型的确认和验证并非易事。在对有限合伙基金的风险模型进行回溯测试时,其中数据固有的特征(如数据的质量、可得性等方面)赋予了我们极大的挑战。[①] 对于有限合伙基金中新的参与者来说,他们很难鉴定基金经理之间的才能差异(如专业技能差异)。我们知道,与私募基金相比,共同基金的收益率透明度相对较高,同业构成也更稳定,而且它的估值频率远高于有限合伙基金。但即使是这样,我们仍然很难评价共同基金中基金经理的才能。科塔里和瓦尔纳(Kothari & Warner,2001)发现,人们通常需要花费数年对基金收益率进行观察后,才能可靠地评估基金经理的专业技能。

　　监管机构提出的所谓的"使用测试(use test)"可能是一种解决途径。从本质上来说,在使用测试中,受监管的金融机构在风险策略和运营环节都应该充分考虑模型的使用方法和可能得到的结果。只有高级管理层在做出关键性决策时,充分理解、信任和合理考虑模型输出结果,这样才能使监管机构放心。这种理念与长期以来监管机构强调金融机构采用内部法来测量风险相一致。金融机构在投资管理中都不会采用的模型,监管机构又有什么理由采用呢?

　　只有真正使用了内部模型后,人们才发现它反映了所有的相关信息,能够一直保持先进性,且值得信赖。事实上加恩兹沃西等(Garnsworthy et'al.,2010)观察到,如何推广使用测试才是亟待解决的"最让人头痛的问题之一",因为在许多情况下,使用测试要求受监管的金融机构进行"重要的(公司)文化转型"。关于使用测试的讨论与以下问题相关:应该多久进行一次现金流预测,以此来评估机构投资者持有的有限合伙基金的风险敞口?高桥和亚历山大(2001)以及赫克(2007)建议每年都应进行现金流预测分析,柯奇士等(2009)则认为现金流预测分析太过频繁会导致投资者的短视行为。另一方面,现金流量预测是基金风险模型的基础。由于使用测试的要求意味着投资决策的过程中需要充分考虑风险管理,因此究竟现金流预测的频率应该如何,我们仍未有答案。

----

　　① 本书编写之时,巴塞尔委员会还未对回溯测试的方法提出任何选择建议。金融机构需要自己选择回溯测试的方法,而它们必须向当地监管机构说明自己如何进行回溯测试。关于回溯测试的深入讨论,请参考莱赫考宁(Lehikoinen,2007)等。

专栏 11.2　金融模型的确认和验证

模型往往会用到相关的历史数据，但由于基金的标的资产具有长期性，所以有限合伙基金的模型并不能一成不变，它需要随信息的更新而变化，这其实是种贝叶斯方法（Bayesian approach）：虽然模型起初是对"世界观"的事前看法，但它随后会适应变化的环境而调整。模型既不会完全无视新信息，也不会完全接受它们。人们根据证据和先验信息的重要性和可靠性来适度调整对模型最初的看法（热博纳托，2007）。模型很少完全错误，只是某些特殊的情况下，与替代模型相比，它可能过于简单或者不太适用而已。因此金融模型，尤其是用于风险管理的金融模型，都应该经过验证和确认。

范围和过程

确认（validation）是从模型用途出发，确定模型反映真实世界的精确程度。确认过程会涵盖整个模型的设计和实施过程，一般始于模型的开发期间，而某些确认过程应该在模型使用前就开始。确认过程包括对概念可靠性的评估以及持续监测和分析模型的结果。确认的对象包括模型的理论和逻辑，假设和局限性，或对输入数据的敏感性。

验证（verification）是指确定模型的实施是否准确体现了开发人员对模型的概念描述和模型的解决方案。通过验证，管理层能够知道模型的实施过程是否符合政策和程序。输入数据的精确性和完整性，模型结果的适度使用，以及是否正确遵循模型的确认程序，都是验证过程中密不可分的一部分。

为了确保模型的客观公正，确认和验证过程应该独立进行，可以在实际运用模型之前，通过有资质的内部员工或外部独立机构进行审查，使用模型之后也应定期审查。

内部和外部一致性

模型的确认和验证需要考虑模型内部和外部的一致性。内部一致性主要关注模型的逻辑是否符合经济学和数学原理，以及整个确认过程中是否遵循了该逻辑。外部一致性无关逻辑，它主要关注模型的输出结果是否与经验相符。将模型的输出结果和实际情况相对比的过程，本质上就是同时进行确认和验证的过程，而在此过程中我们通常采用回溯测试的形式。

最初监管机构所要求的回溯测试主要用于处理交易活动：国际清算银行（BIS，1996）规定"所有回溯测试的本质，是将实际交易结果与模型生成的风险度量结果进行比较"，BIS还提出了一种回溯测试框架，该框架所使用的风险度量需要校准到持有期为一天的情形。然而该框架难以适用于"买入并持有型"长期资产，如有限合伙基金的投资组合。从本质上来说，回溯测试假设建模环境能够合理有序地运行，且具有可预测性。显然该假设在贝叶斯概率方法中不成立，也无法适用于那些混乱、非线性和特色鲜明的罕见大型事件。[①]

---

①　特别是在投资于有限合伙基金时：

· 在任何情况下，所有模型的预测能力都会随预测期的延长而降低，而且在某一时限之后会显著下降。波动性是衡量风险的指标之一，我们无法准确预测 10～15 个交易日之后的波动性，但我们可以通过调整短期风险度量指标得出一些长达一年的长期风险度量指标（参见莱赫考宁，2007）。基金的存续期可以超过 10 年。

· 如果历史观测期很长，那么模型预测的准确性就可以大幅提高。然而与传统金融产品相比，另类资产的可用数据较少，且披露不全。样本量小和基金的长期性导致预测结果非常不准确。尽管如此，在另类资产行业中，基金的历史业绩表现仍然可能是衡量整个行业的一个很好的指标。

· 对模型进行回溯测试假设过去发生的事情在未来也将发生，它考虑到了市场周期，这意味着在进行回溯测试时，所用样本的时间跨度将远长于现代私募股权行业的历史。此外，VC 与创新相关，变数太大，因而其历史数据无法作为参考。巴塞尔委员会在 BIS（1996）中认识到，在现有的框架下，回溯测试甚至难以区分模型准确与否。对于基金来说，由于基金期末收益率数据的方差很大，这进一步增加了对各个模型进行比较的难度。

> 因此在实践中,回溯测试采取了定性评估的形式,对模型在较长时间内的运作经验以及模型是否如期运行进行评估。在任何情况下,回溯测试都不应该仅仅关注模型本身,它还需要涵盖模型管理的各个方面,例如参数设置以及输入数据的收集、清洗和选择。为了解决历史数据不足的问题,本格阿兹和沙利耶(2009)进行了敏感性分析,分析表明他们的研究结果在更悲观的市场条件下仍然成立。这些经历均已被记录在案,其中的特例和局限性也已注明。

前文中已经提及,在高度不确定和不断变化的环境中,对于另类资产的预测将会失效,我们也许可以利用滚动预测的方式来推断结果,即重新调整原始推测的假设,且在新假设的基础上生成新的推测结果,而回溯测试在此条件假设下仍否具有意义则饱受争议。然而监管机构却坚持要求继续进行回溯测试,这就陷入了一个困境:既然所有预测模型都是无效的,那么在具体实践操作中使用哪个模型就不是很重要。我们看到的情况是各机构基本都在用相同的模型和数据,这必然导致预测结果受限于历史模型和数据。因此我们认为,过度严格的回溯测试标准受到了误导,而且它在根本上与使用测试要求不一致,使用测试要求与预测的相关性更强。相反,对整个控制过程进行系统性评价可能是一种解决方法。回溯测试应该采取定性评估的形式,对长期以来的各次经验进行评估,这有助于确定模型的局限性和有待改进的部分。从本质上来说,这可以归结为控制机制是否如预期运行的问题。如果没有,应根据现有的经验采取适当的补救措施。

11.9 总结

本章重点介绍了现金流建模的概念,以及如何应用各种模型来估计各种风险。考虑到投资私募股权和实物资产时,往往伴随着较高的流动性风险,所以如何对现金流建模成了亟待解决的问题。在建模时,我们通常可以从自上向下和自下而上这两种角度来建模。自上而下的建模思想主要用于充分多元化的投资组合。

我们一般可以用两类不同的模型来得出现金流:非概率模型和概率模型。非概率模型只需要有限个参数,在历史数据有限的情况下,非概率模型很常用。在缺乏历史数据的情况下,耶鲁大学的学者在经过一系列假设后创建了一个能推导出私募股权基金现金流的模型,我们在文中称之为耶鲁模型。虽然耶鲁模型及其扩展模型更便于实施,但是它们仍然有许多不足之处。重要的是,这些非概率模型不能提供统计结果的范围。不过我们可以通过某一特定的输入变量集来确定最差、最好和正常的情况,并据此来计算具体的案例。实际上,该输入变量集已为许多投资者提供了非常有价值的输入值。

相比之下,概率模型通常更为复杂,而且它在数据方面给从业人员带来了重大挑战。在概率模型中,人们或是使用大规模的现金流量库,或是使用创建的合成现金流来预测给定投资组合的现金流量。为了评估和量化外生冲击的影响,我们常对从概率模型导出的现金流预测进行压力测试,而此时情景尤为有用。

此外,在高度不确定的环境中进行回溯测试是非常困难的,因此我们需要对整个风险过程进行系统性回顾,详见第十七章。

第十二章 瀑布式分红

我们可以通过自下而上或者自上而下的方式来构建基金的风险模型。在自下而上法中，与瀑布式分红相关的有限合伙协议条款通常是模型中最复杂的部分。瀑布式分红着眼于基金收益将如何分红，哪部分优先分红以及何时支付分红，也就是说在基金经理参与基金利润分红前，必须向有限合伙人分多少金额。对瀑布式分红建模的一个直接原因是它与基金收益密切相关。基金的盈利状况具有显著的激励效应，因此它是基金经理获取绩效行为的驱动因子（马森内特和迈耶，2007）。

瀑布式分红条款和条件的设计是为数不多的有限合伙人可以预测风险并进行风险管理的机会之一：由于条款和条件是基金经理的动机、态度和全责意识以及优先意识的驱动力，所以它总是有效的（有时甚至是意料之外的效果）。

专栏 12.1 欧洲风险资本和私募股权协会（EVCA）术语表中对瀑布式分红主要构成要素的定义[①]

• 业绩提成（carried interest）是"投资基金管理公司或基金管理团队中单个成员获得的利润分红，是对它投入自有资金和承受风险的补偿。一旦有限合伙人获得了原始投资资本的返还以及规定的门槛收益，基金经理将会获得业绩提成（通常高达基金利润的 20%）"。

• 门槛收益率（hurdle rate）是"基金经理获得业绩提成之前，私募股权基金管理公司除了向基金投资者返还初始承诺额之外，还需要支付给基金投资者的最低收益"。门槛收益率又称"优先收益（preferred return）"。

• 回拨条款（clawback）"要求投资基金的普通合伙人在获得超过其约定的利润分红后，将资本退还给有限合伙人。普通合伙人回拨条款能够保障的是这种情形：如果投资基金在存续期的早期就退出业绩表现强劲的项目，而将表现较弱的项目留到存续期结束，那么有限合伙人可以收回合伙协议中承诺的出资资本、费用和一切优先收益"。

瀑布式分红的结构有显著的激励效应，但是不同地区（美国、欧洲和亚洲）和不同基金类型（特别是 VC）之间的实践情况存在显著差异。本章的主要目的是用自下而上的基金模型对瀑布式分红进行建模。对不同类别的有限合伙人来说，本章提出的原则也同样适用，例如基金中次级股权（subordinated stakes）的政府投资者。但这需要对模型进行一定的改进，而这超出了本书的研究范围。

[①] 参见 http://www.evca.eu/toolbox/glossary.aspx? id＝982[2009 年 9 月 24 日访问]。

12.1 激励的重要性

为了保证基金经理和投资者的利益一致,管理费用、普通合伙人的出资、业绩提成配置以及分红条款是主要的几种激励因素。

12.1.1 瀑布式分红的要素

在不同的基金协议中,合伙协议条款与其他条款,如投资限制、兑现、转让、提款、赔偿或对利益冲突的处理都是类似的。

- 管理费。管理费的目的是支付运营和管理基金的基本费用。这些费用主要包括投资经理和后勤人员的工资、与投资开发有关的费用、差旅费,甚至娱乐费用,还有租金、家具、水电或用品费等办公室费用。管理费一般按有限合伙人资本承诺的百分比计算,私募股权基金管理费的支付比例通常在 1% 和 2.5% 之间(取决于基金规模),但在投资期过后或后续基金成立后,管理费会有所下降。虽然管理费用的计算相对简单与客观,但在一些细节问题上仍存在争议。

- 普通合伙人的出资。普通合伙人通常会在他们的基金里投入大量资本(约 1%),对其出资的处理方式则与有限合伙人的相同。这样做有很多原因,例如出于所得税的因素,普通合伙人投入大量资本来确保他们作为基金合伙人的地位。更重要的是,普通合伙人投资于自家基金是"以身涉险",可以协调基金经理和投资者之间的利益关系。

- 业绩提成。无论基金绩效如何,投资者都需要支付管理费,因此这并不能激励普通合伙人努力提高基金的收益。必然可得的管理费用过高会使得基金经理的投资行为趋于保守或规避风险,如从众行为。因此业绩提成(即支付给基金经理的利润百分比)是激励基金经理创造价值最有力的动因。典型的业绩提成分配比例是 80/20,它给予基金经理的利润分红与他们的出资承诺不成比例,但对于吸引优秀的基金经理来说它是至关重要的。

基金条款在市场周期内相对稳定。这种现象的一种解释是,基金经理和投资者双方都具有足够的谈判能力来拒绝对方的"场外"条款,但任何一方都不具有足够的影响力来将市场推向另一个方向。就私募股权而言,2009 年 9 月机构有限合伙人协会(ILPA)发布的私募股权原则在某种程度上可能开启了普通合伙人和有限合伙人之间权力关系的转变,但它也可能会导致标准化条款进一步固化。

12.1.2 损益

基金的利润是如何确定的? 比如说,收益和损失或者可以加总相抵,或者普通合伙人可以从每一项投资的利润中分红。不同方法下基金经理获得的业绩提成不同。

对每一项投资的利润都进行分红可能存在问题,因为普通合伙人可以从成功的投资中获利,但在投资失败时只会遭受很小的损失。有限合伙人因此承担了大部分的资本风险,这种分红方法显然削弱了利益的一致性。

12.1.3 分红条款

分红条款规定了业绩提成的支付时间以及如何进行分红的规则。基金条款通常相对稳定，但有一个例外，即在基金协议条款中规定合伙人之间分红的时间、摊派以及如何操作。

因为不存在能满足普通合伙人和有限合伙人所有经济目标的单一机制，所以出现了多元化的分红方法。通常在协议中，一方的得利就是另一方的损失，因此分红条款中有关资本和业绩提成的谈判往往既困难又费时。

12.1.4 按项目分红 vs 按整体分红

收益按整体分红还是按项目分红是一个重要参数。本章所介绍的方法对这两种情况均适用。按整体分红时，只有有限合伙人收到了相当于其总资本投资额的分红后，普通合伙人才能进行分红。随后，有限合伙人和普通合伙人将根据业绩提成分配条款进行分红。这种方式使得有限合伙人在前期就能获得最多的分红，也最大限度降低了普通合伙人获得高于协定基金累积净利润分红比例的可能性。

按项目分红是另一个极端，其业绩提成的分红是按照已实现的单项投资的资本收益来确定的。从基金经理的角度看，按项目分红的主要优势在于他们能够尽快获得业绩提成。因此这使基金经理产生了尽早确认成功交易、延迟披露失败交易和冲减亏损投资的不良动机。按项目分红明显会提高普通合伙人过度分红的可能性，因此我们需要引入回拨条款。[①]

12.2 基金的门槛收益

在有限合伙人获得的总分红没有达到其资本投入额加上由门槛收益率确定的额外分红之前，基金经理是不能参与分红的。[②] 如果没有门槛收益率这一条款，普通合伙人将"直接获得提成"，也就是说在资本收益超过初始投资额之后，普通合伙人就可以参与分红。设立门槛收益率这一条款会进一步削弱普通合伙人获得分红的权利，这样做的目的是保证普通合伙人和有限合伙人利益的一致性。

12.2.1 门槛收益的定义

基金的最终绩效直接决定了有限合伙人能否获得门槛收益。即便有限合伙人没有获得分红，他们也无法判定基金违约。从投资者角度看，门槛收益率保证了投资的收益，避免了收益过低的情形，同时它也激励基金经理努力提升基金的收益，使其超过门槛收益率。门槛收益是全世界非流动基金的标准条款之一，它确保了有限合伙人的收益至少相

[①] 机构有限合伙人协会(ILPA)的私募股权原则通常被认为是对 2005 年左右超额收益的反应。根据该原则，按项目提成似乎没有意义。然而一旦进入了新的投资周期，目前的趋势是否会改变则有待观察。

[②] 虽然 CPEE(2004)仅将优先收益解释为对有限合伙人下行风险的保护，而不是对基金经理的激励，但是通常"门槛收益率"也可用"优先收益"来替代。

当于他们投资于更安全的资产时能够获得的收益。[1]

大多数合伙协议中的门槛收益率都是采用复利计算的,通常为 8%。在普通合伙人拿到业绩提成前,他们要先向有限合伙人支付"相当于合伙股份中以日息计算的金额,此日息的年化率为 8%(年复利)"。

也有部分合伙协议提出门槛收益率和追补条款(catch-up)应该采用单利计算。这里我们可以这样计算优先收益:"将价值超出其面值的合伙股份的所有未归还出资额以年利率 8%(单利)计算的收益。"在金融领域,我们一般使用复利而非单利。给定利率 r、本金 P、期数 n,最后的投资所得为 $A = P \times (1+r)^n$。而进行单利计算时,投资所得为 $A = P + P \times r \times n$。还有另外一种确定基金门槛收益率的方法,它通过基金的投入回报 TVPI 而非利率来确定门槛收益率,我们将在后文讨论这一方法。

12.2.2 期权特征和基金经理的筛选

门槛收益率赋予了有限合伙基金类似期权的特性。基金经理可以获得业绩提成,就像持有一份看涨期权一样,因此理论上收益有无限上涨的可能性(施塔德勒,2005)。如果基金价值受损,除非基金经理在基金中投入了大量私人财产,否则他们既不会获得收益也不会遭受损失,就像期权持有人拒绝行权时一样。

在 VC 基金中,其类似期权的特征使得门槛收益率条款不太符合现实。由于风险投资人必须承担已知的高投资风险,此时门槛收益率条款仅能提供次优的激励,例如基金早期的重大损失会使得基金价值处于低位,这时基金经理可能会直接放弃投资,或者更糟的是,他们可能会为了重新获得业绩提成而急功近利,在后续的投资中采用激进策略。

另一方面,虽然并购基金和基建基金的波动性低于 VC 基金,而且它们隐含的资本成本也有所不同,但为并购基金和基建基金设立门槛收益率也颇具争议。然而完全废除门槛收益率可能会引发道德风险,因为基金经理为追求业绩提成可能会选择低风险、低收益的投资(弗莱舍尔,2005)。

12.3 瀑布式分红的基本结构

温和型收益门槛(soft hurdle)和硬性收益门槛(hard hurdle)之间有着巨大的区别。温和型门槛是指只要收益超过门槛收益率,所有的收益均可以进行分红。在这种情况下,一旦基金返还了初始实收资本以及一定的收益(如 8%),那就已经实现了门槛收益,基金经理从而有权获得所有业绩提成。为了实现这个目标,合伙协议包含了所谓的业绩追补条款,一旦收益超过门槛收益率,而基金的整体利润达到了业绩提成点时,普通合伙人就可以获得利润分配。见图 12.1。

---

[1]　门槛收益率通常在 5% 到 10% 之间,一般与无风险利率的价差挂钩。门槛收益率究竟有没有意义最终取决于交易现金流相对于交易收入的重要性。在交易现金流对交易收入有明显的激励作用时,比如在并购或夹层基金中,若基金的收益过低,无法返还投资者的资本成本,基金经理就不应该从投资中获得奖励。虽然设置门槛收益可以做到这点,但直接给予业绩提成为基金经理创造了进行低风险、低收益投资的动机。对于 VC 基金来说,项目收益显然更有意义,在门槛收益率的刺激下,当业绩提成的期权处于"虚值状态(out-of-the-money)"时,VC 基金的价值可能会被扭曲。此时直接给予基金经理业绩提成比具有适当激励作用的门槛收益更为有效。

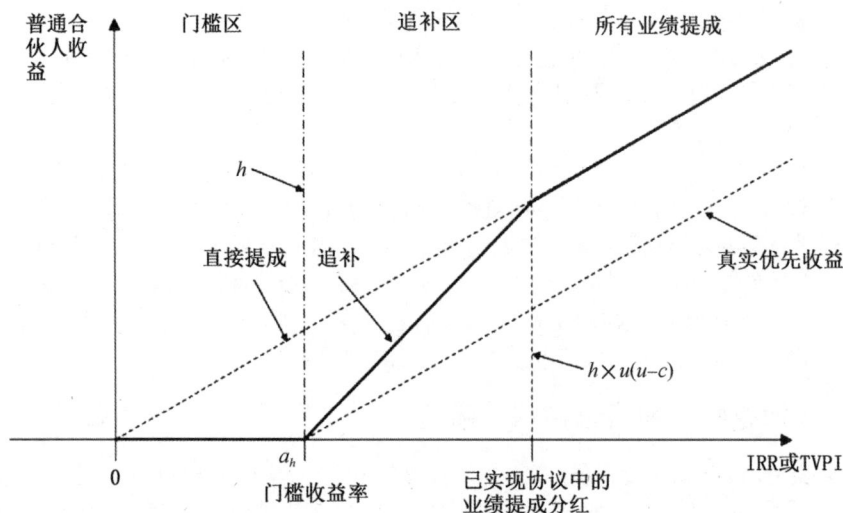

图 12.1　瀑布式分红的基本结构

　　硬性门槛是指在达到门槛收益的条件下，对超过门槛收益部分的利润进行分红。采用温和型门槛时，一旦利润超过门槛收益，该门槛就会"消失"，而硬性门槛适用于基金 IRR 高于门槛收益率时的所有情景。这种安排有时也被称为"收益下限（floor）"（弗莱舍尔，2005）。在设置了"收益下限"，因而没有追补条款的情况下，普通合伙人只能获得净利润中超过门槛收益部分的业绩提成。

12.3.1 温和型门槛

　　我们将 a_x 定义为在瀑布式分红之前，基金投资组合剩余价值的 IRR 达到 $x\%$ 或 x 倍的 $TVPI$ 时所需的资金，c 为普通合伙人的业绩提成，h 为门槛收益率，u 为追补金额（$u > c$）。投资组合的分红 a 在普通合伙人和有限合伙人之间的划分如表 12.1 所示。

表 12.1　分红的划分

	收益范围 （IRR/TVPI）	分红	
		有限合伙人	普通合伙人
门槛区	收益$\leqslant h$	a	0
追补区	$h\leqslant$收益$<\dfrac{h\times u}{u-c}$	$a_h+(a-a_h)\times(1-u)$	$u\times(a-a_h)$
所有业绩提成	$\dfrac{h\times u}{u-c}\leqslant$收益	$a\times(1-c)$	$a\times c$

表 12.2　广义瀑布式分红

	有限合伙人	普通合伙人	合计
投资的出售金额 a			
资本收益	d		d
有限合伙人的优先收益	a_h-d		a_h-d

续表

	有限合伙人	普通合伙人	合计
普通合伙人的追补	$(1-u) \times x$	$u \times x$	x
剩余价值划分	$(1-c) \times y$	$c \times y$	y
期末结余	$(1-c) \times (a-d)$	$c \times (a-d)$	$a-d$

当 $u < 100\%$ 时,我们如何确定追补金额以及业绩提成? 在温和型门槛中,瀑布式分红可以概括为表12.2。

一旦基金的收益超过了门槛收益,追补条款可以使基金经理更快参与分红,然而如果没有该条款,基金经理只能按照约定的比例得到业绩提成。在100%追补("完全追补")的情况下,如果基金收益明显超过其目标 IRR,而且在基金的追补区内仍有收益时基金并未停止运营,那么门槛收益率不会对业绩提成造成任何影响。

在基金存续期内,一些投资项目可能会提前退出,普通合伙人从中获得分红。然而此后几年中基金可能发生亏损,原因包括标的项目和投资组合公司本身的亏损,长期经济衰退导致项目缺乏退出机会等。这意味着普通合伙人实际收到的业绩提成可能会超过基于基金整体业绩计算的预期业绩提成。然而普通合伙人的收益不应超过议定的业绩提成百分比。[①] "回拨"条款旨在保护普通合伙人和有限合伙人之间约定的利益分配,它有时也被称为"回赠"或"回溯",因为它要求合伙基金在基金存续期结束时,对所有资本和利润分红进行最终核算。

表 12.3　示例基金

单位:欧元

年份	有限合伙人		普通合伙人	
	投入	分红	投入	分红
1	−2 254 350	0	−118 650	0
2	−27 660 200	27 234 600	−1 455 800	1 433 400
3	−7 169 650	4 780 400	−377 350	251 600
4	−15 390 950	21 584 000	−810 050	1 136 000
5	−20 365 150	0	−1 071 850	0

---

① 在讨论回拨条款时,我们通常指的是"普通合伙人回拨条款(GP clawbacks)",即修正付款从而防止基金经理获得意外收益。然而在极少数情况下,有限合伙人会获得超过议定业绩提成百分比的收益(马森内特和迈耶,2007)。因此一些合伙协议也会强调所谓的"有限合伙人回拨条款(LP clawbacks)"。有限合伙人的目的是最小化普通合伙人缺乏流动资产以及无法行使回拨权的风险。对于有限合伙人来说最简单也最理想的情况是,在所有投资资本都偿还给投资者之后,普通合伙人才能获取业绩提成。但是由于基金要好几年才开始盈利,这会降低基金经理的个人积极性。为确保回拨义务的履行,人们提出了一个折中方案,即将业绩提成收益的固定百分比(如25%、30%或50%)转入代管账户,作为对潜在回拨义务的缓冲。

年份	有限合伙人		普通合伙人	
	投入	分红	投入	分红
6	−10 612 450	31 350 000	−558 550	1 650 000
7	0	0	0	0
8	0	45 600 000	0	2 400 000
9	0	0	0	0
10	0	34 200 000	0	1 800 000

12.4 业绩提成计算实例

我们在表 12.3 的示例中展示了基于温和型门槛收益率和硬性门槛收益率计算的业绩提成，计算过程中使用了复利和 TVPI。在这个例子中，我们假设普通合伙人自己持有基金 5% 的股份。

基金在其存续期间的变化情况如图 12.2 所示。

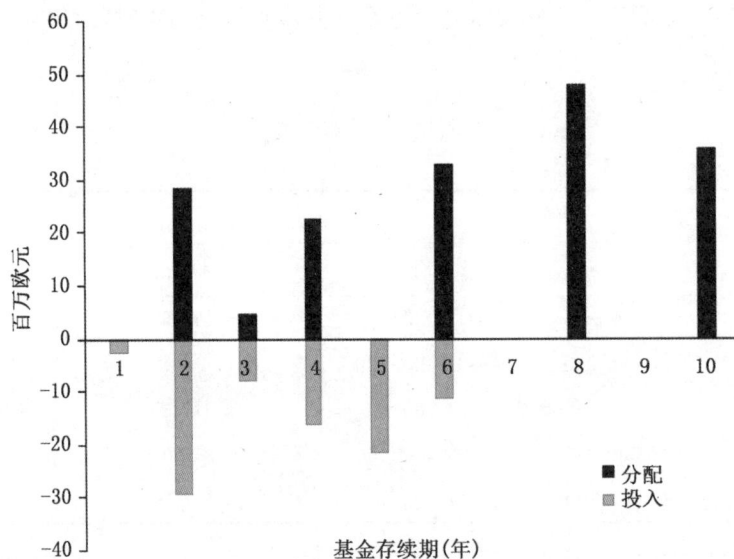

图 12.2 示例基金的变化情况

表 12.4 示例基金的支付划分（复利）

项目	IRR 范围
门槛区	IRR≤ 8%

续表

项目	IRR 范围
追补区	8％＜ IRR ＜ 12％
所有业绩提成	IRR≥ 12％

为简单起见,我们仅讨论年度的情况。瀑布式分红的计算方法以前一期的分红和年度变化为基础。它的目的在于确定该年度现金流量的分配,以及如果基金在该年年末到期,需要退还给有限合伙人的回拨金额。因为业绩提成分配只受有限合伙人持有的股份影响,所以我们无需考虑普通合伙人在该基金中所占的股份。

12.4.1 复利下业绩提成分红的温和型门槛

对于表 12.4 中的例子,我们假设门槛收益率为 8％,追补率为 60％,业绩提成比例为 20％。附录表 12.A.1 显示了基金在存续期内的发展情况。

我们如何确定超过门槛阈值所需要的分红? 为了计算在年底达到门槛所需的金额,我们将以下三项加总:年初实收的金额(即当时剩余的总投入额),该金额对应的利息支出以及年度变化。参见表 12.5。

表 12.5　计算高于门槛(8％)的金额

单位:欧元

年份	1	2	3	4	5
(1)初始	0	－ 2 254 350	－ 2 860 298	－ 5 478 372	0
(2)利息	0	－ 180 348	－ 228 824	－ 438 270	0
(3)小计(1)＋(2)	0	－ 2 434 698	－ 3 089 122	－ 5 916 642	0
(4)前期支付	0	0	0	0	276 408
(5)年度变化	－ 2 254 350	－ 425 600	－ 2 389 250	6 193 050	－ 20 365 150
(6)实收资本	－ 2 254 350	－ 2 860 298	－ 5 478 372	0	－ 20 088 742
(7)高于门槛部分	0	0	0	276 408	0

表 12.5 显示(6)由(3)＋(4)＋(5)得出。如果这个金额是正数,分红的一部分将用作业绩提成。实收资本(6)进入下一个阶段(1)的计算。直到第 4 年之前,基金价值都低于其门槛收益,普通合伙人因而无权享受业绩提成。第 4 年出现了一笔巨额分红,高出门槛 276 408 欧元。

在考虑复利的情况下,我们还可以基于 IRR 和该年的 $a_{8\%}$ 来计算这个金额。IRR 是净现值等于零时的贴现率:

$$\sum_{n=1}^{n=L} \frac{(D_n-C_n)}{(1+\text{IRR})^{t_n}}=0$$

其中 C_n 是投入额,D_n 是 t_n 期的分红额,L 是基金的存续期,期间 IRR 是粗略估计值,但是它被广泛用于估计 IRR 绩效,同时它也是私募股权中大多数已公布的相对绩效统计数据的基础。计算活跃基金的期间 IRR 时,我们将 NAV 作为 T 时刻的最后一个现金流：

$$\sum_{n=1}^{t_n \leq T} \frac{(D_n - C_n)}{(1+\text{IIRR})^{t_n}} + \frac{\text{NAV}}{(1+\text{IIRR})^T} = 0$$

a_x 是瀑布式分红前，基金投资组合剩余价值的 IRR 达到 $x\%$ 所需的金额：

$$\sum_{n=1}^{t_n \leq T} \frac{(D_n - C_n)}{(1+x)^{t_n}} + \frac{a_x}{(1+x)^T} = 0$$

改写上式，可以得到：

$$a_x = -\sum_{n=1}^{t_n \leq T} (D_n - C_n) \times (1+x)^{T-t_n}$$

根据这个公式，我们计算出达到 8% 的门槛收益率时所需的金额为

$$a_{8\%} = -(0 \text{ 欧元} - 2\,254\,350 \text{ 欧元}) \times 1.08^3$$
$$-(27\,234\,600 \text{ 欧元} - 27\,660\,200 \text{ 欧元}) \times 1.08^2$$
$$-(4\,780\,400 \text{ 欧元} - 7\,169\,650 \text{ 欧元}) \times 1.08 = 5\,916\,642 \text{ 欧元}$$

第 4 年的净分红为 6 193 050 欧元（21 584 000 − 15 390 950 = 6 193 050 欧元），超过该门槛阈值 276 408 欧元。由于基金第 4 年的期间 IRR 是 10.4%，仍然在追补区内。因此该金额的 60% 应该给予普通合伙人，即 165 845 欧元。参见图 12.3。

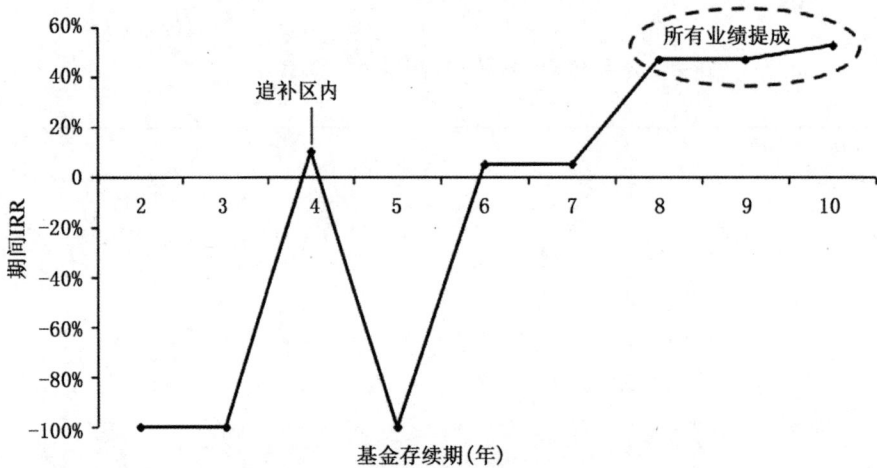

图 12.3　示例基金期间 IRR 的变化情况

确定基金是否仍在其追补区内的另一种方法是计算高于门槛（12%）的金额，方法与计算高于门槛（8%）的金额相同。见表 12.6。

表 12.6　计算高于门槛（12%）的金额（追补区的尾部）

单位：欧元

年份	1	2	3	4	5
（1）初始	0	−2 254 350	−2 950 472	−5 693 779	−183 982
（2）利息	0	−270 522	−354 057	−683 253	−22 078
（3）小计（1）+（2）	0	−2 524 872	−3 304 529	−6 377 032	−206 060

续表

年份	1	2	3	4	5
(4)前期支付	0	0	0	0	0
(5)年度变化	−2 254 350	−425 600	−2 389 250	6 193 050	−20 365 150
(6)实收资本	−2 254 350	−2 950 472	−5 693 779	−183 982	−20 571 210
(7)高于门槛部分	0	0	0	0	0

第 5 年的计算出现了变化,该年只有投入,没有分红,且期间 IRR 低于门槛收益率(见图 12.3)。如果基金在这一年到期,前一年支付给基金经理的业绩提成必须回拨。我们假设只有当基金到期结束时,我们才进行回拨。由于在我们的示例中,基金价值在随后几年有所回升,所以最终无须进行回拨。

第 8 年的分红较高,需要计算业绩提成(见附录表 12.A.1)。如果基金在这一年到期,9,419 250欧元的业绩提成需要抵消已支付的回拨金额(165 845 欧元),最后的业绩提成减少至 9 253 405 欧元。事实上,基金的收益使得业绩提成超过了以 12% 计算的门槛水平(追补区的尾部),门槛基本上"消失"了,基金经理因此获得了超过招款部分 20% 的回报。

在这种情况下,我们如何将有限合伙人享有的 45 600 000 欧元收益在有限合伙人与普通合伙人之间进行分摊?有限合伙人能够获得前 8 年的累计分红额 121 129 750 欧元与前 7 年的累计分红额 84 949 000 欧元减去第 7 年至第 8 年期间的回拨减少额 165 845 欧元的差额,即第 8 年有限合伙人的最终分红为 36 346 595 欧元。见图 12.4。

到第 8 年,普通合伙人必须收到基金中 5% 的自有股权带来的分红 6 871 000 欧元,加上 9 419 250 欧元的业绩提成。因此该年普通合伙人收到前 8 年的累计分红额 16 290 250欧元与前 7 年的累计分红额 4 471 000 欧元加上第 7 年至第 8 年期间的回拨变动额 165 845 欧元的差额,即第 8 年普通合伙人的最终分红为 11 653 405 欧元。

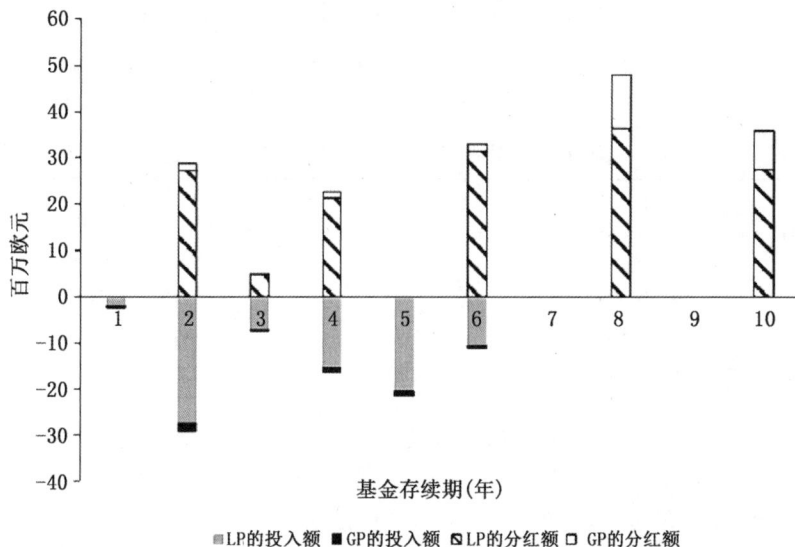

图 12.4　有限合伙人与普通合伙人的现金流分配 (8% 的温和型门槛率)

基金在第 10 年到期,其总体收益率为 53%。普通合伙人收到基金中 5% 的自有股权带来的全部收益 8 671 000 欧元加上 16 259 250 欧元的业绩提成(有限合伙人股份的累计分红 164 749 000 欧元与累计投入 83 452 750 欧元的差值的 20%,见表 12.3)。有限合伙人收到 83 452 750 欧元(累计投入额全部偿还后的总分红额)加上超额分红的 80%,共计 148 489 750 欧元。

12.4.2 复利下业绩提成分红的硬性门槛

在硬性门槛中,我们再次选择 8% 的门槛阈值,并计算累计分红超出这一阈值所需的金额,从而得出业绩提成的金额。如前例所示,第 4 年这笔金额为 276 408 欧元。然而硬性门槛下没有追补条款,普通合伙人只有在收益高于 8% 时才参与分红。换句话说,门槛从不"消失",这导致普通合伙人的累计业绩提成总体上有所下降。参见图 12.5。

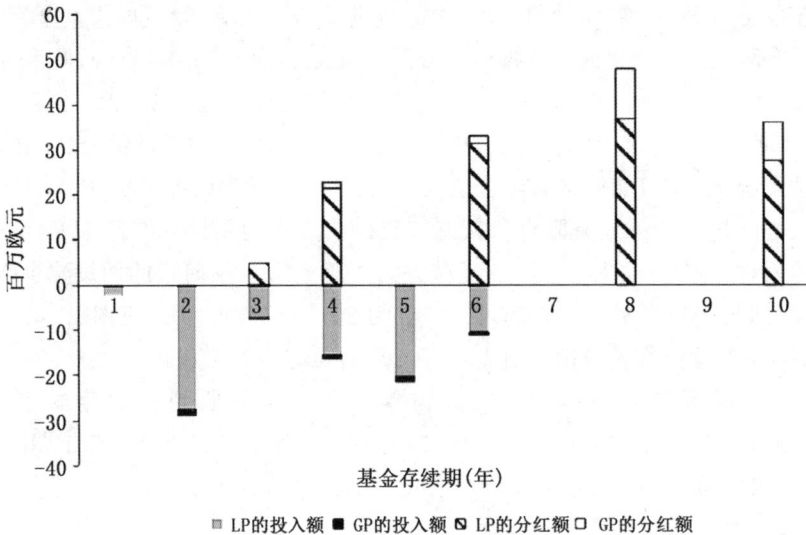

图 12.5　有限合伙人与普通合伙人的现金流分配 (8% 的硬性门槛率)

表 12.7　示例基金的支出划分 (TVPI)

项目	TVPI 范围
门槛区	TVPI≤ 1.5
追补区	1.5< TVPI < 1.75
所有业绩提成	TVPI≥ 1.75

与温和型门槛 16 259 250 欧元的累计业绩提成相比,此处普通合伙人只会收到总计 15 736 450 欧元的业绩提成。注意,只是金额有所下降,普通合伙人收到业绩提成的时间(以及回拨时间)保持不变。附录表 12.A.2 显示了基金在整个存续期内的发展情况。

12.4.3 基于 TVPI 计算业绩提成分红的温和型门槛

另一种计算门槛收益率的方法以 TVPI 为基础,这个方法使用得较少。原则上,这种方法对于温和型门槛和硬性门槛均适用。例如假设门槛 TVPI 为 1.5 倍,追补率为 60%,业绩提成比例为 20%。请注意,我们并不是为了比较复利和 TVPI 这两种不同计算方式下的业绩提成,举这个例子只是为了比较计算方法。

在这种情况下,我们如何确定追补区的尾部? 我们使用与复利温和型门槛案例中相同的方法。对于门槛 TVPI $m_h = 1.5\times$,追补区间为

$$1 + (1.5 - 0.5) \leqslant \text{TVPI} < 1 + \frac{(1.5 - 0.5) \times 60\%}{60\% - 20\%}$$

见表 12.7。

我们如何确定普通合伙人收到业绩提成的时间阈值 t_n? 答案是累计分红必须超过

$$\sum_{n=1}^{t_n < T} D_n - m_h \times \sum_{n=1}^{t_n} C_n{}^n$$

在示例中,第 8 年之前普通合伙人不会收到业绩提成,第 8 年时基金价值比由 m_h 确定的阈值高了 5 369 875 欧元,此时基金经理才能收到业绩提成。此时基金的期间 TVPI (interim TVPI,ITVPI)是 1.56,这仍然在追补区之内,相应的业绩提成达 3 221 925 欧元。

如图 12.6 所示,基金期间 TVPI 比期间 IRR 更加"稳定",且"波动"更小。因此在基于 TVPI 计算的业绩提成中,进行回拨的可能性更小。

当第 10 年达到追补区的终点时,门槛"消失"了,普通合伙人收到的业绩提成与基于复利计算的温和型门槛的业绩提成相等,即为 16 259 250 欧元。参见图 12.7。

有关基金存续期内所有的数据,请参见附录表 12.A.3。

12.4.4 基于 TVPI 业绩计算提成分红的硬性门槛

在使用硬性门槛时,我们将再次依据累计分红超过某一设定阈值的金额来计算业绩提成,而该阈值是基于门槛 TVPI ($m_h = 1.5\times$)设置的。如前例,第 8 年之前不会分红业绩提成,第 8 年时基金价值比由 m_h 确定的阈值高了 5 369 875 欧元。

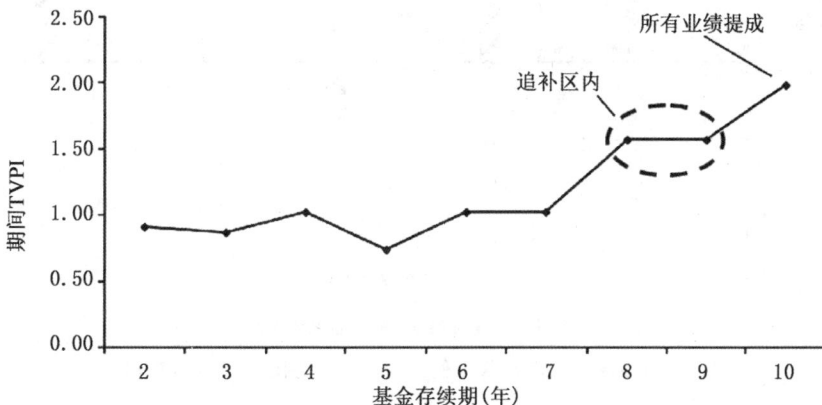

图 12.6 示例基金 ITVPI 的变化

硬性门槛中不会发生追补,普通合伙人只参与超过目标 TVPI 部分的分红,因此只收到 1 073 975 欧元。参见图 12.8。

在硬性门槛中,累计业绩提成为 7 913 975 欧元,仍低于温和型门槛中的16 259 250 欧元。普通合伙人收到业绩提成的时间保持不变。有关基金存续期内所有的数据,请参阅附录表 12.A.4。

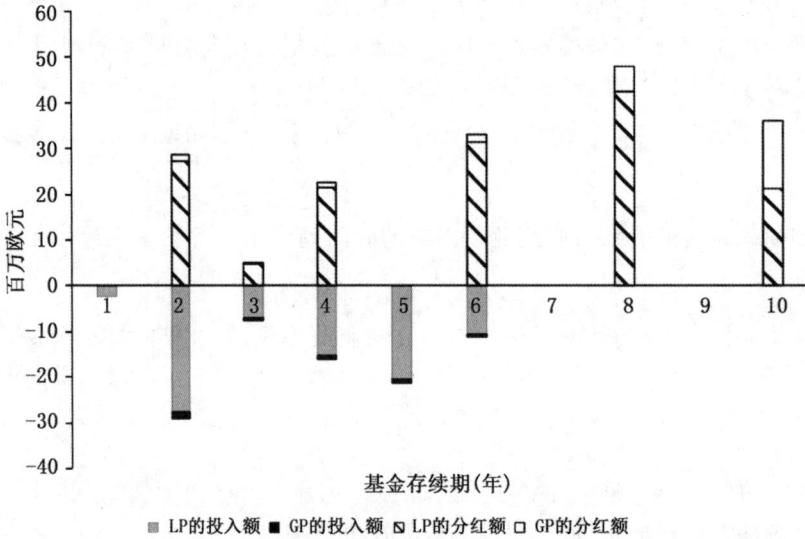

图 12.7　有限合伙人与普通合伙人的现金流分配(1.5 倍的温和型门槛)

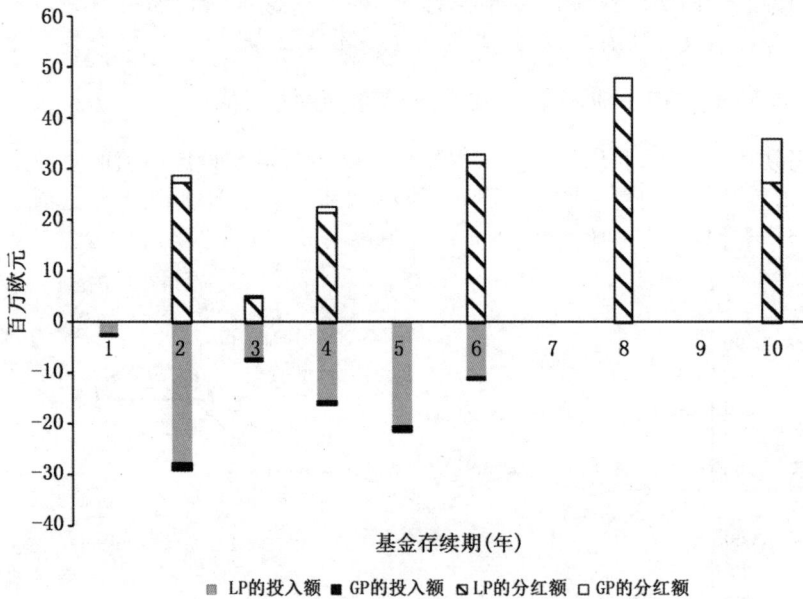

图 12.8　有限合伙人与普通合伙人的现金流分配(1.5 倍的硬性门槛)

12.5 总结

本章我们介绍了确定有限合伙人和普通合伙人投资利润的瀑布式分红的主要原则。多年来,由于基础计算方法中又融入了许多新的因素,我们越来越难以对瀑布式分红建模。CPEE(2004)发现,一些"新来的普通合伙人(他们倾向于雇用较少的财务人员)甚至可能不了解他们自己的瀑布式分红结构,更不用说有限合伙人了"。因此本章的例子只是对瀑布式分红的主要结构做一个宽泛的描述。

在确定非流动基金投资组合的瀑布式分红时,有限合伙人原则上可以采用自下而上或自上而下的方法。自下而上的方法需要为每个基金制定模型,从而确定它们的具体条款、条件以及变量的范围。这对于风险管理而言可能过于烦琐,在大多数情况下,自上而下的建模方法可能是优选方案。

附录——示例

表 12. A. 1 8% 的温和型门槛和 60% 的追补率下以复利计算的提成金额

单位:欧元

年份	1	2	3	4	5	6	7	8	9	10
(1) LP 累计分红额	0	27 234 600	32 015 000	53 599 000	53 599 000	84 949 000	84 949 000	130 549 000	130 549 000	164 749 000
(2) GP 累计分红额	0	1 433 400	1 685 000	2 821 000	2 821 000	4 471 000	4 471 000	6 871 000	6 871 000	8 671 000
(3) 资本返还	0	0	0	1 123 850	0	1 496 250	1 496 250	47 096 250	47 096 250	81 296 250
(4) 高于门槛部分	无提成	0	无提成	276 408	无提成	无提成	无提成	44 482 249	44 482 249	78 682 249
(5) 分红点	无提成	无提成	无提成	追补	无提成	无提成	无提成	全部提成	全部提成	全部提成
(6) 到期业绩提成	0	0	0	165 845	0	165 845	165 845	9 419 250	9 419 250	16 259 250
(7) LP 累计收入	0	27 234 600	32 015 000	53 433 155	53 599 000	84 949 000	84 949 000	0	121 129 750	148 489 750
(8) 累计提成	0	0	0	165 845	165 845	165 845	165 845	9 419 250	9 419 250	16 259 250
(9) 回拨	0	0	0	0	165 845	165 845	165 845	0	0	0
(10) 回拨的变动	0	0	0	0	165 845	165 845	165 845	-165 845	0	0
(11) GP 累计收入	0	1 433 400	1 685 000	2 986 845	2 821 000	4 471 000	4 471 000	16 290 250	16 290 250	24 930 250
(12) LP 年度收入	0	27 234 600	4 780 400	21 418 155	0	31 350 000	0	36 346 595	0	27 360 000
(13) GP 年度收入	0	1 433 400	251 600	1 301 845	0	1 650 000	0	11 653 405	0	8 640 000

表 12. A. 2 8% 的硬性门槛下以复利计算的提成金额

单位:欧元

年份	1	2	3	4	5	6	7	8	9	10
(1) LP 累计分红额	0	27 234 600	32 015 000	53 599 000	53 599 000	84 949 000	84 949 000	130 549 000	130 549 000	164 749 000
(2) GP 累计分红额	0	1 433 400	1 685 000	2 821 000	2 821 000	4 471 000	4 471 000	6 871 000	6 871 000	8 671 000
(3) 资本返还	0	0	0	1 123 850	0	1 496 250	1 496 250	47 096 250	47 096 250	81 296 250

续表

年份	1	2	3	4	5	6	7	8	9	10
(4) 高于门槛部分	0	0	0	276 408	0	0	0	44 482 249	44 482 249	78 682 249
(5) 分红点	无提成	无提成	无提成	提成	无提成	无提成	无提成	提成	提成	提成
(6) 到期业绩提成	0	0	0	55 282	0	0	0	8 896 450	8 896 450	15 736 450
(7) LP累计收入	0	27 234 600	32 015 000	53 543 718	53 599 000	84 949 000	84 949 000	121 652 550	121 652 550	149 012 550
(8) 累计提成	0	0	0	55 282	55 282	55 282	55 282	8 896 450	8 896 450	15 736 450
(9) 回拨	0	0	0	0	55 282	55 282	55 282	0	0	0
(10) 回拨的变动	0	0	0	0	55 282	0	0	−55 282	0	0
(11) GP累计收入	0	1 433 400	1 685 000	2 876 282	2 821 000	4 471 000	4 471 000	15 767 450	15 767 450	24 407 450
(12) LP年度收入	0	27 234 600	4 780 400	21 528 718	0	31 350 000	0	36 758 832	0	27 360 000
(13) GP年度收入	0	1 433 400	251 600	1 191 282	0	1 650 000	0	11 241 168	0	8 640 000

表 12. A. 3 基于 1.5 倍温和型 TVPI 门槛和 60% 的追补率计算的提成金额

单位：欧元

年份	1	2	3	4	5	6	7	8	9	10
(1) LP累计分红额	0	27 234 600	32 015 000	53 599 000	53 599 000	84 949 000	84 949 000	130 549 000	130 549 000	164 749 000
(2) GP累计分红额	0	1 433 400	1 685 000	2 821 000	2 821 000	4 471 000	4 471 000	6 871 000	6 871 000	8 671 000
(3) 资本返还	0	0	0	0	0	0	0	47 096 250	47 096 250	81 296 250
(4) 高于门槛部分	0	0	0	0	0	0	0	5 369 875	5 369 875	39 569 875
(5) 分红点	无提成	无提成	无提成	无提成	无提成	无提成	无提成	追补	追补	全部提成
(6) 到期业绩提成	0	0	0	0	0	0	0	3 221 925	3 221 925	16 259 250
(7) LP累计收入	0	27 234 600	32 015 000	53 599 000	53 599 000	84 949 000	84 949 000	127 327 075	127 327 075	148 489 750
(8) 累计提成	0	0	0	0	0	0	0	3 221 925	3 221 925	16 259 250

续表

单位:欧元

年份	1	2	3	4	5	6	7	8	9	10
(9) 回拨	0	0	0	0	0	0	0	0	0	0
(10) 回拨的变动	0	0	0	0	0	0	0	0	0	0
(11) GP 累计收入	0	0	1 685 000	2 821 000	2 821 000	4 471 000	4 471 000	10 092 925	10 092 925	24 930 250
(12) LP 年度收入	0	27 234 600	4 780 400	21 584 000	0	31 350 000	0	42 378 075	0	21 162 675
(13) GP 年度收入	0	1 433 400	251 600	1 136 000	0	1 650 000	0	5 621 925	0	14 837 325

表 12.A.4 基于 1.5 倍硬性 TVPI 门槛计算的提成金额(欧元)

单位:欧元

年份	1	2	3	4	5	6	7	8	9	10
(1) LP 累计分红额	0	27 234 600	32 015 000	53 599 000	53 599 000	84 949 000	84 949 000	130 549 000	130 549 000	164 749 000
(2) GP 累计分红额	0	1 433 400	1 685 000	2 821 000	2 821 000	4 471 000	4 471 000	6 871 000	6 871 000	8 671 000
(3) 资本返还	0	0	0	0	0	0	0	47 096 250	47 096 250	81 296 250
(4) 高于门槛部分	0	0	0	0	0	0	0	5 369 875	5 369 875	39 569 875
(5) 分红点	无提成	无提成	无提成	无提成	无提成	无提成	无提成	提成	提成	提成
(6) 到期业绩提成	0	0	0	0	0	0	0	1 073 975	1 073 975	7 913 975
(7) LP 累计收入	0	27 234 600	32 015 000	53 599 000	53 599 000	84 949 000	84 949 000	129 475 025	129 475 025	156 835 025
(8) 累计提成	0	0	0	0	0	0	0	1 073 975	1 073 975	7 913 975
(9) 回拨	0	0	0	0	0	0	0	0	0	0
(10) 回拨的变动	0	0	0	0	0	0	0	0	0	0
(11) GP 累计收入	0	0	1 685 000	2 821 000	2 821 000	4 471 000	4 471 000	7 944 975	7 944 975	16 584 975
(12) LP 年度收入	0	27 234 600	4 780 400	21 584 000	0	31 350 000	0	44 526 025	0	27 360 000
(13) GP 年度收入	0	1 433 400	251 600	1 136 000	0	1 650 000	0	3 473 975	0	8 640 000

第十三章　定性数据的建模

我们在第十一章中介绍了如何通过调整基金的现金流来达到某个预期存续期和预期 TVPI，预期 TVPI 能够反映基金的增长前景，但我们尚未讨论如何确定其数值。在盲式集团投资的新基金和缺乏有效历史数据的未成熟基金中，我们需要使用定性的输入值来对 TVPI 建模。因此我们必须知道如何根据基金的增长前景，按统一的方法为基金分类。

比如我们可以采取"基金评级"的形式为基金分类。我们将在后文详细介绍如何量化这种分类方式，在量化时现金流模型的输入值仍然设定为基金增长率的范围。

13.1 定量方法 vs 定性方法

定量方法是指对经验观测值中的数据进行统计分析。为使统计分析的结果更有意义，数据样本必须足够大且具有代表性（即满足无偏性）。但是我们很难在另类资产中找到符合上述要求的样本，风险管理师只能利用存在缺陷的数据，因此难以用定量技术对有限合伙基金进行事前评估。在这种情况下，非流动资产领域的风险管理通常只能依赖于零星的、不完整的，甚至是模糊的解释信息。

13.1.1 定性方法的相关性

与定量方法相反，定性评估侧重于信息分类，但由于非流动资产的数据样本很小且不具有代表性，信息分类本身通常站不住脚，因为这通常需要依赖于风险管理师的解读。风险管理师无法从能够应用计量经济学技术的定量数据中得出结论，只能利用不具有结构性的定性信息。然而数据样本较小和信息难以量化（如声誉、专业知识或管理风格）都会不可避免地带来主观因素，因此许多风险管理的从业人员对定性分析持怀疑态度：数据样本缺乏可重复性和结构性，对数据样本分析的不一致性以及量化描述性信息时出现的问题，这些都使得人们对定性分析产生了负面印象，只有当数据问题难以解决时人们才会使用这种方法。

许多投资专家不看好定性方法的另一个原因可能与心理因素有关：定性方法的主要缺点是决策者可能需要承担更大的责任，即定性结果易受"主观"影响，人们认为纯粹的定量（也称为"客观"）模型具有"黑箱"性质，很少受人为操纵，因此外部利益相关者（如审计师和监管者）可能更容易接受定量结果。正如波特（Porter，1992）所说，"量化是一种克服距离和不信任的策略……我们需要将量化理解为对一系列政策的回应。"

然而监管机构日益意识到了定性分析的重要价值，因为在某些特定问题中，它有助于风险管理师产生更深入的理解（ESMA，2011）。由于定性分析与理解潜在动态有关，而定量分析中关键因素的信息（如管理能力）可能不会反映在数据中，或者可能严重滞后，因此我们可以认为定性分析具有一定的优势，有时甚至比定量分析更具有前瞻性。

为了保证定性分析在决策过程中提供的输入值有意义，我们必须构建适当的分析结构，例如通过正式的评分系统。这样一来定性分析与定量分析方法在本质上就没有区别，因为定量分析也依赖于对数据的解释，因此也可能存在决策偏差。为避免决策偏差，我们在定性分析时必须成立一个负责对项目估值和评分的专家小组，尽可能通过简化流程，正确记录所用方法，培训分析师以及定期审查等方式来确保分析的一致性和可重复性。

13.1.2 确定分类

我们可以通过评级来分类，而确定等级的方法一般有两种。首先，尽可能详细地定义和描述各种类别和它们之间的界限，但是具体采取何种分类方法，则需要分析师根据研究目的自主选择。在对每一类特征相互作用产生的结果建模具有难度，以及最终分类由因素组合确定的情况下，用评级来确定等级可能较为有效。当然，此法具有高度的主观性，且缺乏透明性和一致性，但是这些问题都可以通过结构化的审查等手段得到解决。

另外，通过评分法以及汇总各类排名来确定分类也可以成为一种正式的方法。这种方法的优点是分类过程更透明且可重复，然而如上所述，在因素组合决定最终分类时，将各单项评分汇总到一个分类可能存在问题。

13.2 基金评级/评分

人们一再主张有限合伙结构这种投资方式适用于与信用风险评估相类似的技术。例如巴塞尔银行监管委员会（BIS，2001）认为：

> "建立股权投资内部风险评级体系是一个合理的做法……。例如私募股权基金投资的评级因素可以包括评估基金的多元化程度、管理经验、流动性以及实际和预期的绩效表现。评级系统应该用于评估新的投资机会和现有的投资组合。这种风险评级的量化将根据机构的需要而有所不同……。他们还应全面记录并定期确认量化工作的政策、程序和结果。"

同样，国际互换和衍生工具协会（ISDA，2001）认为：

> "……一些流动性较低的交易资产（例如私募股权）可能更需要与评估破产或违约风险相关的风险分析，而不是市场风险模式。"

评估信用风险的传统方法是评级系统。在资本市场，对借款人进行评级十分常见，评级分析了债务人的质量，还可以披露该债务人的偿付可能性。所有信用评级方法都包含定量和定性的成分。① 定量数据越受限制,评级将越依赖于定性评估。

13.2.1 基金评级的学术研究

巴塞尔委员会和国际互换与衍生工具协会(ISDA)等机构的观点未能激发学者对评级这一领域进行研究。尽管市场上已有一些私募股权和类似资产类别的评级系统,但这些工作都是由从业人员和商业实体引导完成的。例如特罗赫(Troche,2003)研究了私募股权,詹诺蒂和马特洛熙(Giannotti & Mattarocci,2009)研究了房地产,而拉索(Ruso,2008)提出了一个包含封闭式房地产基金、船舶基金和私募股权基金治理和风险评级的评级体系。他们所提出的技术在许多方面是类似的:风险评级由几个标准组成,依据它们对风险水平的影响方向(增加或减少)赋予它们负值或正值。然而这些研究都没有将评级分类与量化联系起来。

13.2.2 技术

关于投资管理和定性方法的研究通常由术语"评分(scoring)""排名(ranking)"和"评级(rating)"来表示,它们在使用时有时会造成混乱。在我们的研究中,我们通过区分定性和定量方法来确定一个排名,从排名中导出得分,汇总各种排名或得分来得到一个分类,例如一个等级或一个分数(迈耶和马森内特,2005)。

排名

"最好"到"最差"的排名通常是为了帮助用户做出决策。排名有时被称为"排名表",它以各种各样的度量标准为基础[布罗姆利(Bromley),2002]。若干个相关维度的排名通常是独立的。例如在大学排名表中,研究人员通常分别对"研究评估""教学评估""工作人员/学生比率"进行排名,因为用户可能只对影响整体排名的某个因素感兴趣,或对某个维度特别感兴趣。虽然单一维度的排名非常直观,但将不同维度的排名汇总,并基于该排名做出两个或多个另类投资决策则非常困难,这要求投资者将一系列项目或属性的排名转换成分数。

评分

评分旨在为某种基金分类方式指定一组度量标准。设计评分模板时需要考虑评估所反映的维度数量和权重等重要问题。例如对于基建基金,我们可以假设对低成本债务融资的利用能力比为投资组合公司提供运营支持更为重要。相比之下,风险投资虽然通常极少涉及债务,但运营因素却也至关重要。由于各个维度的相对重要性不同,所以我们需要知道如何为不同维度分配具体的权重。

13.2.3 实际的问题

我们需要考虑一些限制条件并进行权衡。首先,虽然从业人员试图从一组不同标准

---

① 例如定性因素在信用评级分析中占超过 50% 的权重。见 O'Sullivan B. and Weston I. (2006) Challenges in Validating Rating Systems for IRB under Basel Ⅱ. Standard & Poor's, October. 引自 Rebonato(2006)。

的排名中得到单个总体排名,但想要得到"完美排名"是不现实的。事实上,这样的排名不可能存在,正如康多赛(Condorcet)和阿罗(Arrow)所提出的社会选择理论中的古典悖论一样。①

一个优质的评分方法所得出分类应该具有极高的内部相似性,但是各分类之间的相似性低。这些类别在某种程度上应该彼此"相似",从而某类别中的基金集可以以组为单位统一进行处理。但是我们关注的类别越多,基金被分配给"错误"类别的概率就越高,即存在另一个更适合其特征的类别。因此类别的数量越少,评分方法就越稳健。人们通常难以清晰地确定各维度的权重,在这种情况下,为每个维度分配相等的权重是一种务实稳健的方法。

"计数(tallying)"是指导决策的一种简单方法。在使用这种方法时,分析师需要找到一些线索来帮助他们在两个或多个选项之间做出选择,其中最优选项是积极线索超过消极线索最多的选项,无须按照重要性进行评级[费雪(Fisher),2009]。计数看起来过于简单,因为它没有考虑不同因素的相对重要性,但这种简单方法预测结果的准确性总是优于专家的直觉[道斯(Dawes),1979]。在拥有已知数据时,我们可以给不同因素赋予统计权重。然而风险管理师面对的是高度不确定性,他们无法确定应该分别赋予这些因素多少权重。利用数据推测未来(这是风险管理师应该主要关注的)时,简单的计数工作很有效,有时甚至比其他一些方法更好。事实上风险管理师就像法律案件中的法官一样,无法靠"绝对真理"来进行判断,而要权衡正反双方的证据。1992年,特里•史密斯(Terry Smith)在其会计技巧分析中采用了类似的方法(史密斯,1996)。他为公司引进了"点(blob)"评分("点"代表创造性会计技巧的使用)。在他所分析的公司中,这种"点"评分已被证明是一种非常稳健的预测财务困境的方法。

在评分过程中,考虑过多或者过于复杂都显得毫无意义,因为评分时考虑的维度越多,均值回归现象就越显著,统计学上一般会这么解释:极端事件发生后再次出现极端事件的概率很低。也就是说评分过程中考虑的维度越多,结果就越接近平均值。

13.3 基金评级方法

为回顾目前常用的几种基金评级方法,我们将对以下两个方面进行区分:(i)独立外部机构的评估;(ii)投资者内部使用的基金评估技术。"评级"常被应用于信用风险模型,并且与贷款或债券的违约概率相关。虽然有限合伙基金有时会涉及评级,但正如我们在第八章中所说,基金不会在信用违约层面上"违约",因为信用违约通常是指债务人未按合同约定偿还利息或本金。本章随后将讨论有限合伙基金的分类,我们称之为"分级(grading)",即以与对照基金的比较为基础进行评估。

---

① 根据诺贝尔奖获得者肯尼斯•阿罗(Kenneth Arrow)的不可能定理(the impossibility theorem),没有基于候选人排名的投票系统可以在转化为全社会排名的同时还满足四个标准——无限制域、非专制、帕累托效率和无关选择的独立性。

13.3.1 外部机构评级

就共同基金而言,"评级"一词已非常常见,尽管此评级与信用评级相比,在目标和基本方法方面有着根本的不同。共同基金由独立机构进行评级,如金融和经济研究国际中心(Feri)、理柏公司(Lipper)、美国晨星公司(Morningstar)或标准普尔公司(S&P)。根据《Feri信托基金指南2002》,"基金'评级'是具有前瞻性预报的标准化评价"。例如由美国晨星公司评级的基金需要至少5年的历史记录,还要有至少20个可比基金。相比之下,标准普尔公司需要至少3年的基金历史数据和足够数量的可比基金。然而与共同基金相比,有限合伙基金通常不由外部评级机构进行评级。独立机构的评级难以适用于私募股权和实物资产。

公司的信托评级

信托评级(fiduciary rating)衡量的是投资者将资金委托给第三方机构的风险。信托风险是指由于未能履行合同义务而违背投资者信任的风险,它反映了投资公司系统、流程和组织的弱点、缺陷和失败。根据RCP合伙人公司(RCP&Partners,一家欧洲信托评级机构),信托评级是"一种应用标准化流程来对资产管理机构进行评估、评级和监控的方法"。

信托评级将评估公司的稳定性以及该公司在一段时间内维持相对绩效的能力,同时它也考虑了其他标准,例如投资过程的质量、财务实力、风险管理的质量、利益冲突的避免或减轻、控制能力、客户服务或管理策略。RCP合伙人公司通过审查两类风险来对管理公司进行评估:[①]

　　• 结构风险,它涉及公司的"硬件",涵盖总体资源分配、风险控制、合规、管理、后台和中台以及销售和营销。
　　• 绩效风险,它涉及公司的"软件",取决于整个投资管理过程,从研究到交易执行,包括公司自己的投资记录。

信托评级基于如下假设:取得良好投资业绩的必要条件是合理组织投资过程。这种方法的优点是,它不需要很长的投资历史,这有助于克服私募股权和实物资产投资的主要障碍。然而信托评级与基金未来的业绩表现之间没有直接的联系,良好的信托评级并不是良好的投资收益的充分条件。RCP合伙人公司使用的评级标准与标普相同,但其投资风险模型与标普不同,所以有时可能会造成混乱。

另一个挑战在于,信托评级依赖于公司的自愿参与,在另类投资行业中这一前提条件可能难以满足。例如拉索(2008)的治理评级(governance rating)以发行前景中揭露的信息为基础,他将12个主要标准用于评估决定基金治理结构质量的不同基金特征。然而由于高质量公司筹集的基金已有确定的投资者群体,所以它们可能不愿意提供更多具体、细致的信息。

[①]　参见 http://www.globalcustody.net/rcp-and-partners/? 149［2012年2月10日访问］。

重要的是,我们不应混淆信托评级与尽职调查。相反,我们应该将信托评级视为对尽职调查的补充以及基金定性评估的标准输入值,因为它可能适用于监测阶段。这种"评级"能够体现基金的质量(通常关注投资团队或机构的质量),但不能预测基金业绩。

公司的评级

巴黎高等商学院(HEC,一所法国商学院)的教授奥利弗·戈沙尔格(Oliver Gottschalg)不是对单个基金进行评级,而是关注于"私募股权公司的稳健性(fitness)"。[1] 自 2009 年起,HEC 和道琼斯联合发布了这些稳健评级,即 HEC-道琼斯私募股权稳健排名™(The HEC-Dow Jones Private Equity Fitness Ranking™)。它旨在列出最好的私募股权公司,"……主要是从竞争稳健性方面,具体来说是指他们未来 5~10 年间获得优异业绩的能力。"[2]说得更具体些,该排名根据 10 条不同的标准来评估每个公司的竞争力地位,按公司绩效和每一条标准之间的历史联系导出公司整体的未来竞争力分数。这些标准是从 30 多条标准中挑选出来的,它们能够抓取一些最重要的价值驱动因素。模型根据 HEC 专有的并购数据库进行校准,该数据库包含过去 30 年来大量私募股权交易样本的投资特点和绩效表现信息。

这些标准包括当前基金的活动规模、利用低成本债务融资的能力、在持有期间使股票从市场趋势中获利的择时能力、在高估值时退出股票市场的择时能力、行业关注度及其变化程度、交易流的质量(指当其他所有私募股权公司减缓投资步伐时,该公司继续投资的能力)、利用不同规模投资机会的灵活性、策略的独特性和差异化水平,以及近期活动规模的变化。

稳健排名应该具有前瞻性,但它只是 HEC-道琼斯私募股权绩效排名(HEC-Dow Jones Private Equity Performance Ranking™)的补充,后者旨在根据普通合伙人过去的业绩表现对其排名。

绩效排名基于汤森路透 VentureXpert(一家大型的私募股权数据库)提供的数据。在 2012 年的排名中,该数据集包括 2 544 个基金和 1 295 个公司在 15 690 个不同投资组合公司中的 33 025 项投资,共计 6 310 亿美元。他们从这个样本集中筛选私募股权公司的条件为:(i)至少完成了 50 笔交易,(ii)至少募集了 4 个基金,(iii)至少投资了 10 亿美元,(iv)至少已经活跃了 10 年。这些条件将样本缩减至 238 家公司,这些公司拥有超过 1 000个基金,筹集了近 1 万亿美元,并对超过 20 000 家投资组合公司进行了投资。由于一些变量的缺失,私募股权的样本进一步缩至 217 家。

虽然统计测试表明该模型具有很强的解释力,但在该方法中,有两个重要的局限性难以避免。正如戈沙尔格自己指出的,竞争稳健性的排名是以这些标准和后续绩效表现之间的历史关系为基础的。若这些标准或它们的关系有所改变,模型的精度将降低。此外,模型分析以可观测的数据为基础,但这些数据并未反映诸如关键人员的离开或未来策略

---

[1] 这并不是他曾提出的选择基金的方法,后者在戈沙尔格(2010)的文章中有所描述。

[2] 见 2011 年 5 月 19 日的新闻稿[奥利弗·戈沙尔格教授发布 2011 年春季 HEC-道琼斯私募股权稳健排名。http://www.hec.edu/var/fre/storage/original/application/b3034f561b8dc60a51887e9d6d7d849e. pdf(2012 年 11 月 5 日访问)]。也可参见普里马克(Primack,2011)。

变化等因素,这些尚未反映在最近投资决策中的变化可能会影响公司的未来表现。由此可见,排名作为决策工具,它的价值在很大程度上建立在绩效具有持续性的假设上,虽然这个假设并不完美,但是却广为从业人员采纳。

基金的投资评级

Feri 在 2000 年推出的封闭式基金投资评级中区分了以下资产类别:房地产、船舶、飞机、新能源、私募股权、基建、多重资产。[①] 评级的目标类似于传统的共同基金评级,即帮助投资者用一种透明、标准和有效的评估方法来甄选单个基金,这种方法以一系列明确的标准为基础,这些标准中同时涵盖了定性和定量因子:"以基金经理的尽职调查结果为基准,用基金的定性信息来补充定量信息,从而生成 A～E 的基金评级,其中 A 是最佳评级。"Feri 用一个打分模型将各种不同的标准结合到一个单独的评级中,评级按客户要求进行,为客户提供系统性的独立分析来确保他们投资决策的合理性,但是该评级不对公众开放。就房地产基金而言,评级基于对其结构(例如合同分析、担保、融资和收益、退出条款)、管理质量及其在管财产的评估。相比之下,Feri 的私募股权基金选择标准是管理[②](60%)、经济[③](32.5%)和客户服务[④](7.5%)[宋霍勒兹(Sohnholz),2002]。

其他一些顾问公司也为有限合伙基金制定了评级流程,如 Mackewicz&Partner 及其后来的公司 Fleischhauer,Hoyer&Partner(FHP),它们认为私募股权和 VC 基金的评级与传统基金评级大致相当。[⑤] 它们的目标是为潜在的基金和母基金投资者提供可靠的决策支持,其重点在于评估投入资本损失和收益的可能性。FHP 使用的评分模型基于五维定性评估标准。[⑥] 基金的"FHP 评级"结果分为"非常差"(加权总分 0～39)、"差"(加权总分 40～59)、"好"(加权总分 60～79)、"非常好"(加权总分 80～89)和"优秀"(加权总分 90～100)。

外部机构评估基金的局限性

以下情况可能使有限合伙基金的外部机构评级出现问题。

• 如果外部机构用于评级的客观标准数量较少,则我们难以称之为"评级"。另类投资属于可评估的投机性资产类别,其基金评估主要基于定性因素,评级结果可能具有高度主观性。

• 评级通常不包含评级机构的任何建议,但由于有限合伙基金的外部评级只与投资前的活动相关,并且投资者在做出投资决策前不具有有效的风险调整后的定价

---

① 参见 http://frr.feri.de/en/products-services/funds/closed-end-funds/和 http://ft.feri.de/en/investment-segments/private-equity/ [2012 年 2 月 8 日访问]。

② 业务概念、管理经验、管理资源、历史绩效、交易和退出时间、经营风险、管理参与。

③ 管理费、激励费、其他费用、现金流量、基金风险。

④ 税务和法律结构、客户关系管理。

⑤ 见 http://www.fhpe.de/investors/vc-pe.htm [2012 年 2 月 8 日访问]。

⑥ 研究人员从 1(非常差)到 5(非常好)为以下 5 个维度打分:管理团队及其经验(30%)、业绩记录(30%)、基金结构和条款(20%)、投资策略(10%)和投资过程(10%)。见 http://www.fhpe.de/investoren/FHP_Flyer_Rating%20internet.pdf [2012 年 2 月 8 日访问]。

方法,因此评级就成为一种隐含的投资建议。投资后,投资者就可以获得比任何评级机构更深入的基金信息。

· 由于能成为客户的潜在投资者不多,因此外部评级服务难以施行。[①] 因为基金行业监管还不到位,所以只有具备资格和富有经验的投资者才可以成为有限合伙人,而他们在投资前必然会进行尽职调查。

· 基金只有在募集期间或通过二级市场的交易才能获得承诺资本,这与共同基金有根本的不同,共同基金的投资者可以根据外部评级不断调整其投资组合。

13.3.2 基金内部评估方法

一些私募股权投资计划使用分级式评估来管理其投资组合。例如加州公共雇员养老基金采用了表13.1中列出的分类。

表 13.1　加州公共雇员养老基金绩效评估

超出期望
符合期望
低于期望
可能低于期望
下结论言之尚早

资料来源:加州公共雇员养老基金

"下结论言之尚早"并不意味着加州公共雇员养老基金在投资前对被投资基金没有任何看法。它的潜在假设是投资的基金能够实现其公布的期望收益率,该收益预期在整个基金存续周期和单个资产类别内保持不变。根据布伦瑞克(Braunschweig,2001),21 世纪初加州公共雇员养老基金以超过 30% 的期望收益率对种子资本投资做出承诺决策。当时早期和晚期 VC 的目标收益率为 25%,并购和夹层投资的预期收益率分别为 20% 和 15%。

表 13.2 为 VC 基金的评估框架提供了另一个例子。

---

① 共同基金在投资者数量(主要是零售投资者)和投资量方面更具可扩展性;因为共同基金行业受到监管,因此晨星等评级服务机构和共同基金的基金经理的收益更高,而且无须进行尽职调查。Feri 的另类资产评级应该算是标准化的尽职调查,据我们所知其结果只对 Feri 的客户开放。

表 13.2　基金表现的内部评估

评级	描　述
A	证据表明基金存续期内可以达到 X％＋的收益率
B	有一支强大的 VC 团队管理的未成熟基金，或者在不同存续期范围内产生收益的基金
C	标的投资组合的收益率仅为个位数的未成熟基金，或是未经过市场检验或管理团队能力平平的基金
D	收益率为个位数的基金，或者管理团队能力堪忧的基金
E	预计产生负收益或最小正收益的基金。

　　表 13.1 和表 13.2 中的两个例子为评级制定了静态基准，这种静态基准在某种程度上考虑了具体的市场环境。[①] 拉施勒和耶吉（Raschle & Jaeggi,2004）基于概率和四分法提到了另一种分类方法，见表 13.3。

表 13.3　艾德维克基金绩效评估

基金经理的素质	素质的界定
出色	50％的概率达到前四分之一
可靠	35％的概率达到前四分之一
平均	25％的概率达到前四分之一
差	低于 20％的概率达到前四分之一
未能证实	太年轻

资料来源：艾德维克（Adveq）2002 年的分析

　　此类基金评估主要用于内部，很少对外公布。与行业从业人员交流后，我们得知基金的"分级"方法（无论是公开的还是内部的）通常是"不受欢迎的"。[②] 一个原因可能是人们认为低级别的基金意味着初始投资的选择方法失败了。基金进入前四分之一的概率也与时间有关。一个表现最好的成熟基金很可能可以进入前四分之一，但在基金存续期的最初几年，同一基金实现这一目标的概率肯定会更低。因此在艾德维克评估表中，一个基金

　　[①]　见希利（Healy,2001）：继英国广播公司信托基金（ITV）之后，加州公共雇员退休基金可能已经贪得无厌了。硅谷基金 1998 年的投资组合在去年年底上升了 69.9％，但仍被评为"低于期望"。同年的托马斯·李基金（一个并购基金，相对于创业科技基金）到年底增长了 19.2％，被评为"符合期望"……不过长期来看，加州公共雇员退休基金做对了。截至 3 月 31 日，其 10 年私募股权投资的年均收益率为 17.5％。威尔逊 2500 指数（一个股票市场基准指数）同期只上升了 13.9％。
　　[②]　见希利（2001）：即使现在，风险基金和其他私募投资组合的管理者也在谈论"分级"，所有人都可以看到这些数据，无论好的、坏的还是丑陋的。一个私募股权执行官说："如果你出现在'低于期望'那一列，那你就完了"。

会经历不同的阶段，但它的质量基本保持不变。所以我们在几个投资起始年份之间进行比较时可能会有点困难。

13.4 使用评级/分级作为模型的输入

评级/分级系统和所用技术的选择主要取决于决策者的目标。评级/分级系统是否能作为尽职调查过程的一部分，为投资决策提供信息？这是投资组合管理和风险预算的主要目的吗？这样的系统是否有助于监控投资决策？例如评级/分级作为一种投资决策工具，其主要用处在于选择更好的投资建议，因此我们可以将前文所述的评级看作是成功的指向标。

众所周知，没有风险就没有超额收益。事实上人们通常希望这句话反过来也成立，即投资者承担风险时能获得超额收益的补偿。然而这需要建立一个风险调整定价机制，该机制在投资者承担的风险和期望获得的风险补偿之间建立了联系。或者如下文所述，投资者可以通过寻找其他市场参与者暂未发现和利用的机会来承担风险。

13.4.1 评估下行风险

典型的有限合伙结构无法进行风险调整定价。在有限合伙结构中，所有的原始头寸均按票面价值交易（即不存在溢价或折价），而且没有既定的息票支付，只有未知的业绩表现和已知的成本结构。投资者只有在二级市场交易中才有可能将表现不佳的基金折价变现（马森内特和迈耶，2007），因此投资者通常会在投资前的尽职调查阶段就解决与风险有关的关键问题。如果这些问题一直存在（常被称为"交易中断器"），那么投资提案通常会被否决。然而在基金存续期内情况可能改变，比如高评级的基金可能会遇到意想不到的问题。虽然理想情况下，评级能够预测基金存续期内可能出现的问题，但我们要想到（第八章），由于有限合伙基金的违约模型忽略了上行潜力对投资者承受下行风险的补偿，因此该模型是有问题的。

13.4.2 评估上行潜力

虽然结构化方法应该带来更高程度的一致性，但评级技术本身是否能提供额外的信息来做出更好的投资决策，这一点是值得商榷的。我们可以从不同分数的统计情况中推断出单项评级或分级，但反之则不然，因为对于投资决策来说，分数统计的信息量往往多于某一资产类别的信息。无论如何，任何投资决策方法的价值都取决于该基金预测未来结果的相对能力，但是暂时还没有稳健的经验证据能够证明这个结论。

13.4.3 成功可否重复

评级系统明确或隐含地假设收益是持久的，事实上许多从业人员都认同这一假设，它考虑到私募股权投资的成功需要一些特殊技能，而基金经理通常需要经历一个技能学习的过程。卡普兰和肖尔（2005）为私募股权的持久性假设找到了论据，亨德肖特（Hendershott，2007）认为，如果一个基金的前三轮基金均位于前四分之一，那么该基金至少有 80％的概率也位于前四分之一。然而考虑到研究人员面临大量的数据问题,他们需要从投资决策的角度做更多的研究,从而得出有意义的结论。具体而言应考虑以下几点。

- 鲁夫内兹(2006)指出,市场上有超过四分之一的基金被标为"前四分之一",而且如果一个基金位于较低四分位数,则其基金经理有 40％的概率会被辞退。[①] 因此投资者往往只会遇到"前四分之一"的经理。基金经理超高的流失率以及持续的优秀业绩似乎是私募股权资产类别的标志性特征。这使得投资者难以将前四分之一的业绩表现作为有效的筛选标准。

- 我们无法比较投资起始年份不同的对照基金。私募股权公司不定期地筹集基金,因此那些在上一投资起始年份募集了对照基金的公司,在当期不一定会在市场上再次寻找投资者。随着对照基金的构成不断发生变化,其持续性将难以得到验证。

- 收益持续性的研究通常基于成熟基金的数据,因为未成熟基金的业绩表现波动很大,所以样本中所包含的基金应该至少存续了 6 年。[②] 然而典型的基金筹集周期是 4 年,在上一次私募股权繁荣的高峰期,基金不到 3 年就可以重返市场。事实上在康纳(2005)使用的风险投资基金数据集中,平均 2.9 年后公司就会募集后续基金,他的样本中有近一半的公司在第 2 年或第 3 年开始募集后续基金,这意味着当投资者必须重新做出投资决策时,基金的业绩表现并不清晰可靠。事实上在投资者进行决策时,基金大部分的承诺资本仍然尚未动用,同时由于已有的投资往往发生在近期,投资者也都没有足够的信心预测业绩。

- 若收益可以持续,那么这到底是归因于基金经理的专业素养还是其他因素?钟(Chung,2010)最近的研究发现,市场条件可能会发挥重要作用,比如发展尤为强劲的市场中会有表现优异的基金。然而市场条件可能改变,新的竞争者将进入市场,并影响市场中现有公司实现超额收益的潜力,这使得对基金运营能否成功的预测难上加难。

- 最后,基金经理自身的成功可能会损害其基金的业绩。当一只基金优于其他基金时,其后续基金将更容易吸引更多资本。然而随着基金(及其后续基金)规模的增长,其业绩可能会受到影响。卡普兰和肖尔(2005)发现,VC 基金的规模及其业绩的关系呈一条凹曲线,而并购基金中则无此关系。罗宾逊和森索伊(2011)发现,并购基金和 VC 基金的公开市场等价物(PME)以及基金规模的对数之间也呈轻微的凹曲线关系。哈里斯等(2012)发现,在控制投资起始年份这一变量后,并购基金和 VC

---

① 见鲁夫内兹(2006):"一个原因是,除了 25％的比率本身,其他都尚无定论。'最佳绩效'指的是总价值还是内部收益率,净值还是总值,实现与否,这些都因对照基金的不同而有不同的解读方式。"优秀的基金经理也可能遇上不幸的事,例如他所支持的优质公司中某位 CEO 突然死亡或某个部门步入长期的衰退。即使基金经理能力相同,长期接触市场的极端情况也可能会使他们不自觉地偏向于某一种策略而非另一种。同样,亨德肖特(2007)计算后发现,对于 1 000 个私募股权基金中最好的 250 个,其中有 146 个(58.4％)基金由前四分之一的基金经理管理,还有 41.6％的优质基金由 13.9％幸运的普通基金经理管理。"

② 见比热尔(Burgel,2000)和康纳(2005)。

基金的 PME 与基金规模的对数之间呈凹曲线关系,然而回归系数仅在并购水平为 12%时显著,对 VC 基金则并不显著。

13.5 评估与可比基金的相似程度

在这种背景下,我们建议重点关注基金与对照基金的相似程度,该对照基金将作为量化的参考,而评分旨在测量基金在相关维度上与该对照基金的偏差。使用这种比较来进行事前评估的前提假设是:基金组内的每一个基金都有突出的业绩表现(波特,1979)。我们对定性风险的理解基于某个特定的市场环境中,基金在运作之初与最佳投资方案的类似程度。我们假设对于那些风险经过合理调整的基金来说,即使最佳投资方案的标准发生了变化,其业绩表现也将与早期基金一致,而在基金募集时我们就已经对早期基金的风险进行了合理调整。

13.5.1 AMH 框架

适应性市场假说(AMH)反映了另类资产行业的演化模式:市场参与者经常犯错误,但他们也会吸取教训。竞争带来适应和创新,自然选择塑造市场生态,进化决定市场动态。投机机会确实存在于市场之中,但是会随着时间的推移出现和消失,因此连续寻找新机会的创新形式对于生存和增长至关重要。适应性市场假说起源于对冲基金,大量对冲基金侧重于利用套利策略产生收益,若有效市场假说(EMH)成立,这就不可能发生。适应性市场假说是罗(Lo)提出的一个相对较新的框架,但将进化思想应用于经济行为并不是首创。[①]

基于"相似性"思想的分级技术在有效市场假说中是有问题的:在没有风险调整定价机制时,投资于有明显弱点或与行业标准有结构性偏离的基金并没有意义。然而基金分级作为一种工具符合适应性市场假说:它衡量了基金结构与代表基金市场"平均"最佳投资方案的偏差。库克拉(Kukla,2011)发现私募股权领域存在几种成功的策略。成功的公司对其策略群组中的其他公司进行监测,将监测结果作为参考,而且随时间的推移与其他公司不断相互融合,策略群组从而得以发展。

13.5.2 另类资产的策略群组

库克拉(2011)确定了策略中心点,即"质心(centroids)",如"部门专家""产品专家""以部门为中心的投资公司""多业务投资公司"和"小盘股通才"。他将质心解释为一组公司策略模式的数学等价物,并发现了群体间的重大差异。他报告的证据表明,私

---

① 参见罗(2005)或罗和穆勒(2010)。事实上托马斯·马尔萨斯已经使用生物学的观点预测了相当可怕的经济后果。反之亦然,进化生物学家查尔斯·达尔文和阿尔弗雷德·罗素·华莱士受到了马尔萨斯的强烈影响。他的论点成为自然选择理念的一个知识上的垫脚石。此外,熊彼特的"创造性毁灭"和"创业活动爆发"的观念与进化的概念是一致的。

募股权公司若附属于一个更为成功的策略群组,那么随着时间的推移它们将趋向于质心。

机构有限合伙人协会(ILPA)制定的有限合伙人协议(LPA)评级工具就是如此。[1]它的目的是评估特定合作协议对 PE 准则 2.0 版(即 ILPA 提出的最佳投资方案)的遵守程度。这些原则旨在作为一种有关尽职调查的工具,用于监测和评估私募股权的投资。虽然评级工具立足于排名和加权过程,而该过程又反映了基金管理中可量化的方面,但我们需要强调的是定性分析同样重要,有时有限合伙人的主观判断是必不可少的。由于每个合伙协议都不相同,不同的人对此也可能会有不同的解释。因此 LPA 评级工具形成了基金与同业的比较基础,有助于确定基金的相对优势和弱点。虽然对于有限合伙人来说,遵守 ILPA 原则在基金选择过程中起着越来越重要的作用[2],但鉴于其定性性质,投资者必须认识到它们的局限性。

13.5.3 将分级量化

通过测量与策略群组"质心"的偏离程度,我们可以根据偏离程度不同将策略分为"标准""主流""利基"或"实验"。一些行业从业人员曾说过:"我们将经理从 A 到 D 分类,A 是我们的投资组合中的经理,D 是我们认为还未达到机构投资者水平的经理。我们将资源交给 A 和 B,但实际上我们也定期为 C 提供资源。"[3]类似的话语表明越来越多的人开始接受评估有限合伙基金的可比方法。

13.6 总结

"经典"的尽职调查方法和本章讨论的各种基金评级之间的界限十分模糊。一般来说,评级旨在预测单个基金的投资是否成功,但其预测结果值得怀疑,投资经理也常认为这种"算法"不太可能奏效。与此同时,许多投资经理认为尽职调查是另类资产主要(甚至是唯一)的风险管理工具。然而卡尼曼(Kahneman,2011)发现,在高度不确定和不可预测的情况下,专家意见通常不如相对简单的公式。他承认如果投资环境足够有规律,且专家有机会学习其规律性,那么专家的直觉就可以带来更好的结果。然而投资有限合伙基金时情况通常并非如此,因为有限合伙基金的投资环境会不断变化,而且基金的长期存续期使得投资经理无法频繁获得观测值,因而他们很难发现绩效相关的投资模式,并从中吸取经验教训。这个论题超出了本书的研究范围,但我们认为"最佳投资方案"和"经验教训"可以有效地形成一套算法,为有限合伙基金输入风险度量指标分级。

---

[1] 见 http://ilpa. org/lpa-ratings-tool/ [2012 年 2 月 7 日访问]。

[2] 根据 Preqin(一家数据供应机构)最近的一项调查,大多数受访投资者认为某个基金不遵守 ILPA 原则是他们不投资该基金的原因。在基金偏离 ILPA 原则的情况下,只有那些可以形成案例的基金,例如与竞争性提案相比存在优势或差异的基金,才能吸引那些所谓的"对条款和条件越来越敏感"的投资者。见 http://www. cpifinancial. net [2011 年 6 月 23 日访问]。

[3] 参见 Institutional Investor Profile, Colin Wimsett, Managing Partner, Pantheon Ventures, http://www. altassets. com/features/arc/ 2008 / nz13106. php [2008 年 7 月 3 日访问]。

　　与适应性市场假说一致，为了量化期望绩效等级，我们提倡一种以确定相似程度最高的基准基金为目的的方法。在第十四章中我们将讨论如何利用这种定性输入将可比基金指数转换成一系列的倍数。

第十四章　量化基金评级

为了衡量有限合伙基金的风险,我们必须克服一系列的问题。定量分析侧重于财务实力和投资组合,但投资组合分析的相关性需要遵循基金的存续期,且随着时间的推移,相关性分析的重要性愈发突显。由于投资常常涉及盲池基金,所以风险的评估只能高度依赖定性标准,这一现象在基金存续早期尤为突出。

我们继续上一章节的内容来讨论基金的分级系统,该系统借鉴了信用风险评级技术的现有经验。我们的目的不在于详述所有可用的评分技术,这部分的相关内容可以参考克劳伊等(Crouhy et al.,2001)以及迈耶和马森内特(2005)的研究,本章我们关注如何统一量化基金评级,从而确定增长率的范围,并将其作为现金流量预测模型的输入值。该分级系统由两个部分组成:(i)"期望绩效(expected performance)"(P-A、P-B、P-C、P-D)和(ii)"运行状态(operational status)"(O-A、O-B、O-C、O-D)等级。我们以具有类似特征的可比基金为基准,通过确定基金结构可能存在的弱点来评估期望绩效。这种方法为合伙基金的事前评估、事中监测和事后绩效衡量提供了一致的框架。在监测阶段,基金运行阶段的评级是为了获得不可预测事件所带来的风险对预期业绩等级的负面影响,如普通合伙人管理团队重要人才的流失。

14.1 期望绩效等级

我们根据定量和定性标准,同时考虑了投入和分红的内在年龄、审查,以及必要时的等级调整,以此来确定期望绩效等级。期望绩效等级反映了根据基金存续期的特定阶段加权的许多特质。其中,定量分数是以基金投资起始年份的对照基金为基准得出的,而基金的内在年龄加强了模型对定性输入的敏感性。据此,我们用贝叶斯推理作为分级方法,将相关证据或观测结果用于预测的更新。对于尚未成熟的基金来说,预测主要依赖于由定性分数确定的历史数据子集,而对于成熟基金来说,定性分数对于其预测模型完全不起作用。见图14.1。

预测模型本质上是自上而下设计的,即盯住可比基金。随着基金趋于成熟,尚未动用的承诺额度下降,相对于定性因素而言,定量分数变得越来越重要。与此同时,单个投资组合公司的权重也在增加,自下而上分析的作用因而越来越大。

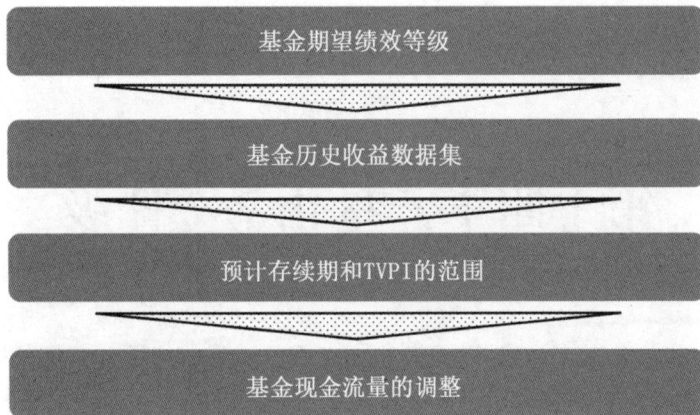

图 14.1　基本方法

14.1.1 确定定量分数

虽然我们普遍将 IRR 作为基金业绩评估的关键指标,但它高度依赖于 NAV 的计算和现金流量的发生时间,因此我们分别将基金存续期及其存续期结束时的 TVPI 视为评估维度。我们通过比较基金的期间 TVPI 与其对照基金的期间 TVPI 来计算定量分数。

有限合伙人可以通过对照基金来观察在给定时间内,特定基金相对于其他基金的绩效表现。为了确定这个对照基金,我们通过各种数据供应机构,如 Preqin 或 Thomson VentureXpert 来选取同一投资起始年份的基金样本,同时控制样本中合伙基金所处的阶段和地理集中度等变量。我们将基金与基准基金的比较结果转换为定量分数:与确定对照基金的四分位数目标一致,基金在基准参照内的相对位置被转换为四分位数界限之间的线性组合,最大的为 1,最小的为 4,中间的为 2.5,前四分位中最低为 1.75,后四分位中最高为 3.25。①

对于较小和不发达的细分市场,例如针对新兴市场中不良资产或成长资本交易的合伙基金,我们可能难以找到具有类似特征的基准基金样本。现有数据库的市场覆盖面各不相同,实际上,一些市场的规模太小,且刚处于起步阶段,因此我们难以根据可比基金为基金分级。在这种情况下,只要能找到基本特征足够具有可比性的类似基金,我们就可以将基金与之进行比较。例如在对新兴市场的成长资本基金分级时,有限合伙人可以将其他地区的可比成长资本基金作为基准样本。

重要的是,基金的相对业绩表现在其存续期的不同阶段中差异显著。沙利等(Schäli et al.,2002)的研究表明,就风险投资而言,第 1 年年末期间 IRR 位于前四分之一的合伙基金中,只有 14% 在到期时仍位于前四分之一;然而第 4 年年末期间 IRR 位于前四分之一的基金中,实际上有 50% 在到期时仍位于前四分之一。这表明我们更可能在合伙基金存续期的后期确定绩效最佳的基金。由此可见,期间前四分之一的基金将不断变化——

---

　　①　基金的 ITPVI 高于基准的最大 ITVPI 时,定量分数一直为 1;同样,基金的 ITPVI 低于基准的最小 ITVPI 时,定量分数一直为 4。

这突出了定性评分的重要性。

14.1.2 确定定性分数

定性评分的目的是确定有限合伙基金对行业标准的遵守程度,该行业标准也应该适用于与其相似度最高的对照基金。定性评分可以被看作是给定时间内,基金对另类资产市场环境适应程度的衡量指标。我们可以基于此根据基金与标准特性的偏差对基金进行排名。

定性评分用于评估与基金特征相关的若干标准,它旨在获取多个绩效相关的维度,并根据标准市场做法为基金设定基准。在评估私募股权基金时,以下维度(包括几个子维度)的评分较为有效(迈耶和马森内特,2005):

- 管理团队技能:私募股权经验、运营经验、行业部门经验、国家/地区经验、团队规模、团队动力和关键人物、平衡能力和覆盖范围。
- 管理团队稳定性:管理团队凝聚力、历史稳定性、团队内部共享、接班计划、财务稳定性。
- 管理团队动机:激励结构、声誉、团队独立性、外部活动、利益冲突、管理者对基金的投资。
- 基金策略:交易流程策略和采购、实践方法、投资重点和"甜蜜点(sweet spot)"、基金规模、退出策略、合适的总体策略。
- 基金结构:遵守标准、结构成本、公司治理。
- 外部验证:以前基金的业绩记录分析、可比基金的业绩表现、共同投资者的质量、经常投资者。

根据基金是否符合标准的行业实践和结构,我们按不同的标准为基金打分。为了确定定性分数,我们必须要评估是否具有足够的可用信息,以及它是否有助于意见的形成。此外,我们需要考虑证据的稳健性(即是否可以在较长时间段内和在替代条件下观测到)或持续性(即预期是否会继续)等标准。当然,分数不是严格相加的,但在吸引了足够机构投资的基金"连续体"内,或许也可以采用直接加总的方法。

与定量分数相同,我们假设需要评估 n 个条件,那么,如果 n 个条件都符合标准,则获得最高得分 1;相反,如果 n 个条件都不满足,则给出最低分数 4。定性评分基于对投资方案关键维度的评估,它以对照基金作为衡量标准。因此第一步是确定作为参考的"对照基金"。

投资之前,同一投资起始年份的基准对照基金通常是未知的。基准对照基金的构成需要根据融资市场的当前情况和主流标准进行"估计"。评分基于如下假设:未知的未来对照基金将与最近投资起始年份的基金类别相当。即使对照基金的构成是未知的,但是投资决策通常以一系列标准为基础，这些标准一般与表现最好的基金一致。[①] 在这种情况下，我们建议设置两个不同的对照基金。那些已经完全实现收益的对照基金的历史数据将是"陈旧的"。极端情况下，可靠的定量信息所涉及的投资起始年份可追溯到 10 多年前。因此定性分数主要基于期间数据、道听途说的证据和从尚未成熟的基金中吸取的经验教训。定性评分通常不是"静态的"，由于基金会不断产生新的主流特征，同时一些行业惯例会被弃用，评分方法需要根据这些变化不断进行更新和校准。

14.1.3 两种分数的结合，审查和调整等级

随着基金不断成熟，定量信息将越来越多。在基金存续早期，定量信息仅作为定性分析的补充，但随着基金到期，定量信息最终完全取代了定性分析。用于结合定性和定量分数的方法以总结两者预测能力的参数为基础。在结合两个分数时有两个关键的时间节点，即基金存续期的开始和结束。在基金存续期开始时，只有定性分数是相关的，但基金到期时情况却截然相反，此时 TVPI 是已知的，因此定性评估不再适用。我们一旦得到了定量和定性分数，就将它们按基金内在年龄（IA）加权：

$$加权总分 = (1-IA) \times 定性分数 + IA \times 定量分数$$

基金处于早期阶段时，其绩效等级完全按定性分数加权。随着内在年龄接近于 1（这相当于基金的大部分价值已被分配），绩效等级中定量分数的权重将会增加。期望绩效等级的确定如表 14.1 所示。

表 14.1　期望绩效等级评分

1≤累计加权分数<1.75	P-A
1.75≤累计加权分数<2.5	P-B
2.5≤累计加权分数<3.25	P-C
3.25≤累计加权分数≤4	P-D

确定基金期望绩效等级的最后一步是审查和调整等级。我们可以根据诸如基金投资组合的多元化或其运行状态等级（O 级）等定性因素来调整等级。虽然这些调整方式都很合理，但调整等级可能会显著改变基金的期望绩效，因此它们可能仍存在偏差和一定程度的滥用。在调整过程中引入定性控制变量可以降低主观性，同时提高一致性，因为这种定性控制变量可以考虑到若干"危险信号（red-flag）"标准，例如，基金的投资组合是否过度多元化或是否面临过大的风险敞口？基金的剩余流动性是否不足以支持其投资策略？投资组合公司的质量有多大的问题？

如果这些"危险信号"的总和达到预定阈值，基金会被降级。为此，我们需要制定分级审查政策。分级审查政策应该包括运行状态等级或在各基金之间对公司进行评估的交叉

---

① 诚然，我们很难对特定行业和/或地区设定一致的基准。在一些细分市场中，已筹集的基金相对较少，且公开数据库中的样本可能更少，因为并非所有筹集的基金都记录在案，因此有限合伙人可能需要在使用相似性较低的大样本和使用高度相似的小样本之间权衡。

检查中获得的信息等。这种与定性评分方法不同的检查系统将消除一些潜在的偏差，并确保分级系统的完整性。

注意，我们一般不应该把评分视作是对一个难题中各个维度的评估结果。通常各个维度的评估界限不会很清楚，因此我们需要考察投资方案的"宏图"。所有这些构成要素的总体适应性至关重要，特别是团队与基金策略之间的适合性以及基金结构和基金策略之间的关系。最后，如果无法评估太多维度，或在尽职调查过程中发现证据太少，则这种完整性的缺失可能会限制整体的定性分数。

14.2 量化等级

在确定了基金的等级后，我们想知道其预期 TVPI 的范围。一种方法是根据基金等级收集基金的历史统计数据。这种方法适用于历史数据充足、环境相对稳定以及基金类别没有显著变化的情况。然而对于缺乏历史数据并且投资环境不稳定的另类投资来说，这种方法是有问题的。另一种方法，我们可以利用分类来寻找具有类似特征的可比基金（无论是来自不太远的过去或者来自实际对照基金），并且将它们可观测的量化特征作为参考。

14.2.1 估计可能的 TVPI

我们通过考虑基金当前的等级和内在年龄来估计基金可能的 TVPI，并使用蒙特卡罗模拟从历史 TVPI 中选择一个情景。我们根据反映基金等级和内在年龄的一览表为该模拟提取历史 TVPI 数据。[1]

基金收益的现有公共数据库无法将事前条件与结果相关联。额外风险（如杠杆或外汇敞口）不一定需要特定的模型，因为历史收益统计与有杠杆的基金和/或存在外汇风险的基金有关。然而一开始我们通常无法获取关于未来策略的细节，与此同时，因为基金需要适应变化的环境，其风格可能会变化，因此我们必须事前对风险和收益的关系做出假设。这种假设应该足够保守，即假设投资者不能始终选出高于平均水平的基金或避开表现不佳的合伙基金。事实上，在选择基金投资组合时，我们要慎重考虑什么是"随机选择"。样本是从基金的事后统计中抽取的，即有限合伙人经严格的尽职调查后相信自己能够选取具有"超额收益"的基金进行投资。

---

[1] 可以考虑替代一览表。然而在模拟中，我们发现结果对我们所选择的一览表相当不敏感。

专栏 14.1　期间和期末 TVPI 之间潜在的不一致性

在某些情况下,基金的期间 TVPI 高于从统计数据中推出的预期 TVPI。此时应该遵循以下关系:

$$\frac{\text{分红}}{\text{承诺资本总额}} \leq \text{期末 TVPI}$$

如果该条件在自上而下的模型中不成立,那么基金 NAV 将为负,这显然不可能。[①] 事实上我们需要知道的是已知条件下的预期 TVPI,即给定已实现的期间 TVPI,基金的期末 TVPI 将是多少? 在缺乏统计数据的情况下,我们有两种可行策略。

第一种策略是在预期 TVPI 小于已经实现的 TVPI 的情况下,从统计数据中选取另一个样本。这种策略会造成过于乐观的估计偏差,从而导致预期 TVPI 偏高,尤其是在基金存续期早期已经实现更大的 TVPI 时。另一种方法是如果预期 TVPI 小于已经实现的 TVPI,那么我们可以直接放弃样本而非替换样本。假如投资组合的业绩表现优于市场,这种策略会造成悲观的估计偏差,这也是我们推荐的方法。

表 14.2　风险预算的四分位权重

$M_{i,j}(0)$	标准(P-A)	主流(P-B)	利基(P-C)	试验(P-D)
0～25%的基金权重	1/4	1/6	1/12	0
25%～50%的基金权重	1/4	1/6	1/12	0
50%～75%的基金权重	1/4	1/6	1/12	0
75%～100%的基金权重	1/4	1/2	3/4	1

表 14.2 显示了基金内在年龄为 0 时,各等级基金篮子的权重。[②]

我们假设如果没有优秀的选择技巧,那么选择"标准"基金将得到平均收益。除非资金资源足以承受第四个四分位数基金业绩的低收益或损失,否则我们不应投资于"试验"基金,即由新基金经理在新兴市场中管理的合伙基金。

表 14.3　风险/收益关系的四分位权重

$M_{i,j}(0)$	标准(P-A)	主流(P-B)	利基(P-C)	试验(P-D)
0～25%的基金权重	0.2	0.25	0.3	0.5
25%～50%的基金权重	0.3	0.25	0.2	0
50%～75%的基金权重	0.3	0.25	0.2	0
75%～100%的基金权重	0.2	0.25	0.3	0.5

---

①　自下而上的模型也会遇到同样的问题。此外,可能一种"情况(case)"已经实现,且模型不再可能适用于不同情况下的情景参数。

②　关于这些权重的基本原理,参见迈耶和马森内特(2005)。

然而这种量化并没有考虑到潜在的上升趋势:理论上来说,这与风险预算方法相一致。或者我们从中立的角度假设承担风险就能获得与此相当的收益,这可以用如表 14.3 所示的矩阵来建模。

校准表 14.3 中描述矩阵时我们假定:若投资者对"标准基金"做出承诺,则他的预期收益率接近平均值,且与"主流基金"相比,"标准基金"的业绩表现极好或者极差的概率更低。"试验"基金的预期结果要么非常优异要么非常惨淡。这种校准不是预测投资组合的表现,而是使校准结果符合某种投资策略,该投资策略更加注重在另类资产市场中进行反向投资以及寻找尚未开发的领域。事实上有人可能认为,另类投资领域的投资组合管理应该旨在根据风险预算设定的限额最大化"试验"基金和"利基"基金的配置额。从这个意义上看,假定的风险承担行为与探索另类资产市场中的新领域是一致的。

对于任何内在年龄 $0 < t < 1$,各部分的权重由下列矩阵确定:

$$M_{i,j}(t) = (1-t) \times M_{i,j}(0) + t \times M_{i,j}(1)$$

在基金存续期结束时(内在年龄为 1),其等级等于其基准参照内业绩的四分位数(表 14.4)。设 $s_{i,j}(t)$ 是基金内在年龄为 t,等级为 j 的情景 i 下基金的期末 TVPI(即基金存续期结束时实现的 TVPI)。

表 14.4 基金存续期结束时的四分位权重

$M_{i,j}(1)$	P-A	P-B	P-C	P-D
0~25％的基金权重	1	0	0	0
25％~50％的基金权重	0	1	0	0
50％~75％的基金权重	0	0	1	0
75％~100％的基金权重	0	0	0	1

为了处理 J 曲线问题,我们在预测基金存续初期的绩效时以历史上基金的 TVPI 为基础,而非以基金的期间 TVPI 为基础。比热尔(2000)发现,在 7 至 8 年后,基金绩效不太可能出现巨大的变化,期间 IRR 和期末 IRR 趋于一致。几年后,IIRR 已经能够为基金的整体收益率提供一个非常接近的估计值。为了了解这种现象,我们设定一个触发点 T,该时点之后,期间 TVPI 在预期中所占的权重越来越大。只要基金的内在年龄低于给定的 T,期间 TVPI 就可以被完全忽略。如果 $t \leqslant T$,该情景下预期期末 TVPI 为

$$\overline{TVPI}_{i,j} = s_{i,j}(t)$$

只有基金内在年龄高于设定的触发点之后,我们才开始考虑期间 TVPI。如果 $t > T$:

$$\overline{TVPI}_{i,j} = s_{i,j}(t) \times (1-t) + ITVPI_i(t)$$

因此现在有一种方法有助于我们确定期末 TVPI 的范围和最终存续期的范围(前面已经讨论过),它们将趋近于基金真实的期末 TVPI 及真实的存续期。

14.2.2 实际问题

定性评分并不能替代尽职调查,相反,它正是基于尽职调查结果而产生的,其目的是

对投资方案进行分类和比较。虽然何为"理想型基金"有一个人们普遍接受的"市场观点"，该观点涉及基金的结构、行业、地理集中度、团队等方面，但是在另类资产中，监管缺失、透明度较低、创新时有发生。因此"理想型基金"的"标准"是不断发展的。

确定等级时，我们一定要避免保守性偏差。虽然这种偏差在高度不确定的环境中在所难免，但为了能够在投资组合层面识别风险，评估必须尽可能没有偏差。在决策时保持保守的态度当然是很好的投资管理方式，但我们应尽可能减少评估的偏差，以便决策者形成正确的意见。

最后，我们不应该混淆等级与定价。即使一个基金的等级较低，它在二级市场的价格也可能非常有吸引力，这点类似于债券评级，投资者所要求的溢价不会反映在评级中。"基金质量如何？"和"我们应该付多少钱？"这两个问题在概念上是不同的。

14.3 运行状态等级

在监测过程中获得的运行状态等级可以对期望绩效等级进行补充（图14.2）。运行状态等级能够捕捉与事件风险相关的信息。除非在短期至中期时间框架内采取缓解措施，否则这些风险事件将可能对基金的绩效产生负面影响。

我们还建议根据运行问题的严重性将运行状态等级分为四等（表14.5）。

表14.5　运行状态等级

等级	描　　述
中性	到目前为止没有不利的信号或信息
有问题	如果不能立刻采取适当的措施，现有的信号或信息对第一个四分位数基金来说是反常的。没有与第二个四分位数基金期望业绩不符的信号或信息
可能失败	如果不能立刻采取适当的措施，现有的信号或信息对高于平均水平的基金来说是反常的。没有与第三个四分位数基金期望业绩不符的信号或信息
出现失败	如果不能立刻采取适当的措施，事件可能导致基金绩效低于标准，甚至会导致基金的失败或崩盘。

运行状态等级是为了区别这些事件，并对这些基金运行问题的严重性做出判断。本质上该等级有两个功能，一个功能是在"危险信号"事件可能产生不利影响并且需要立即解决的情况下警告投资者。第二个功能涉及诊断，即判断潜在影响的程度，这些影响可能会改变监测校准行为的优先级。

评估事件影响的严重性通常是高度主观的。我们无法穷尽存在于各个投资领域内各种可能的风险事件。我们可以将这些事件的累计视为基金偏离运营"轨道"和基金绩效可能非常糟糕的信号。由于这些运行状态等级可以指示潜在的损害，因此我们应该始终在最新的期望绩效等级中反映这些等级，并将其与基金的估值挂钩。

期望绩效等级　　　　　　　　　　　　　运行状态等级

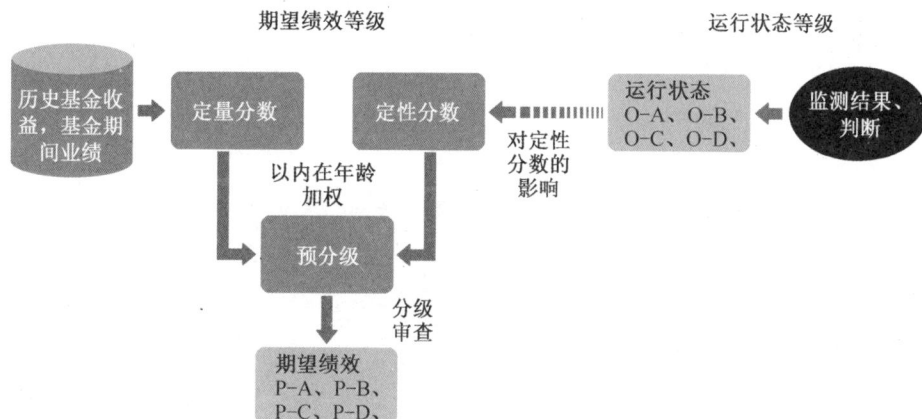

图 14.2　期望绩效与运行状态等级

14.4 总结

正如我们在第七章所述,在市场价格不可观测的情况下,我们几乎无法确定非流动资产类别的"客观"风险,因此投资专家需要使用主观概率来定义观察到的不确定性。此时一个更为实际的问题在于风险度量是否"有用",即风险度量是否在给定情况下促进了投资者的明智行为。本章介绍的技术主要旨在鼓励有条理和有意义的投资行为,并且鼓励投资者在投资过程中有效地纳入即时信息。

期望绩效等级的定义确保了预测结果将趋近于基金的最终存续期和期末 TVPI,基金等级将趋近于基金在其基准基金组中的最后四分位数,而预测精度取决于基金在其存续期中的发展程度。

第三部分
风险管理及其治理

第十五章　证券化

非流动资产投资组合的证券化利用了担保债务凭证(CDO)或担保基金凭证(CFO)中的技术[法博齐(Fabozzi)和科塔里,2008]。正如本书前几章所述,非流动资产类别的风险管理必须解决资产不可交易性和缺乏连续价格发现机制的问题。证券化的一个主要思路是将非流动资产池转换为具有不同风险和收益特征的可交易票据。这些票据可以在交易所报价、交易。通过将资产池"分层(layering)",风险也被转移到不同的票据中,单个票据的风险特征更加趋于标准化,而投资者更愿意对这样的票据进行估值和交易。

有限合伙基金投资组合的证券化在违约风险要素(类似持有债券的风险)和市场风险(类似持有股票的风险)之间建立联系。本章我们将展示如何将一个风险维度转化为另一个风险维度(包括在非流动资产中),以及如何权衡管理各个风险维度,例如股权转为债权,市场风险转为信用风险,流动性不足转为流动性充足,流动性风险转为资本风险。虽然交易的构成非常相似,但人们对非流动资产类别的建模方法和理解方式千差万别,这给风险维度的转化和管理带来了挑战。因此正如第十一章所述,大致了解现金流量预测十分重要,这有助于我们对担保基金凭证进行建模。

15.1 证券化的定义

一般来说,证券化是一种融资技术,它可以将资产汇集起来,出售给特殊目的机构(special purpose vehicle,SPV),SPV通过发行债券和股票进行再融资。因此非流动资产类别的交易仅仅是改进传统交易方法(例如抵押贷款证券化),以适用于非流动基金投资组合。

图15.1简单介绍了证券化的参与者与关键特征,在证券化的过程中,私募股权基金的投资组合被转移到SPV中,由SPV发行不同类别的票据进行再融资。标的投资组合通常由有限合伙基金构成,这些有限合伙基金一般包括公司投资(即私募股权)、项目投资(例如基建或房地产),或者金融工具投资(例如对冲基金)。另一方面,这种融资结构通常包括一个股本层、一个夹层段、一个或者多个债务层,这些不同部分均可以由评级机构进行评级[亨茨勒(Henzler),2008]。

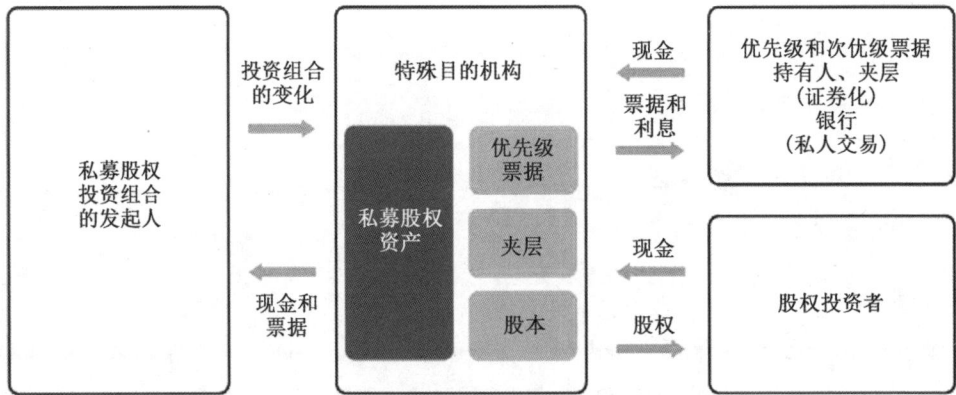

图 15.1　证券化主要参与者和关键特征的概述

专栏 15.1　非流动资产证券化市场的历史和现状

　　Princess 是使用证券化结构的第一批交易案例之一，但它并不是真正意义上的证券化，而是具有可转换票据的上市工具。Princess 的资产包括私募股权基金，它由付息的可转换债券融资而来。虽然它不是纯粹的证券化，但它已经显示了一些 CFO 的特点。一个名为 Pearl 的工具有着类似的结构，其证券化后的规模为 5.5 亿欧元，比交易结束时的规模高出 1.5 亿欧元。①

　　2001 年的 Prime Edge 是最早可以被视为真正证券化的 CFO 之一，它由不同的优先级票据及其评级构成（《经济学人》，2001）。该产品是一个杠杆母基金，通过两个 AA 级优先级票据进行融资，除了正常监测这些票据的风险之外，还有一家保险公司为优先级票据的到期收益提供保障。

　　Pine Street 沿用了该证券化结构，其中美国国际集团（AIG）出售了其部分投资组合来降低监管资本，从而释放流动性以获得新的投资机会，降低融资成本。② Pine Street 在 2002 年退出市场时，从包含 64 个不同私募股权基金的多元化投资组合中获利，总敞口达 10 亿美元。该投资组合由六类包含各种级别的票据构成，其中优先级最高的 A 级票据具有 2.5 亿美元本金，被评级机构评为 AAA 级（标准普尔，2010）。

　　大型资产管理机构和小型专业投资机构促成了这些早期的证券化。由于这些交易获得了成功，投资银行随后进入该市场：2003 年德意志银行的 Silver Leaf 和 2004 年巴黎银行的 Tenzing。Silver Leaf 的规模为 4.8 亿美元，它以双币种（欧元和美元）发行，其结构基本与标的资产的结构相匹配，其中大约 25％的资产是 2013 年到期的 AAA 级优先级票据，17％是 B 级票据。单 A 级和 C 级票据占另外 9％，而夹层和股本占据该结构的 49％。③ 与此同时，德意志银行、伊兰金融集团有限公司镭驰金融（EFG Telesis Finance）和跨国金融集团国际部（NBG International）于 2003 年安排了一个名为 Taneo（新经济发展基金）的希腊 VC 市场开创计划。④ Taneo 通过由第三方投资者筹集的 1.05 亿欧元优先级票据和完全由希腊政府持有的 0.45 亿欧元股本层将一个母基金证券化。该票

---

　　①　见 Princess 和 Pearl 在各自网站上公布的年报以及《经济学人》(2001)。

　　②　关于 Pine Street 的信息，参见亨茨勒(2004)。

　　③　见安波拉德(Amblard,2007)和标准普尔对私募股权 CFO 评级的不同报告；报告发布在它们的网页 www.sandp.com。

　　④　有关更多信息和详细描述，请参阅马森内特和迈耶(2007)介绍的安波拉德。

据在爱尔兰证券交易所上市,并于 2013 年到期。标准普尔和惠誉当时把这些票据评为 A 级,因为它们也有希腊财政部的担保。该计划的目标是将资本投资在 10 至 12 个以希腊为主的 VC 基金上。然而直到 2005 年年底,这一配置目标仍未实现,因此投资期被延长至 2008 年。

此外,在 2004 年至 2007 年间,SVG 建立了 Diamond Ⅰ、Ⅱ和Ⅲ等证券化结构,其 NAV 规模大约在 4 亿至 6 亿美元之间。Diamond Ⅰ 和 Ⅱ 包含上市优先级票据和股本层的公开交易,而 Diamond Ⅲ 的债务层是通过私人配售融资的。所有的 Diamond 交易均基于杠杆母基金。

Diamond Ⅰ 的优先级票据根据标的资产的预期分割,部分以欧元和美元发行。这种方法在资产和负债之间实现了自然对冲。SVG 在结束时共发行了 4 000 万欧元和 5 500 万美元的 AAA 级债券。Diamond Ⅱ发行总额为 5 亿欧元,其中 A 级优先级票据(结束时评级为 AAA 级,在金融危机期间下调至 AA 级)为 5500 万欧元和 7200 万美元。B 级票据的欧元部分为 7 00 万欧元,美元部分为 4 000 万美元,在结束时均为 AA 级。在 Diamond Ⅲ 中,债务是由银行提供的,因此我们得不到任何公开信息。

Astrea 是金融危机前结束的最后几笔交易之一,它以新加坡淡马锡控股公司(Temasek Holding)的大型私募股权基金投资组合为基础[亨茨勒和埃特尔(Etter),2008]。Astrea 对包含 46 个不同私募股权基金的有限合伙利益的多元化投资组合进行证券化,总敞口达到 8.1 亿美元。该投资组合的所有人收到的现金大约等于投资组合公布的价值和已发行的部分次优级票据的价值,但它们并无追索权。优先级票据由两类票据构成,其评级分别为 AAA 级和 AA 级,它们被出售给资本市场投资者。与此同时,所有相关债务都已偿还(参见 2012 年标准普尔评级报告)。

所有这些结构都经历了大衰退期间的动荡,但没有一个是完全失败的。像所有的 CFO 一样,这些私募股权结构也曾出现在 2009 年评级机构的观察名单上。一些结构从 AAA 级降到 AA 级,而其他一些结构仍能保持最高评级。正如 2010 年至 2012 年的评级机构报告所示,其中一些结构已经成功偿还了其债务层,在利息支付或摊销上也没有出现任何违约情况。图 15.2 总结了非流动资产证券化的发展。

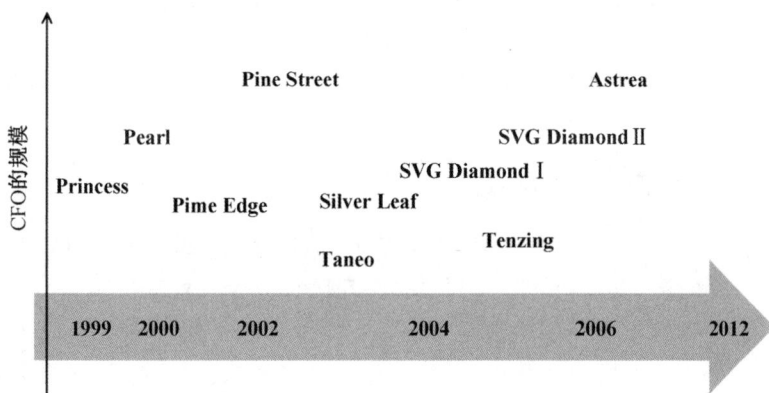

图 15.2　不同 CFO 的概况

在大衰退期间,市场上没有发行新的 CFO,因为这些结构开始受到公众的监督,同时债务市场的流动性面临枯竭。然而自 2010 年以来,市场重新开始恢复生机,加之债务市场的复苏和二级市场的发展,证券化可能会迎来复兴。

证券化的优先级票据和股本层通常在卢森堡、爱尔兰和其他市场的证券交易所上市,因此投资者能够在公开市场中出售他们的债券、夹层和股票。即使这些票据的交易量相当小,投资者还是可以通过透明的标准化方式交易债券和其他票据,这种标准化方式为他们提供了一种可以评估所投资的不同金融工具风险的方法。

15.1.1 规模、质量和到期时间

投资组合的规模对于评级交易来说至关重要。投资组合为达到充分的多元化需要包含 25 个以上的基金,基金投资组合公司需囊括上百家。除了多元化的程度会影响投资组合的规模之外,发行优先级、次优级票据的成本以及评级成本也要求投资组合规模最小化。为使私募股权基金的证券化及其相应票据的上市在经济上可行,最小投资组合规模应保证 NAV 高于 3 亿欧元。只有在该投资组合规模下,成本以及多元化的参数才有意义。

此外,拟证券化资产的质量最为关键。在证券化的过程中,我们也需要评估基金经理素质的通用标准。基金经理的历史交易记录、团队稳定性和危机中基金经理的投资行为都非常关键。在今天的市场中,基金经理成功筹集后续基金的可能性也是一个关键因素,因为这可能对基金的退出行为产生重大影响。

如果交易建立在现有投资组合的基础上(类似于二级市场交易),那么我们也需要分析标的公司。此时典型的自下而上分析技术能起到一定作用,同时我们也要对标的投资项目进行估值,并评估其收益驱动因子和可能的退出时机。投资者更喜欢财务稳定的公司,以及拥有长期经验,且投资策略在下行风险方面能经受住衰退期考验的基金。

资产的到期时间也会影响优先级和次优级票据的特征。公开承诺额和现有资产之间的比率在决定未来投资组合的净现金需求方面起到了重要作用。投资组合越接近到期时间,优先级票据的预期剩余存续期越短。如果投资组合的平均年龄已经较高,那么投资组合的净资金需求较低,也可能相对较早退出。较早的退出和现金流短缺意味着票据需要提早偿还,因此资产的到期时间也影响总利率成本。

15.1.2 其他资产类别的处理

这里又有另一个问题,即增加共同投资是否会对证券化结构产生积极影响。简单地说,视情况而定。首先,共同投资以及对其他公司的少数股权投资普遍提高了标的资产池的多元化程度,这对这类资产的证券化来说是一个加分项。然而如果共同投资使得投资组合更加集中,票据违约的概率将提高,负面影响随之而来。同时,共同投资对已拨付和未拨付的承诺额度的比例有正面影响,因为共同投资通常没有或较少有公开承诺(至少这不是合同义务),这减轻了与杠杆相关的风险,即该结构变为违约有限合伙人的风险。由此可见,共同投资可以改善投资组合的到期时间和资产覆盖率。

综上所述,多元化的程度和投资组合的规模与资产质量及到期时间同样重要。另外,为了实现多元化,增加其他类别的资产和策略也会产生积极影响。

15.2 财务结构

投资组合的财务结构通常非常简单,它有四个不同的部分:两个优先级票据,一个夹层段和一个股本层。

15.2.1 证券化中的优先级票据

证券化过程中,以非流动资产做支撑的优先级票据通常被结构化为典型的按季度付息的债券。虽然标的资产流动性不足,但是定期支付利息的资产会产生一定程度的流动性。由于这种流动性受到随机波动的影响,它通常需要一个额外的安全机制。优先级票据的其他特征如下所示。

- **利率类别。**优先级票据既可以采用浮动利率票据(FRN)的结构,也可以采用固定利率票据(FRI)的结构。过去私募股权中的大多数交易已经被结构化为 FRN。FRN 是指由货币决定的基准利率(如 LIBOR 或 EURIBOR)加上非流动资产类别的额外风险带来的利差。
- **还款计划。**票据的偿还通常采用灵活的结构,即每当投资组合产生超额现金流时,优先级最高的票据将根据"瀑布式付款方式(the payment waterfall)"进行支付,"瀑布式付款方式"决定了支付的优先级,是证券化的核心。
- **安全性。**债券或优先级票据在瀑布式付款方式中优先级最高。这些债券通常优先享有资产组合中的所有现金流出,违约时这些票据的持有人优先享有剩余价值。
- **评级。**优先级票据中的贷款价值比率(loan-to-value ratio)通常是中等水平,发生损失的概率相对较低,这也反映在评级机构的评级中。因此这类票据中优先级最高的部分可以被评为 AAA/AA 级,而大多数优先级票据都可被评为投资级。考虑到投资组合的多元性,优先级票据的风险相对较低。

为了进一步进行计算,我们将 A 级票据(优先级最高的部分)的利率定义为 r_A,这些票据的未偿还金额定义为 A。在交易结束时,票据的名义金额等于未偿还金额。这笔金额将通过分红按时支付。第二优先级的部分(B 级票据)的利率为 r_B,未偿还金额 B。

假设优先级票据以 FRN 发行,利率 r_A 和 r_B 取决于 LIBOR 加上反映标的资产类别的风险以及交易结束时的市场状况的利差:

$$r_A = \text{LIBOR} + s_A$$
$$r_B = \text{LIBOR} + s_B$$

A 级票据的附加利差 s_A 的范围从 Astrea 交易的 0.4% 到 Silver Leaf 的 1.25%,它取决于信贷市场的实际水平。B 级票据利差 s_B 的范围取决于贷款价值比率,它通常在

0.55%到2%之间，有时甚至可能更高。[①]

15.2.2 证券化中的次优级票据/夹层段

次优级票据投资者的期望利率高于优先级票据。这些票据定期支付利息，但必要时也可以延期支付或预先支付。利率可以是固定的，也可以浮动。然而在大多数历史交易中，利率通常是固定的而非浮动的。由于累计贷款价值比率较高，这些票据的投资者也将面临更高的风险，因此他们希望得到风险补偿。为此，一些优先级票据附有认股权证，可以被转换为股票。我们将次优级票据的收益率定义为r_C，未偿还金额为C。

15.2.3 证券化中的股本层

当股本层的投资者对有限合伙收益的杠杆基金池进行投资时，他们会要求更高的收益r_D。模拟的经验和结果表明，当投资组合收益良好时，股权投资者有可能获得超额收益，但如果投资组合失去价值，股权投资者将在第一时间遭受损失。本章随后将详细讨论杠杆效应及其如何影响风险。

15.3 风险建模和优先级票据评级

如上所述，证券化的一个驱动因子是投资组合的多元性和质量，这将影响风险以及与其相关的优先级票据的评级。通常情况下，资本市场的证券化产品在交易结束时会获得龙头评级机构的评级，而2009年金融危机后，各评级机构对大多数证券化产品重新进行了评级。评级机构采用的评级模型发表于各类文章中[②]，正如第十一章所述，这些评级方法以模拟现金流量为基础。为了评估这种交易的风险，我们需要对票据持有人和评级机构提出两个主要问题：

1. SPV的标的资产是否能够定期支付利息？
2. 票据本金的违约概率是多少？

在许多违约情况中，相关机构仍然可以在相当短的时间内"处理"这些事件，然而在违约事件发生之前最好配备一定的资金作为后路。

15.3.1 瀑布式付款方式

票据的风险/收益特征有助于我们确定支付的优先级（即瀑布式付款方式），反之亦然，支付的优先级决定了不同层级的风险—收益情况。因为证券化结构，债券和股票的市场环境，以及各方参与组织交易和配置票据的谈判能力不同，所以每笔交易的瀑布式付款方式是不同的，当然在某些时间或者是交易的某个阶段也可能会出现例外。我们很难概

---

① 见标准普尔对私募股权CFO评级的不同公告，发布于网页www.sandp.com，以及亨茨勒和埃特尔(2008)关于Astrea交易的研究。

② 见标准普尔(2006,2008)，以及迪勒和卡瑟(2009)，迪勒和赫格尔(2008)，迈耶和马森内特(2005)，德·马莱布(de Malherbe,2003)。

括瀑布式付款方式的具体流程,在本文中我们只能给出一个大致的安排方式。付款时间通常以季度为单位。在每个付款日,投资组合产生的分红将根据瀑布式付款方式进行分配。

专栏 15.2 一般瀑布式付款方式概述——付款优先级

(0)资金来源:标的资产分红 DI_t

(1)标的资产的招款 C_t

(2)A 级票据的利息支付额(基于未偿还金额): $r_A \times A_{t-1}$

(3)B 级票据的利息支付额(基于未偿还金额): $r_B \times B_{t-1}$

(4)不延期支付的情况下,C 级票据的利息支付额(基于未偿还金额): $r_C \times C_{t-1}$

(5)如果剩余的超额现金流量可用,A 级票据的还款和摊销:

如果 $DI_t - C_t - r_A \times A_{t-1} - r_B \times B_{t-1} > 0$

那么 $A_t = A_{t-1} - DI_t - C_t - r_A \times A_{t-1} - r_B \times B_{t-1}$

(6)如果剩余的超额现金流量可用,B 级票据的还款和摊销如下:

如果 $DI_t - C_t - r_A \times A_{t-1} - r_B \times B_{t-1} > 0$ 并且 $A_t = 0$

那么 $B_t = B_{t-1} - DI_t - C_t - r_A \times A_{t-1} - r_B \times B_{t-1}$

(7)如果 C 级票据的利息延期支付,则 C 级票据的利息支付额,包括所有复利利息支付额确定如下:

如果 $A_t = 0$ 并且 $B_t = 0$

那么 $C_t = \sum_{i=1}^{t} r_C \times C_{t-1} \times (1 + r_C)$

(8)如果剩余的超额现金流量可用,C 级票据的还款和摊销如下:

如果 $DI_t - C_t - r_A \times A_{t-1} - r_B \times B_{t-1} - r_C \times C_{t-1} > 0$ 并且 $A_t = 0, B_t = 0$

那么 $C_t = C_{t-1} - DI_t - C_t - r_A \times A_{t-1} - r_B \times B_{t-1} - r_C \times C_{t-1}$

(9)所有剩余现金流量转至股票(D 级票据):

如果 $A_t = 0, B_t = 0, C_t = 0$

那么 $D_t = DI_t - C_t$

一般情况下,首先支付的是优先级票据的利息、相关费用以及次优先级票据的利息,不过在大多数情况下这些费用也可以延期支付。在清偿所有的季度费用后,任何额外的超额净现金流量将用来支付票据本金。从优先级最高的 A 级票据开始还款,当偿还其所有本金之后,B 级票据的持有者开始收回他们的资本,依此类推。最后,在偿付所有其他票据后,股权投资者通常会收到剩余的现金流量。

除了票据持有人的现金流以外,它们也必须定期支付第三方服务提供机构(即管理员、法律顾问、评级机构等)的费用。这通常发生在瀑布式付款方式的第(3)步之后,它们必须定期支付。图 15.3 显示了票据的可能结构和偿付情况,在偿付 A 级票据后,将继续偿付 B 级和 C 级票据。

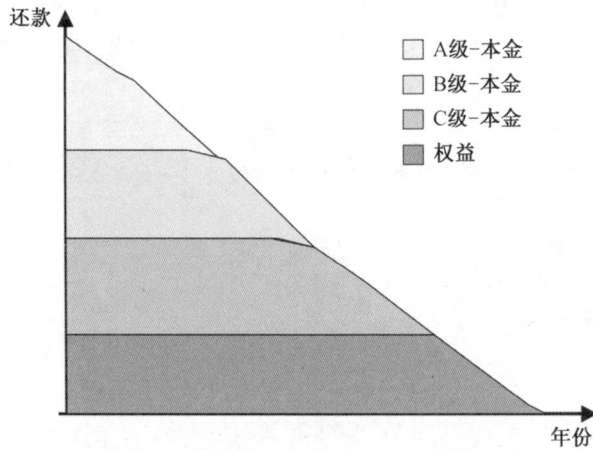

图 15.3　各种票据本金的偿付时间表

15.3.2 票据违约风险和评级模型

为了对优先级票据进行评级,我们有必要对标的有限合伙基金和相应结构的特征进行建模。

- 主要模型反映了最近创建的结构中付款计划的优先级顺序——见下文。
- 定量模型预测了标的资产的各种现金流量情景(见第十一章)。
- 此外,子模型导出了基金的不同风险评级,并将定性输入转换为定量模型(见第十四章)。
- 另一个子模型反映了外汇汇率变动。
- 瀑布模拟的子模型反映了优先级票据为 FRN 时 LIBOR 的变化情况。

图 15.4 概括了各种模型以及评级过程。

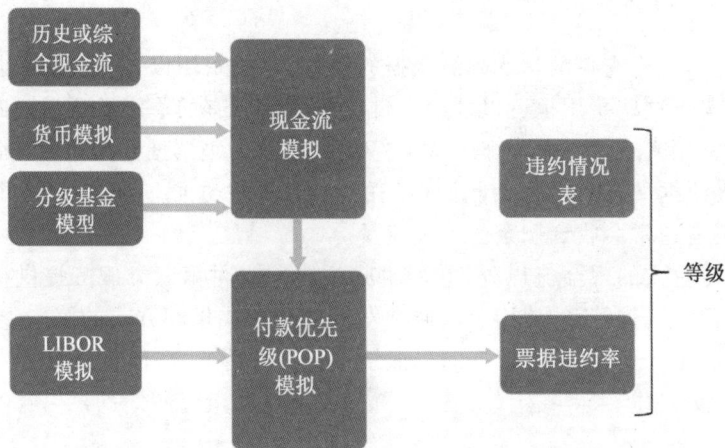

图 15.4　风险建模和评级过程

历史现金流可用于评估正常市场条件下的风险。标准普尔(2006)解释了他们如何通过分析历史现金流模式来评估 J 曲线的影响。他们主要关注四个标准:现金回报率、IRR、提取速度和 J 曲线的波幅。理论上 J 曲线在 4 年后,承诺资本为 60%时达到最低点。此外,标准普尔还强调投资起始年份的多元化可以使 J 曲线变得缓和,如图 15.5 所示。

我们还必须对更极端的情况(压力情景)进行分析,以便检查该结构在净分红甚至投入非常有限时的表现。我们既可以通过关注过去的极端情况(如 CFaR 框架内现金流分布的第 5 或第 1 百分位数)来获得这些压力情景,也可以在对某些明显的压力情景做出假设后,通过简单模型得出一些假想情况并进行分析。

标准普尔(2006)的研究指出,考虑现金流的压力情景非常重要。因此他们建议将基金的现金流与公开市场指数的随机模拟路径联系起来,形成综合现金流。标准普尔还介绍了这种模拟算法的原理。[1]

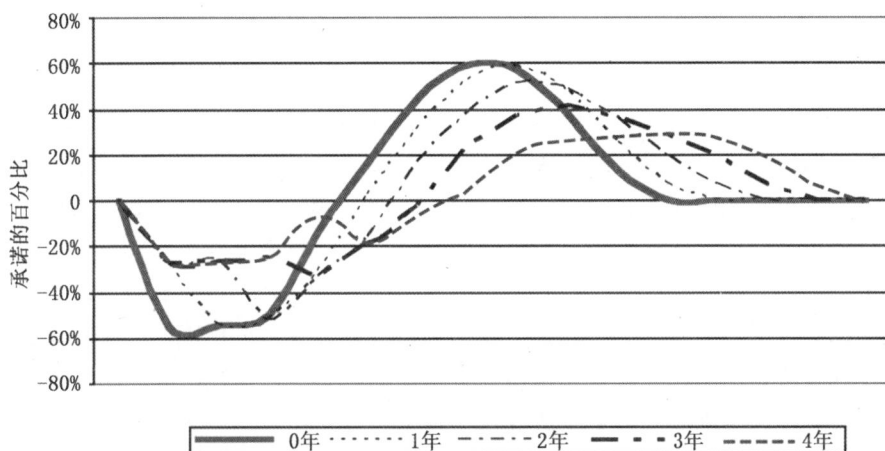

图 15.5 投资起始年份的多元化对 J 曲线的影响(2 个基金的例子)

资料来源:可参见标准普尔(**2006**)

我们可以从大衰退中获得一个重要教训,即退出市场在 2008 年和 2009 年的关闭导致持有期延长,分红延迟或根本没有分红。标准普尔的模型此前就已包含这类压力因子,现在它们的认可度和影响力进一步增加。因此新的分析方法结合了历史表现与一系列不同的压力情景。根据 2009 年金融危机期间获得的经验,评级机构的压力测试包括退出市场关闭后,公司的持有期延长、违约率提高的情况,因此新的压力情景应将收益和持有期等因素都考虑在内,例如加速提取和延迟分红(见第十一章)。对情景建模应完全独立于公开市场要素的发展,这也是与以前使用的模型的主要区别之一。此外,自上而下的现金流模拟中自下而上分析的权重增加。这种方法代表了当前最先进的技术,它本质上是一种两步法。

---

[1] 见标准普尔(2006,2008)以及迪勒和卡瑟(2009),迪勒和赫格尔(2008),迈耶和马森内特(2005),德·马莱布(2003)。

如第十一章所述,我们的想法是使用 m 个清算基金的历史现金流库 H。每个基金的承诺 CC,招款 $C_1,\cdots,C_n$,分红 $D_1,\cdots,D_n$,以及基金特征(例如地理 G,货币 FX,投资起始年份 VY,基金类别 FT 和基金分级 RA)将被保留下来。因此每个基金 h_i 通过以下向量表示:

$$h_i = \{G, FX, FT, VY, RA, CC, C_1, \cdots, C_n, D_1, \cdots, D_n\}$$

我们通过以下步骤进行现金流量预测。

- 从与基金特征 G、FX 和 FT 匹配的库 H 中随机选择现金流序列 h_i。
- 使用收益离差从收益分布中随机选择有限合伙基金的 $TVPI$(或 IRR),引入压力因子。此外,基金 h_i 的收益率可以根据基金分级 RA 进行调整。
- 从分布中随机选择基金的存续期,在此期间内增加额外压力,并相应地更改分红的时间段。
- 基于新的压力情景构建综合现金流。

这些情景的优点是在推导现金流量信息时,我们并不需要来自其他资产类别(如公开市场)的信息,同时压力情景反映了极端情况,它可以尽可能地反映金融危机的情形。

另一个值得强调的因素是,大多数证券化是基于二级市场上的成熟投资组合进行的。这对于投资组合的风险程度来说具有另外的含义。二级市场投资组合的风险低于一级市场投资组合,这是因为二级市场的交易通常发生在基金存续期内,而此时投资者已经拥有更多有关标的投资项目的信息。以单个基金利益为例:当一级市场的投资者只能对一个没有资产的策略和团队(即"盲池")做出投资承诺时,想要在 4 年后购买该投资组合的二级市场投资者已经可以对此时基金所收购的投资组合公司进行分析了。其优势在于二级市场的投资者已经看到了第一次注销、第一次退出以及估值的变化或调整。对于仍然存在的公司,收购方能够了解标的投资项目是否符合他们的业务计划。此外,与一级市场基金头寸相比,二次市场基金头寸的存续期更加优化,投资结果的波动率也更低。

因此一级市场和二级市场交易的差异在于,二级市场投资者在后期可以获得与一级市场投资者不同价格的未来现金流(即标的投资项目的股息和退出)。一级市场投资者的购买价格是基金的承诺额,这部分承诺额影响了基金经理的招款,而二级市场的投资者通常或多或少会以最新估值的折价(或溢价)获得有形资产(见第六章二级市场交易定价的相关内容)。注意,这两种情况都使用了相同的现金流模拟方法。图 15.6 更详细地说明了这一点。

在推导出许多标的资产的发展情况(包括压力情况和正常情况)后,我们对拟议 CFO 的"瀑布式付款方式"及其付款优先级建立模型。这个模型的目标是尽可能真实地反映 CFO 的结构。

基于现金流模拟的结果和瀑布式付款方式,我们可以评估不同票据的违约率。我们可以将该违约率与评级机构的表进行对照,该表根据票据的期望违约率和期望存续期为票据生成评级。根据 CFO 的模拟结果,我们可以确定票据不同部分的级别。

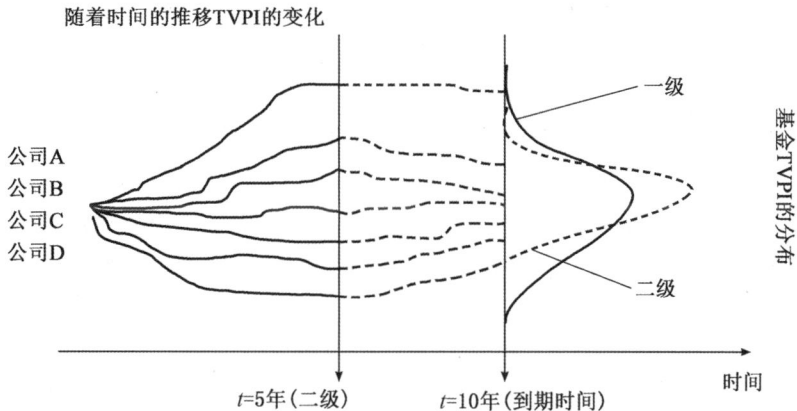

图 15.6 一级和二级交易结果的波动

15.4 将不可交易的风险因子转化为可交易的金融证券

证券化是解释如何使用金融工程技术来评估各种风险和影响风险特征的佳例。CFO 提供了四种主要的转化形式,如图 15.7 所示。

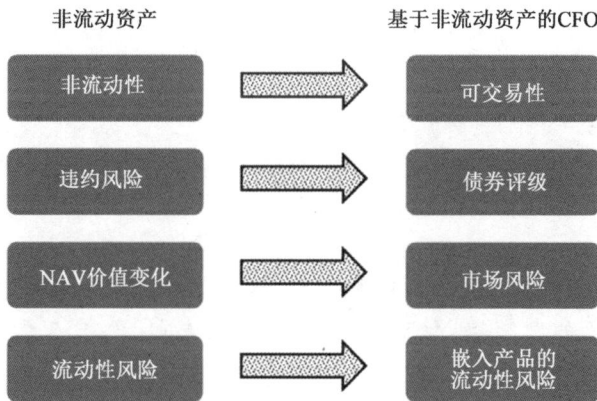

图 15.7 风险转化

证券化的首要优点在于它们将有限合伙制的私募股权基金、基建基金或房地产基金的非流动性收益转化为不同种类的证券,这些证券都能在交易所上市,尤其是债券、夹层和股票。

人们证明了 CFO 是一个高效的投资组合管理工具,当投资组合分为固定收益产品和杠杆股本层时,CFO 也为更多投资者提供了投资非流动资产类别的机会。CFO 的投资者可以投资于一种新的标的资产类别,它与其他更传统的资产抵押证券(ABS)的相关性较低,其中 ABS 通常由贷款、债券、信用卡和其他应收账款等作为抵押。虽然在金融危机期间,某些次贷产品陷入了困境,给公众留下了负面的印象,但是由私募股权作为支持的 CFO 抵御了金融风暴,这也表明这些 CFO 在有效管理有限合伙基金的投资组合方面是经得住考验的。

15.4.1 CFO——风险和流动性管理实践的典范

为什么我们认为在错综复杂的风险管理和流动性管理实践中,CFO 是一个典范呢?答案很简单:因为 CFO 是在最严格的规则、约束和准则下运作的,而且它们有明确的资产和负债双方。接受评级的优先级票据不仅受评级机构监管,也受市场参与者监督。此外,我们可以将 CFO 视为资产负债管理的一个(虽然很简单的)案例。可见 CFO 对于面临类似问题的有限合伙人(如养老金计划和保险公司)具有高度的指导意义。

基金投资组合的收益还需要支付利息和待摊销的票据。因此当资金回流减缓或暂时枯竭,并且没有违反价值覆盖率(value coverage,通常以贷款价值比率表示)时,不应该有票据违约。CFO 证明了有限合伙人的风险管理系统中最重要的是关注流动性管理。无论是从评级机构的评级标准来看,还是从这些交易的实践经验和评级报告[1]以及 CFO 的管理经验来看,现金流量和流动性风险都非常重要。即使投资者不直接因自己的投资而面临流动性风险或融资风险,CFO 中的流动性管理也是有效监控私募股权基金投资组合的基础。

CFO 的流动性要求来自两个方面:一方面是它们的资产,主要包括基金投资组合和相关的尚未动用的承诺额度,另一方面是它们的负债计划。

- 第一个维度指的是流动性风险背景下的融资测试(见第八章)。如前所述,我们有必要监测基金投资组合的流动性,并且我们可以动用任何资本来应对投资组合的招款。CFO 存在一种特殊情况,即没有其他可用的资本来源,也没有其他经常性业务活动的持续现金流入,如保险公司和养老基金。因此 CFO 的过度承诺比率 OCR 往往很低。
- 第二个维度是,为了支付优先级票据的利息,CFO 结构的负债端需要额外的资金。这种额外的现金需求降低了支付招款的可能性。

因此,我们需要对 CFO 结构中的过度承诺比率进行调整,以便反映负债端。在第八章中,我们将过度承诺比率定义为"尚未动用的承诺额度"和"承诺的可用资源"的比率。在这种情况下,可用资源不仅仅是现金余额(在 OCR1 的情况下),而是当前的现金余额减去下一个付款日中优先级票据的利息支付。根据证券化机制的不同,该比率可应用于各个不同的时间段:

$$OCR(CFO) = \frac{尚未动用的承诺额度}{可用资源 - \sum_{i=1}^{4}(r_A \times A - r_B \times B - r_C \times C)}$$

还有一种更为复杂的方法:使用现金流量预测模型。基于管理这些产品时获得的经验和知识,我们发现即使没有严格约束负债端,这些规则和方法对典型的有限合伙人也适用。

---

[1] 见标准普尔(2006,2008)。

15.4.2 息票债券风险——非流动资产风险的一部分

各类票据的评级对有限合伙基金中债券部分的长期利息违约风险做出了评价,这类债券具有固定的到期时间和违约率,我们可以像其他 ABS 交易一样对其进行评估和评级。债券的市场价值主要以一般利率变化、票据违约概率和评级为基础。从大多数有限合伙人的角度来看,投资于私募股权和实物资产的长期违约风险的影响最大。虽然这种风险度量指标仅关注现金流(投入与分红),但它代表了投资者资本损失或未能实现目标收益的真实风险。CFO 创建了新的层级(如优先层、夹层段和股本层),这些层级受固定存续期的长期违约率影响。虽然我们难以仅仅基于信用风险评级方法来衡量风险,但使用债券未能满足利息与摊销支付的违约概率是量化基金投资组合实际风险的一种方法。①

监管法规使投资者必须从长期和短期的角度来看待问题。欧盟偿付能力Ⅱ和巴塞尔协议Ⅱ/Ⅲ等新规定将风险管理方法的周期定为一年。即使投资者的投资期很长,例如人寿保险公司和养老基金,它们也会或可能会受到这样的监管。沿着这样的讨论思路,我们可以将长期和短期这两个角度结合在一起。

为了评估这些债券的风险,我们必须模拟现金流量来计算违约概率。将基金的投资组合分为债券部分和股本层后,我们就可以通过典型的风险模型来量化优先级票据。这些债券模型通常由两个主要因素驱动:久期和凸度。由于息票债券在其存续期内会支付一系列资金,因此固定收益的投资者需要衡量债券承诺现金流量(promised cash flow)的平均到期时间,并将它作为债券有效期限的汇总统计值。同时,由于价格敏感性会随到期时间的临近而提高,因此投资者还需要一种可以指导债券对利率变化敏感性的措施。久期可以帮助投资者处理上述两种情况。

15.4.3 市场风险——非流动资产风险的另一部分

虽然我们可以根据违约风险推出债券的风险,但是债券不能直接反映非流动资产的市场风险,即标的非流动资产的价值变化。短期内,CFO 的股本层可以反映私募股权和实物资产的市场风险以及它们的估值变化。但从长远来看,股票风险将受标的非流动资产类别的长期特征影响。股权投资者将根据这些投资的实现情况获得超额收益。

证券化过程中股本层的变动可以完全反映非流动资产类别的短期变化,而股票的绝对价值则反映了标的资产的绝对变化。由于股票价值低于资产总值,股票交易的相对变化将远远大于标的投资组合的价值变动。杠杆效应将扩大变化幅度,通常会扩大 2 倍、3 倍甚至更高,变化的倍数取决于标的投资组合的杠杆水平和业绩表现。

图 15.8 概括了 CFO 结构的杠杆效应,并展示了三个杠杆不同的结构示例。横轴和纵轴分别代表投资者的抵押债券收益率和股票收益率。如果某种 CFO 结构或抵押债券只能产生 10% 的收益率,股权投资者将会对此漠不关心,但如果预期收益率较高,投资者

---

①　股本层的风险是一种额外的风险。

肯定会倾向于投资这种结构。[1]

证券化的总收益率应等于标的非流动资产类别的收益率r_{IA}。公式为：

$$r_{IA} = r_A \times A + r_B \times B + r_C \times C + r_D \times D$$

如果标的资产的收益率r_{IA}高于加权平均债务成本，那么股权投资者的收益率r_D将随债务股权比$\dfrac{A+B+C}{D}$的增加而增加：

$$r_{WDebt} = \frac{A}{T} \times r_A + \frac{B}{T} \times r_B + \frac{C}{T} \times r_C$$

其中$T = A + B + C + D$。因此，

$$r_D = r_{IA} + \frac{A+B+C}{D} \times (r_{IA} - r_{WDebt})$$

股票的风险以及相应的监管框架中的风险权重都很高。然而沙迪等（Shady et al.，2011）的分析显示，即使在金融危机期间，股权投资者在对冲基金投资组合中的杠杆敞口也为其投资组合创造了价值。米辛豪恩和查考里（Missinhoun & Chacowry，2005）也在80%的样本中观察到了这一点。私募股权CFO也是如此，大多数股权投资者的投资组合都创造了价值。

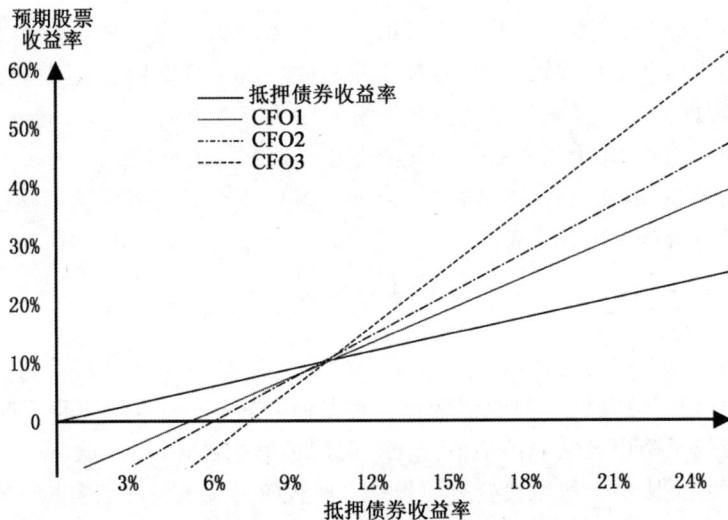

图 15.8　抵押债券收益率 vs 预期股票收益率

15.5 总结

总而言之，CFO将投资于非流动有限合伙基金的风险转化为两个不同的子类别：债券的违约风险和股票的长期杠杆风险。这是我们讨论非流动资产类别的风险管理时的一

---

[1]　对冲基金CFO的详细描述请参见马阿德万和施瓦兹（Mahadevan & Schwartz，2002），以及斯通和西素（Stone & Zissu，2004）。

个重要发现,它表明长期风险是由信用风险和股票风险组成的。正如我们在第八章中所述,信用风险模型不适用于有限合伙基金投资组合,因为它们无法捕捉到显著的上升潜力。在 CFO 等结构中,股本层的风险与杠杆头寸的风险相当。

第十六章　风险管理师的作用

"他害怕失败，因此从未试着成功。"

*——约翰·基根如此评价麦克莱伦将军（联邦军总司令，**1861—1862**）*[①]

本章我们将讨论风险管理师在监督非流动资产投资组合中的作用。虽然最近的金融危机和紧随其后的监管变化改变了投资者对非流动资产风险管理的态度，但是他们还未能迅速采用新的风险管理标准。这种惯性由多种原因导致，一个主要原因可能是虽然风险管理在最小化下行风险时具有重要价值，但管理的边界有时仍然不清晰。然而正如我们在本书中所强调的，风险管理不仅仅是为了防范下行风险，风险管理还需要关注投资组合所承担的风险是否合理，其中也包括上行风险。投资行业的风险管理师，特别是另类资产的风险管理师，不能只关注风险规避；相反，由于投资组合的风险应该与机构的风险偏好和期望收益相一致，所以他们的主要责任是确保投资组合承担了适当的风险。

16.1 制订风险管理计划

风险管理师的任务是制定具体的风险管理政策，包括量化风险偏好和设定相应的风险界限。为了监测和报告主要的风险敞口，并制定早期预警指标，我们需要定义恰当的风险度量标准。风险管理师根据风险情况调整经济资本配置，并设置以风险为基础的绩效评估激励机制，从而参与投资过程。为了更好地适应投资过程，我们需要有合适的方法以及数据管理和分析系统。

我们通常认为非流动资产类别的风险管理属于合规专员的职权范围。有人认为无法处理操作风险[②]和/或不遵守法律和监管要求是机构面临的主要风险，因此"风险管理"就是管理上述风险，很多人也将其视为风险管理师的职责。然而在本书中，我们着重关注金融风险，基本上不考虑与合规和操作风险相关的职能，因为我们认为后者可以作为单独的研究领域。

[①]　Keegan, J. (2009). The American Civil War[M]. Vintage.

[②]　巴塞尔委员会将操作风险定义为"因内部流程、人员和系统的不足或失败，或外部事件导致损失的风险"。该定义包括法律风险，但不包括策略和信誉风险。

16.1.1 承担什么样的风险才能获得收益

承担风险能够获得收益是学者和金融从业人员广泛接受的观点。投资非流动资产时,承担风险可以获得更高的收益,然而我们并不清楚其中的机制。理论上有两个渠道与之相关。第一个渠道涉及风险调整定价机制,该机制能够量化下行风险,投资者也能在购买资产时要求获得风险溢价。这意味着风险管理的主要作用是量化理应反映在资产价格中的风险。[①] 第二个渠道在另类投资中发挥着特别重要的作用,它是指通过寻找市场上被忽视的利基和机会来获取风险溢价。一般来说,通过该渠道获取风险溢价的失败率很高,只有在拥有可预测的财务收益来源或足够的收益来平衡风险的情况下,此法才具有持续性。虽然风险管理难以降低单个交易的风险,但其主要价值在于保持基金投资组合的平衡。

16.1.2 风险管理:金融风险、操作风险或合规?

风险管理计划一般由机构投资者制订,他们通常将其投资组合的主要头寸配置于传统资产,而在传统资产中,平衡风险和收益的主要机制是风险调整定价。然而有限合伙基金的一级市场投资中不存在风险调整定价机制(马森内特和迈耶,2007),这导致人们普遍混淆了合规职能与风险管理职能的作用。莎伦(Sharon,未注明日期)认为,合并风险管理职能和合规职能之后会出现管理上的空白,因为风险管理忽略的监管部分往往需要由合规职能代为负责,但这部分本来不属于合规。风险管理不仅仅包括评估和量化风险,更重要的是它能让我们了解投资策略取得成功所要具备的要素。混淆风险管理与合规职能会影响它们的作用,最终还可能给投资者带来损失。合规显然是现代监管环境中极其重要的职能。确保投资符合监管要求和处理操作风险是基本的商业惯例,但它并不是权衡市场风险与收益的金融风险管理。

风险管理简单来看就是关注可能导致公司失败的因素,这增加了公司的经营成本,却不一定能带来成功,因此风险管理职能常常被边缘化。然而投资成功的驱动因素是承担投资组合的风险并获取风险溢价,而不仅仅是逐项核查单笔交易中已经或可能出错的因素。

在寻找市场上被忽视的利基和机会时,风险管理必须从定量和定性两个方面为决策者评估成功的可能性以及决策失败时公司的应对能力。合规职能须确保所有的方法和程序按计划进行,但风险管理首先需要提供这些方法和程序,从而支持能够实现策略目标的决策。从这方面来看,风险管理的作用远比人们认为的要重要得多,因此它应该是组织结构中不可缺少的部分。在有限合伙基金的投资组合中,风险管理师需要协助制定投资策略。

16.1.3 观点的分歧?

罗(2001)发现,机构投资者和另类资产管理人在看待对冲基金的风险管理计划时存

[①]　例如参见 FSA(2010),其中薪酬原则"强调风险调整在衡量绩效中的重要性,以及在该过程中应用判断和常识的重要性。一家公司的风险管理部门应能验证和评估风险调整技术,并为此参加理事机构或薪酬委员会的会议。

在分歧。在解释这种观点的差距时，他强调这两个群体对投资过程有着截然不同的看法。但重点在于，这种分歧不仅仅存在于对冲基金行业，它也同样普遍存在于另类资产投资中。另类资产类别的投资经理通常并不认为风险管理是投资成功的关键，他们经常将风险管理视为法规规定的、不增加任何价值的管理过程。由于投资经理关注的是单笔交易，他们认为风险管理及其相关的合规问题成本很高，还有可能会影响绩效。

典型机构投资者的观点与其截然不同。这些机构在备受监管的环境中运营，受托人在对基金做出资本承诺之前需要了解其投资过程。该投资过程必须机构化，不应依赖于任何个人，为此，风险管理和风险透明度至关重要。实现特定交易的投资收益并不是高于一切的首要任务，整体投资组合内的协调性、投资与机构目标的一致性、流动性约束，以及总体资产和负债的相关程度也很重要。

16.2 风险管理——公司治理的一部分

根据欧洲另类投资基金经理指令（AIFMD）制定的有关公司治理的法规具有现实指导意义。根据这项法规，另类投资基金经理（AIFM）需要有适当的冲突和流动性管理政策，以及独立于投资组合管理职能的风险管理职能。人们认为独立性十分必要，因为人们希望风险管理师少受"交易驱动"，他们应更客观并且应脱离人际关系，同时其管理行为要有持续性、流程导向性和系统性。这背后的哲学在于，风险管理师如果不能真正独立于公司，他们就不能有效检查和平衡风险。

如何确保风险管理在公司治理中发挥作用？基本上我们可以想到两种方法："民主"方法有利于利益相一致的一组合伙人（包括外部利益相关者）做出投资决策，而"阶级"方法能够预见到具有明确报告流程的风险管理职能。

16.2.1 "民主"方法

在合伙制，即另类资产的典型投资工具①中，基本上所有合伙人都面临类似的风险和收益，风险厌恶和偏好程度也相近，他们都会进行风险管理，同时还要权衡矛盾的长期与短期目标，确定优先级顺序，从而平衡投资者、金融专业人士和监管机构等不同利益相关者的利益和期望。可以说，合伙制本身就是为了应对与高度不确定性相关的风险挑战，当面临不确定的结果时，人们通常需要依靠管理人的经验和判断，同时单个专业投资者的风险管理方向需要与公司的长期利益合理配合。

但是在合伙制中，那些因没有股权而没有发言权，或者那些利益与其他合伙人的利益完全一致的独立风险管理师又能发挥什么作用呢？在这种情况下，风险管理师很有可能将重点放在下行风险。埃利斯（Ellis，2008）在他对高盛（1999年以前是私营合伙公司）的

---

① The Free Dictionary（一个美国在线词典）为我们提供了几个合伙制的定义，例如"由两人或多人以盈利为目的在合资公司中建立的合同关系，每个人都要承担损失的责任，同时也拥有分享利润的权利"，以及"为实现同一具体目标，以相互合作和责任感为主要特征的个人或团体之间的关系"。资料来源：http://www.thefreedictionary.com/partnership［2011年6月7日访问］。

研究中,引用了鲍勃·鲁宾(Bob Rubin)的解释:"我自己知道什么是对的。你们(风险管理师)只用负责分析可能会出错的情况,那才是你们的优势所在。"①大多数投资经理都会认同这一观点,并将风险管理(阅读:分析)视为高管的预警系统。然而这种系统的危险在于,它往往会提供过多,而非过少的信号,而一次又一次的虚假警报最终可能会导致投资经理决定忽视风险管理师的意见。

16.2.2 "阶级"方法

在以银行、保险公司和养老基金等金融机构为典型的阶级架构中,风险管理的主要责任被移交给首席执行官,并由董事会负责监督以确保公司形成完善的风险管理体系,使所有的风险都在掌控之中。在许多情况下,风险管理师向首席执行官或首席财务官(CFO)报告,而有些会直接向董事会报告。②

风险管理师并没有被赋予投资职能,但其中的界限也难以划分:例如监管与投资职能相关,还是与风险管理和/或合规相关?在投资另类资产时,通过监管获得的信息对于与再投资决策相关的尽职调查来说可以作为宝贵的信息输入,而这一点可以支持第一种解读方式(即"民主")。相比之下,监测在很大程度上也与基金发展、操作风险和 ESG 相关事项的变化带来的财务影响相关,而这可以证明第二种解读方式(即"阶级")。对于"表内投资者"来说,有限合伙基金风险管理的挑战性在于,他们的投资组合主要由传统资产类别构成,因此他们对研究另类资产的配置方法兴趣索然。

16.3 内在的紧张关系

狭义的风险管理仅仅是金融工具的一个补充,其重点在于对风险进行分析和建模。换句话说,风险管理有助于单笔交易的定价,它将风险转化为可量化的收益溢价。

16.3.1 风险管理师的"守门员"角色

风险管理师通常被视为"守门员",他们面对的是请求批准交易的投资经理。然而我们并不能因此假设风险管理师可以做出"更好"的投资决策。如果投资出现问题,人们将立即苛责风险管理师准备得不够充分。但从根本上说,投资经理前台工作时就应该避免交易层面出现失误,这对另类投资来说更应如此,因为另类投资通常缺乏独立数据来源进行验证。事实上投资机会的总数是未知的:风险管理师只知道已经进行的交易,但不知道被拒绝的交易。因此风险管理师显然更可能具有保守性偏差,而且他们在投资组合层面

---

① 根据作者,高盛最重要的部门之一是承诺委员会,该委员会致力于确保该公司从未做出危及生存的赌注,即公司做出任何重大的资本承诺之前,应充分确定、讨论、并了解每项资本承诺决策中的所有风险。

② 经合组织从全公司的角度看待风险管理,其中风险管理系统需不断根据公司策略和风险偏好进行调整,他们还建议风险管理师越过 CEO 直接向董事会报告。请参阅 http://www.oecd.org/document/49/0,3746,en_2649_34813_43063537_1_1_1_1,00.html [2012 年 2 月 21 日访问]。

上管理风险的眼界有限。

16.3.2 不同的观点——内部 vs 外部

我们可以把对另类资产的看法分为内部和外部的观点。有时人们认为风险管理师代表了外部利益相关者的"公允"意见[①]，而投资经理的责任是确定有吸引力的潜在交易，这要求他们持有可能与外部投资者相反的观点。承担另类资产的风险意味着做不同的事或以不同方式做事，根据这一点，公司内部对交易的观点通常（实际上应该）会显著偏离外部的标准评估，这将导致以风险管理师为代表的外部利益相关方和投资经理、决策者的关系紧张。

投资行业显然认识到了风险管理的必要性，而公司治理机构也支持这一职能。"但当危机发生时，资源往往会被转移到立刻能对经济底线产生直接影响的活动上"（NSM，2008）。这种资源转移通常由公司 CEO 和董事会慎重决定，它强调了投资管理和风险管理若扮演两个不同的角色，则可能会发生冲突。这一点对于非流动资产尤为如此，正如我们在第十章中讨论的，会计报告可能会显著偏离经济实体，风险管理应该着重关注这一点。

16.3.3 风险分析和建模

虽然风险建模在投资过程中发挥着重要作用，但认识到模型的局限性也同样重要。无论模型多么复杂，它们只能是现实世界中无数依存关系的近似形式。在以合理的可信度绘制财务结果时，建立非流动资产的模型需要结合定量和定性信息的判断。风险管理作为一个整体框架必须考虑整体投资组合，因此需要对公司所有的资产和负债建模。

投资过程中应广泛使用风险度量及相关指标。但是如果风险指标约束了投资活动，那么风险管理师与投资经理之间的紧张关系几乎不可避免（霍尔顿，2004）。戈卢布和克拉姆（Golub & Crum，2010）指的是这样的情况："例如，如果风险管理师发现自己的观点与一个高收益的业务发生冲突，那么高级管理层最好的做法是采取相应的行动来解决冲突，而不是简单地喊口号，但并不付诸行动。"然而风险管理师面临的一个关键挑战在于，人们期望他能提出一种"不容反驳的、可量化的"［谢尔（Sher），2010］商业案例，但该案例的风险在于忽视了不可量化的，但可能高度相关的风险因素。

16.3.4 薪酬

虽然风险管理的组织架构对相应职能的效力起着关键作用，监管机构也已充分认识到这点，但在某些地区，风险管理师的薪酬结构受制于监管利益。这种限制可能会对风险管理和合规"职能和阶级"的独立性产生重要影响。如果薪酬政策不与风险管理的有效性挂钩，那么员工有可能会做出不利于管理目标的行为。因此像英国金融服务管理局（FSA）这样的监管机构要求薪酬政策必须促进有效的风险管理，同时不会产生过度的风险敞口（FSA，2010）。具体来说，FSA 规定"其他业务领域的薪酬设置应适当考虑公司的

---

① 对于拥有客户风险管理师的资产管理人而言，情况尤为如此，客户风险管理师是投资团队和委托者之间相互联系的接口。

风险管理和合规职能。确定薪酬的程序应使得风险和合规职能对个人薪酬奖励的设置有重要影响,而这两个职能与个体的行为或所从事业务的风险息息相关"。[①]

一些监管机构还针对风险管理师的薪酬提供了参考依据。例如欧洲证券及市场管理局(ESMA)宣称:"风险管理师将按风险管理目标的实现情况获得薪酬补偿,但是其他不相关领域的绩效与此薪酬无关。"[②]如果其他业务领域在一般控制职能(control functions)内对员工的薪酬产生不当影响,则可能出现利益冲突,而上述规定表明,监管当局相当重视对这些可能出现的利益冲突的管理,从而防止员工的薪酬结构影响他们对相关目标的明确认识(FSA,2010)。然而尽管风险管理师的激励和补偿很重要,但它仍未得到充分的研究。

16.4 总结

尽管财务损失严重,但风险管理仍总是不能起到其应有的关键作用。事实上谢尔(2010)等人声称:"如今的风险管理流程中有一个巨大的'安慰剂效应'。"虽然大家通常会将风险管理视为专门用来规避损失的工具,但实际上在看待风险管理时,很少有人会采取一种更为对称的方式,即有助于最大化风险调整收益并考虑了机构风险偏好的方式。如本章所述,风险管理师可以且应该在制定投资策略时发挥关键作用,这就需要将他的职能深入到决策过程中。[③]

不幸的是,非流动投资领域的金融风险管理仍然不够完善,而且如何界定风险管理师的确切作用仍然存在相当大的问题。我们认为,风险管理应注重金融风险,最小化与合规和操作风险管理的重叠部分,此部分应由单独的业务职能来处理。在关注金融风险时,风险管理师应该从投资组合出发,同时考虑下行和上行风险,而不是专门关注单个基金的潜在损失。为了建立一个稳健的投资组合,风险管理师必须参与投资策略制定的早期阶段。即使风险管理职能被外包给第三方,该职能的这一部分也应由公司内部的专业经理来执行。

在评估非流动投资的金融风险时,风险管理师通常需要将定量数据与定性信息相结合。事实上在长期合伙基金的投资初期,风险管理主要依赖于通常无法量化的风险参数。随着投资日益成熟,有更多确实的数据(hard data)可以用于偏量化的方法,上述情况也将逐渐因此改变。重要的是,正如我们在本章中强调的,金融风险管理是一个持续的过程,它的目的在于如果意外事件导致投资组合偏离计划中的风险特征,就可以相应地调整策略。该过程需要定义明确的风险管理政策,而该政策应旨在确保投资组合的风险敞口符合该机构的期望收益和风险偏好,因此我们将在本书的最后一章讨论制定风险管理政策框架的最佳做法。

[①]　见 FSA(2010)。显然 FSA 在初始头寸的基础上略有回调,该初始头寸需要有"重要影响"(见 FSA,2009)。

[②]　见 ESMA(2011,p.70)和 FSA(2009)。

[③]　事实上这是监管机构落实风险模型的"使用测试"要求时希望实现的。

第十七章　风险管理政策

本书的最后一章将谈论风险管理政策。风险管理政策将公司的投资策略与其组织结构、系统和程序联系起来。本质上，风险管理政策为金融机构制定了协调和执行活动的框架，从而在决策过程中发挥关键作用。越来越多的人意识到，金融机构中的失败和几近失败是由风险管理体系和政策的缺陷造成的，或者说至少这些缺陷延续了有些金融机构失败和几近失败的状态。在此背景之下，欧洲证券及市场管理局（ESMA，2011）近期确定了金融风险管理中尤为重要的三个方面：

(i)永久性风险管理职能的设立、组织、作用和职责，包括向高级管理层报告的要求，以及与其他运营单位（包括投资组合管理）职能和等级分离的要求。

(ii)风险管理政策的制定以及评估、监督和审查这项政策的过程和频率。

(iii)衡量和管理风险的过程和技术，包括对特定风险类别设定定性和定量的风险限额。

因此许多金融机构对制定和实施有效的风险管理政策高度重视。虽然监管举措是优化公司风险管理工具的重要驱动因子，但这些监管举措只能提供一个大致的监管框架，各个机构需要在该框架下自己制定具体的政策。监管机构采用的这种方法认识到了不同投资者的资产和负债状况、内部治理结构、规模和资产组合（包括对另类资产的风险敞口）存在显著差异。

本章旨在帮助投资者在更广泛的监管范围内设计一个将非流动有限合伙基金的具体投资特点考虑在内的风险管理政策。为实现这一目标，我们需要解决以下问题：风险管理政策在多大程度上以具体规则为基础，而不是以更宽泛的原则为基础？有效的风险管理政策的确切管理范围是什么？风险管理政策如何适应公司的组织结构？

在解决这些问题时，我们集中讨论如何通过适当的政策来管理财务风险。然而我们也认识到了在有效的风险管理政策中操作风险的重要性。正如我们在本章中强调的，为了使财务风险管理发挥有效作用，必须建立完善的报告体系和强大的 IT 基础设施作为基础。事实上，这与最近明确关注操作风险的金融监管条例是一致的。①

---

①　例如就巴塞尔协议Ⅲ而言，监管资本是针对风险的三个主要组成部分进行计算的：信用风险、操作风险和市场风险。欧盟偿付能力Ⅱ考虑了市场风险、信用风险、流动性风险、保险风险和操作风险。

17.1 规则还是原则？

17.1.1 "相信我，我知道我在做什么"

另类投资中通常不存在具体的规则，这就解释了为什么历史上另类投资非常依赖于原则。基于原则的方法指定了投资经理所期望的结果，并为制定针对这些结果的特定组织路径提供了可能性，这种方法通常基于投资经理对自身技能和经验的自我监管和信心。原则显然是一般性的，它们制定了规范性目标，例如市场行为的完整性和适当性标准。昆汀（Quintyn，未注明日期）指出，基于原则的公司治理和监管方法曾是英国银行体系的首选模式，它以"小型绅士俱乐部"的管理形式自我监管，即使用"道义劝告"。许多人认为道义劝告是指导和监督该体系的"最佳做法"。从许多方面来看，另类资产行业似乎保留了这种惯例，至少到最近为止还是如此。虽然在难以制定明确规则的情况下，基于原则的方法通常更为可取，但最近的金融危机使得人们不再像之前那样信任该方法，欧盟和美国的监管甚至因此更为严格。

17.1.2 "信任，但仍会核实"

当然，基于原则的方法本身并不一定会导致投资经理过度冒险。事实上我们可以想到，考虑到长期投资的高度不确定性，投资经理十分厌恶风险。规则旨在提高金融机构管理的清晰性和确定性，但它们的缺点是过于刻板僵化。重要的是，监管机构认识到公司通常有专有的并对投资绩效有着重大影响的风险管理方法。例如，ESMA认为监管机构不应该对公司所采用的风险管理方法指手画脚。从治理结构来看，有很多不同的方法体系可用于促进风险管理过程，其中不同方法可能应用于不同情况。

如果说基于原则的方法站不住脚或者意义不明，而基于规则的方法又过于僵化，无法跟上投资环境的变化，那么我们该怎么办？新的监管方案（如欧洲的AIFM指令）似乎赞成昆汀命名的一种方法，即治理驱动型金融业的"原则＋规则体系"。在这个体系下，宽泛的原则由规则作为支撑，规则将解释原则或指导原则的实施。换句话说，监管原则是指每个投资于另类资产的机构都需要发展并定期更新自己的具体规则体系，这套规则体系可以通过外部利益相关者进行评估，后者"虽然信任投资经理，但仍会进行核实"。

17.2 风险管理政策

虽然AIFM指令、多德-弗兰克法案、巴塞尔协议Ⅲ或欧盟偿付能力Ⅱ等监管方案分别针对金融行业内不同类别的投资者，但它们的目的都是一致的。只要投资者对另类资产类别的风险敞口很小，私募股权和类似投资就可以一直处于监管机构的视线之外。然而近年来这种情况发生了显著变化，这也许并不出人意料，另类投资行业内新的监管利益引起了业内相当激烈的反对意见（阿查里雅等，2011），尽管反对的效果有限。因此有限合伙人和普通合伙人都已开始按照新的监管要求更新其风险管理政策。

重要的是,风险管理政策必须遵循一种反映最佳做法的动态方法,它需要定期审查具体的安排、流程和技术。许多有限合伙人采用了内部模型,这些模型必须通过所谓的"使用测试":这要求内部模型一定要嵌入治理体系之中以成为决策过程中的关键工具,而且有限合伙人需要定期更新内部模型以反映风险状况。使用内部模型的投资者需要监控自己的投资计划是否符合风险管理政策,并且需要在偏离风险管理政策时采取行动。

有效的风险管理政策代表了一种将投资策略、公司业务计划、组织架构和 IT 系统环境联系起来的整体方法,它能够确保整体流程的一致性。针对以上每一个领域,我们应该分别制定与公司总体风险管理政策相一致的独立政策。

17.2.1 投资策略

海特等(Haight et al. ,2007)将投资策略定义为"用于实现投资收益目标的计划和方法"。这当然需要投资经理设定一个明确的收益目标(弗雷泽·桑普森,2006)。设定收益目标的过程中有一个关键因素,即明确投资者的风险承受能力,但是根据这一要求,某些收益目标根本无法实现。收益目标应该具有一致性、现实性和明确性,应使用可测量的标准,从而使得投资经理可以基于这些标准确定投资收益对目标的偏离程度。

投资策略是根据不确定性制定的,尤其是投资期限为 10 年甚至更长的非流动资产类别,它们的不确定性更为明显。但这并不意味着策略会过时。事实上投资策略有关未来不同结果之间的选择,虽然结果的范围会随投资期限的延长而扩大,但策略性思维仍是十分重要的竞争优势。在这种背景之下,给定投资者的风险偏好,投资经理应该明确为什么要实施某个特定的策略,以及这种策略如何偏离市场发展的预期以实现超额收益。此外,一个好的策略需要阐明对市场变化进行策略调整的具体规则。重要的是,策略规划是一个动态过程,而不是一组静态的指令。

布莱克和李特曼(1992)已经开发了一个关于投资和投资组合构建的有效的策略性思考框架。虽然他们的模型最初是为可交易资产的多元化投资组合而设计的,但其基本思想也适用于另类投资。布莱克-李特曼模型以贝叶斯方法为基础,它的出发点基于以下情况:投资经理倾向于根据投资组合的权重进行思考,而不是像传统 CAPM 模型所假设的那样,权衡投资组合的预期收益与风险(科尼利厄斯,2011)。

布莱克-李特曼模型参考的是对不同资产类别和细分市场(例如美国风险投资基金、欧洲中间市场并购基金、面向亚洲的成长型基金)的市场中性配置。持有市场组合的预期收益代表了市场均衡。投资者必须明确自己的收益预期以及适用的置信度,以偏离市场中性。风险管理正是由此而来:最佳投资组合只是对中性市值权重的一系列偏差(科尼利厄斯,2011)。

17.2.2 业务计划

ESMA 针对 AIFM 指令可能实施的措施,向欧洲委员会提供了一些技术建议,其中它将"业务计划"定义为投资于合伙基金时额外的尽职调查。[①] 在磋商过程中,大多数人不支持"业务计划"这一术语,他们还提出了几种替代方案。但因为磋商过程中并没有出现更恰当的表述,最后 ESMA 决定继续使用"业务计划"这个术语。尽管如此,该磋商过程帮助他们认清了业务计划在投资和投资组合构建时的实际含义。例如一个参会人员建议用"风险偏好声明"作为替代,虽然这也许不是最文雅的术语,但它强调业务计划作为与公司风险管理政策密切相关的工具,具有十分重要的意义。业务计划阐释了如何将公司的投资策略应用到市场中以实现预期的目标。鉴于投资决策面临不确定情况,业务计划必须详细说明制定特定策略时的假设。

* 为了能够判断投资组合的风险/收益情况,业务计划必须描绘一个广泛的投资范围,并充分考虑投资经理在选择和获得机会方面的技能。[②]
* 鉴于投资决策的高度不确定性,业务计划需要给出所有的可能结果并模拟各种情景。
* 为了在市场条件变化以及出现新的机会和/或威胁时及时进行调整,投资经理需要根据业务计划对市场发展进行持续监控。[③] 如果投资经理发现某些时刻初始策略无法执行,则需要向该机构的高级管理层及其投资者报告其中的变数。
* 业务计划有助于投资者监督投资过程,但它也应该在更广泛的战略中提供可能需要进行策略变革的指示;在极端情况下,投资经理在这个监督过程中发现的事项可能会使他完全放弃初始策略。

政策和策略是为长期投资设计的,因此我们很少重新研究这些政策和策略(通常每3年,有时时间间隔甚至更长)。然而业务计划需要定期更新,每当投资环境发生重大变化时也要对计划进行调整。基于滚动预测定期修改业务计划能够确保公司在波动的市场环境中具有更强的反应能力,并使公司的管理更具有前瞻性。

17.2.3 组织架构

投资公司必须建立、实施和维护一个能够分配具体投资职能、责任和义务,以及组织内部汇报体系的组织架构。我们需要明确记录这个组织的各个事项,从而确保投资过程中的问责制切实有效。因此最佳做法包括:

* 风险管理和合规职能应独立于其他运营单位,包括投资组合管理。为了确保

---

① 根据维基百科(一个在线词典),业务计划是一份"正式声明,这份声明包括了一组业务目标,该目标可以实现的原因,以及实现这些目标的计划。它还可能包含尝试实现这些目标的组织或团队的背景信息"。参见 http://en.wikipedia.org/wiki/Business_plan [2012 年 1 月 23 日访问]。

② AIFM 指令关于交易流程管理文件的要求可以这样解释(见 ESMA,2011)。

③ 见 http://www.businessdictionary.com/definition/business-plan.html [2012 年 1 月 23 日访问]。

风险管理和合规职能的有效性，它们必须拥有必要的权威、资源、专业知识和对所有信息的访问权限。

  • 如果风险管理职能在功能上或层次上无法独立，那么该投资公司需要制定相应的保障措施来确保其独立性。这些措施必须涵盖潜在利益冲突的本质，以及处理这些冲突的补救措施。重要的是，文件记录中清楚地解释了这些措施为何能确保风险管理职能的独立性。

  • 组织架构应确保不同的责任方有适当的监督和报酬结构。此外，投资公司在信息交流方面也需要制定有效的程序和步骤。

  • 风险管理职能是一个永久性的工具，它通过不断的识别、测量、管理和监控投资策略所面临的所有相关风险而发挥相应的作用。

一个利益冲突的政策（conflicts-of-interest policy）需要包括应遵循的程序和应采取的利益冲突管理措施，它必须说明如何确保保障措施始终有效。

17.2.4 系统环境

精心设计的风险管理政策还对公司的报告体系做出了规定，投资经理应对公司的治理主体和高级管理层进行报告，适当情况下也应对监督机构进行报告。报告的条款、内容和频率取决于具体投资活动的性质、规模和复杂程度，没有公式化的答案。

为确保风险管理职能的有效性，详细记录所有相关的投资活动至关重要。只有这样，投资经理才能看出投资活动与业务计划的一致性，并确定两者之间的偏离程度。具体来说，与投资过程相关的文件应包括相关会议记录和任何可以作为支持的证据，如在尽职调查工作中进行的经济和财务分析。重要的是，它还包括融资合伙人提供的文件（如私人配售备忘录）以及对特定投资机会的内部研究。不管投资机会最后是否真的转化为现实的资本承诺，都应该备有这些文件。同时，这些文件记录必须保存妥当，以便风险管理师识别可能导致投资组合风险敞口意外偏离机构风险偏好的任何潜在因素（包括潜在的利益冲突）。

上述文件大多会采用电子记录的形式进行保存，这对 IT 系统构成了相当大的挑战。此外，风险管理师必须定期进行压力测试和情景分析并记录，从而确定市场条件的潜在变化，并检查这些变化对投资组合的潜在影响。另外，他们还需要定期进行回溯测试来审查风险测量的有效性，包括基于模型的预测和估计的有效性。上述行为都是为了确保风险管理师能根据可靠的数据准确地衡量公司所承担的风险及其对整体风险状况的影响，并充分记录风险测量的安排、流程和技术。

考虑到机构投资对金融模型的高度依赖性，金融机构出于监管角度越来越关注操作风险。例如 ESMA(2011)规定，用于计算投资数据的 IT 系统和工具将彼此整合，和/或与前台和会计应用程序相结合。此外，在 IT 系统意外中断时，金融机构需要采取相应的措施来保全基本数据。同时，IT 系统也必须具有高度的保密性。显然这些 IT 要求已经远远超过了简单的电子表格所能够提供的服务。

17.3 制定风险管理政策

政策可以解读为公司的"意向声明",公司治理主体对该声明负责。[1] 它需要在一段时期内保持足够的前瞻性和稳定性,同时与该公司另类资产投资的长期方向相一致。公司的政策需要准确表达各个利益相关方的期望,程序则应处理实施政策所需的操作流程。由于公司声明中操作流程的水平不同,政策和程序之间的界限因此难以界定。

17.3.1 注意事项

在制定完善的风险管理政策时我们会面临一个潜在的困境,即我们应按照公司的风险偏好来限制投资组合的风险,但又不能过度限制,否则将导致风险敞口不足,这可能会对投资组合的收益产生重大影响。即使限制较少,也可能会严重妨碍投资经理实现其既定目标,还有可能导致意想不到的后果。在不考虑这些限制的情况下,缺乏投资纪律可能会产生难以预见的巨大风险。因此我们应持续监测投资是否遵循风险管理政策,尤其是对政策安排、流程和技术的遵守情况。

制定有效风险管理政策的原则已经被编入谨慎投资者规则中(见第三章)。这些原则要求投资经理在谨慎判断后再进行投资,同时应考虑到做出投资决策时的市场环境。根据这些原则,投资经理应该以谨慎人的态度行事,而非投机者的态度,要像管理自己的事务一样,考虑对资本的保护以及可能获得的投资收益。

在制定更具体的政策时,我们可以向一些美国大学捐赠基金和公共养老金计划制定的"投资政策声明"学习,它们是另类资产类别的长期投资者。尽管各个机构的政策声明之间存在显著差异,但它们在治理问题上有许多重要的共同点(马森内特和迈耶,2007):

- 风险管理政策应包含有关有效的程序和合适的系统的详细信息,这些程序和系统旨在确保投资组合的实际风险状况符合目标风险状况。
- 风险管理政策应列为单独的文档,为如何在组织内部分配风险管理相关职责提出详细说明。此外,它还应该制定相应的保障措施来确保风险管理职能的独立性。
- 政策文件中应确定报告的频率,还应该指明报告对象——机构的治理主体和负责设定风险限额的人员。此外,政策中还应详细介绍用于监测和管理不同风险类别的技术和模型。
- 对角色和责任的描述应透明化。应明确说明任何投资经理自由决策的局限性。

此外,风险管理政策应解决有关投资策略和重点的关键问题,包括但不限于:

- 风险管理政策应从策略和细分市场方面明确规定投资的许可范围。例如我们需要确定除了一级私募股权基金投资之外,投资的许可范围是否包括二级私募股权

---

[1]　见 http://en.wikipedia.org/wiki/Policy [2012 年 1 月 23 日访问]。

基金和共同投资,甚至直接投资。

·风险管理政策可能给一级私募股权基金带来额外的投资限制。例如一些投资者可能不会向投资于前沿市场的基金做出资本承诺。属于许可范围内的投资应遵循明确的资格标准,例如是否允许投资者投资于新成立的基金? 我们需要定期回顾市场的许可范围和资格标准的定义。

·当市场许可范围和资格标准的定义有所调整时,风险管理政策应说明投资组合中不符合新政策的现有投资是免于新政策的约束,还是需要退出投资。

·风险管理政策应明确说明是否允许投资经理采取过度承诺策略,以及接受多大程度的过度承诺。同样,它也应明确非流动投资组合是否可以杠杆化,以及接受何种程度的杠杆化。

·就"实物(in kind)"分红(即上市投资组合公司的股份)而言,风险管理政策应该对该类所持股份的清算提供指导。

·风险管理政策应当明确如何衡量绩效以及使用哪些衡量基准。

·当受监管的投资者使用内部模型,而非标准模型(例如巴塞尔Ⅲ和欧盟偿付能力Ⅱ中的模型)时,风险管理政策文件需要说明该内部模型的主要特征,包括基本原理、假设和所用数据。该模型需要经过外部专家的检验,同时需要准确记录检验过程。

·最后,风险管理政策还应解决有关监测所投资的基金是否遵循有限合伙协议的问题。

总而言之,风险管理政策有助于概述投资公司的内部控制,确定投资经理的职责和用于监测投资策略(与投资组合风险相关)实施情况的标准。此外,风险管理政策应对高级管理层、董事会和外部利益相关方(如审计师和监管者)之间有关风险监控的沟通提供具体指导。

17.3.2 风险限额

设定具体的风险限额是风险管理政策的主要责任,风险管理师负责密切监测投资风险是否符合风险限额。风险限额与现有监管规定一致,通常考虑了市场风险、信用风险、交易对手风险、操作风险和流动性风险。注意,由于非流动资产的投资组合难以持续维持平衡状态(见第六章),风险限额的执行可能会因此面临挑战。ESMA(2011)也认识到了这一点,它指出投资经理不一定需要在投资风险超出风险限额时立即采取行动。

风险限额系统需要有在发生实际或预期的违规行为时,及时触发补救行动的程序。鉴于调整非流动资产类别的投资将耗费相当长的时间,风险管理师在监测投资风险是否符合风险限额时要有前瞻性,也要及时提醒相应的高级管理人员。

就流动性风险而言,风险管理政策应解决预期或实际的流动性短缺问题。此处考虑市场动荡的风险尤为重要,因为流动性可能会因市场动荡在一夜之间枯竭。这又回到了本书开头所介绍的内容,正如我们在本书第一部分强调的,在大衰退中投资者几乎无法在二级市场上清算他所持有的股份(或只能以巨大的折价清算),而且借款利率极高。为了避免历史重现,我们需要制定关注潜在流动性约束的风险管理政策。

17.4 总结

在本书的最后一章中,我们介绍了非流动资产投资者的综合风险管理政策。为了确保风险管理政策的有效性,我们应该将其视为一种结合了公司投资策略、组织结构、系统和程序的综合方法。这是我们从最近的金融危机中吸取的主要经验教训之一,在此前的金融危机中,风险管理往往是一项孤立的职能,或者更糟糕的是,风险管理刚刚萌芽或根本不存在。

在介绍风险管理政策的最佳做法时,本章从一个基本问题,即基于规则的方法与基于原则的方法的优缺点入手,我们主张投资经理采用结合了这两种方法的混合模型。随后,我们介绍了风险管理政策,风险管理政策由公司的策略目标、业务计划和组织构成。最后,我们关注了如何制定风险管理政策本身,确定了治理和投资策略等方面的关键要素。

我们在本章中概述的风险管理政策是一个通用框架。在该框架内,投资者需要根据具体的监管环境、历史信息、投资经验、现有的投资组合、所有权结构和资源来制定自己的政策和程序。制定风险管理政策,避免重复之前的失误是一个渐进的过程,随着我们对另类投资具体风险的了解不断深入,我们需要据此对风险管理政策做出相应调整。

参考文献

Acharya，V V and Pedersen，L H（2005）Asset pricing with liquidity risk. Journal of Financial Economics，77：375-410.

Acharya，V. V. Hamrick，L. W. and Bellini，C. J.（2011）The regulatory tangle. Private Equity Findings，5. London Business School，Coller Institute of Private Equity.

Acharya，V. V.，Gottschalg，O. F.，Hahn，M. and Kehoe，C.（2013）Corporate governance and value creation：Evidence from private equity. Review of Financial Studies，26(2)，368-402.

Achleitner，P. and Albrecht，S.（2011）Private equity in an insurance company's strategic asset allo-cation. In Inside the Limited Partner-A compendium of investor attitudes to private equity. PEI Media Ltd.

Achleitner，A. K.，Braun，R. and Engel，N.（2011）Value creation and pricing in buyouts：Empirical evidence from Europe and North America. Review of Financial Economics，20(4)，146-161.

Akerlof，G.（1970）The market for "lemons"：Quality uncertainty and the market mechanism. Quarterly Journal of Economics，84，488-500.

Almeida Capital（2002）The advent of liquidity. Private Equity Secondaries. www. Almeidacapital. com.

Amblard，O.（2007）Securitization. In Mathonet，P. -Y. and Meyer，T.（eds），J-Curve Exposure. John Wiley & Sons，Chichester.

Amihud，Y. and Mendelson，H.（2006）Stock and bond liquidity and its effect on prices and financial policies. Financial Markets and Portfolio Management，20(1)，19-32.

Ang，A. and Kjaer，K.（2011）Investing for the long run. Available at http:// papers. ssrn. com/sol3/papers. cfm? abstract_id＝1958258 [accessed 14 June 2012].

Ang，A. and Sorensen，M.（2011）Risk，returns，and optimal holdings of private equity. http://www. columbia. edu/~aa610/ [accessed 30 May 2012].

Ang，A.，Papanikolaou，D. and Westerfield，M. M.（2011）Portfolio choice with illiquid assets. Avail-able at http://www. kellogg. northwestern. edu/faculty/papanikolaou/ htm/APW-101024. pdf [accessed 17 August 2011].

Arlen，J.，Spitzer，M. L. and Talley，E.（2002）Endowment effects within corporate agency rela-tionships. New York University Law and Economics Working Papers，

No. 139. Available at http://lsr. nellco. org/nyu lewp/139 [accessed 8 May 2012].

Axelson, U. , Jenkinson, T. , Strömberg, P. ,etal. (2009) Why are buyouts levered? The financial structure of private equity funds. Journal of Finance, 64, 1549-1582.

Be,ne,planc, G. and Rochet, J. C. (2011) Risk Management in Turbulent Times. Oxford University Press, Oxford.

Bernstein, S. , Lerner, J. and Schoar, A. (2009) The investment strategies of sovereign wealth funds. National Bureau of Economic Research, Working Paper No. 14861.

BIS. (1996) Supervisory Framework for the Use of "Backtesting" in Conjunction with the Internal Models Approach to Market Risk Capital Requirements. Basel Committee on Banking Supervision, January. Available at http://www. bis. org/publ/ bcbsc223. pdf [accessed 1 July 2008].

BIS. (2001) Working Paper on Risk Sensitive Approaches for Equity Exposures in the Bank-ing Book for IRB Banks. Basel Committee on Banking Supervision, August. Available at http://www. bis. org/publ/bcbs_wp6. pdf? noframes = 1 [accessed 1 July 2008].

BIS. (2008) Principles for sound liquidity risk management and supervision. Basel Committee on Banking Supervision, September.

Bitsch, F. , Buchner, A. and Kaserer, C. (2010) Risk, return and cash flow characteristics of infras-tructure fund investments. EIB Papers, Vol. 15, No. 1, pp. 106-136. Available at http://ssrn. com/ abstract = 1992961 [accessed 21 August 2012].

Black, F. and Litterman, R. (1992) Global portfolio optimization. Financial Analysts Journal, 48(5), 28-43.

Blackburn, R. (2002) Banking on Death: Or, Investing in Life: The History and Future of Pensions. Verso, London.

Blake, C. (2008) The Art of Decisions. How to manage in an uncertain world. Pearson Education Limited, Oxford.

Bongaerts, D. , Charlier, E. (2006) Risk management for LBOs in buy-and-hold portfolios, 27 August. Available at http://www. greta. it/credit/credit2006/poster/2 Bongaersts Charlier. pdf [accessed 30 June 2008].

Bongaerts, D. , Charlier, E. (2009) Private equity and regulatory capital. Journal of Banking and Finance, 33(7), 1211-1220.

Borden, B. T. (2009) The aggregate-plus theory of partnership taxation. Georgia Law Review, 43. Available at http://ssrn. com/abstract = 1121351 [accessed 18 July 2008].

Borensztein, E. , Levy Yeyati, E. and Panizza, U. (eds) (2006) Living with Debt. How to Limit the Risks of Sovereign Finance. Economic and Social Progress in Latin America. Inter-American Development Bank, Washington, DC.

Braunschweig, C. (2001) Beset by falling IRRs, CalPERS plays defence. Venture Capital Journal, October.

Bromley, D. (2002) Comparing corporate reputations: League tables, quotients, benchmarks, or case studies? Corporate Reputation Review, 5(1), 35-50.

Brunnhuber, U. (2007) (Pre-) Islamic finance and venture capital. In Mathonet, P.-Y. and Meyer, T. (eds), J-Curve Exposure. John Wiley & Sons, Chichester.

Buchner, A., Kaserer, C. and Wagner, N. F. (2010) Private equity funds: Valuation, systematic risk and illiquidity. Available at http://dx.doi.org/10.2139/ssrn.1102471 [accessed 21 August 2012].

Buhl, C. (2004) Liquidität im Risikomanagement. PhD thesis, University of St. Gallen.

Burgel, O. (2000) UK Venture Capital and Venture Capital as an Asset Class for Institutional Investors. BVCA, London.

Buttonwood (2008) Requiem for a prudent man-A fund manager's career has lessons for today's investors. The Economist, 27 March.

CalPERS (2010) California Public Employees' Retirement System-Statement of Investment Strat-egy for Alternative Investment Management (AIM) Program, February 16. Available at http://www.calpers.ca.gov/eip-docs/investments/policies/inv-asset-classes/aim/altern-invest-man-prog.pdf [accessed 29 June 2011].

Cambridge Associates (2011) Pension Risk Management. https://www.cambridgeassociates.com/research_center/research_reports.html [accessed 23March 2012].

Cao, J. and Lerner, J. (2009) The performance of reverse leveraged buyouts. Journal of Financial Economics, 91(2), 139-157.

Carver, L. (2012) Goodbye VAR? Basel to consider other risk metrics. Risk Magazine, February. Avail-able at http://www.risk.net/risk-magazine/news/2154611/goodbye-var-basel-consider-risk-metrics [accessed 7 June 2012].

Chacko, G. (2005) Liquidity risk in corporate bond markets, http://papers.ssrn.com/sol3/papers.cfm?abstract_id=687619 [accessed 10 January 2012].

Chan-Lau, J. A. (2004) Pension funds and emerging markets. IMF Working Paper WP/04/181. http://www.imf.org/external/pubs/cat/longres.cfm? sk = 17504.0 [accessed 2 February 2012].

Chung, J. W. (2010) Performance persistence in private equity funds. Available at http://ssrn.com/abstract=1686112 [accessed 10 February 2011].

Cochrane, J. (2005) The risk and return of venture capital. Journal of Financial Economics, 75, 3-52.

Cogent Partners. (2012) Secondary pricing trends and analysis, January. Cogent Papers, 27.

Conner, A. (2005) Persistence in venture capital returns. Private Equity International, March.

Connolley, W. M. (2007) Projection/prediction. Available at http://scienceblogs.com/stoat/2007/08/proje ction_prediction.php [accessed 15 November 2011].

Conroy, R. M. , Harris, R. S. (2007) How good are private equity returns? Journal of Applied Corporate Finance, 19, 96-108.

Cornelius, P. (2011) International Investments in Private Equity. Academic Press, Burlington, MA.

CPEE. (2004) Limited Partnership Agreement Conference. Tuck School of Business at Dart-mouth, Center for Private Equity and Entrepreneurship, 20-21 July. Available at http://mba. tuck. dartmouth. edu/pecenter/research/pdfs/LPA _ conference. pdf [accessed 13 September 2006].

Crouhy, M. , Galai, D. , Mark, R. (2001) Prototype risk rating system. Journal of Banking and Finance, No. 25.

Damodaran, A. (2007) Strategic Risk Taking. Pearson Prentice Hall, New York.

Damodaran, A. (undated) Value at Risk (VaR) .Available at http://people. stern. nyu. edu/adamodar/ pdfiles/papers/VAR. pdf [accessed 9 October 2012].

Danielsson, J. (2008) The paradox of models. Conference Paper, London School of Economics. Available at http://fmg. lse. ac. uk/upload file/1027 J Danielsson. pdf [accessed 13 October 2008].

Dawes, R. (1979) The robust beauty of improper linear models in decision making. American Psychol-ogist, 34(7), 571-582.

Day, S. , Diller, C. (2010) Benchmarking private equity investments. In Risk Management Handbook. Private Equity International.

de Malherbe, E. (2003) Modeling private equity funds and private equity collateralized fund obligations. International Journal of Theoretical and Applied Finance, 7(3), 193-230.

de Zwart, G. , Frieser, B. , van Dijk, D. (2007) A Recommitment Strategy for Long Term Private Equity Fund Investors. ERIM Report Series, Research in Management, December. Available at http://publishing. eur. nl/ir/repub/asset/10892/ERS-2007-097-F&.A. pdf [accessed 2 July 2008].

Diller, C. (2007) Private Equity: Rendite, Risiko und Markteinflussfaktoren-Eine empirische Analyse europäischer Private-Equity-Fonds. Uhlenbruch Verlag, Bad Soden.

Diller, C. and Herger, I. (2008) Private equity—will you take the risk? Private Equity International, May, pp. 106-109.

Diller, C. and Herger, I. (2009) Assessing the risk of private equity fund investments. In Private Equity Mathematics. Private Equity International.

Diller, C. and Jäckel, C. (2010) Asset allocation and exposure management in private equity. In Risk Management Handbook. Private Equity International.

Diller, C. and Kaserer, C. (2004) European private equity funds-a cash flow based performance analysis. In Performance Measurement and Asset Allocation of European Private Equity Funds, EVCA Research Paper, Brussels.

Diller, C. and Kaserer, C. (2009) What drives private equity returns—fund inflows, skilled GPs, and/or risk? European Financial Management, 15(3), 643-675.

Diller, C. and Wulff, M. (2011) The private equity performance puzzle—let there be light! In Montana Capital Partners (ed.), Performance Measurement and Benchmarking in Private Equity. Private Equity International.

Dimson, E. (1979) Risk measurement when securities are subject to infrequent trading. Journal of Financial Economics, 7(2), 197-226.

Dowd, K. (2001) Beyond Value at Risk—The New Science of Risk Management. John Wiley & Sons, Chichester.

Dowd, K., Blake, D., Cairns, A. (2004) Long-term value at risk. Journal of Risk Finance, 5, 52-57.

Drehmann, M., Nikolaou, K. (2008) Funding liquidity risk: Definition and measurement. ECB Working Paper.

Driessen, J., Lin, T. C. and Phalippou, P. (2011) A new method to estimate risk and return of non-traded assets from cash flows: The case of private equity funds. Journal of Financial and Quantitative Analysis, forthcoming.

Duffie, D. and Pan, J. (1997) An overview of value at risk. Journal of Derivatives, 7, 7-49. Dunbar, N. (2001) Inventing Money. John Wiley & Sons, Chichester.

EC (2010) QIS5 Technical Specifications-Annex to Call for Advice from CEIOPS on QIS5. European Commission, DG Internal Market and Services, Financial Institutions, Insurance and Pensions, 5 July. Available at http://ec. europa. eu/internal market/insurance/docs/solvency/qis5/201007/technical specifications en. pdf [accessed 5 June 2012].

The Economist. (2001) Private equity in Europe: The princess and the pearl. The Economist, 6 December.

EIOPA. (2012) Technical Specifications for the Solvency II Valuation and Solvency Capital Requirements Calculations. Part I. Available at https://eiopa. europa. eu/fileadmin/tx_dam/files/ consultations/QIS/Preparatory_forthcoming_assessments/EIOPA_12-362 A_-Tech_Spec_for_the_SII_valuation_and_SCR_calc Part_I_. pdf [accessed 26 October 2012].

Ellis, C. D. (2008) The Partnership-A History of Goldman Sachs. Allen Lane, London.

Emery, K. (2003) Private equity risk and reward: Assessing the stale pricing problem. Journal of Private Equity, 6, 43-50.

EMPEA. (2011) Local Pension Capital in Latin America. EMPEA, Washington, DC.

Epstein, J. M. (2008) Why model? Speaker notes. Available at http://www. mit. edu/~scienceprogram/Materials/Monday%20Materials/WhyModel. pdf [accessed 19 September 2011].

ESMA. (2011) Final Report-ESMA's Technical Advice to the European Commission on Possible Measures of the Alternative Investment Fund Managers Directive. ESMA/ 2011/379.

EVCA. (2005) International Private Equity and Venture Capital Valuation Guidelines.

EVCA. (2011) Private Equity Fund Risk Measurement Guidelines. Exposure Draft for Con-sultation. Available at http://www. evca. eu/uploadedFiles/Home/Public_And_ Regulatory_Affairs/ Consultations/Consultation_Paper_EVCA_Risk_Measurement_ Guidelines. pdf [accessed 8 June 2011].

EVCA (2012) Research paper: "Calibration of Risk and Correlation in Private Equity"- A proposal for a new approach for the development of a private equity index; authored by Neil Chakravarty and Christian Diller; published by European Venture Capital and Private Equity Association, May 2012.

Everts, M. (2002) Cash dilution in illiquid funds. MPRA Paper No. 4655. Available at http://mpra. ub. uni-muenchen. de/ 4655/ [accessed 30 September 2011].

Fabozzi, F. J. , Kothari, V. (2008) Introduction to collateralized debt obligations. In Introduction to Securitization. John Wiley & Sons, Hoboken, NJ.

Fama, E. F. , French, K. R. (1993) Common factors in the returns on stocks and bonds. Journal of Financial Economics, 33(1), 3-56.

Fang, L. , Ivashina, V. , Lerner, J. (2012) The disintermediation of financial markets: Direct investing in private equity. Available at http://www. stern. nyu. edu/cons/ groups/content/documents/webasset/con 037960. pdf [accessed 17 October 2012].

FDIC. (2005) Trust Examination Manual. Section 3-Asset Management-Part I. Investment Principles, Policies and Products. Federal Deposit Insurance Company. Last updated 5 October 2005. Available at http://www. fdic. gov/ regulations/examinations/trustmanual/section 3/fdic section 3-asset management. html#c [accessed 29 June 2011].

Fisher, L. (2009) The Perfect Swarm-The Science of Complexity in Everyday Life. Basic Books, New York.

Fleischer, V. (2004) Fickle investors, reputation, and the clientele effect in venture capital funds. UCLA School of Law, Law-Econ Research Paper No. 04-14, 2 October. Available at SSRN: http://ssrn. com/abstract 600044 [accessed 5 May 2006].

Fleischer, V. (2005) The missing preferred return. UCLA School of Law. Law and Economics Working Paper Series, No. 465, 22 February.

Frankel, J. A. and Rose, A. K. (1996) Currency crashes in emerging markets: An empirical treatment. Journal of International Economics，41，351-368.

Franzen，D. (2010) Managing investment risk in defined benefit pension funds. OECD Working Papers on Insurance and Private Pensions，No. 38.

Franzoni，F.，Novak，E. and Phalippou，L. (2012) Private equity performance and liquidity risk. Journal of Finance，67(6)，2341-2373.

Fraser-Sampson，G. (2006) Multi-Asset Class Investment Strategy：A Multi-Asset Class Approach to Investment Strategy. John Wiley & Sons，Chichester.

Fraser-Sampson，G. (2011) Alternative Assets-Investments for a Post-Crisis World. John Wiley & Sons，Chichester.

Froot，K. A. (1993) Currency hedging over long horizons. NBER Working Paper 4355. National Bureau of Economic Research，Cambridge，MA.

FSA. (2009) FSA draft code on remuneration practices. Financial Services Authority，18 March. Available at http://www. fsa. gov. uk/pubs/other/remuneration. pdf [accessed 21 March 2012].

FSA. (2010) Revising the remuneration code-feedback on CP10/19 and final rules. Financial Services Authority，December. Available at http://www. fsa. gov. uk/pubs/policy/ps10 20. pdf [accessed 21 February 2012].

Garnsworthy，C.，Tuley，J. and Moore，A. (2010) Worth using：Meeting the use test for model approval. Available at http://www. pwc. com/gx/en/insurance/solvency-ii/countdown/0510-worth-using. html [accessed 12 October 2011].

Geltner，D.，MacGregor，B. D. and Schwann，M. G. (2003) Appraisal smoothing and price discovery in real estate markets. Urban Studies，40(5&6)，1047-1064. Available at http://usj. sagepub. com/content/40/5-6/1047. abstract.

Getmansky，M.，Lo，A. and Makarov，I. (2004) An econometric model of serial correlation and illiquidity in hedge fund returns. Journal of Financial Economics，74 (3)，529-609.

Giannotti，C. and Mattarocci，G. (2009) How to evaluate risk for Italian real estate funds. Journal of European Real Estate Research，2(2)，132-150.

Golub，B. W. and Crum，C. C. (2010) Risk management lessons worth remembering. BlackRock Report. Available at https://www2. blackrock. com/webcore/litService/search/getDocument. seam? contentId=1111106147&Source=SEARCH&Venue=PUB_INS [accessed 6 June 2011].

Gompers，P. A. and Lerner，J. (1997) Risk and reward in private equity investments：The challenge of performance assessment. Journal of Private Equity，1，5-12.

Gompers，P. A. and Lerner，J. (2000) Money chasing deals? The impact of fund inflows on private equity valuations. Journal of Financial Economics，55，281-325.

Gompers，P. A. and Lerner，J. (2001) The venture capital revolution. Journal of Economic Perspectives，15(2)，145-168.

Gottschalg, O. F. (2010) Private equity fund selection. How to find true top-quartile performers. In Cumming, D. (ed.), Private Equity. Fund Types, Risk and Returns, and Regulation. John Wiley & Sons, Hoboken, NJ.

Guo, S., Hotchkiss, E. S. and Song, W. (2011) Do buyouts (still) create value? Journal of Finance, 66(2), 479-515.

Haight, G. T., Morrell, S. O. and Ross, G. E. (2007) How to Select Investment Managers & Evaluate Performance. John Wiley & Sons, Hoboken, NJ.

Hansmann, H., Kraakman, R. and Squire, R. (2005) Law and the rise of the firm. Available at http://law.usc.edu/academics/centers/cleo/workshops/05-06/documents/Kraakman.pdf [accessed 4 August 2008].

Hardymon, F., Lerner, J. and Leamon, A. (2009) The Canadian Pension Plan Investment Board. Harvard Business School, N9-809-073.

Harris, R., Jenkinson, T. and Stucke, R. (2010) A White Paper on Private Equity and Research. UAI Foundation Working Paper, University of Virginia.

Harris, R., Jenkinson, T. and Kaplan, S. N. (2012) Private equity performance: What do we know? NBER Working Paper No. 17874.

Hayden, R. M. (2008) Trustee delegations and the prudent investor act: Filling the gaps. Rutgers Law Record, 32 (64). Available at http://lawrecord.com/files/32 Rutgers L Rec 64.pdf [accessed 30 June 2011].

Healy, B. (2001) Calpers posts fund's record on website-money managers aghast that pension investor shows returns, rankings. Boston Globe, August.

Heikkilä, T. (2004) European single market and the globalization of private equity fundraising: Barriers and determinants of foreign commitments in private equity funds. MSc Eng. thesis, Helsinki University of Technology.

Hendershott, R. (2007) Using past performance to infer investment manager ability. Preliminary paper. Available at http://www.scu.edu/business/mindwork/winter08/upload/hendershott-past_performance_nov07.pdf [accessed 12 May 2008].

Hendricks, D. (1996) Evaluation of value at risk models: Using historical data. Federal Reserve Bank of New York Economic Policy Review, April, pp. 39-69.

Henzler, F. (2004) Pine Street I LLC: A case study in securitization. In Routes to Liquidity. Private Equity International.

Henzler, F. (2008) Alternative routes to liquidity: Securitising private equity. In The Private Equity Secondaries Market. Private Equity International.

Henzler, F. and Etter, M. (2008) Astrea-securitisation as a path to secondary liquidity. In The Private Equity Secondaries Market. Private Equity International.

Higson, C. and Stucke, R. (2012) The performance of private equity, 2 March. Available at http://dx.doi.org/10.2139/ssrn.2009067 [accessed 21 August 2012].

Hoek, H. (2007) An ALM analysis of private equity. ORTEC Centre for Financial

Research, Jan-uary. Available at http://files. ortec-finance. com/Publications/research/OCFR App WP 2007 01. pdf [accessed 2 July 2008].

Hoevenaars, R. (2008) Strategic asset allocation. Asset liability management. Dissertation, University of Maastricht.

Holton, G. A. (2004) Defining risk. Financial Analysts Journal, 60(6), 19-25.

Hsu, D. H. , Kenney, M. (2004) Organizing venture capital: The rise and demise of American Research & Development Corporation. Available at http://ssrn. com/abstract=628661.

Hubbard, D. W. (2009) The Failure of Risk Management: Why It's Broken and How to Fix It. John Wiley & Sons, Hoboken, NJ.

IMF. (2011) Global Financial Stability Report. International Monetary Fund, Washington, DC.

IMF. (2012) Global Financial Stability Report. The Quest for Lasting Stability. International Monetary Fund, Washington, DC.

Inderst, R. and Muennich, F. (2003) The benefits of shallow pockets. London School of Economics.

ISDA. (2001) Modelling equity risk exposure-response to the Models Task Force. International Swaps and Derivatives Association's letter to Models Task Force of FSA.

Jorion, P. (2006) Value at Risk: The New Benchmark for Managing Financial Risk, 3rd edn. McGraw-Hill, New York.

Jorion, P. and Taleb, N. (1997) The Jorion-Taleb debate. Derivatives Strategy, April. Available at http://www. derivativesstrategy. com/magazine/archive/1997/0497fea2. asp [accessed 7 June 2012].

Kahneman, D. (2011) Thinking Fast and Slow. Allen Lane, London.

Kaplan, S. and Schoar, A. (2005) Private equity performance: Returns, persistence, and capital flows. Journal of Finance, 60, 1791-1823.

Kaplan, S. N. and Strömberg, P. (2009) Leveraged buyouts and private equity. Journal of Economic Perspectives, 23, 121-146.

Kaplan, S. N. , Sensoy, B. A. and Strömberg, P. (2009) Should investors bet on the jockey or the horse? Evidence from the evolution of firms from early business plans to public companies. Journal of Finance, 64, 75-115.

Karmin, C. and Lublin, J. S. (2008) Calpers Sells Stock Amid Rout to Raise Cash for Obligations, Wall Street Journal, October 25.

Kaserer, C. (2011) Return attribution in mid-market buy-out transactions-new evidence from Europe, 19 October. Available at http://dx. doi. org/10. 2139/ssrn. 1946110 [accessed 21 August 2012].

Kaserer, C. and Diller, C. (2004a) Beyond IRR once more. Private Equity International,

August.

Kaserer, C. and Diller, C. (2004b) European private equity funds-a cash flow based performance analysis. EVCA Research Paper.

Kaserer, C. , Wagner, N. and Achleitner, A. K. (2003) Managing investment risks of institutional private equity investors-the challenge of illiquidity. Center for Entrepreneurial and Financial Studies, Working Paper No. 2003-01. Available at http://www. cefs. de/files/200301-cefs-wp. pdf [accessed 1 July 2008].

Knight, F. H. (1921) Risk, Uncertainty, and Profit. Houghton Mifflin, Boston, MA.

Kocis, J. M. , Bachman, J. C. , Long, A. M. , etal. (2009) Inside Private Equity-The Profes-sional Investor's Handbook. John Wiley & Sons, Hoboken, NJ.

Korteweg, M. and Sorensen, M. (2011) Risk and return characteristics of venture-capital backed entrepreneurial companies. Review of Financial Studies, forthcoming.

Kothari, P. and Warner, J. (2001) Evaluating mutual fund performance. The Journal of Finance, 56, 1985-2010.

Kreutzer, L. (2008) Managing risk takes center stage as GPs put out fires and LPs watch cash. Dow Jones Private Equity Analyst, November.

Krohmer, P. and Man, K. S. (2007) Modeling default risk of private equity funds-a market-based framework. In Krohmer, P. (ed.), Essays in Financial Economics: Risk and Return of Private Equity. Inaugural-Dissertation, Matrikelnummer 2473635, Fachbereich Wirtschaftswissenschaften, Johann Wolfgang Goethe Universität, Frankfurt am Main, April.

Kukla, D. (2011) Competitive strategy of private equity: Boundary of the investment firm. Doctoral thesis, Technische Universität Berlin.

Langbein, J. H. and Posner, R. A. (1976) Market funds and trust-investment law. Yale Law School, Faculty Scholarship Series, Paper 498. Available at http:// digitalcommons. law. yale. edu/fss papers/498 [accessed 26 July 2011].

Lehikoinen, K. (2007) Development of systematic backtesting processes of value-at-risk. Master's thesis, Helsinki University of Technology, Department of Engineering Physics and Mathematics, 21 May.

Lerner, J. and Leamon, A. (2011) Yale University Investments Office. Harvard Business School, Case Study N9-812-062.

Lerner, J. and Schoar, A. (2002) The illiquidity puzzle: Theory and evidence from private equity. Journal of Financial Economics, 72, 3-40.

Lerner, J. , Schoar, A. and Wong, W. (2007) Smart institutions, foolish choices?: The limited partner performance puzzle. Journal of Finance, 62, 731-764.

Lhabitant, F. S. (2004) Hedge Funds-Quantitative Insights. John Wiley & Sons, Chichester.

Lintner, J. (1965) The valuation of risk assets and the selection of risky investments in stock portfolios and capital budgets. Review of Economics and Statistics，47，13-37.

Litvak，K. (2004) Governance through exit：Default penalties and walkaway options in venture capital partnership agreements. University of Texas，Law and Economics Research Paper No. 34，October. Available at http://ssrn. com/abstract = 613142 [accessed 5 May 2006].

Ljungqvist，A.，Richardson，M. P. (2003) The cash flow，return and risk characteristics of private equity. NBER Working Paper，No. 9454.

Lo，A. W. (2001) Risk management for hedge funds：Introduction and overview. Financial Analysts Journal，Nov/Dec.

Lo，A. W. (2005) The Adaptive Market Hypothesis. Journal of Investment Consulting，7(2)，21-44.

Lo，A. W. and Mueller，M. T. (2010) WARNING：Physics envy may be hazardous to your wealth. Available at http://papers. ssrn. com/sol3/papers. cfm? abstract_id = 1563882 [accessed 21 June 2010].

Lopez，J. A. and Saidenberg，M. R. (2001) The development of internal models approaches to bank regu-lation and supervision：Lessons from the market risk amendment. Available at http://www. frbsf. org [accessed 12 October 2011].

Lorenz，D.，Tru¨ck，S. and Lu¨tzkendorf，T. (2006) Addressing risk and uncertainty in property valuations：a viewpoint from Germany. Journal of Property Investment & Finance，24(5)，400-433.

Love，G. (2009) Praise for evergreen funds. Venture Capital Journal，1 December.

MacCracken，M. (2001) Prediction versus projection-forecast versus possibility. WeatherZine，No. 26，February. Available at http://sciencepolicy. colorado. edu/zine/archives/1-29/26/guest. html [accessed 17 November 2011].

Mahadevan，S. and Schwartz，D. (2002) Hedge fund collateralized fund obligations. Journal of Alternative Investments，5，45-62.

Maloney，E. F. (1999) The investment process required by the uniform Prudent Investor Act. FPA Journal，November.

Markowitz，H. (1952) Portfolio selection. Journal of Finance，7，77-91.

Mathonet，P. Y.，Meyer，T. (2007) J-Curve Exposure. John Wiley & Sons，Chichester.

McCrystal，A.，Chakravarty，N. (2011) Solvency Ⅱ：Private equity，the LPX50 and risk calibration. Pantheon Ventures paper，November.

McKinsey Global Institute. (2011) Farewell to cheap capital? The implications of long-term shifts in global investment and saving. http://www. mckinsey. com/Insights/MGI/Research/Financial Markets/Farewell cheap capital [accessed 15 January 2012].

Metrick，A. (2007) Venture Capital and the Finance of Innovation. John Wiley & Sons，

Hoboken, NJ. Metrick, A. and Yasuda, A. (2009) The economics of private equity funds. Review of Financial Studies, 23, 2303-2341.

Meyer, T., Mathonet, P. Y. (2005) Beyond the J Curve. John Wiley & Sons, Chichester.

Meyer, T. and Weidig, T. (2003) Modelling venture capital funds. Risk Magazine, October.

Missinhoun, J. and Chacowry, L. (2005) Collateralized fund obligations: The value of investing in the equity tranche. Journal of Structured Finance, 10(4), 32-37.

Mittnik, S. (2011) Solvency II calibrations: Where curiosity meets spuriosity. Center for Quantitative Risk Analysis, Department of Statistics, University of Munich, Working Paper No. 4.

Möllmann, C. (2007) How to govern pension provision? The struggle over the "prudent person standard" in EU pension fund regulation. Paper presented at the 6th Pan-European Conference on International Relations ECPR Standing Group on International Relations, Turin, September, pp. 12-15. Available at http://turin. sgir. eu/uploads/Moellmann-Moellmann-Turin. pdf [accessed 29 June 2011].

Mossin, J. (1966) Equilibrium in a capital asset market. Econometrica, 34, 768-783.

Mulcahy, D., Weeks, B. and Bradley, H. S. (2012) We have met the enemy ... and he is us. Ewing Marion Kauffman Foundation, May.

Murphy, D. J. (2007) A Practical Guide to Managing Private Equity Commitments. Goldman Sachs Asset Management, Strategic Research, June.

Myners, P. (2001) Institutional Investment in the United Kingdom: A Review. http://archive. treasury. gov. uk/docs/2001/myners_report0602. html.

NSM. (2008) Today's risk manager-a strategic risk report. Newsquest Specialist Media Business Intel-ligence. Available at http://www. qbeeurope. com/documents/comms/TodaysRiskManagerReport. pdf [accessed 26 May 2011].

OECD. (2006) OECD Guidelines on Pension Fund Asset Management. Recommendations of the Council. Available at www. oecd. org/dataoecd/59/53/36316399. pdf [accessed 26 March 2012].

OECD. (2011) Pensions at a Glance Asia/Pacific 2011. OECD Publishing. Available at http://www. oecd. org/document/27/0,3746,en_2649_37419_49427099_1_1_1_37419,00. html#Download [ac-cessed 27 March 2012].

Palmer, D. (2005) Using scenario analysis to estimate operational risk capital. Credit Suisse First Boston, presentation, OpRisk Europe, 17 March.

Partners Group. (2011) Value-based secondary investing across market cycles. http://www. partnersgroup. com/g3. cms/s_page/80480/s_name/researchflashes [accessed 12 April 2012].

Pastor, L. and Stambaugh, R. F. (2003) Liquidity risk and expected stock returns. Journal of Political Economy，111，642-685.

Phalippou，L.（2009）Beware of venturing into private equity. Journal of Economic Perspectives，23，147-148.

Phalippou，L.（2011）An evaluation of the potential for GPFG to achieve above average returns from investments in private equity and recommendations regarding benchmarking. Available at www. regjeringen. no/Upload/FIN/. . . /Phalippo ［accessed 24 August 2012］.

Phalippou，L.（2012）Performance of buyout funds revisited? Available at http:// papers. ssrn. com/ sol3/papers. cfm? abstract _ id ＝ 1969101 ［accessed 17 October 2012］.

Phalippou，L. ，Gottschalg，O.（2009）The performance of private equity funds. Review of Financial Studies，22，1747-1776.

Phalippou，L. ，Westerfield，M. M. （2012）Commitment risk in private partnerships. Preliminary and incomplete manuscript.

Porter，M.（1979）The structure within industries and companies performance. Review of Economics and Statistics，61，214-227.

Porter，T. M.（1992）Quantification and the accounting ideal in science. Social Studies of Science，22，633-651.

Primack，D.（2011）The best private equity firm is . . . Fortune. Available at http:// finance. fortune. cnn. com/2011/11/14/best-private-equity-firm/ ［ accessed 8 February 2012］.

Quintyn，M.（undated）Principles versus Rules in Financial Supervision-Is there One Superior Approach? Available at http://www. qfinance. com/regulation-best-practice/principles-versus-rules-in-financial-supervisionis-there-one-superior-approach? page＝ 3，［accessed 10 January 2012］.

Raschle，B. E. and Jaeggi，A.（2004）The quality of the fund manager is crucial in private equity investments. Adveq Management.

Rebonato，R. （2007）Plight of the Fortune Tellers. Princeton University Press，Princeton，NJ.

Reinhardt，C. M. and Rogoff，K. S.（2009）This Time is Different. Eight centuries of financial folly. Princeton University Press，Princeton，NJ.

Robinson，D. T. and Sensoy，B. A.（2011）Cyclicality，performance measurement，and cash flow liquidity in private equity. Charles A. Dice Center for Research in Financial Economics，Fisher College of Business，Ohio State University，WP 2010-2021.

Romaine，K.（2012）Rethinking LP funds. Unquote，March.

Rouvinez，C.（2005）The value of the carry. Private Equity International，July/August.

Rouvinez，C. （2006）Top quartile persistence in private equity. Private Equity International，June.

Rouvinez, C. (2007) Looking for the premium. Private Equity International, June.

Ruso, S. (2008) A governance-focused rating system for closed-end funds in Germany. Diplomarbeit, Swiss Banking Institute.

Sanyal, D. (2009) Bank participation in private equity funds: Risk implication and capital adequacy, 23 August. Available at http://papers. ssrn. com/sol3/papers. cfm? abstract_id = 1460577 [accessed 1 September 2008].

Schäli, S., Frei, A. and Studer, M. (2002) Top Quartile als umstrittener Benchmark. Neue Zürcher Zeitung.

Scott, B. (2012) LP model in the dock. Real Deals, 8 March.

Shady, A. E., Dionne, G., Papageorgiou, N. (2011) Performance analysis of a collateralized fund obligation (CFO) equity tranche. The European Journal of Finance, August.

Sharon, B. (undated) Operational risk management: The difference between risk management and compliance. Available at http://www. continuitycentral. com/ feature0243. htm [accessed 21 February 2012].

Sharpe, W. F. (1964) Capital asset prices-a theory of market equilibrium under conditions of risk. Journal of Finance, 19, 425-442.

Sharpe, W. F. (1966) Mutual fund performance. Journal of Business, 39, 119-138.

Sharpe, W. F. (2007) Investors and Markets. Princeton University Press, Princeton, NJ.

Sher, M. (2010) Understanding the Psychology of Regulation. Centre for Parliamentary Studes. International Symposium 2010-Remapping the Regulatory Landscape. Available at http://www. regulation. org. uk/psychologyofregulation. pdf, [accessed 24 May 2011].

Sherden, W. A. (1998) The Fortune Sellers. John Wiley & Sons, New York.

Shin, H. S. (2010) Risk and Liquidity. Oxford University Press, Oxford.

Smith, D., Beaton, A., Herger, I., etal. (2012) Why it pays to be diversified. Private Equity International, March.

Smith, T. (1996) Accounting for Growth-Stripping the Camouflage from Company Accounts, 2nd edn. Arrow, London.

Söhnholz, D. (2002) Private equity fund rating: Increasing the transparency of fund selection by using an 'objective' approach. Super Investor Conference, Paris.

Solnik, B. and McLeavey, D. (2009) Global Investments, 6th edn. Pearson Prentice Hall, Boston, MA.

Sorensen, M., Wang, N. and Yang, J. (2012) Valuing private equity. Columbia University working paper. Available at http://papers. ssrn. com/sol3/papers. cfm? abstract_id = 2041715&do wnload= yes [accessed 2 November 2012].

Sourbes, C. (2012) Solvency II 'look through' approach a threat to fund managers. Investments & Pensions Europe, 10 May. Available at http://www. ipe. com/news/solvency-ii-look-through-approach-a-threat-to-fund-managers-state-street 45434. php [accessed 5 June 2012].

Spence, M. A. (2009) Periodic systemic risk and investment strategy. PIMCO. http://www. pimco. com/EN/Insights/Pages/Periodic％ 20Systemic％ 20Risk％ 20Spence％ 20October. aspx [accessed 10 June 2012].

Spiteri, A. (2011) Running to stand still. Nordics Report 2011. funds europe.

Standard & Poor's. (2006) Ratings Definitions Global Criteria for Private Equity Securitization. Standard & Poor's, New York, 18 January.

Standard & Poor's. (2008) Rating Private Equity Companies' Debt and Counterparty Obligations. Standard & Poor's, New York, 11 March.

Standard & Poor's (2010) Rating Report on Pine Street. Pine Street I LLC Ratings Affirmed on Three Classes. Standard & Poor's, New York.

Stange, S. and Kaserer, C. (2009) Market liquidity risk-an overview, March 18. CEFS Working Paper Series 2009, No. 4. Available at SSRN: http://ssrn. com/abstract ＝ 1362537.

Stone, C. A. and Zissu, A. (2004) Fund of fund securitizations. Journal of Derivatives, 11(4), 62-68.

Stucke, R. (2011) Updating history. http://papers. ssrn. com/sol3/papers. cfm? abstract_id ＝[accessed 14 April 2012].

Studer, M. and Wicki, M. (2010) Private equity allocations under Solvency II. Partners Group Research Flash, July.

Swensen, D. (2009) Pioneering Portfolio Management. An Unconventional Approach to Institutional Investment, 2nd edn. Free Press, New York.

Takahashi, D. and Alexander, S. (2001) Illiquid alternative asset fund modelling. Yale University Invest-ment Office.

Talmor, E. and Vasvari, F. (2011) International Private Equity. John Wiley & Sons, Chichester.

Thaler, R. (1980) Toward a positive theory of consumer choice. Journal of Economic Behavior and Organization, Issue 1.

Tirole, J. (2011) Illiquidity and all its friends. Journal of Economic Literature, 49, 287-325.

Tolkamp, C. (2007) Predicting private equity performance-the development of a private equity performance-forecasting model for AEGON asset management. Master's thesis, University of Twente, The Netherlands.

Treynor, J. L. (1962) Toward a theory of market value of risky assets. Unpublished manuscript. Finally published in 1999 in Korajczyk, R. A. (ed.), Asset Pricing and Portfolio Performance: Models, Strategy and Performance Metrics. Risk Books,

London, pp. 15-22.

Troche, C. J. (2003) Development of a rating instrument for private equity funds. MBA Management Project Report, NIMBAS Graduate School of Management.

van der Heijden, K. (1996) Scenarios-The Art of Strategic Conversation. John Wiley & Sons, Chichester.

WEF. (2011) The Future of Long-Term Investing. World Economic Forum, Geneva.

Weidig, T. (2002a) Towards a risk model for venture capital funds: Liquidity and performance forecasting. Available at http://ssrn. com/abstract = 353562 [accessed 30 April 2009].

Weidig, T. (2002b) A risk model for venture capital funds. Available at http:// papers. ssrn. com/sol3/ papers. cfm? abstract_id = 365881 [accessed 21 September 2011].

Weidig, T. and Mathonet, P. -Y. (2004) The risk profile of private equity, January. Available at http:// ssrn. com/abstract = 495482 [accessed 16 June 2008].

Witkowsky, C. (2012) OMERS PE loses fund investments expert, 12 March. Available at http:// www. privateequityinternational. com/article. aspx? article = 66254 [accessed 25 May 2012].

Woodward, S. E. and Hall, R. E. (2003) Benchmarking the returns to venture. NBER Working Paper, No. 10202.

Yan, M. , Hall, M. J. B. and Turner, P. (2011) Estimating liquidity risk using the exposure-based cash-flow-at-risk approach: An application to the UK banking sector. Loughborough University, School of Business and Economics, Working Paper 2011-06.

英汉翻译对照

Asia 亚洲

asset allocations 资产配置

asset classes 资产类别

asset managers 资产管理人

asset protection needs，historical background 资产保护需要，历史背景

asse-backed securities（ABSs）资产抵押证券

asset-liability management（ALM）资产负债管理框架

assets under management（AuM）资产管理规模

Astrea 一种使用证券化结构的交易案例

asymmetric information 信息不对称

ATP 丹麦养老基金 ATP

auctions，secondary markets 拍卖，二级市场

auditors 审计师

Australia，statistics 澳大利亚，数据

autocorrelations 自相关

available resources（AR）可用资源

"back loading" decelerated contributions "后置"投入减速

back-testing 回溯测试

balance of payments crises 国际收支危机

bankruptcies 破产

banks 银行

Basel Committee on Banking Supervision 巴塞尔银行监管委员会

Basel II 巴塞尔协议 II

Basel III 巴塞尔协议 III

Bayesian approach 贝叶斯方法

benchmarking processes 基准流程

beta risk 贝塔风险

biases 偏差

bid spreads 报价价差

bid-ask spreads 买卖价差

Black，Fisher 费雪·布莱克

Black-Litterman approach 布莱克－李特曼方法

Blackstone Group 黑石集团

blending of cash flow models 现金流模型的融合

"blind pool" investments "盲池"投资

BNP 巴黎银行

boards of directors 董事会

bonds 债券

chained modified Dietz formula 链式修正 Dietz 公式

Chile 智利

China 中国

China Investment Corporation（CIC）中投公司

classification schemes 分类方法

clawback clauses 回拨条款

closed-end funds 封闭式基金

cluster analysis 聚类分析

co-investments 共同投资

Cogent Partners 科晶合伙人公司

Colbert's Ordinance on Commerce of 1673 1673 年《科尔伯特商业条例》

collateral 抵押品

collateralized debt obligations（CDOs）担保债务凭证

collateralized fund obligations（CFOs）担保基金凭证

Coller Capital 科勒资本

commitment risk 承诺风险

commitments 承诺

committed capital（CC）承诺资本

commodities 商品

see also farmland... ; forestry ... ; natural resources ... ; oil and gas ... 另见农田……;
    林业……;自然资源……;石油和天然气

company-level data，alpha/beta estimates 公司层面的数据,阿尔法和贝塔的估计值

comparable fund similarities，fund ratings/gradings 可比基金的相似性,基金评级/分级

compliance officers 合规专员

compound interest，hurdle rates 复利,门槛收益率

confidence intervals，VaR 置信区间,在险价值

confidentiality needs，IT systems 保密要求,IT 系统

conflicts of interest 利益冲突

consistency requirements 一致性要求

continuous-time cash flow models 连续时间现金流模型

contributions see capital calls 投入,见招款

control issues，limited partnerships 控制问题,有限合伙制

convertible bonds 可转债

convexity 凸性

copyrights real assets 版权实物资产

corporate bonds 公司债券

corporate governance 公司治理

correlations 相关性

responsibilities，risk management policy 责任，风险管理政策

rest of world（RoW），statistics 世界其他地区，统计数据

return indexes 收益指数

returns 收益

risk 风险

definition 定义

perceptions 观念

types 种类

uncertainty contrast 不确定性对比

risk appetites 风险偏好

risk attitudes 风险态度

risk aversion 风险厌恶

risk exposure 风险敞口

risk factor allocation approach 风险因子配置法

risk limits，risk management policy 风险限定，风险管理政策

risk management 风险管理

best practices 最佳实践

definitions 定义

due diligence 尽职

guidelines 指南

organizational structures 组织结构

principles-based approaches 基于原则的方法

rules-based approaches 基于规则的方法

stakeholders 股东、

risk management policy 风险管理政策

risk managers 风险管理师

risk measurement 风险度量

risk models 风险模型

risk premiums 风险溢价

risk profiles 风险预测

risk quantifiability 风险量化

risk tolerance 风险容忍度

risk-free rates 无风险利率

risk-neutral asset pools 风险中性的资产池

Robinson and Sensoy's（2011）sensitivity analysis 罗宾逊和森索伊的敏感性分析

rolling forecasts 滚动预测

Rubin，Bob 鲍勃·鲁宾

rules-based approaches to risk management 基于规则的风险管理方法

Solvency II standard approach 欧盟偿付能力 II 标准办法

South Sea "Bubble" 南海"泡沫"事件

Southern Cross GP 南十字星的普通合伙人

sovereign debt market 主权债券市场

sovereign wealth funds（SWFs）主权财富基金

special purpose vehicles（SPVs）特殊目的机构/公司

speculation 投机活动

stakeholders，risk management 股东，风险管理

stale pricing，optimal allocations 过时的定价，最优资产配置

Standard & Poor's 标准普尔

standard deviations 标准化衍生品

"standard" funds "标准"基金

stapled transactions 大宗交易

start-up companies，definition 初创公司，定义

State of Connecticut Retirement Plans and Trust 康涅狄格州的退休计划和信托基

statistical probabilities 统计数据概率

stochastic processes 随机过程

stock market crash of 1987 1987 股票市场大崩盘

stock markets 股票市场

straight carries 直接携有

strategic group centre points 策略中心点

strategic measures，excess returns 策略性方法，超额收益

strategic sellers，secondary markets stress factors VaR 策略性卖出，二级市场压力因子，
　在险价值

stress testing 压力测试

structural risk，fund ratings/gradings 结构性风险，基金评级/分级

structurally illiquid investments，definition 结构性非流动投资，定义

structured finance 结构性金融

structured secondaries，definition 结构性二级市场

sub-prime mortgages 次级抵押贷款

see also global financial crisis from2007 subjectivity concepts 另见 2007 年全球金融危机
　下的主观观点

successes 成功

super profits 超额利润

Supreme Court of Alabama 亚拉巴马州最高法院

Supreme Judicial Court of Massachusetts 马萨诸塞州最高司法法院

SVG Diamond structures 证券发行结构

swaps 互换

Uniform Prudent Investor Act（UPIA），US 美国《统一谨慎投资者法案》

United Kingdom（UK）英国

United States（US）美国

unquoted portfolio companies，information provisions 非上市的投资组合公司，信息规定

unrealized capital gains and losses（UCGLs）未实现的资本损益

unrecognized/unrealized gains 未被确认的/未实现的收益

upside risks，downside risks 上行风险，下行风险

US Department of Labor，prudent investment 美国劳工部，审慎投资

US Treasury bonds 美国国债

"use test" regulatory requirements "使用测试"监管要求

valuations 估值

value chains 价值链

value-at-risk（VaR）在险价值

variance 方差

variance-covariance 方差－协方差

venture capital（VC）风险投资

definition 定义

verification and validation of models 检验模型

vintage year diversification 基金初始投资年份的多样化

"virtual fund" valuation basis（VF），undrawn commitments "虚拟基金"估值基础，尚未动用的承诺额度

volatilities 波动率

Volcker Rule 沃尔克法则

Washington State Plan Investment Board 华盛顿州投资委员会

Wilson's Credit Portfolio View 威尔逊信用组合观点模型

World Economic Forum（WEF）世界经济论坛

Yale 耶鲁

yields 收益

致　谢

过去的几十年中，非流动资产的另类投资受到了越来越多投资者的追捧。对于一些长期投资者，尤其是家族财富管理办公室和捐赠基金来说，"另类"这个标签可能已经不再适用，因为他们在私募股权和实物资产的敞口已经达到了 20%～30%，在某些情况下敞口甚至更大。虽然养老基金和保险公司因其特殊的行业责任及监管要求，通常只将资产的一小部分用于另类资产投资，但它们的另类资产敞口仍随着时间的推移显著扩大。

当前，投资者正在低利率政策环境下追求收益，因而另类投资规模有望进一步增长。然而较高的期望收益往往伴随着更高的风险，不仅如此，非流动资产的另类投资风险与投资于有价资产时所面临的风险有着本质上的不同，这是投资者在最近全球金融危机中吸取的教训——众所周知，在这次金融危机中，雷曼兄弟公司（Lehman Brothers）于 2008 年秋天破产了。越来越多的公司吸取了这次经验教训，采取了新的资产配置模型，而这些模型都聚焦于特定类型资产的风险溢价。

获取特定类型资产的风险溢价需要相应的风险管理技术。但是就私募股权基金及类似结构而言，风险管理技术的发展与投资者投资另类资产所带来的风险不能匹配。大萧条近 5 年后，投资者仍然难以找到测量和有效管理非流动性投资组合风险的理论指导。同时，监管机构指出了一个关键问题，即与日俱增的另类投资与测量和管理相关投资风险的工具之间仍然存在较大的发展差异。新的监管举措，例如欧盟偿付能力 II（Solvency II），鼓励投资者研发自己的专属模型，在此之前，投资者则需要使用一个统一的标准模型，而该模型对私募股权及类似资产的资本要求较高。

为了缩小另类投资日益增长的重要性与风险管理工具的适用性之间的差距，本书试着在一个未知的领域进行探索。在此过程中，我们有幸获得了许多智囊支持，其中不乏投资专家、风险管理师和学者。他们在百忙之中为我们提供了宝贵的见解，对此我们非常感谢。

首先，我们要感谢风险测量指南编写团队的成员，他们来自欧洲风险投资和私募股权协会（European Venture Capital and Private Equity Association，EVCA）于 2010 年春季组建的团队。我们特别感谢英国电信退休金计划（BT Pension Scheme）的大卫·迪格斯提诺（Davide Deagostino）、道合金泽（Capital Dynamics）的伊万·赫格尔（Ivan Herger）、科晶合伙人公司（Cogent Partners）的尼可拉斯·约翰逊（Niklas Johansson）、德意志银行私募股权（Deutsche Bank Private Equity）的拉尔斯·科尔纳（Lars Körner）、原欧洲投资基金，现为 ADIA 的皮埃尔·依维斯·马森内特（Pierre-Yves Mathonet），以及来自EVCA 的小组秘书科尼利厄斯·穆勒（Cornelius Müller）。该团队的任务是建立一个衡量与管理私募股权基金风险的框架，让投资者能在这个框架下根据现有的监管规则和新颁布的法规来建立自己的专属风险模型。这个提议得到了 EVCA 秘书长德特·霍普纳（Dörte Höppner）的支持，在此，我们对德特·霍普纳及整个指南编写团队深表感谢。

此外，我们想要感谢 EVCA 专业标准委员会的成员们，尤其是来自毕马威会计师事务所（KPMG）的委员会主席文森特·内特（Vincent Neate），他在编写过程中为我们提供了宝贵的意见和建议。2012 年秋天，在来自得州太平洋集团（Texas Pacific Group，TPG）的文森索·莫雷利（Vincenzo Morelli）的主持下，EVCA 董事会最终通过了这份指南。我们在此也要感谢董事会对于指南的支持，是他们的支持成就了我们今天的研究成果。

学术研究和实际应用之间的共生关系在某些方面比金融经济学和风险管理的相互关系更加紧密。在起草 EVCA 的风险测量指南时，指南编写团队从由伦敦政治经济学院的乌尔夫·阿克萨尔森（Ulf Axelson）、哥伦比亚商学院的莫顿·索勒森（Morten Sørenson）和斯德哥尔摩经济学院和芝加哥大学布斯商学院的彭·斯通博格组成的一流学术咨询委员会中获得了巨大帮助，他们的建议对于我们确保学术研究的高度严谨性至关重要。起草书稿期间，阿克萨尔森、索勒森和斯通博格教授为我们做了重要宣传，对此我们非常感激。

许多世界级学者详细评论了我们的整部书稿或个别章节，并为非流动资产建立一致的风险管理框架提供了非常宝贵的意见，他们分别是：巴黎高等商学院的奥利弗·戈沙尔格（Oliver Gottschalg）、弗吉尼亚大学的罗伯特·哈里斯（Robert Harris）、牛津赛德商学院的提姆·詹金森（Tim Jenkinson）、慕尼黑科技大学的克里斯托弗·卡瑟（Christoph Kaserer）、哈佛商学院的乔西·勒尼（Josh Lerner）、牛津赛德商学院的洛多威克·法利普（Ludovic Phalippou），以及鹿特丹管理学院的皮特·罗森本（Peter Roosenboom）。感谢他们！

另类投资作为一门学科，其本身是在不断发展的。本书旨在反映最新学术思想，主要研究对象为私募股权基金以及类似结构的有限合伙制。许多投资人和风险管理师与我们分享了他们丰富的知识与经验，并对个别章节或全书提供了详细的意见。我们要感谢阿尔普投资合伙人公司（AlpInvest Partners）的合伙人们在项目进行过程中对我们的不断鼓励和支持，我们还从该公司证券投资风险团队的埃多·阿尔博斯（Edo Aalbers）和罗伯特·德·维尔（Robert de Veer）处得到了很多具体的意见和建议。此外，我们真诚地感谢蒙大拿资本合伙人公司（Montana Capital Partners）的劳拉·兰登曼（Lara Lendenmann）和马可·伍尔夫（Marco Wulff）。我们还要感谢沙特阿拉伯投资公司（Sanabil）的约翰·布林（John Breen）、艾瑞斯资本（Aeris Capital）的帕斯卡·塞提尔（Pascal Cettier）、法国公务员养老金计划（ERAFP）的菲利普·德斯费舍斯（Philippe Desfosses'）、荷兰 APG 资产管理公司（APG）的皮耶特·凡·佛罗斯特（Pieter van Foreest）、艾瑞斯资本的伊万·波波维奇（Ivan Popovic）、APG 的约翰·仁可马（John Renkema）、瑞士百达银行（Pictet）的阿尔弗雷德·罗里（Alfred Rölli）、米勒莫尔集团（Müller-Möhl Group）的克里斯多夫·鲁夫内兹（Christophe Rouvinez）、瑞士百达银行的皮埃尔·施塔德勒（Pierre Stadler）以及新加坡政府投资公司（GIC）的阿肖克·塞缪尔（Ashok Samuel），他们用自己宝贵的时间阅读了原稿，并帮助我们确定了度量和管理非流动资产风险的最佳方法，这些方法将使投资者受益良多。

我们也特别感谢威立出版社（Wiley），尤其是沃纳·库切（Werner Coetzee）、萨曼莎·哈特利（Samantha Hartley）和珍妮·基钦（Jennie Kitchin）。萨拉·刘易斯（Sarah

Lewis)是我们的副编辑,她的工作非常出色。阿普瑞公司(Aptara)的普拉卡什·纳欧仁(Prakash Naorem)在整个编写过程中发挥了重要作用,对此我们非常感谢。

最后,对我们的家人致以最诚挚的谢意。如果没有他们在过去几年中的支持和理解,这本书也无法顺利完稿。谨以此书献给我们的家人。

皮特·科尼利厄斯(Peter Cornelius)
克里斯提安·迪勒(Christian Diller)
迪迪埃·格诺克(Didier Guennoc)
托马斯·迈耶(Thomas Meyer)